UDO SCHNELLE

Antidoketische Christologie im Johannesevangelium

Eine Untersuchung zur Stellung des vierten Evangeliums in der johanneischen Schule

VANDENHOECK & RUPRECHT
IN GÖTTINGEN

Forschungen zur Religion und Literatur
des Alten und Neuen Testaments
Herausgegeben von
Wolfgang Schrage und Rudolf Smend
144. Heft der ganzen Reihe

CIP-Kurztitelaufnahme der Deutschen Bibliothek

Schnelle, Udo:
Antidoketische Christologie im Johannesevangelium :
e. Unters. zur Stellung d. 4. Evangeliums
in d. johanneischen Schule / Udo Schnelle. –
Göttingen : Vandenhoeck und Ruprecht, 1987.
(Forschungen zur Religion und Literatur des
Alten und Neuen Testaments ; H. 144)
ISBN 3-525-53823-5

Gesetzt aus Baskerville auf Linotron 202 System 3 (Linotype).
Satz und Druck: Gulde-Druck GmbH, Tübingen.
Bindearbeit: Hubert & Co., Göttingen.

Georg Strecker
in
Dankbarkeit

V&R

Inhalt

Vorwort

Die vorliegende Untersuchung wurde von der Theologischen Fakultät Göttingen im Sommersemester 1985 als Habilitationsschrift angenommen. Für den Druck wurde sie leicht überarbeitet. Zu danken habe ich auch diesmal Herrn Prof. Dr. Dr. Hartmut Stegemann, der mir wertvolle Hinweise gab. Mein besonderer Dank gilt wiederum Herrn Prof. Dr. Georg Strecker. Er hat mir in den Jahren unserer Zusammenarbeit stets den Freiraum gelassen, in der Paulus- und Johannesexegese neue Wege zu beschreiten, und durch seine eigenen Arbeiten wichtige Anregungen gegeben. Nicht in der mehr oder weniger originellen Reproduktion längst bekannter Ergebnisse sieht er das Ziel ntl. Forschung, sondern in dem konsequenten Erarbeiten neuer Fragestellungen und Einsichten, um zu einem umfassenderen historischen und theologischen Verstehen des Neuen Testaments zu gelangen. In dieser Aufgabe fühle ich mich ihm verbunden und widme ihm als ein kleines Zeichen des Dankes diese Arbeit.

Schließlich danke ich den Herausgebern der FRLANT, Herrn Prof. Dr. W. Schrage und Herrn Prof. Dr. R. Smend für die Aufnahme der Arbeit in diese Reihe und der Kirchenleitung der VELKD sowie der Zantner-Busch-Stiftung für namhafte Druckkostenzuschüsse.

Erlangen, im Oktober 1986   Udo Schnelle

1. Einführende Überlegungen
zur Methodik der Johannesforschung

Gilt für alles theologische wie historische Fragen, daß die gegebenen Antworten immer wieder neue Probleme aufwerfen, so trifft dies für das JE im besonderen zu. In einem merkwürdigen Mißverhältnis stehen hier intensive Forschungsarbeit – angezeigt durch ein lawinenartiges Anwachsen von Publikationen[1] – und ein fehlender Grundlagenkonsens. Während in der Paulus- und Synoptikerexegese eine demgegenüber verhältnismäßig große Übereinstimmung innerhalb der Arbeitsmethoden und der grundlegenden historischen Annahmen besteht[2], fehlt in der Johannesexegese beides. Dies liegt zuallererst am Gegenstand selbst, denn das 4. Evangelium verschließt sich durch seine theologische und historische Komplexität allen einlinigen Erklärungsversuchen. Sehr schnell stellt sich bei der Lektüre des JE das Empfinden ein, „als sei man von lauter Rätseln und Geheimnissen umgeben, als wolle der Verfasser noch viel mehr und anderes sagen, als die Worte selbst unmittelbar bedeuten; auf Schritt und Tritt fühlt man sich herausgefordert, nach vergrabenen Schätzen zu suchen"[3]. Neben dem Forschungsgegenstand sind die Hauptursachen für den fehlenden Konsens in der Johannesexegese eine mangelnde Methodenreflexion und unscharfe Definitionen der religionsgeschichtlichen Phänomene, in deren Umkreis oder sogar in deren Mitte das JE entstanden sein soll. Wer sich dem 4. Evangelium sachgemäß nähern will, ist deshalb zu einer intensiven Methodendiskussion gezwungen. Nicht nur, um den eigenen methodischen Ansatz innerhalb der gegenwärtigen Forschungssituation zu rechtfertigen, sondern

---

[1] Die 1967 erschienene und die gesamte Johannesliteratur von 1920–1965 erfassende Bibliographie von E. Malatesta, St. John's Gospel 1920–1965, umfaßt ca. 3100 Titel. Für den Zeitraum von 1966–1971 (bzw. 1973) führt H. Thyen in seinem Forschungsbericht in der ThR 39 ca. 1030 Titel an. J. Becker wiederum zählt für den Zeitraum von 1978–1980 ca. 130 Titel (vgl. FB [ThR 47]).

[2] Allgemein anerkannt sind für die syn. Evangelien die Zwei-Quellen-Theorie als Erklärungsmodell der literarischen Abhängigkeitsverhältnisse und auf dieser Basis als maßgebende methodische Schritte die Form- und Redaktionsgeschichte. Die Herkunft des Paulus aus dem hellenistischen Judentum bzw. Judenchristentum ist unbestritten, und auch über die Anzahl der ‚echten' Paulusbriefe besteht eine große Übereinstimmung (1Thess, 1.2Kor, Gal, Röm, Phlm, Phil). Schon von einem derart minimalen Konsens ist die Johannesforschung weit entfernt!

[3] W. Heitmüller, Joh, 9.

vor allem, weil bei keiner anderen Schrift des Neuen Testaments der methodische Zugang von vornherein so stark über die Ergebnisse entscheidet.

Im folgenden werden nur die Methoden der Johannesforschung kritisch besprochen, die in der neueren und neuesten Diskussion von Bedeutung sind. Nicht forschungsgeschichtliche Vollständigkeit wird dabei angestrebt, sondern die exemplarische Darstellung der methodischen Probleme an ausgewählten Entwürfen. Bei der Prüfung und Bewertung der Methoden geht es nicht so sehr um exegetische Detailkritik (sie erfolgt in den Kap. 3, 4 und 5), vielmehr um grundsätzliche Anfragen, d. h. um die Aufdeckung unausgesprochener methodologischer Voraussetzungen, das Herausarbeiten von Aporien in der Durchführung methodischer Ansätze, das Aufzeigen von historisch und religionsgeschichtlich hinterfragbaren Voraussetzungen und die Formulierung methodologischer und hermeneutischer Anfragen.

1.1 Johanneische Literarkritik

Die Literarkritik als Quelleneruierung und Quellenscheidung, Herausarbeitung sekundärer bzw. redaktioneller Schichten und Basis für Textumstellungen ist bis in die unmittelbare Gegenwart hinein *die* Methode der Johannesforschung. Dabei scheint allzuoft in Vergessenheit zu geraten, daß alle relevanten literarkritischen Probleme des vierten Evangeliums bereits von J. Wellhausen und E. Schwartz benannt wurden[4].

J. Wellhausen nahm an, daß Joh 18,1 auf 14,31 folgen müsse[5] und die Kap. 15–17 ein späterer Nachtrag eines Redaktors seien, der dem 1Joh sehr nahe stand[6]. Die Schwierigkeiten der Kapitelreihenfolge 5–7 sah er ebenfalls durch einen Redaktor verursacht und schlug die Reihenfolge Kap. 4; 6; 5 und 7 vor[7]. Für einen Nachtrag hielt er den eucharistischen Abschnitt Joh 6,51–59[8], das ὕδατος καί in Joh 3,5 wurde von ihm gestrichen[9] und auch die sakramentalen Anspielungen in Joh 19,34.35.37

---

[4] Beide Forscher benennen prägnant die bis heute bestimmenden Probleme der Johannesexegese, was eine leider noch ausstehende umfassende Darstellung der Johannesforschung zeigen würde. Einen ersten Überblick über die Forschung im 19. Jahrhundert bietet E. Schürer, Über den gegenwärtigen Stand der johanneischen Frage, 1899. Zur Johannesforschung im 20. Jahrhundert vgl. W. C. Howard, The Fourth Gospel; Ph. H. Menoud, L'Évangile de Jean d'après les recherches récentes. Eine gute Darstellung der neueren Forschung bietet R. Kysar, The Fourth Evangelist and his Gospel.

[5] Vgl. J. Wellhausen, Erweiterungen, 1.

[6] Vgl. a.a.O., 12.

[7] Vgl. a.a.O., 15–19; ders., Joh, 105.

[8] Vgl. a.a.O., 32.

[9] Vgl. a.a.O., 18.

sollen wie der eucharistische Abschnitt vom Verfasser des 1Joh stammen[10]. Die Spannungen zwischen den eschatologischen Aussagen in Joh 5,21–24 und 5,25–29[11] wurden von Wellhausen ebenso herausgearbeitet wie die offensichtlich deplazierte Stellung des Wettlaufes zum Grab zwischen Joh 20,1 und 20,11[12]. Schließlich hielt er die Thomasperikope für sekundär[13], und auch die Probleme von Joh 21 wurden von ihm erkannt[14]. Diese literarkritischen Analysen führten Wellhausen zu der These einer Grundschrift, die die „originale Schöpfung einer ausgesprochenen Persönlichkeit"[15] sei und sich theologisch durch das Fehlen der Parusieerwartung und der Sakramente ausgezeichnet habe[16]. Da die ergänzenden und verbessernden Partien Unterschiede aufwiesen, nahm Wellhausen nicht nur einen, sondern mehrere (!) „Epigonen"[17] als Bearbeiter der Grundschrift an.

Die parallel zu Wellhausen und in Diskussion mit ihm erarbeiteten und erschienenen ‚Aporien im vierten Evangelium' von E. Schwartz sind Einzelstudien, die keine Gesamtinterpretation des JE ergeben, wohl aber bis heute sehr bedeutsame literarkritische Analysen enthalten.

Aus der Fülle der Beobachtungen kann nur das Wichtigste genannt werden: Ausgehend von der Frage, ob der Lieblingsjünger zur ursprünglichen Gestalt des Evangeliums gehöre[18], analysiert Schwartz Joh 13 und die joh. Passionsgeschichte mit dem Ergebnis, daß der Lieblingsjünger in Joh 13,18 und 19 durch einen älteren Bearbeiter ins Evangelium gelangte[19], während ein jüngerer Interpolator in Joh 21 diesen Lieblingsjünger sekundär mit dem ephesischen Johannes identifizierte[20]. In dem älteren Bearbeiter erkennt Schwartz den Presbyter des 2/3Joh[21], der auch der Verfasser des 1Joh sein soll, was aus den gleichlautenden theologischen Tendenzen der Überarbeitung des Evangeliums und des 1Joh hervorgeht (vor allem im Bereich der Sakramente). Der jüngere Interpolator hingegen, der das Evangelium an die Synoptiker anzugleichen versuchte[22], ist in den chiliastischen Kreisen Kleinasiens zu suchen, für die vor allem

---

[10] Vgl. ders., Erweiterungen, 30ff.
[11] Vgl. ders., Joh, 26.
[12] Vgl. a.a.O., 91.
[13] Vgl. ders., Erweiterungen, 27ff.
[14] Vgl. ders., Joh, 96ff.
[15] A.a.O., 102.
[16] Vgl. a.a.O., 125.
[17] Vgl. a.a.O., 100.
[18] Vgl. E. Schwartz, Aporien I, 342.
[19] Vgl. a.a.O., 346ff.345.
[20] Vgl. a.a.O., 362f.
[21] Vgl. a.a.O., 371.
[22] Vgl. a.a.O., 356 u. ö.

Papias zeugt[23]. Er hat nicht nur das Evangelium (u. a. durch die Einfügung von Joh 1,14!)[24] und den 1 Joh stark verändert, sondern durch seine Identifikation des unbekannten Presbyters mit dem ephesischen Johannes den „schriftstellernden"[25] Apostel Johannes erst erdacht und damit den joh. Schriften Eingang in den Kanon verschafft. Wohl gibt Schwartz zu, daß es oft nicht zu unterscheiden sei, „ob eine mit den Briefen verwandte Stelle des Evangeliums der Bearbeitung durch den Verfasser dieser Briefe oder durch den späteren Interpolator angehört"[26], was ihn freilich in der Zuweisung zahlreicher Texte an den späteren Interpolator nicht irre macht.

Auch die widersprüchliche Festreisen-Chronologie in Kap. 5–7 gehe auf diesen Interpolator zurück, der aus antignostischer Polemik die ursprüngliche Reihenfolge der Ereignisse radikal änderte[27]. Im nicht mehr rekonstruierbaren ,eigentlichen' JE, das von einem „kühn und menschlich erfindenden Evangelisten"[28] stamme, sei Jesus vor Kap. 7 nicht in Jerusalem gewesen, sondern erst in Kap. 7–10 werde seine erste Reise geschildert, die in der Heilung des Blindgeborenen ihren Höhepunkt und in Jesu Flucht vor den Juden (10,39) ihren Tiefpunkt habe[29]. Nach Schwartz schimmern hier „die Umrisse einer Dichtung auf, welche das Leben Jesu als Tragödie nahm und ein vorläufiges Scheitern des Helden als retardierendes Moment benutzte um mit verdoppelter Kraft zur Peripetie auszuholen"[30]. Zerstört wurde diese ,Erfindung' und zugleich die ursprüngliche Lazarusperikope vom späteren antignostischen Interpolator, um auch im JE der Einzugsperikope jene hervorragende Stellung zu geben, die sie bei den Synoptikern hat[31]. Schließlich arbeitet Schwartz zahlreiche sekundäre Zusätze in allen wichtigen Partien des JE heraus[32], vermutet, daß der Evangelist die Johannestaufe unterdrückt habe, und deckt die angeblichen Aporien des Prologs, vor allem den sekundären Charakter von Joh 1,14, auf[33].

Für E. Schwartz war der Evangelist Johannes „ein ἀρεταλόγος allerbester Art; daß die Bearbeiter von dem Geschichtenkranz, den er kunstvoll geflochten, nur kümmerliche, zerfetzte Reste übriggelassen haben, ist

---

[23] Vgl. a.a.O., 368.
[24] Vgl. a.a.O., 367.
[25] A.a.O., 372.
[26] Ebd.
[27] Vgl. E. Schwartz, Aporien II, 118.122.140; ders., Aporien III, 149.
[28] E. Schwartz, Aporien III, 178.
[29] Vgl. a.a.O., 165.
[30] A.a.O., 166.
[31] Vgl. a.a.O., 176.
[32] Vgl. a.a.O., 184 ff.; ders., Aporien IV, 498 ff. 504 ff. 514 ff.
[33] Vgl. a.a.O., 532 ff.

nicht seine Schuld"[34]. Johannes war ein „höchst individueller Dichter …, der von den ἀρεταί seines Gottes ein ganz neues Lied anzustimmen sich unterfängt. Von den Hoffnungen der ältesten Zeit will er nichts wissen; sein Jesus ist nicht der mißhandelte, von seinen eigenen Jüngern verlassene, einer schmählichen Strafe verfallene Knecht Jahves, sondern ein Held, der den Feind, die Juden, mutig aufsucht und heroisch in den Tod geht, freiwillig auf den Schutz der Seinen verzichtend."[35] Erst der Bearbeiter und vor allem der spätere Interpolator hätten aus diesem Kunstwerk jenen Trümmerhaufen gemacht, dessen Einzelteile wohl noch analysiert werden könnten, dessen ursprüngliche Gestalt aber unwiederbringbar verloren sei. Die klassischen Methoden der Literarkritik (Spannungen, Brüche, fehlende Logik, redaktionelle Verknüpfungen, Verdoppelungen, Widersprüche, Unstimmigkeiten, den Gedankengang störende Hinzufügungen, unterschiedliche theologische Positionen) sind von J. Wellhausen und E. Schwartz in vollem Umfang auf das JE angewandt worden, und ihre Beobachtungen sind bis heute Basis aller literarkritischen Arbeit am 4. Evangelium. Was seitdem an literarkritischen Thesen hinzugekommen ist, beruht nicht auf neuen Einsichten, sondern durchweg auf Analogieschlüssen[36].

Beide Forscher gingen von der Voraussetzung aus, daß die offenkundige Unordnung des Evangeliums auf einen bzw. mehrere Bearbeiter zurückgeht, die dem 1Joh nahestanden und das JE den Synoptikern anzugleichen versuchten. Analog großer Teile der jüdischen und altchristlichen Literatur wird das vorliegende Evangelium als Endprodukt eines literarischen Prozesses verstanden, „der in mehreren Stufen vor sich ging. Die Grundschrift bildet nur den Aufzug und wird an Umfang von den Einschlägen weit übertroffen. Sie kann daher nicht als das eigentliche joh. Evangelium betrachtet werden, sondern nur als Ingrediens desselben. Sie ist keineswegs intakt und vollständig erhalten. Man kann auch weder sie noch die verschiedenen Schichten der Bearbeitung mit Sicherheit ausscheiden."[37] Wellhausen war sich also der Problematik und der Grenzen seines Vorgehens durchaus bewußt gewesen, und sein Johanneskommentar ist eher als Problemanzeige denn als Lösung der Probleme zu verstehen. Auch Schwartz stellt resignierend fest, daß das Chaos im 4. Evangelium jede „Rekonstruktion der ältesten Form des Evangeliums unmöglich" macht, „und die Versuchung nahe liegt, ermüdet und mutlos das kritische Messer aus der Hand zu legen und diese Partien in der Verwir-

---

[34] A.a.O., 516.

[35] A.a.O., 557f.

[36] Ein deutliches Indiz dafür ist die Renaissance von Wellhausens These einer joh. ‚Grundschrift', die in unterschiedlicher Form von G. Richter, W. Langbrandtner und H. Thyen wieder aufgegriffen wurde (vgl. dazu den Abschnitt 1.2).

[37] J. Wellhausen, Joh, 6f.

rung und Unordnung zu lassen, der sie durch die Überarbeitung verfallen sind"[38]. „Über das ursprüngliche Evangelium als Ganzes zu urteilen ist schwer, wenn nicht unmöglich."[39]

Beide Exegeten, geschult am Alten Testament und der antiken Literatur, benutzten die Literarkritik als Mittel zur historischen Erkenntnis, denn sie vermuteten hinter der jetzigen Unordnung eine geordnete Urform des JE, die sie sowohl historisch als auch theologisch für besonders wertvoll hielten. Gefunden haben sie diese Urfassung nicht, und auch den Umfang sowie die theologischen Tendenzen der einzelnen Bearbeitungen konnten sie nicht befriedigend aufzeigen. Letztlich liefen ihre Analysen auf ein ‚non liquet‘ hinaus, das Chaos wurde in seinem ganzen Ausmaß aufgedeckt, aber eine theologisch wie historisch überzeugende Erklärung für die jetzige Gestalt des Evangeliums konnte nicht gegeben werden.

Dies unternahm *R. Bultmann* in seinem Johanneskommentar. Er rekonstruierte die Vor- und Nachgeschichte des 4. Evangeliums und gelangte zu einer beeindruckenden und nachhaltig wirkenden Lösung der literarischen und theologischen Probleme. Ausgangspunkt seiner Überlegungen war die Hypothese, daß ein Redaktor das durch äußeres Einwirken in Unordnung gebrachte und verstümmelte ursprüngliche JE[40] nicht nur wieder in Ordnung zu bringen versuchte, sondern es auch mit Zusätzen versah, um in seinen Augen bedenkliche theologische Aussagen abzumildern[41]. Freilich ist nach Bultmanns Ansicht diesem Redaktor die Wiederherstellung der ursprünglichen Textfolge nicht gelungen, so daß er sich selbst als Exeget dieser Aufgabe zuwandte. Nicht das Evangelium in seiner Endgestalt ist Gegenstand der Interpretation, sondern ein von allen Zusätzen gereinigter, in die ursprüngliche Reihenfolge gebrachter Text[42]. Wie Wellhausen und Schwartz versuchte auch Bultmann mit den Mitteln der Literarkritik das ‚eigentliche‘ JE zu rekonstruieren, im Gegensatz zu beiden gab er aber den literarkritischen Phänomenen eine im Rahmen seiner Voraussetzungen plausible theologische und historische Erklärung.

Gingen die unbefriedigende Textfolge und die theologischen Spannungen innerhalb einzelner theologischer Lehrstücke (vor allem im Bereich der Sakramente und der Eschatologie) auf einen ‚kirchlichen‘ Redaktor zurück, so beruhten weitere Unebenheiten auf der Benutzung vorgegebe-

---

[38] E. Schwartz, Aporien IV, 497.

[39] A.a.O., 557.

[40] Vgl. R. Bultmann, Joh, 162 A 2. Bereits vor Bultmann meinte A. Faure, Zitate, 117: „Wir haben es mit einem unfertigen Werk zu tun, mit einem unvollendeten Entwurf."

[41] Vgl. dazu die Auflistung der betreffenden Texte bei D. M. Smith, Composition and Order, 213–238.

[42] Vgl. die Rekonstruktion des ‚Bultmannschen‘ JE bei D. M. Smith, a.a.O., 179–212. Vgl. ferner E. Haenchen, Joh, 53, wo sich berechtigte Kritik an Bultmanns methodischem Vorgehen findet.

ner Quellenschriften durch den Evangelisten. Bultmann rechnet aufgrund von Stil- und Sprachmerkmalen sowie der Wunderzählung in 2,11; 4,54 mit einer ‚Zeichenquelle‘, einer Quelle von ‚Offenbarungsreden‘ und einer Vorlage für die Passionsgeschichte[43]. Ist allgemein anerkannt, daß Johannes im Rahmen seiner Passionsdarstellung Traditionen verarbeitet hat[44], so wird eine Quelle von ‚Offenbarungsreden‘ heute mit Recht abgelehnt[45], während die Existenz einer ‚Zeichenquelle‘ von vielen Exegeten bejaht wird[46].

Die Stärke der Johannesinterpretation Bultmanns liegt zweifellos in der intensiven Verknüpfung von historischer und theologischer Interpretation. Die literarkritischen Phänomene werden im Rahmen einer theologischen Konzeption erklärt und gewinnen dadurch an Plausibilität. Die angeblich differenten theologischen Standorte der Quellenschriften, des Evangelisten Johannes und des ‚kirchlichen‘ Redaktors wiederum lassen sich auch literarkritisch belegen. Im Mittelpunkt der Auslegung steht nicht das überlieferte JE, sondern die gestalterische Kraft des Exegeten, dem es gelingt, das Problemknäuel zu entwirren, indem er die diachronische und synchronische Struktur des Evangeliums durch zwei dreischichtige Traditions- bzw. Redaktionstheorien erklärt, es religions- und theologiegeschichtlich einordnet (gnostischer Erlösermythos, ‚kirchliche‘ Redaktion) und es schließlich der Interpretationsmethode unterwirft, die es selbst vertritt (Entmythologisierung, existentiale Interpretation).

Gemeinsam ist den drei bedeutendsten literarkritischen Analysen zum JE, daß sie hinter der überlieferten Endgestalt das ‚eigentliche‘ Evangelium vermuten, welches sie zu rekonstruieren, zu ordnen und zu interpretieren versuchten. Hat es aber diese ursprüngliche Gestalt, die es vor allem mit Hilfe der Literarkritik wiederherzustellen gilt, überhaupt einmal gegeben[47]? Die Behauptung eines ‚besseren‘ Textsinnes und literarkritisch verwertbare Spannungen in der Textfolge reichen allein keinesfalls aus, um durch Textumstellungen und das Ausscheiden angeblich

---

[43] Die Texte der vermuteten ‚Quellen‘ sind griechisch abgedruckt bei D. M. Smith, Composition and Order, 23–34 (‚Offenbarungsreden‘). 38–44 (‚Semeia-Quelle‘). 48–51 (‚Passionsquelle‘).

[44] Vgl. dazu bes. A. Dauer, Die Passionsgeschichte im Johannesevangelium. Vor Bultmann hat vor allem M. Dibelius, Die alttestamentlichen Motive der Leidensgeschichte des Petrus- und Johannesevangeliums (erschienen 1918), hinter der Leidensgeschichte bei Johannes eine schriftliche Quelle vermutet.

[45] Vgl. z. B. E. Käsemann, Neutestamentliche Fragen, 25; E. Haenchen, Literatur zum Johannesevangelium, 305 f.; R. Schnackenburg, Joh I, 39 f.; H. Conzelmann, Grundriß, 354 f.

[46] Vgl. dazu Kap. 3.

[47] Vgl. dazu die zutreffenden methodischen Anmerkungen bei C. H. Dodd, Interpretation, 289 f.

sekundärer Passagen die ursprüngliche Gestalt des JE wiederzuge-
winnen[48].

Weil eine wirkliche Erklärung für die Ursachen der ‚Unordnung‘
nicht gegeben werden kann, wird einem unbekannten Redaktor bzw.
mehreren Bearbeitern die Last für all die angeblichen Brüche aufgebür-
det, die den Exegeten selbst erst auf die Spur von Vorlagen und Bearbeitungen bringen. Hier dominieren das subjektive Empfinden des Exegeten, seine Rekonstruktions- und Kombinationsfreude, seine theologische
Vorstellungskraft, was die zahlreichen, sehr komplizierten und teilweise
einander ausschließenden Entstehungstheorien zum JE nachdrücklich
belegen[49].

Eine neue Textanordnung ist deshalb erst dann gerechtfertigt, wenn
die Unmöglichkeit der überlieferten Folge sowohl auf literarkritischer als
auch auf theologischer Ebene erwiesen ist. Dieser Nachweis ist für das
JE auf beiden Ebenen aber nicht erbracht worden! So muß der methodologische Grundsatz gelten, daß der Exeget zunächst das Evangelium in
seiner jetzigen Gestalt zu interpretieren hat[50]. Dabei ist als Arbeitshypo-
these davon auszugehen, daß die Endgestalt des Evangeliums nicht das
Resultat von Zufälligkeiten oder mißglückten Rekonstruktionsversuchen
ist, sondern auch dem JE ein überlegter Aufbau zugrunde liegt, den es
zu entschlüsseln gilt. Allerdings ist damit zu rechnen, daß dieser Aufbau
nicht den logischen und sachlichen Anforderungen entspricht, die heute
an einen Text angelegt werden. Neben diesen grundsätzlichen Erwägungen wird die Problematik joh. Literarkritik als Quellenkritik auch in
ihrem praktischen Vollzug sichtbar: Da es keine Parallelüberlieferungen
gibt[51], müssen ausschließlich werkimmanente Anhaltspunkte herangezogen werden, wodurch die subjektive Einschätzung des Exegeten ein
methodisch nicht wirklich kontrollierbares Gewicht erhält.

Außerdem fallen sprachliche und stilistische Merkmale als Unter-
scheidungskriterium fast völlig aus, so daß allein inhaltliche Spannungen als Begründung für literarkritische Entscheidungen dienen. Was

---

[48] Vgl. D. M. Smith, Composition and Order, 175; H. Thyen, FB (ThR 39), 294. Zur
Kritik an Bultmanns Blattvertauschungshypothese vgl. E. Haenchen, Joh, 48–57; R.
Schnackenburg, Joh I, 41–44; R. E. Brown, Joh I, XXVI–XXVIII; W. G. Kümmel,
Einleitung, 171 f.

[49] Vgl. nur die Forschungsübersicht zu neueren Entstehungstheorien bei R. Kysar,
Fourth Evangelist, 38–54.

[50] Vgl. H. Thyen, FB (ThR 39), 308; E. Haenchen, Joh, 87.

[51] J. Becker, FB (ThR 47), 295, verweist auf die Logienquelle, um die Plausibilität joh.
Quellenkritik zu stützen. Hier aber liegt ein entscheidender methodischer Unterschied! Die
Logienquelle als ein Pfeiler synoptischer Quellenkritik ist nur rekontruierbar, weil es eine
Doppelüberlieferung gibt. Bei Johannes hingegen kommen keine Doppelüberlieferungen
vor, so daß man ausschließlich auf werkimmanente Angaben angewiesen ist und der
Gefahr eines methodischen Zirkelschlusses kaum entrinnen kann.

aber als inhaltlicher oder theologischer Widerspruch zu gelten hat, hängt primär vom subjektiven Urteil des Exegeten ab.

Die Untersuchungen von E. Schweizer und E. Ruckstuhl haben gezeigt, wie problematisch die zahlreichen Teilungs- und Überarbeitungshypothesen aus der Sicht joh. Sprach- und Stileigentümlichkeiten sind. Während Ruckstuhl sehr schnell von der stilistischen auf die literarische Einheit des Evangeliums schließt[52], meint Schweizer etwas vorsichtiger, daß durch die Stilkritik nicht alle literarkritischen Analysen als falsch erwiesen sind; „es ist aber bewiesen, daß, falls etwas daran richtig sein sollte, die verschiedenen Schichten sehr stark überarbeitet sein müßten. Solange daher nicht bessere und objektivere Charakteristika der einzelnen Quellen gegeben werden als es bis jetzt geschehen ist, solange darf mit solchen nicht anders als mit nicht beweisbaren Hypothesen gerechnet werden."[53]

Ist aus methodologischen Überlegungen eine Literarkritik als Quellenkritik abzulehnen, die nicht nach der kompositionellen Einheit eines Buches und der ihr zugrunde liegenden theologischen Konzeption, sondern nach der vermuteten ursprünglichen Gestalt des Werkes, umfangreichen verarbeiteten Quellenschriften und sekundären Überarbeitungen fragt, so ist damit keineswegs eine Literarkritik abgewiesen, die unter der Prämisse der kompositionellen wie theologischen Einheit eines Werkes die vom Autor übernommenen Traditionen herausarbeitet[54]. Diese Form einer primär auf begrenzte Texteinheiten angewandten Literarkritik ist im Gegenteil unabdingbare Voraussetzung einer redaktionsgeschichtlichen Arbeitsweise, die religions-, traditions- und formgeschichtliche Fragestellungen aufnimmt, integriert und weiterführt. Dabei wird nicht geleugnet, daß das 4. Evangelium eine Nachgeschichte hatte (vgl. Joh 5,4; 7,53–8,11; 21) und es ernsthafte Anzeichen für Textumstellungen und sekundäre Überarbeitungen gibt; beides berechtigt aber aus den genannten methodischen Gründen nicht zu einer extensiven Literarkritik.

---

[52] Vgl. E. Ruckstuhl, Einheit, 218 f.

[53] E. Schweizer, Ego Eimi, 105. Neben Schweizer und Ruckstuhl ist bes. die Arbeit von Bent Noack, Zur johanneischen Tradition, zu erwähnen, der mit vor allem stilkritischen Argumenten Bultmanns Quellentheorien zu widerlegen sucht.

[54] Methodologische Einwände gegen Quellenscheidungen und extensive Literarkritik in der Johannesexegese hat es immer gegeben. Aus der älteren Literatur vgl. F. Overbeck, Joh, 244 f.; A. Jülicher, Einleitung, 312 ff.; H. Windisch, Erzählungsstil, 200 f.; W. F. Howard, The Fourth Gospel, 95–172; B. H. Streeter, The Four Gospels, 377; W. Bauer, Joh, 250. In der neueren Johannesexegese mehren sich die Stimmen, die eine extensive Literarkritik ablehnen, vgl. H. Strathmann, Joh, 9 f.; E. Hoskyns, Joh, 66; R. Schnackenburg, Joh I, 59 f.; ders., Entwicklung und Stand, 16 ff.; C. K. Barrett, Joh, 15–26; J. Schneider, Joh, 23–27; W. G. Kümmel, Einleitung, 176–180; J. Blank, Joh I, 22 ff; K. Wengst, Bedrängte Gemeinde, 18 ff.; S. Smalley, Joh, 97 ff.; E. Leidig, Gespräche Jesu, 1–14; A. Lindemann, Gemeinde und Welt, 136–138; U. Wilckens, Der eucharistische Abschnitt, 248; eine kritische Analyse neuerer ‚Quellen-Theorien' zum JE bietet D. A. Carson, Current Source Criticism of the Fourth Gospel, 411 ff.

1.2 Redaktionelle Schichten im Johannesevangelium

Eine Variante älterer literarkritischer Theorien ist in der gegenwärtigen Johannesforschung von großer Bedeutung: die These verschiedener literarischer Schichten (bzw. Bearbeitungen) im JE. Dieser im deutschen Sprachraum vor allem von W. Langbrandtner, H. Thyen und mit anderen Akzenten auch von G. Richter vertretene methodische Ansatz versucht unter Aufnahme literarkritischer, form- und traditionsgeschichtlicher sowie redaktionsgeschichtlicher Fragestellungen sowohl die Entstehungsgeschichte des 4. Evangeliums nachzuweisen als auch die theologischen Intentionen der einzelnen Schichten präzis herauszuarbeiten.

W. Langbrandtner unternimmt in seiner bemerkenswerten Studie nicht nur den Versuch, die einzelnen Schichten des JE genau zu rekonstruieren und theologisch zu interpretieren, sondern führt darüber hinaus eine breit angelegte religionsgeschichtliche Einordnung der joh. Literatur durch. Sein methodischer Zugang ist die Literarkritik, mit der er meint, sich „eine Ausgangsbasis schaffen zu können, von der her es möglich ist, die Entwicklung des theologischen Denkens in den joh. Gemeinden und damit ansatzweise die Geschichte des joh. Christentums aufzuzeigen"[55]. So rekonstruiert Langbrandtner mit den zumindest seit Bultmann hinlänglich bekannten literarkritischen Argumenten eine joh. ‚Grundschrift‘, die im wesentlichen Texte umfaßt, in denen sich ein schroffer kosmologischer Dualismus als Basis eines asakramentalen und an gegenwärtiger Heilsverwirklichung interessierten konventikelhaften Christentums artikuliert. In dem alles bestimmenden gnostischen Dualismus stehen sich zwei einander wesensmäßig ausschließende Sphären gegenüber: ein oberer, himmlischer und ein unterer, irdischer Bereich[56].

Die Folgen dieses dualistischen Grundansatzes für die Christologie, Soteriologie, Kosmologie und Anthropologie ergeben sich zwangsläufig: Jesus als Gottes einziges Offenbarungswort bringt dem Menschen den Willen Gottes und ermöglicht zugleich durch seinen Anodos als Schritt aus der unteren in die obere Sphäre dessen Realisierung. Wer sich für Jesus entscheidet, erlangt sofort die Erlösung. Er bekommt durch den Glauben Anteil am oberen, himmlischen Bereich und ist somit der irdischen Vergänglichkeit und dem Tod entzogen. Es entsteht eine Wesens- und Schicksalsgemeinschaft zwischen dem Offenbarer, der zugleich die Offenbarung ist, und dem Glaubenden. Aneignungsform des Heilsgeschehens ist einzig und allein der Glaube, es gibt keinerlei vermittelnde Instanzen, so daß die Wundergeschichten in ihrer irdischen Massivität nur als Negativfolie zu dem allein auf das Himmlische gerichteten rechten

---

[55] W. Langbrandtner, Weltferner Gott, VIII.
[56] Vgl. a.a.O., 84ff.

Glauben an den Offenbarer verstanden werden können. Der Jesus der joh. ‚Grundschrift' steht der Welt und allem Irdischen wesensmäßig distanziert gegenüber.

Die Theologie der ‚Redaktion' zeichnet sich nach Langbrandtner vor allem durch eine veränderte dualistische Konzeption aus. Der kosmologisch-soteriologische Dualismus der ‚Grundschrift' wird in ein innerweltliches Gegenüber von Gemeinde und Welt umgewandelt, wodurch naturgemäß die Kosmologie ihre soteriologische Bedeutung verliert[57]. Zentrum der Soteriologie sind nun die Ekklesiologie, die Vorstellung vom Opfertod Jesu, der Sakramentalismus und die futurische Eschatologie. Innerhalb der Christologie wird die Unvereinbarkeit der beiden Sphären durchbrochen (Joh 1,14!), und die Leiblichkeit des irdischen wie auferstandenen Jesus bekommt soteriologische Funktion. Die Sakramente sind Garanten des Heils, Petrus ist Bürge für die Einheit der Kirche und der Lieblingsjünger Wächter der ‚reinen' Lehre[58]. Die Gemeinde betreibt Mission, fordert rechtes ethisches Verhalten und versteht sich durch den Parakleten weiterhin als Ort göttlicher Offenbarungen.

Ziel der Arbeit Langbrandtners ist nicht weniger als eine Integration zweier gegensätzlicher Richtungen bisheriger Johannesinterpretation. Entspricht die ‚Grundschrift' der gnostischen Johannesdeutung E. Käsemanns und L. Schottroffs, so gleicht die Theologie der Redaktion eher einer konservativen Johannesauslegung, wie sie u. a. R. Schnackenburg vertritt. Vor allem wirkt aber auch in Langbrandtners Arbeit der Johanneskommentar R. Bultmanns nach, da die Ergebnisse seiner literarkritischen Analysen durchweg mit denen Bultmanns übereinstimmen und Langbrandtners ‚Redaktion' von Bultmanns ‚kirchlicher Redaktion' in ihrer Substanz nur durch den Namen unterschieden ist. Die in Abschnitt 1.1 vorgebrachten methodologischen Einwände gegen eine extensive Literarkritik als Quellenkritik gelten somit auch Langbrandtner, der sehr schematisch von einem einmal gewonnenen Standpunkt aus mit großer Sicherheit Kapitel, Verse, ja einzelne Worte der ‚Grundschrift' oder der ‚Redaktion' zuweist.

Über die Quellenkritik hinaus sind grundsätzliche methodologische Einwände gegen Langbrandtners Analysen zu machen. Sein Versuch, hinter die vorliegende literarische Form des JE zurückzugehen und eine ‚Grundschrift' zu rekonstruieren, scheitert vor allem daran, daß uns „die literarische Struktur" dieser ‚Grundschrift' „als die entscheidende Determinante aller ihrer Details unwiderruflich entzogen"[59] ist. Es ist nicht

---

[57] Vgl. a.a.O., 107.
[58] Vgl. a.a.O., 111.
[59] H. Thyen, Entwicklungen, 267 A 25; vgl. ferner ders., ‚Brüder', 536. Langbrandtner stellt sich natürlich dem Problem der literarischen Form der ‚Grundschrift' (vgl. ders., Weltferner Gott, 103 f.), vermag aber nur festzustellen, daß die Reden und Gespräche Jesu

möglich, hinter der vorliegenden Form des Evangeliums durchgehende ‚Schichten' zu rekonstruieren und überzeugend formgeschichtlich einzuordnen. Zudem ging der Evangelist sehr frei mit seinen Traditionen um, und es „ist von vornherein wenig glaubhaft, daß er sich auf weite Strecken hin der Führung einer ‚Grundschrift' sollte anvertraut haben"[60]. Die ‚Grundschrift' ist eine idealtypische Konstruktion!

Selbst wenn es eine ‚Grundschrift' gegeben haben sollte, ist zu fragen, warum die Redaktion sie aufgenommen und herausgegeben hat, wenn doch ihr Ziel darin bestand, die Theologie der ‚Grundschrift' zu korrigieren und umzuinterpretieren[61]. Warum unternimmt die Redaktion eine ‚Reinterpretation'[62] der ‚Grundschrift' anstatt ausschließlich ihre eigene Theologie zu entfalten? Konnte sie überhaupt damit rechnen, daß die Hörer und Leser des Evangeliums ihre subtile ‚Reinterpretation' erkennen? Weshalb hält die Redaktion für theologisch vereinbar, was der heutigen Exegese widersprüchlich, ja unvereinbar erscheint[63]? Über diese Fragen hinaus muß bezweifelt werden, ob eine ‚Theologie der Redaktion' überhaupt rekonstruierbar ist, denn sie wird aus Textabschnitten, Versen und Einzelwörtern erhoben, die nie in einem literarischen Zusammenhang existiert haben und nach dem Willen der Redaktion ja auch nur in ihrem jetzigen Kontext verstanden werden sollen[64]. Schließlich ist im JE im Gegensatz zu den Johannesbriefen kein akuter christologischer Konflikt zu erkennen, auf dessen Hintergrund die vermutete Vorgehensweise der Redaktion verständlich wäre.

Soweit sich aus den bisherigen Veröffentlichungen erkennen läßt, liegt das Besondere der Johannesinterpretation *H. Thyens* in seinem Versuch, im Autor von Joh 21 den ‚eigentlichen' 4. Evangelisten zu erblicken[65]. Weil der Verfasser dieses Kapitels eine christologisch als ‚naiv-doke-

---

„situationslosen Traktaten ähneln" (a.a.O., 104), die gnostischen Offenbarungsreden entsprechen.

[60] W. Bauer, Joh, 249f.

[61] Vgl. R. Schnackenburg, Entwicklung und Stand, 17f. Langbrandtner kann hier nur vermuten, daß die ‚Grundschrift' wohl „zu unaufgebbaren Traditionen der johanneischen Gemeinde gehört" (ders., Weltferner Gott, 104).

[62] Der für Langbrandtner zentrale Begriff der ‚Reinterpretation' wird an keiner Stelle genau definiert, so daß offen bleibt, welches hermeneutische Konzept sich für die Redaktion mit diesem Vorgehen verband.

[63] Für viele Exegeten sind theologische Systeme nur in einer ‚reinen Form' vorstellbar, d.h. sie müssen in sich völlig ohne Widersprüche sein, noch nicht einmal Nuancen sind erlaubt. Dieses Axiom wird auf die ntl. Texte übertragen, und es werden nach diesem Prinzip der ‚reinen Form' theologische und literarische ‚Schichten' konstruiert, die den gestellten Anforderungen entsprechen.

[64] Vgl. auch H. Thyen, ‚Niemand hat größere Liebe', 478.

[65] Vgl. H. Thyen, Johannes 13, 356; ders., Entwicklungen, 267.282.288; ders., ‚Das Heil kommt von den Juden', 164.

tisch"[66] und traditionsgeschichtlich von den Synoptikern unabhängig[67] einzustufende ‚Grundschrift' „so umfassend und tiefgreifend"[68] bearbeitet und verändert habe, daß diese nicht mehr exakt rekonstruierbar sei, gebühre allein ihm das Prädikat ‚Evangelist'. Thyen wendet sich gegen jegliche Quellentheorien und Versuche, schon den Verfasser der ‚Grundschrift' für Unstimmigkeiten im JE verantwortlich zu machen. Für ihn liegt die Lösung aller Probleme wie schon zuvor für F. Spitta[69] in der Endredaktion des 4. Evangeliums. Joh 20,30 f. ist danach kein wirklicher Buchschluß (so schon F. Chr. Baur!)[70], sondern nur ein „resümierender ‚Schluß'"[71], der Joh 21 in Korrespondenz zum ‚Prolog' bewußt als ‚Epilog' erscheinen lassen soll. „Das ist absichtsvolle Gestaltung und nicht literarisches Unvermögen."[72]

In Joh 21 wird dem Leser mitgeteilt, wer der Garant der Überlieferung, der wahrhafte Zeuge und der Verfasser des JE ist: der Lieblingsjünger[73]. Für Thyen ist der Lieblingsjünger gleichermaßen eine literarische Figur wie auch eine historische Persönlichkeit innerhalb des joh. Kreises[74]. Er erkennt in ihm den πρεσβύτερος des 2/3 Joh[75]. Ihm wurde vom ‚vierten Evangelisten' im ‚Lieblingsjünger' ein literarisches Denkmal gesetzt. Den konkreten Anlaß dafür sieht Thyen in einem akuten christologischen Schisma innerhalb des joh. Kreises (vgl. 1 Joh 2,18 ff.), das für den Verfasser von Joh 21 der Anlaß war, in der Nachfolge des unerwartet verstorbenen Prebyters die ‚naiv-doketische Grundschrift'[76] durchgängig zu bearbeiten, indem er die Lieblingsjüngertexte[77], Joh 1,14–18[78]; 6,48 ff.[79]; 13,34 f.[80] und die futurisch-eschatologischen Abschnitte[81] einfügte. Zudem nahm er Textumstellungen und zahlreiche an den Synoptikern orientierte ‚Reinterpretationen'[82] vor. Weil sich viele Mitglieder der joh. Ge-

---

[66] Vgl. ders., Entwicklungen, 268 A 28.285.292.
[67] Vgl. a.a.O., 289 A 79.
[68] A.a.O., 282.
[69] Vgl. F. Spitta, Joh, 16.
[70] Vgl. F. Chr. Baur, Composition, 188–191.
[71] H. Thyen, Entwicklungen, 260.
[72] Ebd.
[73] Vgl. a.a.O., 262.
[74] Vgl. a.a.O., 293.
[75] Vgl. a.a.O., 296.
[76] Vgl. a.a.O., 292.
[77] Vgl. a.a.O., 274 ff. Den durchweg sekundären Charakter der ‚Lieblingsjüngertexte' hatte zuvor besonders E. Schwartz, Aporien I, 342 ff., behauptet.
[78] Vgl. H. Thyen, Entwicklungen, 273.
[79] Vgl. a.a.O., 277.
[80] Vgl. a.a.O., 280.
[81] Vgl. a.a.O., 269 A 29.
[82] Vgl. a.a.O., 288.

meinden (unter dem Einfluß von Diotrephes)[83] der doketischen Häresie angeschlossen hatten, wurde ihre entschiedene Bekämpfung unumgänglich. In dieser Auseinandersetzung dient der in die literarische Figur des Lieblingsjüngers gekleidete πρεσβύτερος als Traditionsgarant, der zur „Bekämpfung der doketischen Häresie und der Überwindung des Schismas"[84] beiträgt.

Eckpfeiler der Theorien Thyens ist Joh 21[85]. Von hieraus entfaltet er seine These einer umfassenden Redaktion der joh. ‚Grundschrift‘ und entgeht dadurch den Schwierigkeiten exakter Quellenrekonstruktionen. Hier gewinnt er auch anhand der angeblich vom Autor von Joh 21 eingetragenen Lieblingsjüngertexte den konkreten historischen Hintergrund für diese Überarbeitung. Ist aber Joh 21 wirklich ein absichtsvoller Epilog des von Thyen apostrophierten ‚vierten Evangelisten‘? Dagegen spricht nach wie vor Joh 20,30f.! Diese beiden von Johannes verfaßten Verse sind eindeutig ein Buchschluß und bilden den ursprünglichen Abschluß des JE[86]. Johannes verweist abschließend auf den Auswahlcharakter seiner Darstellung, greift das bei Buchschlüssen vielfach belegte ‚Unsagbarkeitsmotiv‘ auf und gibt in V. 31 schließlich den Zweck seines Evangeliums an. Darüber hinaus knüpft Joh 21,25 erkennbar an 20,30 an. Zudem weist die bei Johannes einzigartige Wendung ἐν τῷ βιβλίῳ τούτῳ darauf hin, daß hier ein bewußter Buchschluß vorliegt. Thyen macht aus der Not eine Tugend, wenn nun als gewollt gelten soll, was zuvor mit Recht als Indiz für einen Nachtrag angesehen wurde. Die Verfasser von Kap. 21 hätten 20,30f. nur zu streichen oder aber ihren Nachtrag vor 20,30f. zu stellen brauchen, um einen glatten Übergang und eine geschlossene Darstellung zu erhalten. Sie haben es aber nicht getan!

Sprach- und Stileigentümlichkeiten können den sekundären Charakter von Joh 21 nicht erweisen[87], wohl aber zahlreiche inhaltliche Argumente. In Kap. 21 werden offensichtlich die fehlenden Epiphanien in Galiläa nachgetragen und dabei die Erscheinungen Jesu vor seinen Jüngern in 20,19–29 ignoriert. Es ist schon merkwürdig, wenn Jesus die Jünger *nach* Geistbegabung und Sendung in ihren alten Fischerberuf – der zuvor im Evangelium gar nicht erwähnt wird – nach Galiläa zurückkehren läßt, um ihnen dort abermals zu erscheinen[88]. Zudem verbietet der redaktionelle

---

[83] Thyen neigt hier der bekannten These W. Bauers zu; vgl. a.a.O., 298.

[84] A.a.O., 296.

[85] Vgl. schon D. M. Smith, Composition and Order, 234, der feststellt, Joh, 21 „is the key and cornerstone for any redactional theory".

[86] Vgl. die eingehende Begründung im Abschnitt 3.8.1.

[87] Vgl. R. Bultmann, Joh, 542; C. K. Barrett, Joh, 576ff.; G. Reim, Johannes 21, 331. Wichtige Hapaxlegomena sind παιδία in 21,5 als Anrede der Jünger und ἀδελφοί in 21,23 als Bezeichnung für Christen.

[88] Vgl. E. Haenchen, Joh, 594.

Vers Joh 20,29 geradezu jede weitere Erscheinung[89], denn in dem Makarismus formuliert Johannes, was von nun an für die späteren Generationen im Unterschied zu den Augenzeugen gilt: Glauben, ohne zu sehen. Gegenüber diesem pastoral motivierten Abschluß der Erzählungen im 4. Evangelium wirken die weiteren Epiphanien in Kap. 21 deplaziert[90].

Ferner erweist sich Kap. 21 durch die Zählung in V. 14 als Nachtrag, weil sie die Erscheinungen in 20,19–23.24–29 voraussetzt. Nur in 21,2 erscheinen die Zebedaiden, und es muß gefragt werden, warum sich erst hier die Nachricht findet, Nathanael stamme aus Kana[91]. Schließlich geben sich in 21,24f. die Verfasser von Kap. 21 und wahrscheinlich auch die Herausgeber des gesamten Evangeliums selbst zu erkennen[92]. Ihr Zeugnis über den Lieblingsjünger[93] schließt sich nahtlos an V. 1–23 an, ist im Munde des Evangelisten Johannes unmöglich und unterstreicht nachdrücklich den Charakter von Joh 21 als Nachtrag einer postjohanneischen Redaktion[94].

Darüber hinaus artikuliert sich in Kap. 21 ein verstärktes und gegenüber Kap. 1–20 gewandeltes ekklesiologisches Interesse, das sich insbesondere an der Gestalt des ‚Lieblingsjüngers‘ nachweisen läßt. Die Verfasser von Kap. 21 stellen den ‚Lieblingsjünger‘ als eine historische Persönlichkeit dar, dessen unmittelbar zurückliegender Tod in der Gemeinde Verwirrung auslöste. Offenbar begründete ein Herrenwort (V. 22b.23c: αὐτὸν θέλω μένειν ἕως ἔρχομαι) die Tradition, daß dieser Jünger nicht sterben werde (V. 23a). Viele innerhalb der joh. Schule erwarteten deshalb die Parusie noch zu Lebzeiten des ‚Lieblingsjüngers‘[95], eine Hoffnung, die sich nicht erfüllte und theologisch bewältigt werden mußte. Die Verfasser von Kap.21 stellten sich dieser veränderten Situation, indem sie der in der Gemeinde umlaufenden Personallegende über den ‚Lieblingsjünger‘ und den mit ihm verbundenen eschatologischen Erwartungen eine relativierende Interpretation des Herrenwortes entgegensetzten (V.

---

[89] Vgl. dazu den Abschnitt 3.8.2.

[90] Vgl. R. Bultmann, Joh, 543.

[91] Vgl. ebd.

[92] Den Plural in V. 24b übergeht Thyen stillschweigend und spricht durchgehend von ‚einem‘ Verfasser bzw. Autor (vgl. ders., Entwicklungen, 275.277 u.ö.).

[93] Nur der ‚Lieblingsjünger‘ kann gemeint sein, vgl. R. Schnackenburg, Joh III, 445.

[94] Kap. 21 halten u.a. für sekundär: R. Bultmann, Joh, 542ff.; E. Haenchen, Joh, 580ff.; R. Pesch, Fischfang, 39; J. Becker, Joh II, 634ff.; J. Gnilka, Joh, 156ff.; J. Schneider, Joh, 327; A. Wikenhauser, Joh, 286. Dagegen halten Kap. 21 u.a. für ursprünglich: W. Bauer, Joh, 234f.; E. Ruckstuhl, Einheit, 134ff.; S. Smalley, John, 95–97; G. Reim, Johannes 21; P. Minear, Joh, 21; A. Schlatter, Joh, 363; A. Jülicher, Einleitung, 312; R. E. Brown, Joh II, 1077ff. (Epilog); C. K. Barrett, Joh, 576f. (Appendix); R. H. Lightfoot, Joh, 337ff. (Appendix); C. H. Dodd, Interpretation, 431; W. Heitmüller, Joh, 180 (Nachtrag).

[95] Vgl. R. Schnackenburg, Joh III, 442f.

23b.c)[96] und das in Kap. 1–20 überlieferte Bild vom ‚Lieblingsjünger‘ in zweifacher Weise korrigierten bzw. ergänzten. Zum einen wird aus dem Lieblingsjünger als Garanten der joh. Tradition der Verfasser des gesamten Evangeliums (V. 24a). Zwar bürgt er schon in Kap. 1–20 durch seinen unmittelbaren Zugang zu Jesus für die Wahrheit des joh. Christuszeugnisses (vgl. bes. Joh 19,34b–35, ferner Joh 13,21–30; 18,15–18; 19,25–27), aber die ihm nun zugeschriebene Abfassung des 4. Evangeliums ist eine Steigerung dieses Motivs. Zum anderen werden durch V. 24 der ‚Lieblingsjünger‘ und der Evangelist Johannes gleichgesetzt, wofür es in Kap. 1–20 keinerlei Anzeichen gibt[97].

Korrigiert wird in Joh 21 das Verhältnis zwischen Petrus und dem ‚Lieblingsjünger‘. In Joh 1–20 kommt Petrus keine besondere Bedeutung zu. Er ist nicht der Erstberufene (vgl. Joh 1,40ff.: Andreas bringt ihn zu Jesus), sondern nur einer unter vielen namentlich genannten Jüngern (Joh 1,40; 6,8ff.; 12,22: Andreas, 1,43ff.; 6,5ff.; 12,22; 14,8: Philippus, 1,45–51: Nathanael, vgl. ferner Maria, Martha und Lazarus in Joh 11,12). Die Erscheinungsgeschichten in Kap. 20 wissen nichts von einer Protepiphanie Petri[98]. Demgegenüber wird das besondere Verhältnis des ‚Lieblingsjüngers‘ zu Jesus nachdrücklich betont.

Im redaktionellen Abschnitt Joh 13,23–26a[99] liegt der ‚Lieblingsjünger‘ an der Brust Jesu (κόλπος nur Joh 13,23 und 1,18, wo Jesus im Schoß des Vaters ist!), und Petrus muß sich erst an ihn wenden, um den Namen des Verräters zu erfahren. Eine Antwort bekommt er freilich nicht, d. h. das zentrale Motiv dieses Abschnitts ist nicht die Entlarvung des Verräters, sondern die Gegenüberstellung von Petrus und dem ‚Lieblingsjünger‘[100]. Während Petrus hier deutlich in eine Nebenrolle gedrängt wird, fungiert der ‚Lieblingsjünger‘ als Hermeneut Jesu, so wie Jesus der Hermeneut des Vaters ist (Joh 1,18)[101].

Das einzigartige Verhältnis zwischen Jesus und dem ‚Lieblingsjünger‘ kommt auch in Joh 19,25–27 zum Ausdruck. In den vom Evangelisten[102] gestalteten V.

---

96 Mit R. Schnackenburg, Joh III, 444, ist die hier vorgetragene Korrektur der Personaltradition über den ‚Lieblingsjünger‘ in einer veränderten Auffassung des μένειν zu sehen.

97 Es ist nicht möglich, über das Zeugnismotiv in Joh 19,35 in Verbindung mit 19,26 (wo allein der ‚Lieblingsjünger‘ unter dem Kreuz verharrt) bereits hier eine Gleichsetzung des ‚Lieblingsjüngers‘ mit dem Evangelisten Johannes anzunehmen, denn Zeugnis ist nicht Verfasserschaft!

98 Vgl. T. Lorenzen, Lieblingsjünger, 93f.

99 Zur Begründung des redaktionellen Charakters von V. 23–26a vgl. T. Lorenzen, a.a.O., 15 A 21. Anders R. Bultmann, Joh, 366; G. Hartmann, Osterberichte, 206 A 1. H. Thyen, Entwicklungen, 276ff., sieht auch hier die Redaktion von Kap. 21 am Werk; zur Kritik vgl. R. Schnackenburg, Joh III, 14.

100 Vgl. T. Lorenzen, Lieblingsjünger, 17.

101 Gegen H. Thyen, Entwicklungen, 280, der ohne Begründung behauptet: „Eine unmittelbare Konkurrenz zwischen Petrus und dem Lieblingsjünger ist nicht erkennbar."

102 Vgl. T. Lorenzen, Lieblingsjünger, 23f.; R. Schnackenburg, Joh III, 323; A. Dauer, Passionsgeschichte, 196–200 (umfassender Nachweis des redaktionellen Charakters von V. 26f.); R. Bultmann, Joh, 515; A. Kragerud, Lieblingsjünger, 27; W. Wilkens, Entstehungs-

26 f. werden die Mutter Jesu und der ‚Lieblingsjünger' aneinander gewiesen, wobei der ‚Lieblingsjünger' als wahrer Zeuge unter dem Kreuz und irdischer Nachfolger Jesu erscheint, in dessen Obhut sich Maria begeben soll[103]. Repräsentiert sie exemplarisch die Glaubenden aller Zeiten[104], so liegt ein weiterer Hinweis auf die hervorgehobene Stellung des ‚Lieblingsjüngers' vor: Ihm gelten die letzten Worte Jesu, und an ihn ist die Gemeinde nach dem Fortgang Jesu gewiesen. Von Jesus selbst autorisiert ist er der einzig legitime Deuter und Vermittler der Botschaft Jesu und wohl auch der anerkannte Führer der joh. Gemeinde. Der Gegensatz zur Einsetzung Petri in das Hirtenamt in Joh 21,15–17 ist unübersehbar[105]!

Der Vorrang des ‚Lieblingsjüngers' gegenüber Petrus spiegelt sich auch in Joh 20,2–10 wider[106]. In einer ursprünglich nur von Petrus erzählenden Grabestradition (V. 3a: ἐξῆλθεν)[107] fügt der Evangelist im Rahmen einer umfangreichen redaktionellen Bearbeitung (V. 2.3b [καὶ ὁ ἄλλος μαθητής] . . . . 4.5b [οὐ μέντοι εἰσῆλθεν] . 6.8.10)[108] die Gestalt des ‚Lieblingsjüngers' als ὁ ἄλλος μαθητὴς ὃν ἐφίλει ὁ Ἰησοῦς ein[109]. Das Motiv dafür ist zweifellos in der Rivalität zwischen

---

geschichte, 84 f. Anders H. Thyen, Entwicklungen, 283, der auch V. 25 zur Redaktion rechnet und die Nichterwähnung des ‚Lieblingsjüngers' in V. 25 der „wirkungsvollen Manier" des Autors von Joh 21 zuschreibt.

[103] R. Schnackenburg, Joh III, 327: „Der Jünger nimmt Maria zu sich: das ist es, worauf der Evangelist hinaus will, worin für ihn die Sinnspitze liegt."

[104] Vgl. H. Schürmann, Jesu letzte Weisung, 20 ff. Andere Deutungsversuche der Maria bei A. Dauer, Passionsgeschichte, 318 ff.

[105] Gegen H. Thyen, Entwicklungen, 284, der behauptet: „Doch zeigt das szenische Gegenüber der Maria und des Lieblingsjüngers deutlich, daß das Darstellungsinteresse von keiner irgendwie gearteten Konkurrenz zu Petrus geleitet ist." Der Evangelist konnte Petrus im Widerspruch zur Tradition nicht unter dem Kreuz auftreten lassen (vgl. R. Bultmann, Joh, 369 A 7), wodurch das Konkurrenzmotiv aber keineswegs eliminiert wird, denn die hier dem ‚Lieblingsjünger' zugewiesene Stellung setzt einen aus den der johanneischen Gemeinde sicherlich bekannten Petrustraditionen (vgl. Mk 1,16.29–3,16 u.ö.: Erstberufung und führende Stellung in den Apostelkatalogen, 1 Kor 15,5; Lk 24,34: Ersterscheinung, Mt 16,18: Einsetzung in das Hirtenamt) abgeleiteten Führungsanspruch außer Kraft. So haben es die Verfasser von Kap. 21 auch verstanden und ihre Korrektur angebracht.

[106] Es besteht ein allgemeiner Konsens darüber, daß der Evangelist den Wettlauf zum Grab (V. 2–10) in die Erzählung vom Gang der Maria Magdalena zum Grab und der dortigen Erscheinungen (V. 1.11–18) erst eingefügt hat; die Gründe nennt W. Wilkens, Entstehungsgeschichte, 87.

[107] R. Schnackenburg, Joh III, 359; G. Hartmann, Vorlage, 200, meinen, Petrus und Maria Magdalena seien ursprünglich zum Grab zurückgekehrt; zur Kritik vgl. T. Lorenzen, Lieblingsjünger, 32 A 32. Als traditionsgeschichtlicher Hintergrund der Johannes vorliegenden Erzählung gilt zu Recht Lk 24,12 (vgl. ferner Lk 24,24); vgl. die Auflistung bei T. Lorenzen, Lieblingsjünger, 27 A 10.

[108] Zur jeweiligen Begründung vgl. T. Lorenzen, a.a.O., 29–36. W. Langbrandtner, Weltferner Gott, 30–32; H. Thyen, Entwicklungen, 288 ff.; P. Hoffmann, TRE IV 506, sehen in Joh 20,2–10 das Werk der Redaktion von Kap. 21. Sie bagatellisieren das Konkurrenzmotiv zwischen Petrus und dem ‚Lieblingsjünger' und sprechen zu Unrecht dem Evangelisten Johannes eine antidoketische Tendenz ab.

[109] Die Bezeichnung des ‚Lieblingsjüngers' als ὁ ἄλλος μαθητὴς ὃν ἐφίλει ὁ Ἰησοῦς

Petrus und dem ‚Lieblingsjünger' zu sehen, denn diese wird nun durch den Wettlauf zum Grab (V. 4: προέδραμεν; V. 8: πρῶτος), vor allem aber durch V. 8 deutlich hervorgehoben[110]. Im Gegensatz zu Petrus, der durch seine sorgfältige Beobachtung (V. 7) ein wichtiger Zeuge des Ostergeschehens ist[111], deutet der ‚Lieblingsjünger' die Situation zutreffend, wird zum ersten Osterzeugen und gelangt als erster zum vollen Glauben an die Auferstehung Jesu[112]. Dieser außerordentliche und beispielhafte Glaube illustriert wiederum das besondere Verhältnis des ‚Lieblingsjüngers' zu Jesus. Darüber hinaus bestätigt der ‚Lieblingsjünger' (wie auch Petrus) nachdrücklich die Wirklichkeit des Todes und der leiblichen Auferstehung Jesu, worin eine antidoketische Tendenz sichtbar wird.

Wie in Joh 20,3.4.8 ist in 18,15–18 vom ἄλλος μαθητής (V. 15: ἄλλος μαθητής, ὁ δὲ μαθητὴς ἐκεῖνος, V. 16: ὁ μαθητὴς ὁ ἄλλος) die Rede. Obwohl Petrus und der andere Jünger ihrem Herrn zum Hof des Hohepriesters nachfolgen, betreten nur Jesus und der ἄλλος μαθητής, nicht aber der im Text zuerst genannte Petrus den Hof. Dieser Jünger hat im Gegensatz zu Petrus das Privileg der Bekanntschaft des Hohepriesters und eines freien Zutritts zu dessen Hof. Er muß zur Tür zurückkehren, um den Eintritt des Petrus zu vermitteln. Das in der Vorrangstellung des ἄλλος μαθητής offenkundig werdende Motiv der Konkurrenz zu Petrus[113], die zahlreichen Parallelen zu Joh 20,2–10 (auch dort wird Petrus in V. 2 zuerst genannt, dann aber ist ihm in V. 4.8 der ‚Lieblingsjünger' voraus) und der redaktionelle Charakter von V. 15b–16[114] machen es wahrscheinlich, daß der ἄλλος μαθητής kein anderer als der ‚Lieblingsjünger' ist[115]. Er folgt seinem gefangenen Herrn, und keine Tür kann ihn dabei aufhalten. Auch Petrus verschafft er die Möglichkeit des Zuganges zu Jesus, der aber verleugnet den Herrn schmählich.

In Kontinuität zu Joh 19,25–27 und in scharfem Kontrast zu Joh 18,15–18 ist die Bezeugung der Realität des Todes Jesu durch das Heraustreten von αἷμα καὶ

---

bezieht sich auf Joh 13,23; (18,15 f.); 19,26. Zum Wechsel zwischen ἀγαπᾶν und φιλεῖν vgl. Joh 3,35–5,20; 11,3–11,5; 14,24–16,27; vgl. T. Lorenzen, Lieblingsjünger, 30 A 22.

[110] Vgl. A. Kragerud, Lieblingsjünger, 29 f.; T. Lorenzen, Lieblingsjünger, 25 f.; R. Schnackenburg, Joh III, 370.

[111] Allerdings sieht auch der ‚Lieblingsjünger' in V. 5 b die Leinentücher, so daß ihm Petrus nur das Sehen des Schweißtuches ‚voraus' hat.

[112] Gegen R. Bultmann, Joh, 530, der meint, auch Petrus sei beim Anblick des leeren Grabes zum Glauben gekommen.

[113] Vgl. E. Haenchen, Historie und Geschichte, 61 A 15; A. Kragerud, Lieblingsjünger, 26; W. Wilkens, Entstehungsgeschichte, 81; T. Lorenzen, Lieblingsjünger, 50; O. Cullmann, Der johanneische Kreis, 75 f.

[114] Vgl. T. Lorenzen, Lieblingsjünger, 49 ff.

[115] Für eine Identifizierung plädieren u. a.: H. Strathmann, Joh, 239; A. Kragerud, Lieblingsjünger, 25 f.; W. Wilkens, Entstehungsgeschichte, 81; R. E. Brown, Joh II, 822; T. Lorenzen, Lieblingsjünger, 51; O. Cullmann, Der johanneische Kreis, 75; H. Thyen, Entwicklungen, 281; W. Langbrandtner, Weltferner Gott, 44 f. (für Thyen und Langbrandtner ist natürlich der Autor von Kap. 21 für die Identifizierung verantwortlich). Eine Identifizierung lehnen dagegen u. a. ab: R. Bultmann, Joh, 369 f.; C. H. Dodd, Tradition, 86 ff.; B. Lindars, Joh, 548; J. Roloff, ‚Lieblingsjünger', 131 f.; A. Dauer, Passionsgeschichte, 72–75; R. Schnackenburg, Joh III, 266 f.

ὕδωρ in Joh 19,34b–35 zu sehen. Diese vom Evangelisten Johannes[116] in einen vorgegebenen Zusammenhang eingefügte Szene hat deutlich eine antidoketische Tendenz, die sich nicht nur in dem sakramentalen αἷμα καὶ ὕδωρ, sondern auch in der Person dessen artikuliert, der das Geschehen bezeugt. Für die Identifizierung des unbekannten Zeugen mit dem ‚Lieblingsjünger' spricht Joh 19,26 f., wo er neben den Frauen der einzige Zeuge unter dem Kreuz ist[117]. Da Johannes keinen anderen männlichen Zeugen unter dem Kreuz als den ‚Lieblingsjünger' kennt, wäre es verwunderlich, wenn er nicht an ihn gedacht hätte[118]. Offenbar bereitet Joh 19,25–27 die Szene vor, so daß hier der ‚Lieblingsjünger' nicht noch einmal eigens genannt werden muß. Er verharrt als wahrer Zeuge unter dem Kreuz, während Petrus Jesus verleugnet!

Schließlich ist der ‚Lieblingsjünger' auch hinter jenem unbekannten Jünger in Joh 1,35–42 zu vermuten, der mit Andreas als erster berufen wurde. Johannes hat nach dem Zeugnis des Täufers (V. 19–28) und dem ersten Auftreten Jesu (V. 29–34) zwei verschiedene Nachfolgeerzählungen aneinandergereiht (V. 35–42; V. 43–51), die sich ihrerseits wiederum deutlich in zwei Abschnitte gliedern lassen (V. 35–39.40–42; V. 43–44.45–51). Während die Berufung der beiden anonymen Johannesjünger in V. 35–39 im wesentlichen auf einer vorjoh. Erzählung basiert[119], muß die Identifizierung des einen Jüngers mit Andreas in V. 40 auf den Evangelisten zurückgeführt werden. Dieser Vers ist mit dem Kontext nicht fest verbunden[120], weist joh. Stileigentümlichkeiten auf[121], und die Beschreibung von Andreas als Bruder des Simon Petrus nimmt Angaben aus V. 41 vorweg[122]. Als traditionell hingegen sind das Zeugnis des Andreas und die Namensverheißung an Simon in V. 41 f. anzusehen[123], während die Berufung des Philippus durch Jesus[124] in V. 43 wiederum redaktionell ist[125]. Wie in V. 40 wird der Jünger aus

---

[116] Zur Begründung vgl. die ausführliche Exegese von Joh 19,34 b–35 im Abschnitt 4.3.

[117] Für den ‚Lieblingsjünger' halten den Zeugen in 19,35 u. a. E. C. Hoskyns, Fourth Gospel, 533; A. Kragerud, Lieblingsjünger, 140; W. Bauer, Joh, 266; J. Roloff, ‚Lieblingsjünger', 132; R. Schnackenburg, Joh I, 78; R. E. Brown, Joh II, 936; T. Lorenzen, Lieblingsjünger, 58; R. Bultmann, Joh, 526 (‚kirchliche Redaktion'); H. Thyen, Entwicklungen, 186; W. Langbrandtner, Weltferner Gott, 34 (Thyen und Langbrandtner sehen auch in Joh 19,34 b–35 das Werk des Autors von Kap. 21).

[118] Zudem erscheint der ‚Lieblingsjünger' zuvor an allen wichtigen Stellen der Passionsgeschichte.

[119] Sicher redaktionell ist lediglich τῇ ἐπαύριον (vgl. Joh 1,29; 1,42; 6,22; 12,12) πάλιν (43mal im Johannesevangelium) in V. 35 a und das οὖν-historicum in V. 39. Johanneisch ist möglicherweise auch das partitive ἐκ in V. 35; vgl. zur umfassenden Begründung T. Lorenzen, Lieblingsjünger, 40 ff. (bes. 40 A 10).

[120] Vgl. a.a.O., 42.

[121] Simon Petrus (Ruckstuhl Nr. 24), ἐκ part (Ruckstuhl Nr. 45), Asyndeton (Ruckstuhl Nr. 6).

[122] Vgl. T. Lorenzen, Lieblingsjünger, 42. Für redaktionell halten V. 40 auch C. H. Dodd, Tradition, 306; G. Hartmann, Vorlage, 209.

[123] Vgl. zur Begründung T. Lorenzen, Lieblingsjünger, 43, der zutreffend feststellt, daß in V. 41 statt οὗτος wahrscheinlich Ἀνδρέας gestanden habe. Zu den textkritischen Problemen von V. 41 (πρῶτος /πρῶτον) vgl. C. K. Barrett, Joh, 181 f.

[124] Vgl. E. Haenchen, Joh, 180.

[125] Vgl. T. Lorenzen, Lieblingsjünger, 43 ff. Dort auch die Auseinandersetzung mit Boismard und Schnackenburg, die V. 43 für nachjohanneisch halten, wodurch V. 44 an 42

der folgenden Erzählung vorweggenommen, und durch den ebenfalls redaktionellen V. 44 werden Andreas, Petrus und Philippus zueinander in Beziehung gesetzt, ehe dann in V. 45 ff. eine weitere traditionelle Berufungserzählung folgt[126]. Johannes hat durch V. 40 und V. 43 f. drei traditionelle Berufungserzählungen (V. 35–39.41–42.45 ff.) miteinander verbunden und einen anonymen Johannesjünger mit Andreas identifiziert. In dem anderen namenlosen und bewußt in V. 44 nicht erwähnten Jünger wird man einen Hinweis des Evangelisten auf den ‚Lieblingsjünger‘ sehen müssen, der zwar erst ab Kap. 13 richtig in Erscheinung tritt, aber von Anfang an wahrer Zeuge des Christusgeschehens ist[127]. Er wurde vor Petrus berufen, während jener erst durch seinen Bruder Andreas zu Jesus kam.

In Joh 1–20 ist der ‚Lieblingsjünger‘ als wahrer Zeuge und Hermeneut Jesu von Anfang an der Garant der joh. Tradition. Von Jesus selbst wird er zum irdischen Nachfolger eingesetzt und gelangt als erster zum vollen Osterglauben. Stets ist er Petrus vorgeordnet, der im scharfen Kontrast zum ‚Lieblingsjünger‘ seinem Herrn nicht die Treue hält, sondern ihn verleugnet[128]. Dieses Bild ändert sich in Joh 21. Hier ist Petrus die zentrale Gestalt des Jüngerkreises, so wie es sich in V. 1–14 andeutet und in der Einsetzung in das Hirtenamt (V. 15–17) nachdrücklich zum Ausdruck kommt.

In V. 1–14 haben die Verfasser von Kap. 21 eine Fischfang- und eine Erscheinungstradition (vgl. Lk 24,13–35) miteinander verbunden[129]. Als oberste redaktionelle Schicht lassen sich die rahmenden Verse 1 und 14 erkennen. Darauf weisen die Verknüpfungspartikel μετὰ ταῦτα und πάλιν in V. 1, das wiederholte φανεροῦν in V. 1 und V. 14 wie auch die auf Joh 20,19–23.24–29 Bezug nehmende Zählung in V. 14 hin[130]. Möglicherweise ist die Ortsangabe ἐπὶ τῆς θαλάσσης τῆς Τιβεριάδος traditionell[131], die eigentliche Erzählung beginnt aber erst mit der Jüngerliste in V. 2. Ursprünglich umfaßte diese Liste nur Petrus und die Zebedaiden, die Redaktion hat Thomas (vgl. Joh 20,24–29), Nathanael (vgl. Joh 1,49) und die beiden anderen Jünger nachgetragen, um so die Siebenzahl zu erreichen[132]. Gehören V. 2.3.4a zum Fischfangbericht, so ist die Bemerkung in

---

anschließen würde und der zweite Jünger aus V. 37–39 Philippus wäre. In diesem Fall ist allerdings in V. 41 eher πρῶτος als πρῶτον zu erwarten! Zudem weisen τῇ ἐπαύριον und die Parallelität zu V. 40 auf Johannes.

126 Vgl. T. Lorenzen, a.a.O., 44 ff.

127 Für eine Identifizierung plädieren u.a.: A. Kragerud, Lieblingsjünger, 19 ff.; E. C. Hoskyns, Fourth Gospel, 180; W. Wilkens, Entstehungsgeschichte, 35 A 122; F. Hahn, Jüngerberufung, 184 f.

128 Gegen R. E. Brown/K. P. Dornfried/J. Reumann, Der Petrus der Bibel, 121, die eine Rivalität zwischen Petrus und dem ‚Lieblingsjünger‘ leugnen.

129 Zur Diskussion der Probleme vgl. R. Schnackenburg, Joh III, 410 ff.

130 Vgl. R. Pesch, Fischfang, 88; R. Schnackenburg, Joh III, 418; J. Becker, Joh II, 639.

131 Vgl. R. Schnackenburg, Joh III, 410 ff.

132 Vgl. R. Pesch, Fischfang, 91; R. Schnackenburg, Joh III, 419; J. Becker, Joh I, 637 f. Gegen R. Fortna, Gospel, 89 f., der alle Personenbezeichnungen seiner ‚Quelle‘ zurechnet.

V. 4b nur im Rahmen der Erscheinungstradition sinnvoll[133]. Dagegen ist V. 5 der
Redaktion zuzuweisen, wie es die Hapaxlegomena παιδία (vgl. 1Joh 2,13.18),
προσφάγιον und die Spannungen zu V. 9 nahelegen (dort ist das Mahl auf
wunderbare Weise längst bereitet, während hier die Jünger auf das Geheiß Jesu
fischen, um zu essen)[134]. V. 6 ist ganz der Fischfangtradition, V. 7 hingegen der
Redaktion zuzurechnen[135]. Wie in Joh 20,8 deutet der ‚Lieblingsjünger‘ in V. 7a
die Situation zutreffend, wodurch die Redaktion an die Darstellung des ‚Lieblingsjüngers‘ in Joh 1–20 anschließt, gleichzeitig aber die Gegenüberstellung der
beiden Jünger in V. 20–22 vorbereitet. Sobald Petrus hört, daß es der Herr ist,
stürzt er in den See, um Jesus vor allen anderen Jüngern zu erreichen. Der
Grundbestand von V. 8f. gehört zum Erscheinungsbericht, der wie die Emmaus-
perikope eine Mahlszene mit einschloß[136]. Eine redaktionelle Verbindung zwischen dem reichen Fischfang und der Erscheinungstradition stellt V. 10 dar;
einige der gerade gefangenen Fische sollen auch zum Essen dienen, obgleich das
Mahl eigentlich schon zubereitet ist (vgl. V. 9)[137]. V. 11 ist der Abschluß der
Fischfanggeschichte, hier bringt Petrus allein die Überfülle der Fische an Land,
ohne das Netz zu zerreißen. Die Zahl 153 bestätigt die Größe und Realität des
Wunders, symbolisiert Fülle und Universalität[138]. Gleichzeitig steht das Netz für
die alles umspannende Kirche und Petrus für den einen Hirten, der die Gotteskin-
der sammelt. Die Mahlszene in V. 12f. ist Ende und Höhepunkt der Erscheinungstradition. Beim Mahl erkennen die Jünger, daß es der Herr ist (vgl. Lk
24,30ff.), der seine Gemeinschaft mit ihnen auch nach Ostern fortsetzt. Auf die
Redaktion gehen die Einleitung in V. 12a (vgl. V. 5a.10a) und das merkwürdige
Schwanken zwischen Fragen-Wollen und Wissen zurück, das durch das Erkennen des ‚Lieblingsjüngers‘ in V. 7 bedingt ist[139].

Der ‚Lieblingsjünger‘ hat in Joh 21,7 die Gabe der rechten Erkenntnis
Jesu, ein Motiv, das offensichtlich in der Tradition verankert war und von
der postjoh. Redaktion nicht übergangen werden konnte. Andererseits
steht deutlich Petrus im Mittelpunkt des Geschehens[140]: 1. Auf seine
Initiative hin gehen die Jünger fischen (V. 3). 2. Er stürzt sich in den See,
um vor allen anderen beim Herrn zu sein (V. 7b). 3. Das übervolle Netz
zieht er allein an Land (V. 11). Durch diese nachdrückliche Betonung der
Person des Petrus bereitet die Redaktion bereits den folgenden Dialog des
Auferstandenen mit Petrus vor.

---

[133] Vgl. R. Pesch, Fischfang, 94; R. Schnackenburg, Joh III, 421.
[134] Vgl. R. Pesch, Fischfang, 95; J. Becker, Joh II, 637.
[135] Vgl. R. Schnackenburg, Joh III, 423; J. Becker, Joh II, 640f. Anders R. Pesch,
Fischfang, 95ff., der V. 6 der Fischzugsgeschichte, V. 7 hingegen dem Erscheinungsbericht
zuschreibt.
[136] Vgl. R. Schnackenburg, Joh III, 424. Er vermutet zu Recht, daß die ἄλλοι μαθηταί
in V. 8a und der letzte Teil des Verses (σύροντες κτλ) auf die Redaktion zurückgehen.
[137] Vgl. R. Pesch, Fischfang, 99; R. Schnackenburg, Joh III, 425; J. Becker, Joh II, 641.
[138] Zu den einzelnen Deutungen der Zahl 153 vgl. R. Schnackenburg, Joh III, 426.
[139] Vgl. R. Schnackenburg, a.a.O., 427f.
[140] Traditionsgeschichtlich ist dies auf die Fischfanggeschichte zurückzuführen, die
wohl primär eine Petrustradition war.

Hier wird Petrus in mehrfacher Weise hervorgehoben[141]: Durch den Komparativ πλέον in V. 15 trägt die postjoh. Redaktion ausdrücklich das Konkurrenzmotiv zwischen Petrus und den anderen Jüngern ein (vgl. dagegen Mk 9,33–37; 10,35–40.41–45), um so die Vorrangstellung des Petrus zu betonen. Das dreimalige Fragen Jesu und die Betrübnis des Petrus in V. 17 lenken auf das Nachfolgeversprechen (Joh 13,36–38) und die dreifache Verleugnung zurück (Joh 18,15–18.25–27), mit dem Ziel, Petrus zu rehabilitieren. Schließlich macht die Einsetzung in das Hirtenamt Petrus zum irdischen Stellvertreter Jesu; was Gott Jesus anvertraute (Joh 10), empfängt nun Petrus. Unverkennbar ist das Interesse der postjoh. Redaktion, an die besondere Funktion des ‚Lieblingsjüngers‘ innerhalb der joh. Schule in einem begrenzten Maß anzuknüpfen, gleichzeitig aber Petrus deutlich in den Vordergrund zu stellen. Dies zeigt sich nicht zuletzt in dem Gespräch zwischen Jesus und Petrus über den ‚Lieblingsjünger‘ in V. 20–22. Hat in Joh 1–20 der ‚Lieblingsjünger‘ im Gegensatz zu Petrus unmittelbaren Zugang zu Jesus, so sprechen an dieser Stelle Jesus und Petrus über das Schicksal des ‚Lieblingsjüngers‘, der selbst stumm blieb.

H. Thyens von Joh 21 ausgehender Versuch einer Neuinterpretation der Entstehungsgeschichte des 4. Evangeliums scheitert an dem sekundären Charakter dieses Kapitels[142]. Es ist nicht ein ‚absichtsvoller Epilog‘, sondern ein Nachtrag, wie es der Buchschluß in Joh 20,30 und die zahlreichen sachlichen Differenzen zwischen Joh 1–20 und Joh 21 belegen. Auch die Gestalt des ‚Lieblingsjüngers‘ ist nicht ein verbindendes Element, denn in Kap. 1–20 stammen alle ‚Lieblingsjüngertexte‘ vom Evangelisten Johannes, der diese Zentralgestalt der joh. Schule deutlich in den Vordergrund stellt, während in Kap. 21 die postjoh. Redaktion nachdrücklich an der Vorrangstellung des Petrus interessiert ist. Historisch und hermeneutisch fragwürdig ist zudem Thyens Vorschlag, den Autor von Joh 21 als ‚vierten Evangelisten‘ zu bezeichnen. Da Thyen offenbar bewußt auf eine genaue Rekonstruktion der dem ‚vierten Evangelisten‘ angeblich vorliegenden ‚Grundschrift‘ verzichtet, ist nicht ersichtlich, wie umfassend dessen literarische und theologische Tätigkeit war und ob ihm das Prädikat ‚Evangelist‘ gebührt. Schließlich wird durch diese Begriffsverschiebung noch unklarer als zuvor, was als vorjoh. Tradition, als ‚genuin‘ johanneisch und als postjoh. Redaktion anzusehen ist.

Neben R. Schnackenburg hat innerhalb der katholischen Exegese be-

---

[141] Zu den hier nicht zu behandelnden exegetischen Einzelheiten vgl. R. Schnackenburg, Joh III, 429 ff. Er betont zutreffend die Gestaltung von V. 15 ff. durch die postjoh. Redaktion und will die Petrusszene „aus internen Voraussetzungen der joh. Schule … begreifen" (a.a.O., 430). Damit lehnt er die von R. E. Brown, Joh II, 1111, behauptete Verbindung zu Lk 5,8.10 mit Recht ab.

[142] Zur Kritik an Thyen vgl. auch R. Bergmeier, Glaube als Gabe, 205–212.

sonders *Georg Richter* die Johannesforschung durch einen eigenständigen Entwurf gefördert. Sein Ausgangspunkt ist Joh 20,31. Hier gibt der Evangelist den Zweck seines Evangeliums an, „der immer wieder als Richtschnur für die Erklärung herangezogen werden muß"[143]. Das Evangelium ist keine Missionsschrift für Juden oder Heiden, sondern will erweisen, daß Jesus von Nazareth der Messias und Gottessohn ist. „Von diesem vom Evangelisten selber angegebenen Zwecke her ist das Verständnis des Ganzen und seiner Teile zu erarbeiten."[144] Joh 20,31 ist somit für Richter theologische und literarkritische Richtschnur zugleich. Was nicht mit dem hier angegebenen Ziel des Evangeliums übereinstimmt, kann nicht dem Evangelisten, sondern muß anderen Schichten des JE zugeschrieben werden.

Die älteste Schicht des 4. Evangeliums sieht Richter in einer ‚judenchristlichen Grundschrift‘, deren Christologie weithin mit der späterer judenchristlicher Gruppen übereinstimmt (z. B. Ebioniten)[145]. Jesus wird in der messianischen Christologie der ‚Grundschrift‘ als eschatologischer Prophet wie Mose dargestellt, der sich durch Zeichen und Wunder legitimiert. Messias ist Jesus durch die Erwählung Gottes, nicht aufgrund seiner göttlichen Herkunft. Er ist nicht Gottessohn, sondern nur Mensch, der Sohn Josefs von Nazareth (Joh 1,45.46; 6,42). Die ‚Grundschrift‘ umfaßte u. a. eine von den Synoptikern unterschiedene Täuferdarstellung, eine ‚Semeia-Quelle‘[146] sowie von den synoptischen Evangelien abweichende Passions- und Ostererzählungen, denn die Auferstehungsaussagen wurden zugunsten der Erhöhung Jesu weggelassen[147].

Gegen die Prophet-Messias-Christologie der ‚Grundschrift‘ wandte sich nach einiger Zeit ein Kreis der Gemeinde, der in Jesus nicht den Prophet-Messias, sondern den Sohn Gottes sah. „Repräsentant und wohl auch die führende Persönlichkeit dieses Kreises war der vierte Evangelist."[148] Jesu himmlische Herkunft und seine Göttlichkeit waren nun die Heilsbedingung, nicht der Glaube an seine Messianität. Der Kreis um den Evangelisten trennte sich von der judenchristlichen Muttergemeinde und bearbeitete die ‚Grundschrift‘ mit dem Ziel, die neue ‚hohe‘ Christo-

---

[143] G. Richter, ‚Bist du Elias?‘, 12.

[144] Ebd.

[145] Eine knappe Zusammenfassung der Theologie der ‚judenchristlichen Grundschrift‘ bietet G. Richter, Der Vater und Gott Jesu, 266–268. Ein expliziter Verweis auf die Übereinstimmungen mit ebionitischer Christologie findet sich in: ders., Präsentische und futurische Eschatologie, 355 A 41.

[146] Vgl. G. Richter, Semeia-Quelle, 287.

[147] Vgl. G. Richter, Der Vater und Gott Jesu, 266 ff. Richter meint, der Autor der ‚Grundschrift‘ habe bewußt die in seiner Tradition enthaltenen Auferstehungsaussagen getilgt. Ihm sei es entsprechend der Aufnahme des Mose in den Himmel um die Aufnahme Jesu in den Himmel gegangen, um so dessen Messianität zu erweisen.

[148] G. Richter, Zum gemeindebildenden Element, 404.

logie als die von Jesus selbst verkündete und dem Willen Gottes allein entsprechende darzustellen. Verstand die ‚Grundschrift' Jesus als einen bloßen Menschen, so legte der Evangelist alles Gewicht auf die himmlische Herkunft und Gottessohnschaft Jesu. Dadurch konnte fälschlicherweise der Eindruck entstehen, der Evangelist vertrete eine doketische Christologie.

Deshalb kam es zu einer antidoketischen Überarbeitung des 4. Evangeliums[149]. Der mit dem Verfasser des 1/2 Joh identische ‚antidoketische Redaktor' betonte Jesu Gekommensein ins Fleisch, seine Leiblichkeit (von ihm stammen u. a. Joh 1,14–18; 19,34 f.; 1 Joh 4,2 f.; 5,6; 2 Joh 7), und korrigierte zahlreiche Aussagen der Doketen auf den Gebieten der Anthropologie, Christologie, Eschatologie und Ethik. So lehnte er den schroffen Dualismus der Doketen ab, verkündete die Heilsbedeutung des Todes Jesu (1 Joh 1,7; 2,2) und der Eucharistie (Joh 6,51c–58), lehrte eine Auferweckung der Toten am Jüngsten Tag (Joh 5,28–29; 6,39b.40c.44c) und kämpfte gegen den Sündlosigkeitsanspruch (1 Joh 1,8) bzw. ethischen Libertinismus (vgl. Joh 13,34 f.; 15,10.12–14; 1 Joh 2,29; 4,7 f. u. ö.) der doketischen Irrlehrer.

Wie Langbrandtner ist auch Richter in der Literarkritik weitgehend von Bultmann abhängig. Was Bultmann für das Werk der ‚kirchlichen Redaktion' hielt, wird von Richter zum großen Teil der ‚antidoketischen Redaktion' zugeschrieben. Beide sehen in der Sohn-Gottes-Christologie und der präsentischen Eschatologie wesentliche Kennzeichen der Theologie des Evangelisten. Wie Bultmann rechnet auch Richter mit der Existenz einer ‚Semeia-Quelle', die er allerdings für einen Bestandteil seiner judenchristlichen ‚Grundschrift' hält. Richters Eigenständigkeit zeigt sich in der Bewertung des literarkritischen Befundes. Dabei ist er von dem Bemühen geleitet, den genauen Ort der einzelnen literarischen Schichten des JE in der urchristlichen Theologiegeschichte, in der Auseinandersetzung mit dem zeitgenössischen Judentum und in den Streitigkeiten innerhalb der joh. Schule anzugeben. Hier wird seine Argumentation allerdings sehr hypothetisch. Die Existenz einer ebionitisch gefärbten judenchristlichen ‚Grundschrift' ist nicht nachzuweisen. Weder ist sie literarisch exakt rekonstruierbar, noch ist es vorstellbar, daß im Anfangsstadium der joh. Theologie Jesus nur als Mensch, nicht aber als Sohn Gottes verehrt wurde. Auch die gänzliche Zuweisung der im 4. Evangelium zweifellos enthaltenen antidoketischen Passagen an einen späten ‚antidoketischen Redaktor' ist fragwürdig. Warum sollte nicht der Evangelist Johannes Interesse an Jesu Leiblichkeit und der Heilsbedeutung seines Todes, an den Sakramenten, der Ethik und der Ekklesiologie haben?

---

[149] Vgl. G. Richter, Präsentische und futurische Eschatologie, 357 f.; ders., Zum gemeindebildenden Element, 409 f.

Methodisch läßt Richter traditions- und formgeschichtliche Fragestellungen außer acht. Er schließt die Möglichkeit aus, daß Spannungen nicht auf umfangreiche literarische Überarbeitungen, sondern auf einen traditionsgeschichtlichen Wachstumsprozeß zurückgehen. Die Literarkritik als Basismethode liefert die Begründung für die Zuweisung einzelner Abschnitte an eine der drei Schichten. Läßt sich andererseits ein Text in die postulierte Theologie einer Schicht integrieren, so erfolgt dies auch, wenn es dafür keine literarkritischen Hinweise gibt. Unbeantwortet bleibt auch bei Richter die Frage, weshalb die einzelnen Redaktoren die ihrer Theologie doch zuwiderlaufenden Vorlagen übernahmen, anstatt sie zu übergehen und ausschließlich ihre spezifische Theologie zu entfalten.

Für alle drei dargestellten Entwürfe sind zwei Theorien zur Entstehungsgeschichte des JE von besonderer Bedeutung, die nur kurz erwähnt werden sollen. W. Wilkens vermutet, „daß das Evangelium unter der Hand ein und desselben Evangelisten einen entstehungsgeschichtlichen Prozeß durchlaufen hat, der von einem Grundevangelium bis zur Jetztgestalt des Evangeliums sich erstreckt"[150]. Wilkens' ‚Grundevangelium' umfaßte vor allem Erzählstoff, speziell die Wunder Jesu und Stücke der Passionsgeschichte[151]. Es wurde dann vom Evangelisten unter Einarbeitung umfangreicher Redepartien redigiert[152]. Schließlich gliederte der Evangelist das Evangelium unter dem Gesichtspunkt des Passahs neu, indem er mit Hilfe der ‚Passahgliederungsformel' Joh 2,13; 6,4; 11,55 und unter Hinzufügung neuen Materials den Passahrahmen als Kompositionsprinzip einführte. Das 4. Evangelium wurde so zu einem ‚Passionsevangelium'[153].

R. E. Brown nimmt in Anlehnung an W. Wilkens für den Entstehungsprozeß des JE fünf Stufen an[154]: 1. Von den Synoptikern unabhängiges Material von Worten und Reden Jesu[155]. 2. Prägung und Entwicklung dieser zumeist mündlichen Überlieferung in den joh. Gemeinden[156]. 3. Zusammenstellung des Materials zu einem ersten Evangelienentwurf durch den Evangelisten[157]. 4. Überarbeitung und Neuausgabe des Evangeliums durch den Evangelisten, veranlaßt durch zeitgeschichtliche Umstände[158]. 5. Letzte Überarbeitung durch einen dem Evangelisten nahestehenden Redaktor, der u. a. Joh 6,51–58; 3,31–36; 11; 12 hinzufügte[159].

Insbesondere die Theorie von Brown läßt viel Raum für die Erklärung von Spannungen im 4. Evangelium. Allerdings hat seine Analyse eine entscheidende methodische Schwäche: Weil auf eine genaue literarkritische Rekonstruktion der

---

[150] W. Wilkens, Zeichen und Werke, 9.
[151] Vgl. W. Wilkens, Entstehungsgeschichte, 32–93.
[152] Vgl. a.a.O., 94–122.
[153] Vgl. a.a.O., 123–170. Zur Kritik an Wilkens vgl. R. Schnackenburg, Joh I, 55 ff.
[154] Zu den Übereinstimmungen zwischen Wilkens und Brown vgl. R. Kysar, Fourth Evangelist, 38–54 (bes. 49).
[155] Vgl. R. E. Brown, Joh I, XXXIV.
[156] Vgl. a.a.O., XXXIV f.
[157] Vgl. a.a.O., XXXV f.
[158] Vgl. a.a.O., XXXVI.
[159] Vgl. a.a.O., XXXVI f.

einzelnen Schichten bewußt verzichtet wird, ist die Zuweisung des Stoffes an die Schichten nicht verifizierbar. Der vermutete Entstehungsprozeß eines literarischen Werkes über mehrere Stadien hinweg muß aber literarkritisch nachvollziehbar sein, um überzeugen zu können!

Gemeinsam ist allen dargestellten Entwürfen die Zurückführung der jetzigen Gestalt des JE auf einen längeren literarischen Prozeß, in dessen Verlauf eine veränderte theologische Situation ihren unmittelbaren Niederschlag in einer rekonstruierbaren literarischen ‚Schicht' fand. Damit wird der Versuch unternommen, sowohl die komplexe Endgestalt des Evangeliums als auch die einzelnen literarischen und theologiegeschichtlichen Etappen auf dem Weg dorthin genau zu bestimmen.

Gegen diesen Ansatz sind methodologische und historische Einwände zu machen:

1. Die von den meisten Exegeten angenommene ‚Grundschrift' ist weder formgeschichtlich noch literarkritisch exakt rekonstruierbar.

2. Es ist zweifelhaft, ob die Theologien der einzelnen ‚Redaktionen' überhaupt bestimmbar sind, denn sie werden aus kurzen Textabschnitten, Versen und einzelnen Wörtern erhoben, die nie in einem literarischen Zusammenhang standen und nach dem Willen ihrer Verfasser nur in ihrem jetzigen Kontext verstanden werden sollen.

3. Weshalb übernehmen die einzelnen Redaktionen ihre Vorlagen, wenn sie mit deren Theologie nicht übereinstimmen? Warum entfalten sie nicht ausschließlich ihre eigene Theologie?

4. Im JE ist weder eine *akute* Auseinandersetzung mit dem zeitgenössischen Judentum noch eine *aktuelle* christologische Kontroverse innerhalb der joh. Schule zu erkennen, so daß angenommene historische Ausgangspunkte für einzelne literarische Schichten nicht nachweisbar sind.

5. Es ist methodologisch fragwürdig, von behaupteten theologischen Unterschieden sofort auf verschiedene Gruppen oder Autoren zu schließen, die jene Anschauungen vertreten haben sollen[160]. Unvermittelt werden hier aus einem literarischen Sachverhalt historische Schlüsse gezogen.

6. Joh 21 kann als sekundärer Anhang nicht den Ausgangspunkt von Redaktionstheorien für Kap. 1–20 bilden.

---

[160] Vgl. R. Schnackenburg, Entwicklung und Stand, 17.

1.3 Johannes und das Judentum seiner Zeit

Wurde unter dem Einfluß der Johannesinterpretation R. Bultmanns die Frage nach der religionsgeschichtlichen Einordnung und dem konkreten historischen Hintergrund des 4. Evangeliums lange Zeit mit dem Hinweis auf die Gnosis beantwortet[161], so gewinnt in der neuesten Forschung die alte These[162] wieder erheblich an Bedeutung, Johannes sei ausschließlich auf dem Hintergrund des Judentums seiner Zeit zu verstehen. Hierbei dient als Ausgangspunkt die opinio communis, daß an einer Stelle die konkrete historische Situation des joh. Christentums besonders deutlich wird: Der in Joh 9,22; 12,42 und 16,2 mit dem singulären Terminus ἀποσυνάγωγος γίνεσϑαι (bzw. ποιεῖν) angedrohte oder geweissagte Synagogenausschluß bezieht sich danach auf die Formulierung und Einfügung des ‚Ketzersegens' (בִּרְכַּת הַמִּינִים) in das Achtzehngebet durch Schmuel den Kleinen, die unter Gamaliel II auf der sog. ‚Synode von Jabne' zwischen 85 und 90 n.Chr. erfolgt sein sollen[163]. Da Jabne zudem als Ort der endgültigen Trennung von Juden- und Judenchristentum gilt, spiegelt sich im JE eben dieser Konflikt wider, d.h. das 4. Evangelium ist als Zeugnis der definitiven Trennung des Judenchristentums von der Synagoge zu verstehen und in wesentlichen Punkten seiner Theologie von diesem historischen Ort aus zu interpretieren.

Insbesondere J. L. Martyn und K. Wengst vertreten die These, das JE werde nur dann richtig gelesen, wenn man es als ein Dokument der *akuten* Auseinandersetzung zwischen Judenchristentum und ‚orthodoxem' Judentum, als Schrift eines Judenchristen für Judenchristen verstehe. Nach Martyn entstand das JE in einer hellenistischen Stadt der jüdischen Diaspora, wahrscheinlich in Alexandrien[164]. Juden konvertierten zum christlichen Glauben, und nach einiger Zeit kam es über die Heilsbedeutung Jesu zu einer Auseinandersetzung zwischen Judenchristen und Juden, von der das 4. Evangelium Zeugnis ablegt. Es überlie-

---

[161] Vgl. zum Problem JE – Gnosis auf dem heutigen Stand der Forschung die vorzüglichen Aufsätze von K. M. Fischer, Der johanneische Christus und der gnostische Erlöser; K. W. Tröger, Ja oder Nein zur Welt. War der Evangelist Johannes Christ oder Gnostiker? Vgl. ferner H. Kohler, Kreuz und Menschwerdung, 142–158, der die Unterschiede zwischen johanneischer und gnostischer Theologie prägnant herausstellt.

[162] Vgl. nur A. Schlatter, Sprache und Heimat des vierten Evangelisten (1902); ders., Der Evangelist Johannes (1930).

[163] Vgl. nur R. E. Brown, John I, LXXXV (erste Edition des Evangeliums um 80 herum vor dem Aufkommen der Exkommunikation); ders., Ringen um die Gemeinde, 34ff.; B. Lindars, Joh, 35; J. Becker, Joh I, 43; S. Smalley, John, 83; R. Schnackenburg, Joh II, 317; S. Schulz, Joh, 145; C. K. Barrett, Joh, 93; J. L. Martyn, History and Theology, 31ff.; K. Wengst, Bedrängte Gemeinde, 48ff.; R. Leistner, Antijudaismus, 50f.; S. Pancaro, Law, 245ff.; H. Thyen, ‚Das Heil kommt von den Juden', 180f.; W. Trilling, Gegner Jesu, 198; T. Onuki, Gemeinde und Welt, 31ff.; W. Wiefel, Scheidung, 226; E. Grässer, Polemik, 86; R. A. Whitacre, Polemic, 7ff.; J. Blank, Irrlehrer, 168.

[164] Vgl. J. L. Martyn, History and Theology, 73 A 100.

fere einerseits Traditionen über das Leben und Wirken Jesu von Nazareth, andererseits berichte es auch über den akuten Konflikt zwischen der joh. Gemeinde und den Juden z.Zt. des Evangelisten[165]. Im JE laufe ein Drama auf zwei Ebenen ab, das sich sowohl auf die Zeit Jesu als auch auf die Situation des Evangelisten und seiner Gemeinde beziehe. Bei den Texten sei somit zwischen zwei Zeitebenen und historischen Situationen zu unterscheiden, wobei sich für Martyn die Lage der Gemeinde besonders in Joh 3; 5; 6; 7 und 9 widerspiegelt. Den Text des 4. Evangeliums gleichzeitig als Zeugnis des Wirkens Jesu und der aktuellen Situation der Gemeinde zu verstehen, werde durch den Parakleten möglich, der das Wirken Jesu fortsetze. Martyn exemplifiziert seinen Ansatz vor allem an Joh 9, wo er V. 22 mit Joh 12,42; 16,2 auf die birkat ha-minim bezieht, um so einen konkreten historischen Ausgangspunkt zu erhalten[166]. Das JE ist somit eine (juden-)christliche Reaktion auf die Ereignisse in Jabne, und viele seiner Aussagen lassen sich deshalb *unmittelbar* historisch verwerten. „Thus the Fourth Gospel affords us a picture of a Jewish community which has been (recently?) shaken up by the introduction of a newly formulated means for detecting those Jews who want to hold a dual allegiance to Moses and to Jesus as Messiah."[167] Voraussetzung für Martyns Interpretation ist eine Gleichwertigkeit und bruchlose Kontinuität zwischen dem Wirken Jesu und dem Wirken des Parakleten. Dies lehrt aber das 4. Evangelium nicht, denn auch hier sind Kreuz und Auferstehung als Erhöhung Jesu Christi *das* Heilsereignis. Sie sind der Grund, die Basis für das Wirken des Parakleten, das nicht einfach als völlig äquivalente Fortsetzung des Auftretens Jesus begriffen werden kann. Insofern zwischen Jesus und dem Parakleten ein qualitativer Unterschied besteht, kann es im JE nicht zwei gleichberechtigte Interpretationsebenen geben.

Auch für Wengst ist der durch Joh 9,22; 12,42; 16,2 bezeugte Synagogenausschluß „ein die Gemeinde des Johannesevangeliums gegenwärtig bedrängendes Problem"[168]. Er sieht hinter dem 4. Evangelium eine griechischsprachige, überwiegend judenchristliche Gemeinde, die als Minderheit in einer von Juden beherrschten Umwelt lebte, sich bisher noch nicht von der Synagoge gelöst hatte und nun unter den in Jabne beschlossenen Maßnahmen litt. Darüber hinaus weiß Wengst sogar genau den Ort dieser bedrängten Gemeinde: in den südlichen Teilen des Königreiches von Agrippa II., speziell in den „Landschaften Gaulanitis und Batanäa im nördlichen Ostjordanland"[169].

---

[165] Vgl. a.a.O., 30.

[166] Vgl. a.a.O., 37ff.

[167] A.a.O., 40f. Martyns Position stimmen u. a. zu D. M. Smith, Johannine Christianity, 238; R. Kysar, Community and Gospel, 362ff.; R. E. Brown, Community, 174. Eine Vorwegnahme der Thesen Martyns findet sich bereits bei W. Wrede, Charakter und Tendenz, 40ff. Martyn hat seinen Ansatz vor allem in dem Aufsatz ‚Glimpses into the History of the Johannine Community' weiterentwickelt. Hier unterscheidet er drei Phasen der joh. Gemeindegeschichte, die sich literarisch im Evangelium niederschlugen: 1. Eine messianische Gruppe innerhalb des Synagogenverbandes; 2. Synagogenausschluß und Verfolgung; 3. Bildung einer eigenständigen judenchristlichen Gemeinde.

[168] K. Wengst, Bedrängte Gemeinde, 52.

[169] A.a.O., 97. Wengst, a.a.O., 82ff., stellt Agrippa II als Vertreter der jüdischen Orthodoxie dar, in dessen Machtbereich – vor allem aufgrund angeblicher verwandtschaftlicher Verhältnisse „zwischen Gelehrten in Jabne und führenden Juden im Militär- und

Gegen die in der gegenwärtigen Johannesexegese weitverbreitete ausschließliche Deutung von ἀποσυνάγωγος in Joh 9,22; 12,42; 16,2 auf die birkat ha-minim und einer daraus folgenden judenchristlichen Interpretation des 4. Evangeliums sprechen sowohl historische als auch theologische Gründe.

Historisch fragwürdig ist zunächst die Übernahme von Daten aus der jüdischen Geschichte, die im Bereich der Judaistik längst in Frage gestellt wurden[170]. So ist eine genaue zeitliche Datierung der Entscheidungen von Jabne nicht möglich, sind die Auswirkungen der dort gefällten Beschlüsse für das praktische Leben nicht abzuschätzen und reichte die Autorität von Jabne wohl kaum über Palästina hinaus[171]. Hinzu kommt die Frage, gegen wen sich die in Jabne formulierte birkat ha-minim eigentlich richtete. Da in der rabbinischen Tradition der Text der birkat ha-minim bis auf die Eulogie nicht überliefert ist, vielmehr nur in bBer 28b–29a die Tatsache der Formulierung durch Schmuel den Kleinen berichtet wird[172], muß man sich vor allem auf die zwei Handschriften aus der Alt-Kairoer Genzia stützen, die ca. 800–900 Jahre nach Jabne geschrieben wurden[173] und wo allein neben den מִינִים die נוֹצְרִים erwähnt werden[174]. Eine Rekonstruktion der ältesten Textgestalt der birkat ha-minim lassen die verschiedenen Überlieferungen nicht zu[175], vielmehr kann nur eine gemeinsame Struktur herausgearbeitet werden, die zeigt, daß die Einfügung der birkat ha-minim in eine bereits vorliegende Benediktion[176] „sich sowohl gegen die

Verwaltungsapparat Agrippa II" (a.a.O., 89) – die Beschlüsse von Jabne schnell und umfassend vollzogen wurden. Alles, was wir von Agrippa II wissen, spricht gegen diese These: sein Privatleben (das Verhältnis zur Schwester Berenike), seine Münzprägungen (die Münzen tragen durchweg die Abbildungen der regierenden römischen Kaiser) und sein Verhältnis zu Rom; vgl. dazu umfassend E. Schürer, Geschichte I, 585–600, der feststellt, daß Agrippa II „im Ganzen mehr auf römischer, als auf jüdischer Seite stand ..." (a.a.O., 590). Zudem ist es fraglich, ob man in der zweiten Hälfte des 1. Jh. n. Chr. bereits so selbstverständlich von einer jüdischen ‚Orthodoxie' sprechen kann, wie es Wengst tut (vgl. dazu die kritischen Überlegungen von D. E. Aune, Orthodoxy in first Century Judaism). Schließlich sind die im JE durchschimmernden Auseinandersetzungen mit den Juden nicht nur in einem bestimmten Gebiet möglich, sie können sich sowohl im syrisch-palästinischen Raum als auch in Kleinasien ereignet haben.

[170] Vgl. G. Stemberger, Synode, 14; vgl. zur Forschungsgeschichte innerhalb der Judaistik P. Schäfer, Synode, 56f.

[171] Vgl. G. Stemberger, Synode, 15f.

[172] Der Text ist abgedruckt bei P. Schäfer, Synode, 55.

[173] Vgl. J. Maier, Auseinandersetzung, 137f.

[174] J. Maier, a.a.O., 241 A 403, nennt darüber hinaus ein Textzeugnis aus dem Jahr 1426.

[175] Zu den einzelnen Textvarianten vgl. vor allem P. Schäfer, Synode, 57ff.; ferner G. Maier, Auseinandersetzung, 136f.; K. G. Kuhn, Achtzehngebet, 23f.; Bill IV/1 208–249.

[176] P. Schäfer, Synode, 64 A 35, vermutet, daß die Verwünschung der feindlichen Obrigkeit den alten Kern der Benediktion bildete, der in Jabne um die מִינִים erweitert wurde. Diese wurden dann später den jeweiligen Erfordernissen entsprechend modifiziert.

feindliche Obrigkeit als auch gegen verschiedene Gruppen von Häreti-
kern richtete, die, entsprechend den jeweiligen Erfordernissen, mit verschiedenen Termini bezeichnet werden konnten"[177].

Bedenkt man die großen Schwankungen in der Textüberlieferung, die
Erwähnung der נוֹצְרִים in ausschließlich sehr jungen Handschriften und
den Tatbestand, daß der Begriff נוֹצְרִים in der tannaitischen Literatur
nicht erscheint[178], so ist es sehr wahrscheinlich, daß הַנּוֹצְרִים erst in späterer Zeit – vielleicht sogar erst unter christlicher Herrschaft[179] – in einen
Teil der Überlieferung gelangte[180]. Mit den מִינִים sind nun keinesfalls
primär Judenchristen gemeint, sondern es läßt sich im Gegenteil zeigen,
daß mit diesem Terminus in älteren rabbinischen Texten immer Juden, in
jüngeren Texten (ab 180–200 n. Chr.) „nicht mehr innerjüdische Häretiker, sondern außerjüdische ‚Andersgläubige' ... meistens Christen"[181]
bezeichnet werden.

Inhalt der birkat ha-minim war die Bitte an Gott, die feindliche Obrigkeit und die Häretiker zu vernichten[182], keinesfalls lag aber ihr Zweck
primär darin, die Judenchristen von der Synagoge fernzuhalten[183]. „Der
ursprüngliche Zweck der Birkat ha-minim war wohl ebensowenig der
Ausschluß der Minim aus dem Gottesdienst, wie die Verwünschung
Roms den Ausschluß von Römern zum Ziel hatte."[184] Vielmehr ist die
Einfügung der birkat ha-minim ein innerjüdischer Vorgang, der sich

---

Vgl. zum ursprünglichen Sinn der Bitte gegen die Häretiker auch D. Flusser, Schisma,
230 ff.

[177] P. Schäfer, Synode, 60.

[178] Vgl. R. Kimelman, Birkat Ha-Minim, 233.

[179] Dies vermutet J. Maier, Auseinandersetzung, 138 f.

[180] Für *nicht* ursprünglich halten die Erwähnung von נוֹצְרִים G. Hoennicke, Judenchristentum, 388 f.; M. Friedländer, Bewegungen, 223; M. Avi-Yonah, Geschichte, 141 f.; J.
Maier, Auseinandersetzung, 137 ff.; P. Schäfer, Synode, 60; ders., Geschichte, 154; R.
Kimelman, Birkat Ha-Minim, 232 ff.; E. E. Urbach, Self-Isolation, 288; J. H. Charlesworth, Prolegomenon, 269; S. T. Katz, Issues, 63–68.74; D. Flusser, Schisma, 229 f.; K. M.
Fischer, Urchristentum, 131; J. L. Martyn, History and Theology, 58 ff. hält natürlich wie
viele andere מִינִים und נוֹצְרִים für ursprünglich.

[181] K. G. Kuhn, Giljonim, 39; vgl. auch J. Maier, Auseinandersetzung, 141; S. T. Katz,
Issues, 73 f.

[182] J. Maier, Auseinandersetzung, 136 f., benennt 3 Gruppen, gegen die sich die birkat
ha-minim richtet: 1. Die feindliche Obrigkeit (Rom); 2. Innere Feinde, speziell Häretiker
aus pharisäischer Sicht. 3. Minim, womit aber nicht in erster Linie Judenchristen gemeint
sind. Maier weist darauf hin, daß in den rabbinischen Texten die meisten Minim-Stellen
sich keineswegs auf Judenchristen beziehen, sondern auf „antirabbinisch eingestellte und
synkretistisch-assimilatorisch orientierte Juden" (a.a.O., 141). Zudem spricht die Tatsache, daß neben מִינִים auch andere Termini in der talmudischen Überlieferung erscheinen
(Auflistung a.a.O., 137), gegen eine Interpretation der מִינִים auf Judenchristen.

[183] Vgl. dazu vor allem die Kritik von P. Schäfer, Synode, 61, an I. Elbogen, der in der
birkat ha-minim den entscheidenden Schritt zur Trennung von Judentum und Christentum sah.

[184] J. Maier, Auseinandersetzung, 140.

gegen alle Gruppen richtete, die die jüdische Einheit gefährdeten[185]. Außerdem muß gefragt werden, ob Judenchristen z. Zt. der Entscheidungen von Jabne in Palästina (!) für jüdische Gelehrte von großer Bedeutung waren[186]. Schließlich ist es zweifelhaft, ob man z. Zt. Jabnes von einer jüdischen ‚Orthodoxie' überhaupt reden kann[187], die planmäßig gegen ‚Häretiker' vorging.

Auch die altkirchlichen Zeugnisse sprechen nicht gegen diese Interpretation. Justin berichtet wohl davon, daß die Juden in ihren Synagogen die verfluchten, die an Christus glauben (Dial 16,4: καταρώμενοι ἐν ταῖς συναγωγαῖς ὑμῶν τοὺς πιστεύοντας ἐπὶ τὸν Χριστόν; vgl. ferner Dial 47,4; 93,4; 95,4 Christen werden verflucht und bei Gelegenheit sogar getötet; 96,2; 117,3; 133,6), er hat dabei aber nicht die birkat ha-minim im Auge[188]. Deutlich zeigt dies Dial 137,2, wo Justin davon spricht, daß die Synagogenvorsteher lehren, Christus nach (!) dem Gebet zu verspotten (Συμφάμενοι οὖν μὴ λοιδορῆτε ἐπὶ τὸν υἱὸν τοῦ θεοῦ, μηδὲ Φαρισαίοις πειθόμενοι διδασκάλοις τὸν βασιλέα τοῦ Ἰσραὴλ ἐπισκώψητέ ποτε, ὁποῖα διδάσκουσιν οἱ ἀρχισυνάγωγοι ὑμῶν, μετὰ τὴν προσευχήν). Wäre hier an die birkat ha-minim zu denken, so hätte die Verspottung (nicht Verwünschung oder Verfluchung!) Christi nicht nach, sondern inmitten des Gebetes gesprochen werden müssen.

Wie Justin erwähnt auch Origenes lediglich generell, Christus werde von den Juden verflucht (In Ps XXXVII [XXXVI] hom. II,8; In Matth XVI,3), wobei eine Anspielung auf die birkat ha-minim nicht erkennbar ist[189]. Erst Epiphanius und Hieronymus kommen als ernsthafte Zeugen für eine Fassung der birkat ha-minim in Betracht, in der neben den Minim auch (Juden-)Christen verflucht werden. So spricht Epiphanius davon, in der Synagoge seien dreimal täglich die Nazaräer verflucht worden (Pan 29,9: τρὶς τῆς ἡμέρας φάσκοντες ὅτι ἐπικαταράσαι ὁ θεὸς τοὺς Ναζωραίους)[190]. Auch Hieronymus erwähnt ein dreimaliges Verfluchen der Nazarener in der Synagoge, wobei er ausdrücklich ‚Nazarener' als Bezeichnung für alle Christen versteht (In Amos 1,11 f.: ... usque hodie in synagogis suis sub nomine Nazarenorum blasphemant populum christianum ...[191]; In Esaiam 5,18–19: ... usque hodie perseuerant in blasphemiis et ter per singulos dies in omnibus synagogis sub nomine Nazarenorum anathematizent uocabulum Christianum ...)[192]. Von den Ebioniten weiß Hieronymus zu berichten: ... Usque hodie per totas Orientis synagogas inter Iudaeos haeresis est, quae dicitur Minaeorum, et a Pharisaeis huc usque damnatur: quos uulgo Nazaraeos

---

[185] Vgl. P. Schäfer, Synode, 60; G. Stemberger, Synode, 18; ders., Das klassische Judentum, 18; J. Maier, Auseinandersetzung, 140.

[186] Vgl. P. Schäfer, Synode, 60 f.; G. Stemberger, Synode, 17.

[187] Vgl. Anm. 169.

[188] Vgl. G. Hoennicke, Das Judenchristentum, 387 f.; E. Schürer, Geschichte II, 543 f.; R. Kimelman, Birkat Ha-Minim, 233 f.; gegen H. Conzelmann, Heiden–Juden–Christen, 282 A 347.

[189] Vgl. R. Kimelman, Birkat Ha-Minim, 236 f.

[190] Zitiert nach Klijn-Reinink, Patristic Evidence, 174.

[191] A.a.O., 218.

[192] A.a.O., 220.

nuncupant ... (In ep. 112,13 an Augustin)[193]. Dieses Nebeneinander von Minim und Nazarenern in der zweiten Hälfte des 4. Jahrhunderts kann eine Frühdatierung von נוֹצְרִים nicht begründen, sondern Hieronymus wie auch Epiphanius haben die Verhältnisse *ihrer* Zeit im Auge. Darüber hinaus muß der Sprachgebrauch der Kirchenväter bedacht werden, denn während im letzten Text von einem Verfluchen der Minim und Nazarener in der Synagoge nicht explizit die Rede ist, sind an den anderen Stellen mit Ναζωραῖοι bzw. Ναζαρηνοι im Munde der Juden ausdrücklich oder möglicherweise die Christen insgesamt gemeint[194].

Somit ist die Formulierung der birkat ha-minim keineswegs als endgültiger Trennungsstrich zwischen Judenchristentum und Judentum zu begreifen, sondern als ein primär innerjüdischer Akt. Die eigentlich historisch wirksame Trennung zwischen Judentum und Christentum hatte sich bereits vorher durch das ständig zunehmende Gewicht des Heidenchristentums vollzogen[195]. Zudem setzt die Vorstellung, die birkat ha-minim ziele auf die Trennung der Judenchristen von der Synagoge ab, voraus, daß Judenchristen noch aktiv am Synagogengottesdienst teilnahmen und sich durch die birkat ha-minim selbst verflucht hätten, was aber historisch nicht nachzuweisen ist[196].

Das JE läßt sich nicht als ein judenchristliches Zeugnis interpretieren, in ihm wird im Gegenteil ein historischer wie theologischer Abstand zum Judentum sichtbar. Die in Joh 9,22; 12,42; 16,2 berichtete Androhung des Synagogenausschlusses ist für den Evangelisten kein aktuelles Problem, vielmehr blickt er darauf zurück[197], wenn sie ihm nicht nur als literarisches Mittel dient, um den Unglauben der Juden in seinem ganzen Ausmaß darzustellen[198].

Wie weit das 4. Evangelium schon vom Judentum entfernt ist, zeigt deutlich sein Gesetzesverständnis. Der paulinisch klingende V. 17 des joh. Prologs ist eine Schlüsselstelle für das Gesetzesverständnis des 4. Evangelisten[199]. Ist der Parallelismus der beiden Satzhälften antithetisch oder synthetisch zu verstehen? Für eine antithetische Deutung spricht der exklusive Sinn des aus Joh 1,14 aufgenommenen Begriffspaares ἡ χάρις καὶ ἡ ἀλήθεια[200]. Das nur im Prolog vorkommende χάρις ist ausschließ-

---

[193] A.a.O., 200.

[194] Vgl. J. Maier, Auseinandersetzung, 138f.

[195] Dieser Vorgang spiegelt sich auch im Bruch zwischen Heiden- und Judenchristen wider; Gründe dafür nennt K. M. Fischer, Tendenz, 88–93.

[196] Vgl. G. Stemberger, Synode, 19; D. R. A. Hare, Jewish Persecution, 55; J. Maier, Auseinandersetzung, 140.

[197] Vgl. U. Luz, Gesetz, 125; E. Haenchen, Joh, 380.

[198] Vgl. die Exegese der drei Texte im Abschnitt 3.6.2.

[199] Vgl. U. Luz, a.a.O., 119.

[200] Mit H. J. Holtzmann, Theologie II, 401; U. Luz, Gesetz, 119; J. Becker, Joh I, 85f.; C. K. Barrett, Joh, 169; C. H. Dodd, Interpretation, 93; R. Bultmann, Joh, 53; H. Hübner, EWNT II 1172; E. Grässer, Polemik, 79; W. Gutbrod, ThW IV 1075f.; H. v. Campenhau-

lich christologisch zu interpretieren, die Inkarnation des Präexistenten ist Gnade (1,14) und wird für den Glaubenden zur Gnade (1,16). Auch ἀλήθεια wird bei Johannes exklusiv christologisch gebraucht. Jesus sagt nicht nur die Wahrheit (vgl. Joh 8,45f.; 16,7) und sendet den Seinen den ‚Geist der Wahrheit‘ (vgl. Joh 14,17; 15,26; 16,13), sondern er ist die Wahrheit (Joh 14,6). Es gibt keine heilsgeschichtliche Kontinuität zwischen Mose und Jesus, die Christen stehen unter der Gnade und der Wahrheit, nicht unter dem Gesetz. Damit wird Mose abgewertet (vgl. auch Joh 6,32; 7,22, wo die göttliche Legitimation des Mose deutlich herabgesetzt wird), das Gesetz gehört auf die Seite der Juden (vgl. Joh 7,19; 8,17; 10,34), die Christen hingegen haben das Stadium einer Gesetzesreligion hinter sich gelassen (vgl. Joh 4,20ff.). Das für Paulus so wichtige Problem ‚Gesetz – Gnade‘ ist für den Evangelisten längst gelöst, er kann mit einer bemerkenswerten Selbstverständlichkeit den Juden den Bereich des Gesetzes, den Christen aber die alleinige Gnade und Wahrheit zuweisen[201]. Möglicherweise polemisiert der Evangelist mit V. 17 auch gegen die Übertragung der Grundaussage des Prologs über den Logos auf die Tora, wie wir sie in Aufnahme weisheitlicher Traditionen vor allem im rabbinischen Judentum finden[202]. Bereits in Joh 1,17 zeigt sich, daß die joh. Christologie mit ihrem absoluten Offenbarungsanspruch keinen Platz läßt für eine auch nur eingeschränkte eigenständige theologische Bedeutung des Gesetzes.

Die beiden einzigen Stellen, an denen Jesus direkt mit dem Gesetz in Konflikt gerät (Sabbatbruch in Joh 5,9c; 9,14.16), gehen auf joh. Komposition zurück[203]. Der Evangelist benutzt den Sabbatbruch nur vordergründig als Anlaß für das jeweils folgende Streitgespräch zwischen Jesus und den Juden und damit als Mittel zur Verschärfung des Konfliktes. Der Sabbatbruch selbst spielt inhaltlich überhaupt keine Rolle, er ist lediglich Stilmittel und theologisch nur insofern von Bedeutung, als er Beispiel für die falsche Grundhaltung der Juden ist. Sie klagen mit dem Gesetz in der Hand Jesus an, aber in Wahrheit richtet der Menschensohn sie; einzig der Blindgeborene wird gerettet, denn er glaubt an Jesus (vgl. Joh 9,35–41). Hier zeigt sich, welche

---

sen, Bibel, 64f.; G. Bornkamm, Paraklet, 81; D. Zeller, Paulus und Johannes, 176; gegen J. Jeremias, ThW IV 877; R. Schnackenburg, Joh I, 253 A 1; R. E. Brown, Joh I, 16; A. Loisy, Le quatrième Évangile, 193; H. Thyen, ‚Das Heil kommt von den Juden‘, 173; S. Pancaro, Law, 534ff., der bezeichnenderweise den ersten Beleg im Evangelium als letzten (!) in seiner Arbeit behandelt, um so auch diesen Text seiner Problemlösung einzupassen.

[201] Vgl. J. Becker, Joh I, 84.

[202] Vgl. Bill II 353ff.; G. Kittel, ThW IV 139; vgl. U. Luz, Gesetz, 155 A 191. Zur Gleichsetzung von ἀλήθεια und νόμος im AT, in der Weisheitsliteratur, der Apokalyptik und Qumran vgl. S. Pancaro, Law, 95ff.

[203] Vgl. die Analyse in Abschnitt 3.6.2.

Rolle Johannes dem Gesetz zuweist: es ist lediglich negatives oder positives Hilfsargument in einer primär christologisch orientierten Debatte[204].

Diesen Sachverhalt verdeutlichen die Stellen, in denen das Gesetz als Zeugnis für Jesus in Anspruch genommen wird (vgl. Joh 7,19.23; 8,17; 10,31–39; 15,25). So wird die Gotteslästerung als eigentlicher Vorwurf gegen Jesus mit Berufung auf das Gesetz von den Juden vorgetragen (Joh 19,7; vgl. 5,18; 8,58), von Johannes aber mit Hilfe des Gesetzes zurückgewiesen (vgl. die Aufnahme von Ps 82,6 in Joh 10,34). Das Gesetz selbst, die Schrift, legt Zeugnis für Jesus ab. Dieser Gedanke findet bei Johannes auch terminologisch seinen Ausdruck: Während νόμος durchweg im negativen Sinn das Gesetz der Juden, ‚euer Gesetz‘, bezeichnet (vgl. Joh 7,19; 8,17; 10,34; 15,25; 18,31; 19,7)[205], erscheint γραφή immer positiv im Mund Jesu oder des Evangelisten (vgl. Joh 2,22; 5,39; 7,38.42; 10,35; 17,12; 19,24.28.36f.; 20,9) und bezeichnet die Schrift, sofern sie für die Messianität Jesu zeugt[206]. Johannes der Täufer (Joh 5,33) und sogar Mose selbst (Joh 1,45; 5,45–47), dessen Jünger die Juden sind (Joh 9,28), bestätigen Jesu göttliche Herkunft und Sendung. Erst von Ostern her ist die Schrift richtig zu verstehen (Joh 2,22; 12,16; 10,9); durch das Zeugnis des Vaters für den Sohn wird das Gesetz erfüllt (Joh 8,17f.); die Schrift kann überhaupt nicht durch Jesus aufgehoben werden, weil sie seine Gottheit bezeugt (Joh 10,35f.).

Das Gesetz erschließt sich für Johannes nur von Jesus her, er ist gleichermaßen Inhalt, Ziel und auch Herr des Gesetzes und der Schrift. Mit dieser christologischen Inanspruchnahme des Alten Testaments behauptet der 4. Evangelist, daß die Juden ihr eigentliches Sein verfehlen, wenn sie sich der Christusoffenbarung verweigern. Ist der Sinn der Schrift nur von Jesus her zu bestimmen, dann gehen aus joh. Sicht all die in die Irre, die auf ihre jüdischen Privilegien verweisen und sich nicht zu Christus bekehren. ‚Israelit‘ im wahren Sinn ist deshalb nur Nathanael, der sich zu Jesus als dem Sohn Gottes und dem König Israels bekennt (Joh 1,47–49). Nikodemus wird als ‚Lehrer Israels‘ bezeichnet (Joh 3,10), weil er für Jesus eintritt (Joh 19,39) und dem Hohen Rat vorhält, er mißbrauche das Gesetz. Jesus schließlich ist ‚König Israels‘ (Joh 1,49; 12,13), nicht aber ‚König der Juden‘ (vgl. die Pilatusfrage in Joh 18,33 und Jesu Antwort in V. 37!). Die ungläubigen Juden hingegen können sogar als Söhne des Teufels bezeichnet werden (Joh 8,44), insofern sie beharrlich das Christusbekenntnis ablehnen und damit auch ihr jüdisches Sein nicht realisieren.

Gerade weil für den Evangelisten der Maßstab der Schrift Jesus ist,

---

[204] Vgl. dazu vor allem die guten Ausführungen von U. Luz, Gesetz, 119–128.

[205] Vgl. ähnlich distanzierte Formulierungen in Mk 7,9.13; Mt 4,23; 9,35; 10,17; 12,9; 13,54.

[206] Vgl. U. Luz, a.a.O., 120; W. Schrage, Ethik, 288.

haben die Gebote des Alten Testaments keine inhaltliche Bedeutung für seine Ethik[207]. Johannes verwendet bewußt das Wort ἐντολή zur Bezeichnung seiner spezifischen ethischen Weisungen (vgl. Joh 10,18; 12,49.58; 13,34; 14,15.21; 15,10.12), um so auch terminologisch das Neue seiner christozentrischen Ethik anzuzeigen. Hier ist zu erkennen, wie formal – etwa im Gegensatz zu Paulus – der 4. Evangelist mit dem Gesetz umgeht: Einerseits vereinnahmt er es als Argument in seiner christologischen Konzeption, andererseits folgt daraus gerade keine inhaltliche Relevanz des Gesetzes, sondern die Christologie usurpiert im Gegenteil das Gesetz völlig und beraubt es seiner theologischen Bedeutung als Offenbarungsträger und ethischer Norm. Das Verhältnis zu Jesus selbst, der Glaube, ist die eigentlich bedeutsame Größe für Johannes (Joh 1,7.50; 3,15.18.36; 6,29.40 u.ö.), so daß der Rückgriff auf das Gesetz wohl als religionsgeschichtlich naheliegend und zeitgeschichtlich notwendig anzusehen ist, theologisch aber durchaus als entbehrlich gelten muß[208]. Das Alte Testament wird so stark in den Dienst einer christozentrischen Konzeption genommen, daß es als eigenständiges Zeugnis verstummt und nur noch als Hilfsargument und rhetorisches Mittel fungiert und somit allenfalls Hinweischarakter hat.

Die in der gebotenen Kürze erfolgte Darstellung des joh. Gesetzesverständnisses macht es unmöglich, das 4. Evangelium primär als ein Zeugnis des Judenchristentums zu verstehen. Ist die Beobachtung des Gesetzes als hervorstechendes Merkmal einer jüdischen Lebenshaltung neben dem Christusbekenntnis *das* Kennzeichen judenchristlicher Theologie[209], so kann das JE aufgrund des skizzierten Gesetzesverständnisses nicht als judenchristlich bezeichnet werden. Bei Johannes hat das Gesetz weder soteriologische noch ethische Bedeutung, so daß dieser Befund ganz entschieden gegen eine judenchristliche Interpretation des 4. Evangeliums spricht.

Wie groß der Abstand des JE zum Judentum ist, zeigt sich über das Gesetzesverständnis hinaus in der Übersetzung hebräischer bzw. aramäischer Fremdworte (vgl. Joh 1,38.41.42; 4,25; 5,2; 9,7; 11,16; 19,17; 20,16.24), und der distanzierten Rede von den Festen (vgl. Joh 2,13; 5,1;

---

[207] Vgl. U. Luz, Gesetz, 124.

[208] Gegen U. Luz, a.a.O., 127, der behauptet, „daß die Beanspruchung des Alten Testaments als Zeugnis für Christus von grundlegender Bedeutung" sei.

[209] Vgl. die Definition von G. Strecker, Judenchristentum und Gnosis, 262f.; ferner die Forschungsübersicht bei G. Lüdemann, Paulus II, 13–52. Strecker erblickt im Christusbekenntnis und einer „jüdische(n) Struktur von Theologie und Lebenshaltung", deren hervorstechendes Merkmal die Beobachtung des Gesetzes sei, die konstitutiven Kennzeichen des Judenchristentums. Es ist aufschlußreich, daß judenchristliche Interpretation des JE – u.a. Martyn und Wengst – auf eine m.E. unerläßliche genaue Definition von Judenchristentum verzichten und damit unausgesprochen die genetische Definition voraussetzen.

6,4; 7,2.11; 11,55) und Gebräuchen (vgl. Joh 2,6; 4,9; 18,20; 10,40.42) ‚der Juden‘.

Deutlich sichtbar wird die Distanz zum Judentum auch im joh. Gebrauch von Ἰουδαῖος[210]. Auffallend ist zunächst das gegenüber den Synoptikern hohe Vorkommen (NT insgesamt: 195mal; Joh: 71mal; Mt: 5mal; Mk: 6mal; Lk: 5mal; Apg: 79mal), das auf einen theologisch reflektierten Gebrauch dieses Wortes schließen läßt. 34 der 71 Belege entfallen auf die Darstellung des Konfliktes zwischen Jesus und ‚den Juden‘ und haben somit eine antijüdische Tendenz (Joh 1,19; 2,18.20; 3,25; 5,10.16.18; 6,41.52; 7,1.11.13.15.35; 8,22.48.52.57; 9,18.22; 10,24.31.33; 11,8.54; 13,33; 18,12.14.31.36; 19,7.31.38; 20,19). Johannes kann aber auch neutral von der anwesenden Volksmenge als Ἰουδαῖοι sprechen (Joh 10,19; 11,19.31.33.36.45; 12,9.11; 18,20.38; 19,12.14.20.21), die Sitten und Gebräuche ‚der Juden‘ erwähnen und erklären (vgl. die o.g. Stellen) und die Juden von den Nichtjuden unterscheiden (Joh 18,33.35.39; 19,3.19.21). Positiv gebraucht der Evangelist das Wort, wenn er von den Ἰουδαῖοι spricht, die an Jesus glauben (Joh 8,31; 11,45; 12,11). In Joh 4,9 wird Jesus selbst als Ἰουδαῖος bezeichnet und Joh 4,22 betont die heilsgeschichtliche Bedeutung der Juden, um sie dann aber sofort zu relativieren (V. 23)[211].

Die Übersicht zeigt, daß von einem einheitlichen (negativen) joh. Sprachgebrauch nicht ausgegangen werden darf. Die Juden sind nicht einfach als solche massa damnata. Vielmehr entscheidet der Kontext über die jeweilige Bedeutung. Dennoch ist es bezeichnend, daß fast die Hälfte der Belege auf den Konflikt Jesu mit seinen Gegnern entfällt. Die ‚Juden‘ sind von Anfang an gegen Jesus (Joh 2,18), murren über ihn (Joh 6,41; 7,12), verfolgen ihn (Joh 5,16), versuchen ihn zu töten (Joh 5,18; 7,1.19; 8,22–24), wollen ihn steinigen (Joh 8,59; 10,31.33; 11,8) und treten als die entscheidenden Gegner in seinem Prozeß auf (Joh 18,36.38; 19,7.12.20). Ihr Hauptvorwurf gegen Jesus ist, sich Gott gleichzumachen (Joh 5,18; 10,33; 19,7). Die Jünger (Joh 20,19), die Eltern des Blindgeborenen (Joh 9,22) und Joseph von Arimathia (Joh 19,38) haben Furcht vor den Juden, die schließlich nicht als Kinder Abrahams (vgl. Joh 8,33–40) oder Gottes (vgl. Joh 8,41–43.45–47), sondern als Söhne des Teufels bezeichnet werden (Joh 8,44)[212].

---

[210] Vgl. W. Bauer, Joh, 31.

[211] Zur Einordnung des joh. Gebrauchs von Ἰουδαῖος in verschiedene Gruppen vgl. R. Leistner, Antijudaismus, Faltblatt im Anhang (neutraler und negativer Gebrauch von οἱ Ἰουδαῖοι); F. Mussner, Traktat, 282–288; H. Kuhli, EWNT II 479f.; E. Grässer, Polemik, 78f.; W. Wiefel, Scheidung, 223f.; R. Fuller, ‚Jews‘, 32. Ein ausführlicher forschungsgeschichtlicher Überblick über die verschiedenen Interpretationen von Ἰουδαῖος im 4. Evangelium findet sich bei T. L. Schram, The Use of Ioudaios, 145–204; U. v. Wahlde, Johannine Jews‘, 34–38.

[212] Vgl. H. Kuhli, EWNT II 479; W. Wiefel, Scheidung, 223. Zur Frage, inwieweit mit

Schon immer fielen die Übereinstimmungen dieser Darstellung ‚der Juden‘ mit den joh. Kosmosaussagen auf[213]. Die ‚Welt‘ lehnt Jesus ab (Joh 1,10; 3,19) und haßt ihn (Joh 7,7). Sie vermag Gott nicht zu erkennen (Joh 17,25) und kann den Geist der Wahrheit nicht empfangen (Joh 14,17). Wie Jesus (Joh 8,23) sind auch die Jünger nicht ἐκ κόσμου (Joh 15,19; 17,14.16) und müssen deshalb den Haß der Welt ertragen (Joh 15,18f.; 17,14; vgl. ferner Joh 16,20.33). Schließlich ist der Kosmos der Herrschaftsbereich des Widersachers (ἄρχων τοῦ κόσμου Joh 12,31; 14,30; 16,11), dessen Macht grundsätzlich zwar schon gebrochen, aber noch nicht unwirksam ist. Die gegenüber den Synoptikern stark zurückgetretene Differenzierung einzelner jüdischer Gruppen[214], der überwiegend negative und schematische Gebrauch von Ἰουδαῖος in den Konfliktszenen und die fast synonyme Verwendung von Ἰουδαῖος und κόσμος rechtfertigen das Urteil, die ‚Juden‘ vornehmlich als joh. Paradigma für die Krisis der Welt angesichts der Offenbarung zu verstehen[215]. Wohl können zeitgenössische Auseinandersetzungen auf die Darstellung eingewirkt haben, leitendes Motiv sind sie aber nicht[216]. Vielmehr bestimmt die joh. Christologie mit ihrem Absolutheitsanspruch die Argumentation, die Juden werden nicht als empirisches Volk, sondern als Repräsentanten der ungläubigen Welt gekennzeichnet. Sie lehnen die in Jesus Christus erschienene Wahrheit ab, bekehren sich nicht, verharren im Unglauben und in Feindschaft.

Das JE läßt sich nicht als ein bewußtes Zeugnis judenchristlicher Theologie verstehen. Wohl finden sich judenchristlich beeinflußte Vorstellungen und Traditionen im Evangelium[217], den historischen wie theo-

---

den ‚Juden‘ die jüdischen Autoritäten gemeint sind, vgl. U. v. Wahlde, Johannine ‚Jews‘, 41f.

[213] Vgl. R. Bultmann, Joh, 222; E. Grässer, Polemik, 88f.; W. Wiefel, Scheidung, 221ff.; G. Baumbach, Gemeinde und Welt, 123f. W. Trilling, Gegner Jesu, 206, will hingegen die Synonymität von Juden und Welt stark begrenzen.

[214] Nur in Joh 1,19 ist von Priestern und Leviten die Rede, 10mal werden die ‚Oberpriester‘ erwähnt (Joh 7,32.45; 11,47.57; 12,10; 18,3.35; 19,6.15.21, 5mal findet sich die Verbindung ‚Oberpriester und Pharisäer‘ (Joh 7,32.45; 11,47.57; 18,3), und insgesamt 19mal ist von den Pharisäern die Rede. Dieses relativ häufige Vorkommen berechtigt aber nicht zu der Annahme, Johannes stelle hier im historisch korrekten Sinn das pharisäisch bestimmte Judentum seiner Zeit dar. Der skizzierte Gebrauch von Ἰουδαῖος ist christologisch und nicht historisch orientiert; gegen K. Wengst, Bedrängte Gemeinde, 40ff.

[215] Vgl. dazu vor allem R. Bultmann, Joh, 59; ders., Theologie, 380ff.; E. Grässer, Polemik, 89f.; W. Bauer, Joh, 28f. Zum Problem des angeblichen joh. ‚Antijudaismus‘ vgl. die abgewogenen Überlegungen bei F. Mussner, Traktat, 281ff.; F. Hahn, ‚Die Juden‘ im Johannesevangelium, 430ff.

[216] Gegen W. Trilling, Gegner Jesu, 202ff., der auf der Basis der üblichen Interpretation von Joh 9,22; 12,42; 16,2 primär aktuelle Auseinandersetzungen als Hintergrund der joh. Darstellung vermutet.

[217] Gegen H. Thyen, ‚Das Heil kommt von den Juden‘, 181ff., der in der joh. Gemeinde eine judenchristliche Minderheit erblickt, die durch den Synagogenausschluß unmittelbar

logischen Standort des Evangelisten geben sie aber nicht wieder. Er ist vielmehr in seiner spezifischen christologischen Konzeption zu suchen, die einen erheblichen Abstand zum Judentum anzeigt und in den folgenden Kapiteln herausgearbeitet werden soll.

---

bedroht sei und deren jüdisches Erbe bestritten werde. Bezeichnenderweise unterläßt Thyen eine Definition von Judenchristentum und eine Analyse des joh. Gesetzesverständnisses.

2. Redaktionsgeschichte
als Methode der Johannesexegese

Weder eine extensive Literarkritik als Quellenkritik noch die These durchgehender literarisch und theologisch konsistenter Schichten oder genau bestimmbarer geschichtlicher Daten bzw. religionsgeschichtlicher Zusammenhänge als Ausgangspunkte joh. Theologiebildung werden aus den dargestellten methodologischen und historischen Gründen der literarischen Gestalt und theologischen Aussagerichtung des 4. Evangeliums gerecht. Das JE ist nicht als eine archäologische Grabungsstätte zu betrachten, aus der je nach methodischem Ansatz ‚Quellen‘, literarische Schichten oder historisch fixierbare Entwicklungsstadien geborgen werden können. Es muß vielmehr als das bewußte schriftstellerische und theologische Werk eines hervorragenden Theologen des Urchristentums begriffen werden. Von diesem positiven Vor-Urteil ausgehend, wird der Versuch unternommen, die in der Synoptikerexegese bewährte Methode der Redaktionsgeschichte auch auf das 4. Evangelium umfassender als bisher anzuwenden. Sofern die Redaktionsgeschichte „die Erklärung des Werkes in seiner jetzigen Gestalt"[1] zum Ziel hat, Form-, Traditions- und Religionsgeschichte voraussetzt und die Evangelisten als „Exponenten der Gemeinde"[2] versteht, scheint sie zur Erschließung eines theologischen und historisch so komplexen Werkes wie des 4. Evangeliums besonders geeignet zu sein.

2.1 Redaktionsgeschichte in der bisherigen Johannesexegese

Die Redaktionsgeschichte ist *die* anerkannte Methode der Synoptikerexegese. Ausgehend von der Zweiquellentheorie sowie den literarkritischen und formgeschichtlichen Analysen K. L. Schmidts, M. Dibelius' und R. Bultmanns fragt sie nach den Gesichtspunkten, unter denen die einzelnen Evangelisten ihr Material auswählten und zusammenstellten[3]. Wandte sich die Formgeschichte primär den Formen der Einzelstücke

---

[1] H. Conzelmann, Mitte der Zeit, 1.

[2] G. Strecker, Redaktionsgeschichte, 23.

[3] Forschungsgeschichtliche Überblicke bieten J. Rohde, Die redaktionsgeschichtliche Methode, passim; G. Strecker, Redaktionsgeschichte, 9–20.

und ihrer Geschichte zu, so konzentriert sich die Redaktionsgeschichte auf das Endstadium der Überlieferung, um die Bearbeitung der Einzelperikopen und ihre Integration in eine theologische Gesamtkonzeption durch den Endredaktor zu ermitteln. Verdanken sich kompositionelle Gestalt und theologische Gesamtaussage der Evangelien dem Endredaktor, dann können die Evangelisten nicht länger als einfache Tradenten und Sammler[4] verstanden werden, sondern sind als eigenständige Theologen und Schriftstellerpersönlichkeiten ernstzunehmen.

Die Redaktionsgeschichte muß als konsequente Fortsetzung form- und traditionsgeschichtlicher Fragestellungen begriffen werden[5]. Fragt die Formgeschichte primär nach den Überlieferungsgesetzen der mündlichen Traditionen und ihrer Verankerung im Leben der frühen Gemeinden, so die Redaktionsgeschichte nach der Integration der Tradition in einen übergeordneten kompositionellen Gesamtzusammenhang und den dabei leitenden theologischen Motiven. Redaktion und Tradition sind somit nicht als Gegensätze zu verstehen. Bereits auf vorredaktioneller Ebene ist die Tendenz zum Zusammenschluß von Überlieferungen zu erkennen (z.B. Logienquelle, Passionsgeschichte, Gleichnissammlungen)[6], so daß die Redaktionsgeschichte als eine in der Form- und Traditionsgeschichte bereits angelegte Methode zu verstehen ist. Die Redaktionsgeschichte vereint somit die diachrone und synchrone Fragestellung.

Der vielfach behauptete Vorrang[7] der synchronen Textanalyse vor der diachronen ist linguistisch und hermeneutisch sehr fragwürdig. E. Coseriu zeigt in seinem grundlegenden Werk über das Verhältnis von Synchronie und Diachronie aus sprachwissenschaftlicher Sicht, daß beide Aspekte nicht als Antinomie verstanden werden dürfen. Werden und Wesen der Sprache sind nicht als Gegensätze aufzufassen, denn „die Sprache funktioniert synchronisch und bildet sich diachronisch. Doch sind diese Begriffe weder antinomisch noch widersprüchlich, weil das Werden der Sprache sich auf das Funktionieren hin verwirklicht."[8] Coseriu lehnt die Identifizierung der Synchronie mit der ,Sprache als solcher‘[9] als einen erkenntnistheoretischen Irrtum ab und verweist mit Nachdruck darauf, daß die Geschichte der Raum ist, in der sich Werden und Wandel der Sprache vollziehen. „Anders gesagt, nur die Geschichte kann von der dynamischen Realität der Sprache vollkommen Rechenschaft geben, indem sie sie als ,werdendes System‘ und in jedem Augenblick ihrer Entwicklung als Aktualität einer Tradition betrachtet. Doch darf die Sprachgeschichte nicht als ,äußere Geschichte‘, sondern muß als ,innere Geschichte‘, als Untersuchung der Sprache selbst als historischer Gegenstand

---

[4] So noch M. Dibelius, Zur Formgeschichte der Evangelien, 210.

[5] Gegen W. Marxsen, Markus, 9 ff., der einen Gegensatz zwischen Form- und Redaktionsgeschichte sieht.

[6] Gegen W. Marxsen, a.a.O., 8, der behauptet: „Das Traditionsgut drängt gerade auseinander!"

[7] Z.B. M. Theobald, Primat, 161, R. A. Cullpepper, Anatomy, 5 ff.

[8] E. Coseriu, Synchronie, Diachronie und Geschichte, 237.

[9] Vgl. a.a.O., 220.

verstanden werden: Sie muß die sogenannte historische Grammatik umfassen und völlig in sich aufgehen lassen."[10]

Sofern biblische Texte Ergebnis und Zeugnis einer Geschichte sind, von der sie berichten, stellt sich von selbst die Frage nach ihrer eigenen Geschichtlichkeit als Texte[11]. Sie können nur dann richtig analysiert und interpretiert werden, wenn ihre eigene Aussage ernstgenommen wird, daß sie sich eines bestimmten geschichtlichen Ereignisses verdanken und dieses vergegenwärtigend darstellen. Die Annahme der Historizität biblischer Texte ist nicht eine von außen herangetragene Voraussetzung, sondern kann und muß an den Texten selbst mit den Methoden einer begrenzten Literarkritik, der Form- und Traditionsgeschichte bewiesen werden. Sowohl die konkrete literarische Gestalt als auch die theologische Aussage aller neutestamentlichen Traditionen erfordern eine Methode, die von der vorliegenden Form des Textes ausgehend gleichermaßen nach der Geschichte des Stoffes (Diachronie) und seiner Bearbeitung und Interpretation durch den Endredaktor (Synchronie) fragt. Diese Methode ist die Redaktionsgeschichte. Indem sie die Textkohärenz beachtet, vermeidet die Redaktionsgeschichte die Hauptschwäche der klassischen Literarkritik. Weil sie nach der Vorgeschichte eines Textes fragt, umgeht die Redaktionsgeschichte zugleich das entscheidende Defizit einer nur auf die Letztgestalt des Textes ausgerichteten strukturellen Analyse. Die Redaktionsgeschichte ist keineswegs auf die synoptischen Evangelien zu begrenzen, sondern überall dort anzuwenden, wo von einem ntl. Autor vorgegebene Einheiten in einen neuen kompositionellen Zusammenhang gestellt werden[12].

In der Johannesexegese wurde die Redaktionsgeschichte im klassischen Sinn der Synoptikerexegese noch nicht umfassend genug angewandt. Die bisherigen redaktionsgeschichtlichen Arbeiten zum 4. Evangelium sind durchweg von Quellen- bzw. Schichtentheorien abhängig. Wie bei der Redaktionsgeschichte überhaupt[13] ist auch hier R. Bultmann als ein Vorläufer anzusehen, denn in seinem Johanneskommentar erhebt er die Theologie des Evangelisten zum großen Teil im Gegenüber zu dessen Quellen. R. Fortna[14] und W. Nicol[15], die ihre Arbeiten ausdrücklich als redaktionsgeschichtliche Analysen verstehen, gehen wie viele andere Exegeten von der Existenz einer ‚Semeia-Quelle' aus, die sie mit literar-, form- und traditionsgeschichtlichen Methoden nachzuweisen versuchen und von der sie dann die Redaktion des Evangelisten abheben.

---

[10] A.a.O., 240.

[11] Vgl. U. Luz, Erwägungen, 503.

[12] Vgl. G. Strecker/U.Schnelle, Einführung, 120ff. Gegen J. Rohde, Redaktionsgeschichtliche Methode, 14, der behauptet, die Redaktionsgeschichte sei nur auf die syn. Evangelien und die Apg. anwendbar.

[13] Vgl. R. Bultmann, Die Geschichte der synoptischen Tradition, 348–400 (Die Redaktion des Traditionsstoffes).

[14] Vgl. R. Fortna, Gospel, 1–15; ders., Christology in the Fourth Gospel: Redaction-critical Perspectives.

[15] Vgl. W. Nicol, Semeia, 3ff.

Bei diesem Ansatz wird die kompositionelle und theologische Gestaltungskraft des Evangelisten Johannes zu gering veranschlagt, denn er findet bereits ein ‚Evangelium' bzw. eine ‚Quelle' vor, an die er einerseits anknüpft, welche er andererseits aber auch stark kritisiert. Zudem wird sich die Annahme einer vorjoh. ‚Semeia-Quelle' in den folgenden Untersuchungen in Kap. 3 als nicht stichhaltig erweisen.

Die Schichten- und Redaktionstheorien von W. Wilkens, R. E. Brown, W. Langbrandtner, H. Thyen und G. Richter setzen ebenfalls schriftlich fixierte und zusammenhängende ‚Vorlagen', ‚Grundschriften' oder ‚Quellen' voraus, die vom Evangelisten bzw. der Redaktion (teilweise mehrfach) überarbeitet wurden. Die methodologischen Probleme dieser Verfahrensweisen wurden bereits aufgezeigt: Weil sich weder die vermuteten ‚Vorlagen' noch die Überarbeitungen exakt am Text nachweisen lassen, können diese Entwürfe über den Rang einer unwahrscheinlichen Hypothese nicht hinauskommen.

Da auch die obengenannten Vertreter von redaktionellen ‚Schichten' bzw. ‚Quellen' im 4. Evangelium den Begriff ‚Redaktionsgeschichte' bzw. ‚redaction criticism' verwenden, ist eine terminologische Unsicherheit eingetreten. Hier wird bewußt ‚Redaktionsgeschichte' im zuvor beschriebenen klassischen Sinn der Synoptikerexegese verstanden[16]. Redaktionsgeschichte umfaßt dabei sowohl das methodische Verfahren als auch den zu untersuchenden Gegenstand[17].

Ein zentraler Aspekt der Redaktionsgeschichte wurde bisher nur am Rande erwähnt: Die Evangelisten waren nicht einfach nur individuelle Schriftsteller bzw. Theologen, sondern sie schrieben die Evangelien als Glieder ihrer Gemeinde und für die Gemeinde, so daß die frühchristlichen Gemeinden mit ihren Traditionen und Problemen Eingang in die Evangelienschreibung fanden[18]. Für Johannes trifft dies in einem besonderen Maß zu, belegen doch vor allem die drei Johannesbriefe und das JE die umfangreiche literarische und theologische Produktivität einer Gruppe im frühen Christentum, die zu Recht ‚johanneische Schule' genannt werden kann. Die joh. Schule bezeichnet die Gemeinschaft, in deren Raum die Johannesbriefe und das JE entstanden[19]. Das Vorhandensein

---

[16] Anders R. Schnackenburg, Zur Redaktionsgeschichte des Johannesevangeliums, 90f., der zwischen der ‚Redaktionsgeschichte' des JE (= Schichtentheorien) und der redaktionsgeschichtlichen Methode (= Redaktionsgeschichte als Methode der Synoptikerexegese) unterscheidet. Dies ist unsachgemäß, da der Begriff ‚Redaktionsgeschichte' in der Synoptikerexegese entstanden ist und ein methodisches Verfahren der Exegese bezeichnet.

[17] Teilweise wird in der Literatur zwischen der ‚Redaktionskritik' (= methodisches Verfahren) und ‚Redaktionsgeschichte' (= Gegenstand der Untersuchung) unterschieden. Dieses Verfahren ist m. E. künstlich, weil es die Methode nicht ohne ihren Gegenstand gibt.

[18] Vgl. G. Strecker, Redaktionsgeschichte, 23 ff.

[19] Die Johannesapokalypse unterscheidet sich stilistisch, theologisch und traditionsgeschichtlich tiefgreifend von den anderen joh. Schriften, so daß sie nicht zur joh. Schule im engeren Sinn zu rechnen ist; richtig H. Conzelmann, Grundriß, 351, „Sie (sc. Johannesapo-

einer solchen Schule muß in seiner Bedeutung für das Verständnis der Briefe und des Evangeliums bedacht werden, bevor der in dieser Untersuchung verfolgte methodische Ansatz abschließend formuliert wird.

2.2 Die johanneische Schule

Seit den Untersuchungen von W. Bousset[20] und W. Heitmüller[21] kann die Existenz einer joh. Schule als gesichert gelten. Über diesen breiten, zumeist unreflektierten Forschungskonsens hinaus muß aber gefragt werden, welche Kennzeichen einer ‚Schule‘ in den joh. Schriften nachzuweisen sind.

2.2.1 Kriterien für die Existenz einer johanneischen Schule

1. Auf eine joh. Schule weisen zunächst die *theologischen Übereinstimmungen* zwischen den drei Johannesbriefen und dem JE hin. Nur einige gemeinsame zentrale Gedanken seien genannt[22]:

a) Die Einheit von Vater und Sohn
2Joh 9; 1Joh 1,3; 2,22ff.; 4,14; Joh 5,20; 10,30; 14,10 u. ö.

b) Die Fleischwerdung Jesu Christi
2Joh 7; 1Joh 4,2; Joh 1,14.

c) Der Dualismus zwischen Gott und Welt
2Joh 7; 1Joh 2,15–17; 4,3–6; Joh 14–17.

d) ‚Aus Gott gezeugt sein‘
1Joh 2,29; 3,9; 4,7; Joh 1,13; 3,4ff.

e) Das ‚Erkennen‘ Gottes
1Joh 2,3–5.13f.; 3,1.6; 4,6–8; Joh 1,10; 8,55; 14,7; 16,3 u. ö.

f) Das ‚Bleiben‘ in Gott, in Jesus, in der Wahrheit und in der Lehre
2Joh 2,9; 1Joh 2,6.24.27; 4,12–16; Joh 8,31; 14,10.17; 15,4–10.

g) Wasser und Blut Jesu Christi
1Joh 5,6–8; Joh 19,34f.

h) Das Gebot der Liebe
2Joh 4–6; 1Joh 2,7f.; Joh 13,34f.

i) ‚Aus der Wahrheit sein‘, ‚die Wahrheit erkennen‘

---

kalypse) kommt für die Erhebung der ‚johanneischen‘ Theologie nicht in Betracht." Vgl. ferner jetzt U. B. Müller, Offenbarung des Johannes, 46–52 (49: „Vielmehr zeigt die traditionsgeschichtliche Herleitung charakteristischer Vorstellungen der Offb, daß ihr Verfasser aus judenchristlichen Gruppen Syrien – Palästinas stammen könnte, die keine unmittelbare Beziehung zum sog. ‚johanneischen‘ Kreis (Evangelium und Briefe) haben"); J. Roloff, Offenbarung des Johannes, 19f.

[20] Vgl. W. Bousset, Jüdisch-christlicher Schulbetrieb, 316.
[21] Vgl. W. Heitmüller, Zur Johannes-Tradition, 189ff.
[22] Vgl. H. Windisch, JohBr, 109f.; H. J. Holtzmann, Problem II, 133.

2Joh 1; 3Joh 3.8; 1Joh 2,21; 3,19; Joh 8,32; 18,37.

j) ,Aus Gott sein'
3Joh 11; 1Joh 3,10; 4,1–6; Joh 8,47.

k) Das Halten der Gebote
1Joh 2,3f.; 3,22.24; 5,3; Joh 14,15.21; 15,10.

2. Als zweites Indiz für eine joh. Schule müssen die *Gemeinsamkeiten in der Sprache* zwischen den drei Johannesbriefen und dem Evangelium gelten[23]. Sie weisen über den Ideolekt der einzelnen Verfasser auf einen Soziolekt der joh. Schule hin. Aufschlußreich sind joh. Vorzugswörter, die in den Briefen und im Evangelium sehr oft, in den übrigen Schriften des NT aber jeweils weniger häufig belegt sind[24]. Ebenso instruktiv ist der seltene Gebrauch oder die Nichtaufnahme von Wörtern im joh. Schrifttum, die im NT sonst häufig vorkommen[25]. Schließlich sind auch die zahlreichen gemeinsamen Wendungen und Formeln als Zeugnis einer eigenständigen Begriffsbildung Ausdruck des joh. Soziolekts[26].

3. Deutlich belegt *Joh 21* die Existenz einer joh. Schule. In V. 24b melden sich mit καὶ οἴδαμεν ὅτι ἀληθὴς αὐτοῦ ἡ μαρτυρία ἐστίν die Verfasser des sekundären Nachtragskapitels und vielleicht sogar die Herausgeber des gesamten Evangeliums zu Wort. Sie machen den ,Lieblingsjünger' zum Verfasser des JE und bestimmen sein Verhältnis zu Petrus neu. Allein das Vorhandensein dieses Nachtrages und das keineswegs schriftstellerisch, sondern als Plural communicis zu verstehende ,wir'[27] in V. 24b sind Hinweise auf eine joh. Schule.

4. Auch die *ekklesiologischen Termini* in den Johannesbriefen und dem JE verweisen auf die joh. Schule. In 3Joh 15 wählt der Presbyter οἱ φίλοι als Selbstbezeichnung für seine Gemeinde und gebraucht diesen Titel ebenfalls für die Adressaten. „Zweifellos hat hier die Bezeichnung φίλος in Verbindung mit den Grüßen Anteil an der Exklusivität der johanneischen Gemeinden."[28] Lazarus ist Jesu Freund (Joh 11,11), und in Joh 15,14 sagt

---

[23] Die joh. Begriffsbildung muß als Ausdruck der spezifisch joh. ,Sehweise' verstanden werden, vgl. dazu F. Mussner, Sehweise, 80ff.

[24] So z. B.: ἀγαπᾶν, ἀλήθεια, ἀληθής, γεννᾶν, γινώσκειν, ἐντολή, ζωή, κόσμος, μαρτυρεῖν, μένειν, μισεῖν, περιπατεῖν, πιστεύειν, τηρεῖν.

[25] Hier sind zu nennen: ἀπόστολος, γραμματεύς, δέχεσθαι, δύναμις, ἐλπίς, ἐπαγγελία, ἕτερος, εὐαγγελίζειν, εὐαγγέλιον, κηρύσσειν, παραβολή, παρακαλεῖν, πίστις, πιστός, προσέρχεσθαι, προσεύχεσθαι, πρόσωπον, σοφία.

[26] Vgl. die Auflistung bei H. J. Holtzmann, Problem II, 131ff.; vgl. ferner die Listen bei A. E. Brooke, JohBr, 11ff.; R. E. Brown, JohBr, 755–759.

[27] Vgl. dazu bes. A. v. Harnack, Das ,Wir' in den Johanneischen Schriften, 642f. Harnack weist in der Auseinandersetzung mit Th. Zahn nach, daß das ,Wir' in den joh. Schriften nicht ein Indiz für die Augenzeugenschaft des Verfassers ist, sondern nur auf dem Hintergrund eines joh. Kreises in Kleinasien verstanden werden kann. Th. Zahn hingegen wertet schon das ἐθεασάμεθα in Joh 1,14 als einen Beleg dafür, daß der Verfasser des 4. Evangeliums ein Augenzeuge des Lebens Jesu war (vgl. ders., Joh, 82).

[28] G. Stählin, ThW IX 164.

Jesus zu den Jüngern ὑμεῖς φίλοι μού ἐστε (vgl. auch V. 15). Schließlich wird in Joh 15,13 der in der gesamten Antike[29] verbreitete Grundsatz angeführt, es sei die höchste Pflicht des Freundes, sein Leben für die Freunde zu geben. Die joh. Texte, die reiche Bezeugung von φίλος in der gesamten antiken Literatur[30] und die Verwendung dieses Wortes als Selbstbezeichnung in der epikuräischen Schule[31] machen es wahrscheinlich, daß φίλος ebenfalls in der joh. Schule eine geläufige Bezeichnung war[32].

Ebenso scheint τεκνία bzw. τέκνα (θεοῦ) eine übliche Anrede innerhalb der joh. Schule gewesen zu sein (vgl. zu τεκνία 1Joh 2,1.12.28; 3,7.18; 4,4; 5,21; Joh 13,33; zu τέκνα [θεοῦ] vgl. 2Joh 1,4.13; 3Joh 4; 1Joh 3,1.2.10; 5,2; Joh 1,12; 11,52)[33]. Τέκνα θεοῦ sind die Gläubigen durch ihre Zeugung aus Gott (vgl. 1Joh 2,29; 3,9; 4,7; 5,1.4.18; Joh 1,12). Als Ehrenprädikat ist τέκνα θεοῦ zugleich Ausdruck eines starken Erwählungsbewußtseins, denn in 1Joh 3,9.10' wechseln die Begriffe ‚Kind Gottes' und ‚Gottgezeugter'. Die Glieder der joh. Schule haben die Überzeugung, der Same Gottes sei und bleibe in ihnen. Mit τέκνα eng verwandt ist παιδία. In 1Joh 2,14.18 dient es als Anrede der Gemeinde, in Joh 21,5 nennt Jesus die Jünger παιδία.

Eine weitere Ehrenbezeichnung der joh. Schule ist ἀδελφός. Gaius wird vom Presbyter dafür gelobt, daß er im Gegensatz zu Diotrephes umherwandernde Brüder aufnahm (vgl. 3Joh 3.5.10). Im Evangelium nennt der scheidende Jesus seine Jünger und Anhänger ‚Brüder' (Joh 20,17; vgl. 21,23). Es dürfte kein Zufall sein, daß zuvor ἀδελφός nur im verwandtschaftlichen Sinn gebraucht wurde (Joh 1,40.41; 2,12; 6,8; 7,3.5.10; 11,2.19.21.23.32). Erst der sterbende Jesus begründet und legitimiert ἀδελφός als ehrenvolle Bezeichnung in der joh. Schule.

5. Die *ethischen Aussagen*[34] in den Briefen und im Evangelium sprechen ebenfalls für die Existenz einer joh. Schule, denn sie sind überwiegend nicht universalistisch, sondern gruppenbezogen zu verstehen. Im Zentrum steht das Gebot der Bruderliebe (2Joh 4–6; 1Joh 2,7–11; Joh 13,34f.), das der Nächstenliebe deutlich vorgeordnet ist. Im 1Joh ist die Bruderliebe das Wesensmerkmal und Kennzeichen christlicher Existenz (vgl. 1Joh 3,11–18; 4,7–21), bis hin zu der Aufforderung, für den Bruder sein Leben zu geben (1Joh 3,16). Die Bruderliebe erscheint sogar als

---

[29] Vgl. die Belege a.a.O., 151, 19ff.

[30] Vgl. a.a.O., 144–151.

[31] Belege bei R. A. Cullpepper, Johannine School, 108 A 48.

[32] Vgl. a.a.O., 272.

[33] Zu τέκνα θεοῦ vgl. bes. R. Schnackenburg, JohBr, 175–183.

[34] Zu den schwierigen Problemen der joh. Ethik vgl. als Einführung W. Schrage, Ethik, 280–301. Über die primäre Gruppenbezogenheit der joh. Ethik besteht in der Forschung kein Dissens, kontrovers ist vielmehr nur die Frage, ob die joh. Konzeption überhaupt materialethische Weisungen und eine wie auch immer geartete Weltoffenheit zuläßt.

Kriterium für die Gottesliebe, denn nur wer seinen Bruder liebt, den er sieht, liebt auch Gott, den er nicht sieht (1Joh 4,20). Ἀγάπη, ἀγαπᾶν und φιλεῖν bezeichnen im JE zuallererst die reziproke Beziehung zwischen dem Vater, dem Sohn und den Gemeindegliedern. Der Vater ‚liebt‘ den Sohn und die Seinen, der Sohn ‚liebt‘ den Vater und die Seinen, die Seinen wiederum ‚lieben‘ den Sohn und einander (Joh 3,35; 5,20.42; 8,42; 10,17; 13,1; 15,9–17; 16,27; 17,20–26). Die Ausrichtung der joh. Ethik auf die eigene Gruppe bleibt unübersehbar.

Gegen die im Anschluß an M. Dibelius[35] von E. Käsemann und M. Lattke vorgetragene Interpretation der joh. Ethik als einer Wesensgemeinschaft[36] sprechen deutlich Joh 13,12–20; 1Joh 2,6; 3,3.7.16, wo explizit aus dem vorbildhaften Tun Jesu ein entsprechendes Verhalten der Jünger gefordert wird. Auch die Aufforderung zu einem konkreten Sozialverhalten gegenüber dem Bruder in 1Joh 3,17.18 sperrt sich gegen eine Deutung im Rahmen einer Gesinnungsethik.

Sowohl die Briefe (1Joh 2,2; 4,9.14) als auch das Evangelium (Joh 3,16; 10,17; 12,25; 15,13) enthalten universalistische Aussagen, die einer worthaften und spirituellen Interpretation joh. Ethik widersprechen, eine reine Konventikelethik sprengen und zeigen, daß die Bruderliebe als Exemplum der Nächstenliebe verstanden werden kann. Dennoch muß diese Ethik primär als Gruppenethik begriffen werden: Objekt der Liebe ist zuerst der Bruder, nicht die Welt.

6. Ein weiteres Indiz für die Existenz einer joh. Schule ist die Darstellung Jesu als *Lehrer*[37]. In keinem anderen Evangelium findet sich für Jesus so häufig die Anrede ῥαββί (Joh: 9mal, Mk: 3mal, Mt: 4mal)[38], und mehrfach wird von Jesu Lehrtätigkeit berichtet (Joh 6,59; 7,14.28; 8,20; 18,20). Nikodemus nennt Jesus einen von Gott gekommenen Lehrer (Joh 3,2). Gott selbst lehrt Jesus (Joh 8,26.28), seine Lehre ist ἐκ θεοῦ (Joh 7,16.17). Jesus lehrt seine Freunde alles, was er vom Vater empfing (Joh 15,15; vgl. 17,26), so daß die joh. Schule als der Raum erscheint, in der die Offenbarungen des Vaters an den Sohn weitergegeben und gepflegt werden. Die joh. Christen verstehen sich als διδακτοὶ θεοῦ (Joh 6,45).

Jesus kennt die Schrift, obwohl er darin nicht ausgebildet wurde (Joh 7,15). Die joh. Schule studiert die Schrift als Zeugnis von Jesus (vgl. Joh 5,39.46). Vielfach fühlen sich die Jünger an die Worte Jesu und die Worte der Schrift ‚erinnert‘ (vgl. Joh 2,17.22; 12,16; 20,9). Auch die zwölf ausdrücklich atl. Zitate und die Einführungsformel γεγραμμένος bzw. γέγραπται (vgl. Joh 2,17; 6,31.45; 8,17; 10,34; 12,14f.16; 15,25) weisen auf ein christologisch orientiertes Studium des Alten Testaments hin.

---

35 Vgl. M. Dibelius, Joh 15,13, 173ff.
36 Vgl. E. Käsemann, Jesu letzter Wille, 122ff.; M. Lattke, Einheit, passim.
37 Vgl. R. A. Cullpepper, Johannine School, 273ff.
38 Vgl. ferner ῥαββουνί in Mk 10,51; Joh 20,16.

Die joh. Schule beobachtet, bewahrt und schützt Jesu Worte (1 Joh 2,5; Joh 8,51 f.55; 14,23.24; 15,20; 17,6) und Gebote (1 Joh 2,3.4; 3,22.24; 5,3; Joh 14,15.21; 15,10), denn Jesus hat das vom Vater Gehörte an die Jünger weitergegeben (Joh 14,24; 17,8). Mehr als in jedem anderen Buch des NT erscheint τηρεῖν im joh. Schriftkreis (25mal), so daß der Gebrauch von τηρεῖν τὸν λόγον bzw. τηρεῖν τὰς ἐντολάς auf eine katechetische Tradition innerhalb der joh. Schule schließen läßt[39]. Auch Jesu ῥήματα sind von Gott (Joh 3,34; 14,10), und er hat sie den Jüngern überliefert (Joh 17,8). Er verheißt ihnen die Erfüllung jeder Bitte, ἐὰν μείνητε ἐν ἐμοὶ καὶ τὰ ῥήματα μου ἐν ὑμῖν μείνῃ (Joh 15,7; vgl. auch Joh 6,68).

Die joh. Schule weiß sich nicht nur im Besitz göttlicher Offenbarungen und Traditionen, sondern ist sich darüber hinaus auch in der Gegenwart göttlicher Belehrung gewiß, denn der παράκλητος (Joh 14,26) bzw. das χρῖσμα (1 Joh 2,27) lehren und erinnern sie. Hier ist deutlich die Existenz einer Schule vorausgesetzt, in deren Raum joh. Jesustraditionen überliefert und ausgelegt, aber auch neue, vom Parakleten bzw. Chrisma verbürgte Aussagen formuliert werden. Schon die Herausforderung der Gegner erfordert eine Besinnung auf die Tradition, eine intensive Schuldiskussion und die Formulierung der eigenen Position. Besteht doch das Wesen der Irrlehre darin, nicht in der überlieferten Lehre (2 Joh 9.10) und im rechten Bekennen (2 Joh 7; 1 Joh 2,22 f.; 4,2 f.) zu bleiben.

7. Das wesentliche Kennzeichen antiker Schulen ist die Zurückführung auf einen *Gründer*[40]. Den Begründer der joh. Schule erblickt R. A. Cullpepper im ‚Lieblingsjünger‘ und meint, „that the role of the BD is the key to the character of the community‘‘[41]. Cullpepper sieht große Übereinstimmungen in den Funktionen des ‚Lieblingsjüngers‘ und des Parakleten und folgert daraus, die Gemeinde habe den ‚Lieblingsjünger‘ mit dem Parakleten identifiziert. „Just as Jesus had been the first Paraclete for the original group of the disciples, so the BD had been the first Paraclete for the Johannine community.‘‘[42]. Nach dem unerwarteten Tod des als Inkarnation des Parakleten angesehenen Schulgründers seien dann der Paraklet und der ‚Lieblingsjünger‘ getrennt worden, um über die Identifizierung des Heiligen Geistes mit dem Parakleten dessen weitere Wirksamkeit zu sichern.

War der ‚Lieblingsjünger‘ der Gründer der joh. Schule, so müßte er in vorgegebenen Traditionen verankert sein. Unsere Analyse ergab hingegen, daß alle Lieblingsjüngertexte redaktionell vom Evangelisten eingeführt wurden[43]. Dieses Ergebnis spricht entscheidend gegen Cullpeppers

---

[39] Vgl. H. Riesenfeld, ThW VIII 144.
[40] Vgl. R. A. Cullpepper, Johannine School, 264 ff.
[41] A.a.O., 265.
[42] A.a.O., 269.
[43] Vgl. den Abschnitt 1.2.

These, zumal er eine wirkliche Exegese der entsprechenden Texte gar nicht vornimmt. Auch die von ihm behauptete Gleichsetzung von ‚Lieblingsjünger‘ und Paraklet läßt sich an den Texten nicht nachweisen. Sollte es diese Identifizierung in der joh. Schule wirklich gegeben haben, so hätte sie sich zumindest ansatzweise in den joh. Schriften niederschlagen müssen. Dies ist aber weder im JE noch im 1Joh der Fall, wo bezeichnenderweise Jesus und der Paraklet gleichgesetzt werden (2,1). Schließlich müßte der ‚Lieblingsjünger‘ ebenfalls in den Johannesbriefen erscheinen, zumal die dort geführten Auseinandersetzungen mit Gegnern eine Berufung auf den Gemeindegründer nahelegen[44].

Eine neue Antwort auf die Frage nach dem Gründer der joh. Schule gibt G. Strecker. Er führt die joh. Schule auf den Presbyter des 2/3Joh zurück[45]. Die beiden kleinen Johannesbriefe sind nicht bedeutungslose joh. Spätschriften, sondern markieren den Anfang der joh. Theologie. Als Originaldokumente des Gründers der joh. Schule wurden sie in den Kanon aufgenommen, und ihre Bedeutung für die Entstehung und Entwicklung der joh. Theologie ist hoch einzuschätzen[46]. Strecker erkennt im Presbyter des 2/3Joh den πρεσβύτερος Ἰωάννης des Papias, wodurch seine These an Plausibilität gewinnt, denn eine in der frühen Christenheit bekannte historische Persönlichkeit ist dann der Gründer der joh. Gemeinde, während sich beim ‚Lieblingsjünger‘ idealisierende, typisierende und historische Motive überschneiden.

Repräsentieren der 2/3Joh und nicht eine hinter dem Evangelium vermutete ‚Quelle‘ oder ‚Grundschrift‘ die Anfänge der joh. Tradition, so hat dies zudem den großen methodologischen Vorteil, daß die im 1. Kapitel dargestellten Probleme einer extensiven Literarkritik in Verbindung mit Redaktions- und Schichtentheorien vermieden werden.

Die nächste Parallele zur joh. Schule ist im Urchristentum die Schule des Paulus[47]. H. Conzelmann zeigte, daß Paulus im Anschluß an die jüdische Weisheitstradition mit seinen Mitarbeitern eine Schule gründete, in der sie ‚Theologie als Weisheitsschulung‘ betrieben. Der Sitz dieser Schule sei Ephesus gewesen[48]. Ihren Niederschlag fanden die Diskussionen innerhalb der Paulusschule u. a. in bereits vor Abfassung eines Briefes konzipierten Texten, die dann in einen Brief integriert wurden. „In Frage kommen etwa 1Kor 1,18 ff.; 2,6 ff.; 10,1 ff.; 11,2 ff.; 13; 2Kor 3,7 ff.; Röm 1,18 ff.; 7,7 ff.; 10,1 ff.“[49] Es ist damit zu rechnen, daß Risse

---

[44] R. A. Cullpepper, a.a.O., 288, versucht diesem entscheidenden Gegenargument mit dem Hinweis auf die Wendung ἀπ᾽ ἀρχῆς in 2Joh 6; 1Joh 2,7.24; 3,11 zu entgehen, in der er einen Bezug auf den ‚Lieblingsjünger‘ sieht.

[45] Vgl. G. Strecker, Die Anfänge der johanneischen Schule, 39.

[46] Vgl. a.a.O., 39 ff.

[47] Merkwürdigerweise rechnet R. A. Cullpepper, Johannine School, 215–246, wohl mit einer ‚Jesusschule‘, erwähnt aber an keiner Stelle die Paulusschule.

[48] Vgl. H. Conzelmann, Paulus und die Weisheit, 179.

[49] H. Conzelmann, Die Schule des Paulus, 86.

und Nähte in den Paulusbriefen auf die Einarbeitung von Schultraditionen zurückzuführen sind und nicht auf verschiedene ‚Briefe' bzw. ‚Brieffragmente' hinweisen. Als Glieder der Paulusschule sind die zahlreichen Mitarbeiter des Apostels anzusehen, die als Mitabsender fungierten und die Briefe überbrachten. Auch die Deuteropaulinen lassen sich im Rahmen einer Paulusschule verstehen, denn ihre Verfasser waren entweder Schüler des Paulus oder wurden von der Paulusschule beeinflußt[50].

Auffallende Analogien zum JE finden sich im zeitlich und auch geographisch nahestehenden Barnabasbrief[51]. Offenbar benutzte der Verfasser des Barnabasbriefes nicht durchgehende Quellenschriften, sondern arbeitete „eine Vielzahl einzelner Traditionsstücke"[52] ein. So weisen formale und inhaltliche Beobachtungen z. B. Barn 2,1.4–3,6; 4,1–5,4; 5,5–7.11b–13f.; 6,1–4; 7,3–5; 9,4–6; 16,1f.6–10 als vorliegende Traditionen aus, die der Briefschreiber zusammenfügte[53]. Die Eigenständigkeit der Traditionsstücke in Barn 2–16 und die Beobachtung, daß der Verfasser des Briefes wahrscheinlich ein Lehrer war[54], lassen den Schluß zu, die Traditionen des Barn stammten aus einem ‚Schulbetrieb'[55]. „In ihm sind die einzelnen Stücke überliefert und dabei auch weitergebildet worden. Der Verfasser nimmt als Lehrer am Überlieferungsprozeß selbst gestaltend teil, indem er bearbeitet, variiert, ergänzt, erweitert und auch selbständig neue Stücke schafft."[56]

2.2.2 Die Schriften der johanneischen Schule

Für das Verständnis der joh. Schule ist es von großer Bedeutung, ob die in ihr entstandenen Schriften alle von einem Verfasser stammen. Ist nur ein Autor nachzuweisen, so geht die gesamte literarische Produktion auf eine überragende theologische Persönlichkeit zurück und muß im wesentlichen als Einheit verstanden werden. Lassen hingegen die einzelnen Schriften den Rückschluß auf verschiedene Autoren zu, dann ist mit einer regen, keineswegs uniformen und vielleicht sogar spannungsvollen literarischen und theologischen Produktivität in der joh. Schule zu rechnen. Auch die Frage der zeitlichen Reihenfolge bedarf einer Erörterung, denn sie gibt über die Stellung der Schriften in der Geschichte der joh. Schule Auskunft.

---

[50] Vgl. dazu a.a.O., 88 ff.

[51] H. Stegemann, Rez., 149 f., und K. Wengst, Barnabasbrief, 115 ff., datieren den Barnabasbrief auf das Jahr 130–132 und lokalisieren ihn im westlichen Kleinasien.

[52] K. Wengst, Barnabasbrief, 121.

[53] Eine ausführliche Analyse der Traditionen in Barn 2–16 findet sich bei K. Wengst, Tradition und Theologie des Barnabasbriefes, 17–53.

[54] Vgl. K. Wengst, Barnabasbrief, 119.

[55] So zuerst W. Bousset, Schulbetrieb, 312 f.; zuletzt K. Wengst, Barnabasbrief, 122 f.

[56] A.a.O., 122.

2.2.2.1 Die Verfasserfrage

Ausgangspunkt sollen der *2/3Joh* sein, denn hier findet sich mit ὁ πρεσβύτερος die einzige Verfasserangabe in den joh. Schriften. Beide Schreiben sind als wirkliche Briefe anzusehen[57], die alle Merkmale eines antiken Privatbriefes aufweisen[58]. Die gleichlautende Absenderangabe, die Sprache und die Übereinstimmungen im Briefformular stellen sicher, daß beide Briefe von demselben Verfasser stammen. Was aber bedeutet ὁ πρεσβύτερος[59]? Sprachlich legt sich zunächst die Deutung ‚Der Alte, der Greis' nahe, der aufgrund seines Alters und seiner Lebenserfahrung eine besondere Stellung einnimmt[60]. Allerdings läßt die Auseinandersetzung des Presbyters mit den Gegnern nicht erkennen, daß seine Autorität auf einem hohen Alter beruht[61].

Sodann kann mit ὁ πρεσβύτερος der Amtsträger einer Lokalgemeinde gemeint sein, dem durch das Amt eine besondere Autorität zukam. Gegen diese vor allem von E. Käsemann[62] vertretene These ist geltend zu machen, daß die Presbyterwürde im Urchristentum nur im Rahmen eines Kollegiums wahrgenommen wurde (vgl. z.B. 1Tim 4,14; Tit 1,5) und zudem die Bezeichnung ὁ πρεσβύτερος unter Weglassung des Namens einzigartig wäre. Weder für den Presbyter noch für Diotrephes ist eine Amtsstellung wirklich nachweisbar.

So meint ὁ πρεσβύτερος eine Würdebezeichnung für „einen besondere Hochschätzung genießenden Lehrer"[63]. Der Presbyter muß eine hervorragende Gestalt innerhalb der joh. Schule, vielleicht sogar ihr Gründer gewesen sein, denn nur so lassen sich die Erhaltung und die Übernahme des 2/3Joh in den Kanon erklären. Nichts spricht dagegen, den Presbyter des 2/3Joh mit jenem ὁ πρεσβύτερος Ἰωάννης zu identifizieren, den Papias in deutlicher Unterscheidung zum Zebedaiden Johannes als einen der Gewährsleute seiner Traditionen anführt (Euseb HE III 39,4). So-

---

[57] Gegen R. Bultmann, JohBr 10.102, der die Briefform des 2Joh als Fiktion ansieht; vgl. dagegen R. Schnackenburg, JohBr, 295; E. Haenchen, Neuere Literatur zu den Johannesbriefen, 299f. Als einziger der neueren Kommentatoren schließt sich Bultmann an G. Schunack, JohBr, 108f.

[58] Vgl. die bei A. Deissmann, Licht vom Osten, 159, abgedruckten Briefe.

[59] Eine Darstellung der Lösungsversuche A. v. Harnacks, W. Bauers und E. Käsemanns sowie eine kritische Erörterung der Probleme bietet E. Haenchen, Neuere Literatur zu den Johannesbriefen, 282–311. Vgl. ferner die forschungsgeschichtliche Übersicht bei R. E. Brown, JohBr, 648–651.

[60] Das hohe Alter des Presbyters betont vor allem H. H. Wendt, JohBr, 7f.

[61] Vgl. G. Bornkamm, ThW VI 670.

[62] E. Käsemann, Ketzer und Zeuge, 177, sieht im Presbyter einen Mann, „der einen Gemeindeverband und eine Missionszentrale leitet und höchst aktiv Kirchenpolitik treibt, indem er in fremden Gemeinden Stützpunkte seiner Organisation zu gründen versucht". Zur Kritik an Käsemann vgl. G. Bornkamm, ThW VI 671 A 121.

[63] G. Bornkamm, a.a.O., 671; vgl. ferner R. Schnackenburg, JohBr, 306.

wohl der Presbyter der Johannesbriefe als auch der πρεσβύτερος Ἰωάννης des Papias ist nicht Amts-, sondern Traditionsträger[64]. Als Träger
bzw. Gründer der joh. Tradition hat der Presbyter des 2/3Joh ein hohes
Ansehen genossen, und als besonderer Traditionsträger erscheint er auch
bei Papias[65].

Papias erhielt die von ihm selbst hochgeschätzten mündlichen Traditionen von
Presbyterschülern, die er nach den Überlieferungen der Apostel befragte. So
ergibt es sich aus der Wendung εἰ δέ που καὶ παρηκολουθηκώς τις τοῖς
πρεσβυτέροις ἔλθοι, τοὺς τῶν πρεσβυτέρων ἀνέκρινον λόγους ... (Euseb HE
III 39,4). Die Traditionskette lautet somit: Apostel – Presbyter (= Apostelschü-
ler) – Schüler der Presbyter – Papias[66]. Schwer bestimmbar ist das Verhältnis
zwischen der ersten Gruppe (den Aposteln) und der zweiten Gruppe (Aristion
und der Presbyter Johannes) der Herrenjünger. Während der unterschiedliche
Tempusgebrauch (εἶπεν bei den Aposteln, λέγουσιν bei Aristion und dem Presbyter Johannes) darauf schließen läßt, daß Aristion und der Presbyter Johannes
z.Zt. des Papias noch lebten[67], so muß gefragt werden, ob Papias beide kannte.
Euseb bejaht dies nachdrücklich (HE III 39,7), um so die Glaubwürdigkeit der
von ihm überlieferten Papiastraditionen zu sichern (vgl. HE III 39,15.16.17).
Auch die Papiasnotiz selbst scheint das nahezulegen, denn in dem zweiten
indirekten Fragesatz wird mit dem Relativpronomen ἅ einerseits das Fragewort
τί wiederaufgenommen, während andererseits τέ und das neue Prädikat λέγουσιν einen Neueinsatz markieren[68]. Dann hätte Papias von Aristion und dem
Presbyter Johannes direkt Traditionen erhalten und müßte als deren Schüler
gelten.

---

[64] Vgl. Ph. Vielhauer, Geschichte, 763, der herausstellt, daß Papias unter den πρεσβύ-
τεροι Traditionsträger verstand.

[65] Abzulehnen ist die Vermutung U. Körtners, Papias von Hierapolis, 197–201, der
2/3Joh seien pseudepigraphische Schreiben und die Absenderangabe ὁ πρεσβύτερος
fiktiv. Körtner führt als Begründung lediglich die – in der neueren Forschung zu Recht fast
einhellig abgelehnte – Meinung Bultmanns an, der 2Joh sei eine Brieffiktion. Körtner
überträgt diese Ansicht (anders als Bultmann) auch auf den 3Joh und meint, hier werde
kein aktueller Konflikt beschrieben und es sei nicht sicher, ob Gaius und Diotrephes zur
Zeit der Briefabfassung überhaupt noch lebten. Diese Argumentation muß als rein spekulativ bezeichnet werden, weil hier sowohl gegen die Form als auch gegen den Inhalt des
2/3Joh eine These sehr einseitig verfochten wird.

[66] Vgl. W. Heitmüller, Zur Johannes-Tradition, 195; E. Haenchen, Joh, 9.

[67] Vgl. W. Larfeld, Das Zeugnis des Papias, 387. Grammatisch handelt es sich sowohl
bei τί Ἀνδρέας ... als auch bei ἅ τε Ἀριστίων ... um einen indirekten Fragesatz, wobei
das Relativpronomen ἅ das Fragewort τί vertritt, „ein Sprachgebrauch, der sich sowohl bei
klassischen Autoren wie in der biblischen Grazität nachweisen läßt" (W. Larfeld, a.a.O.,
387). Zwei Nebensätze waren notwendig, weil die von Papias angeführten zwei Generationen ein gemeinsames Prädikat nicht zuließen.

[68] Grammatisch möglich ist aber auch, daß beide indirekten Fragesätze sich auf die
Überlieferung von Traditionen durch Presbyterschüler beziehen und Papias dann Aristion
und den Presbyter Johannes nicht persönlich gekannt hätte; vgl. W. Heitmüller, Zur
Johannes-Tradition, 195; W. Larfeld, Das Zeugnis des Papias, 387.

Im Presbyter des 2/3 Joh sehen u. a. H. Windisch, C. H. Dodd, R. Schnackenburg und R. E. Brown[69] auch den Verfasser des *1 Joh*. Als Hauptargument führen sie den gemeinsamen Stil aller drei Johannesbriefe an. Die Übereinstimmungen im Stil können aber auf den Soziolekt der joh. Schule zurückgeführt werden, und es gibt zudem charakteristische Unterschiede in Sprache und Stil zwischen dem 2/3 Joh einerseits und dem 1 Joh andererseits.

Allein in 2 Joh 4/3 Joh 3 findet sich die Wendung ἐχάρην λίαν (vgl. Phil 4,10), und nur in 2 Joh 4/3 Joh 3.4 ist περιπατεῖν ἐν ἀληθείᾳ belegt. Ausschließlich im 2 Joh erscheinen die Ausdrücke ἐκλεκτῇ κυρίᾳ (2 Joh 1), τὴν ἀλήθειαν τὴν μένουσαν ἐν ἡμῖν (2 Joh 2), παρὰ Ἰησοῦ Χριστοῦ τοῦ υἱοῦ τοῦ πατρός (2 Joh 3) ἐν ἀληθείᾳ καὶ ἀγάπῃ (2 Joh 3) und βλέπετε ἑαυτούς (2 Joh 8). Hapaxlegomena innerhalb der joh. Schule sind in den beiden kleinen Johannesbriefen μέλαν (2 Joh 12/3 Joh 13, so nur noch 2 Kor 3,3); κάλαμος (3 Joh 13); ἔλεος (2 Joh 3); μισθός (2 Joh 8), ἀγαθοποιεῖν (3 Joh 11), εὐοδοῦσθαι (3 Joh 2), κακοποιεῖν (3 Joh 11). Hapaxlegomena im NT sind φιλοπρωτεύων (3 Joh 9); χάρτης (2 Joh 12).

Stammt auch der 1 Joh vom Presbyter, dann ist zudem nicht zu klären, warum in diesem Schreiben ὁ πρεσβύτερος nicht als Absender erscheint. Offensichtlich setzt der Verfasser des 2/3 Joh die Ehrenbezeichnung ὁ πρεσβύτερος im Sinn eines besonderen Traditionsträgers bewußt in seiner Auseinandersetzung mit Gegnern ein. Sie dient ihm als Ausdruck von Würde und sichert seinen Aussagen Autorität. Warum sollte der Presbyter auf die ihm zukommende Ehrenbezeichnung gerade im 1 Joh verzichten, wo die Auseinandersetzung mit Gegnern ihren Höhepunkt erreicht[70]? Auch die Form des 1 Joh spricht gegen den Presbyter als Verfasser, denn während der 2/3 Joh stilgerechte antike Privatbriefe an eine Einzelgemeinde bzw. Einzelperson sind, fehlen dem 1 Joh alle brieflichen Merkmale. Er ist ein Rundschreiben an Gemeinden innerhalb der joh. Schule in der Form einer Homilie. So legen es die ständig wechselnden dogmatischen und paränetischen Abschnitte und die Anrede der Gemeinde mit τεκνία (2,1.12.28; 3,7.18; 4,4; 5,21), ἀγαπητοί (2,7; 3,2.21; 4,1.3.11) oder παιδία (2,14.18) nahe.

Schließlich findet sich der joh. Dualismus im 2/3 Joh nur in einer rudimentären Form, und es sind sachliche Verschiebungen festzustellen:

---

[69] Vgl. R. Schnackenburg, JohBr, 298; R. E. Brown, JohBr. 19; H. Windisch, JohBr, 143; C. H. Dodd, JohBr, LXVIII f.

[70] Auf diese Frage können die Vertreter der gleichen Verfasserschaft für alle drei Briefe keine überzeugende Antwort geben. R. Schnackenburg, JohBr, 298, bemerkt: „Daß sich der Verf. von 1 Joh, der sich seinen Lesern mit 1,1–3 als bekannte Persönlichkeit vorgestellt hat, in den beiden kleinen Briefen kurz mit ὁ πρεσβύτερος einführt, ist nicht verwunderlich." Dagegen ist einzuwenden, daß der Prolog des 1 Joh kaum als Vorstellung einer bekannten Persönlichkeit verstanden werden kann. Er ist durchgehend ekklesiologisch ausgerichtet. R. E. Brown, JohBr, 17, löst das Problem mit der Behauptung, „that II John is a letter where identification is required, while I John is not".

1. In 2Joh 4–6 ist das Gebot der Liebe nicht ein neues Gebot, sondern das von ‚Anfang an' gegebene. Demgegenüber wird in 1Joh 2,7–11 dialektisch das Gebot der Liebe als Gebot von Anfang an und gleichzeitig als neues Gebot bezeichnet. Zudem spricht nur 1Joh 2,10f. explizit vom Gebot der *Bruder*liebe. 2. Erscheint in 2Joh 7 der Begriff ἀντίχριστος im Singular, so in 1Joh 2,18 historisierend neben dem Singular der Plural ἀντίχριστοι. 3. Nach 2Joh 7 bekennen die Gegner nicht Ἰησοῦν Χριστὸν ἐρχόμενον ἐν σαρκί, während in 1Joh 4,2 mit Blick auf die Gegner das Bekenntnis gefordert wird Ἰησοῦν Χριστὸν ἐν σαρκὶ ἐληλυθότα.

Die sprachliche Eigenständigkeit des 2/3Joh, ihre Form eines antiken Privatbriefes, die Absenderangabe ὁ πρεσβύτερος und die sachlichen Unterschiede zum 1Joh deuten auf verschiedene Verfasser des 2/3Joh und 1Joh hin[71].

E. Käsemann hält den Presbyter des 2/3Joh auch für den Verfasser des *JE*. „Der Presbyter ist ein christlicher Gnostiker, der die geradezu unvorstellbare Kühnheit besitzt, ein Evangelium des von ihm erfahrenen, in die Welt der Gnosis hineinsprechenden Christus zu schreiben."[72] In Umkehrung der These W. Bauers[73] sieht Käsemann in Diotrephes einen monarchischen Bischof, im Autor des 2/3Joh hingegen einen aufgrund seiner gnostischen Irrlehre exkommunizierten Presbyter[74]. Das JE bestätige diese These, denn es enthalte aus der Sicht der Orthodoxie die ‚ketzerische, gnostische Irrlehre', die zur Exkommunikation des Presbyters geführt habe, so daß er auch als Verfasser dieses Evangeliums gelten müsse.

Diotrephes erscheint indessen im 3Joh gar nicht als ‚monarchischer Bischof', und von einer Exkommunikation des Presbyters ist nicht die Rede, womit der von Käsemann vorausgesetzte Gegensatz zwischen Häresie und Orthodoxie auf sehr unsicherem Boden steht[75]. Beide Voraussetzungen seiner Theorie müssen deshalb als unbewiesen gelten, denn nur die Bestimmung des Presbyters als Ketzer erlaubt Käsemann den Rückschluß auf das JE und dessen Klassifizierung als gnostischer Schrift.

Von großer Bedeutung für das Verständnis der joh. Schule ist die Frage, ob das *JE* und der *1Joh* vom gleichen Verfasser stammen. Gegen diese Annahme sprechen zunächst sprachliche Gründe, denn wichtige Begriffe des Evangeliums fehlen im Brief (γραφή, δόξα, δοξάζειν, ζητεῖν, κρίνειν, κύριος, νόμος, πέμπειν, προσκυνεῖν, σῴζειν, χάρις). Andererseits finden sich zentrale theologische Termini des Briefes nicht im Evan-

---

[71] Für unterschiedliche Verfasser des 1Joh und 2/3Joh plädieren u.a. R. Bultmann, JohBr, 10; H. Balz, JohBr, 159; K. Wengst, JohBr, 230f.

[72] E. Käsemann, Ketzer und Zeuge, 178. Vgl. zur Identität des Verfassers der Briefe und des Evangeliums, bes. a.a.O., 174 A 23.

[73] Vgl. W. Bauer, Rechtgläubigkeit und Ketzerei, 97.

[74] Vgl. E. Käsemann, Ketzer und Zeuge, 173f.

[75] Zur Kritik an Käsemann vgl. E. Haenchen, Neuere Literatur zu den Johannesbriefen, 295ff.

gelium (ἀντίχριστος, ἐλπίς, ἱλασμός, κοινωνία, σπέρμα [θεοῦ], χρῖσ-μα)[76]. Auch in Konstruktion und Stil läßt der Brief seine sprachliche Eigenständigkeit erkennen[77], so daß der Schluß erlaubt ist: „Die Sprache des Briefes läßt trotz der vielen Anklänge an das Evangelium einen anderen Verfasser vermuten."[78]

Zudem sind spezifische theologische Vorstellungen ausschließlich im Brief belegt: Nur in 1Joh 2,1 wird Jesus Christus mit dem παράκλητος identifiziert. Obgleich im Evangelium die futurische Eschatologie nicht zu eliminieren ist, herrschen eindeutig präsentisch-eschatologische Aussagen vor. Demgegenüber dominiert im 1Joh die futurische Eschatologie, was sich schon an den für die joh. Schule singulären Begriffen παρουσία (1Joh 2,28) und ἐλπίς (1Joh 3,3) ablesen läßt. Als ἱλασμός wird Jesus nur in 1Joh 2,2; 4,10 bezeichnet (vgl. ferner die Sühntodaussagen in 1Joh 1,7.9; 3,5), und vom χρῖσμα ist im gesamten NT ausschließlich in 1Joh 2,20.27 die Rede. Im Gegensatz zum JE (18 AT-Zitate bzw. Zitatanklänge) findet sich im 1Joh kein atl. Zitat, und nur in 1Joh 3,12 (Kain) wird auf das AT Bezug genommen. Auch das zentrale ethische Problem der Sündlosigkeit des Christen (vgl. 1Joh 1,8–10; 3,4–10; 5,16–18) begegnet im Evangelium nicht. Schließlich setzt der 1Joh eine andere Situation als das Evangelium voraus[79]. Er bekämpft vehement eine in der eigenen Gemeinde (vgl. 1Joh 2,19) entstandene christologische Irrlehre, während das Evangelium keinen *akuten* Konflikt erkennen läßt.

Sprache, theologische Vorstellungswelt und die unterschiedliche Situation lassen vermuten, daß der 1Joh und das Evangelium verschiedene Verfasser haben[80].

---

[76] Vgl. H. J. Holtzmann, Problem II, 137.

[77] Vgl. dazu die ausführlichen Nachweise bei H. J. Holtzmann, Problem II, 135 ff.; C. H. Dodd, JohBr, XLVII ff. Einen kritischen forschungsgeschichtlichen Überblick bietet E. Haenchen, Neuere Literatur zu den Johannesbriefen, 238–242.

[78] E. Haenchen, a.a.O., 242.

[79] Für R. Bultmann, JohBr, 9, ist dies das entscheidende Argument gegen die gleiche Verfasserschaft von Brief und Evangelium.

[80] Für verschiedene Autoren plädieren u. a. R. Bultmann, JohBr, 9; R. Schnackenburg, JohBr, 335; E. Haenchen, Neuere Literatur zu den Johannesbriefen, 282; K. Wengst, JohBr, 24 f.; C. H. Dodd, JohBr, VI; H. Balz, JohBr, 160; R. E. Brown, JohBr, 30; H. Conzelmann, ‚Was von Anfang war', 211; G. Klein, Das wahre Licht scheint schon, passim; H. Holtzmann, Problem II, 136 ff. Die gleiche Verfasserschaft vertreten hingegen u. a. W. G. Kümmel, Einleitung, 392; A. Wikenhauser/J. Schmid, Einleitung, 623; G. Schunack, JohBr, 108.

2.2.2.2 Die zeitliche Priorität

Mit einer bemerkenswerten Selbstverständlichkeit gelten in der gegenwärtigen Exegese das JE bzw. die ihm zugrunde liegenden ‚Quellen' als der Ausgangspunkt der joh. Schule[81]. Auf das Evangelium seien die drei Johannesbriefe gefolgt, die einerseits an das Evangelium anknüpften, andererseits aber die radikalen Anschauungen des Evangelisten Johannes im Rahmen des Frühkatholizismus ‚entschärften' und für ihre Situation dienstbar machten. Demgegenüber sieht G. Strecker wie schon zuvor H. H. Wendt[82] im 2/3 Joh zu Recht die ältesten Dokumente der joh. Schule[83]. Bei den kleinen Johannesbriefen kommt dem 2 Joh die zeitliche Priorität zu, denn offensichtlich verweist 3 Joh 9 auf den 2 Joh[84].

Vielfach wird dagegen der Einwand erhoben, 3 Joh 9 müsse sich auf ein Empfehlungsschreiben für Wandermissionare beziehen, was aber der 2 Joh nicht sei[85]. Aus der Wendung ἔγραψά τι τῇ ἐκκλησίᾳ geht freilich nur hervor, der Presbyter habe schon früher einmal an die Gemeinde geschrieben. Erst V. 10b handelt wieder von den Wandermissionaren, so daß sich die Ablehnung des Diotrephes in V. 9b auf den Presbyter und seine im 2 Joh dargelegte theologische Position und den ihr inhärenten Machtanspruch beziehen kann[86].

Markieren der 2/3 Joh den Anfang der joh. Schule und Theologie, so bleibt die Frage nach dem Verhältnis des 1 Joh zum JE. Sie wird im 20. Jh.[87] fast durchgehend mit dem Hinweis beantwortet, der 1 Joh setze das Evangelium voraus. Die dafür angeführten Argumente sind kritisch zu prüfen.

a) Einen deutlichen Rückbezug auf den Prolog des Evangeliums erblik-

---

[81] Vgl. nur J. M. Robinson, Die johanneische Entwicklungslinie, 222 ff., der in der ‚Semeia-Quelle' den Ausgangspunkt der joh. Theologiebildung sieht und von dort aus die joh. ‚Entwicklungslinie' zu rekonstruieren versucht.

[82] Vgl. H. H. Wendt, Johannesbriefe, 1–7. W. Bousset, Offb, 44, sieht in der Apokalypse die älteste Schrift der joh. Schule. Ihr sollen dann von demselben Autor (= der Presbyter) der 2/3 Joh gefolgt sein. Schüler des Presbyters verfaßten schließlich das Evangelium und den 1 Joh.

[83] Vgl. G. Strecker, Die Anfänge der johanneischen Schule, 34.

[84] Vgl. a.a.O., 37.

[85] Vgl. R. Schnackenburg, JohBr, 326; C. H. Dodd, JohBr, 161; A. E. Brooke, JohBr, 187 f.; W. G. Kümmel, Einleitung, 394; R. Bultmann, JohBr, 99; K. Wengst, JohBr, 248, u. a.

[86] Für einen Bezug von 3 Joh 9 auf 2 Joh plädieren Th. Zahn, Einleitung II, 581; H. H. Wendt, Johannesbriefe, 23; M. Dibelius, Art. JohBr, 348; A. Jülicher – E. Fascher, Einleitung, 235.

[87] Im 19. Jh. behaupteten die zeitliche Priorität des 1 Joh u. a.: J. E. Huther, JohBr, 34 f.; F. Bleek, Einleitung, 588; O. Pfleiderer, Beleuchtung der neuesten Johannes-Hypothese, 419 ff.; A. Hilgenfeld, Einleitung, 737; B. Weiß, JohBr, 8 f. Im 20. Jh. vertraten diese Position vor allem H. H. Wendt, Johannesbriefe, 1–7; F. Büchsel, JohBr, 7; H. Appel, Einleitung, 197; H. Strathmann, EKL II 364.

ken viele Exegeten im Briefprolog 1Joh 1,1–4[88]. Dabei ist der ἀρχή-Begriff von besonderer Bedeutung, denn: „Der Anfang des Briefes greift auf Joh 1,1 zurück; dadurch ist die Frage zu beantworten, ob ἀπ' ἀρχῆς auf den absoluten Anfang oder den Beginn der Kirche weise."[89] Conzelmann setzt hier bereits voraus, was es zu beweisen gilt: die Priorität des Evangeliums. Zudem übergeht er den charakteristischen Unterschied im Gebrauch von ἀρχή im Prolog des Briefes und des Evangeliums. Im gesamten joh. Schrifttum erscheint ἐν ἀρχῇ nur in Joh 1,1.2 und benennt das Sein des präexistenten Logos bei Gott im absoluten Anfang vor der Weltschöpfung. Demgegenüber bezeichnet ἀπ' ἀρχῆς in 1Joh 1,1 das *gesamte*, Inkarnation, öffentliches Wirken, Tod und Auferstehung Jesu umfassende Heilsgeschehen in seiner Bedeutung für die Gemeinde (4mal ,wir'!), ohne daß auch nur ansatzweise auf die Schöpfung rekurriert wird. Keineswegs ist hier nur vom absoluten Beginn die Rede, wie Conzelmann meint[90]. Wohl ist das uranfängliche Sein miteingeschlossen, aber ἀπ' ἀρχῆς in 1Joh 1,1 erschöpft sich darin nicht. Vielmehr scheint die auffällige Betonung der Anschaulichkeit und Realität des Heilsgeschehens bereits auf die in 2,22f.; 4,1–3 bekämpften Gegner zu zielen[91]. Wie in 1Joh 2,24 würde sich dann ἀπ' ἀρχῆς auch am Anfang des Briefes auf die joh. Tradition als kritische Instanz gegen die Irrlehrer beziehen. Ebenfalls auf die joh. Tradition als Grund und kritische Norm der Verkündigung der joh. Schule ist ἀπ' ἀρχῆς in 2Joh 5.6; 1Joh 2,7.13.14[92]; 3,11 zu deuten[93]. An keiner Stelle wird jedoch erkennbar, daß mit dieser Tradition das JE gemeint ist[94]! Noch nicht einmal ein Bezug auf den *vor*johanneischen und damit für die zeitliche Priorität des Evangeliums nicht heranzuziehenden Logoshymnus in Joh 1,1–18 ist stringent nachzuweisen.

Ob mit περὶ τοῦ λόγου τῆς ζωῆς in 1Joh 1,1 auf Joh 1,1–14 verwiesen wird, kann bezweifelt werden, denn zu sehr unterscheidet sich die umständliche Wendung des Briefes (man erwartet einen Akkusativ) vom nur im Johannesprolog erscheinenden absoluten ὁ λόγος. Liegt dort der Ton

---

[88] Vgl. nur R. Bultmann, JohBr, 13; R. E. Brown, JohBr, 149ff. Dagegen lehnt H. H. Wendt, Der ,Anfang', 38–42, eine Deutung von 1Joh 1,1–4 auf Joh 1,1 entschieden ab.

[89] H. Conzelmann, ,Was von Anfang war', 208.

[90] Vgl. ebd.

[91] Vgl. R. Schnackenburg, JohBr, 57f. Gegen R. E. Brown, JohBr, 178, der vermutet, der Prolog des Briefes sei „reinterpretation of the GJohn Prologue, done in order to refute adversaries who are distorting the meaning of the GJohn Prologue".

[92] Gegen H. Conzelmann, ,Was von Anfang war', 208, der meint, auch 1Joh 2,13.14 verwiesen auf die ἀρχή schlechthin.

[93] In 1Joh 3,8 (vgl. Joh 8,44) bezieht sich ἀπ' ἀρχῆς auf den Teufel als uranfänglichen Gegenspieler Gottes.

[94] Gegen H. Conzelmann, a.a.O., 211: „Man versteht die Ausdrucksweise des Briefes m. E. nur durch die Annahme, daß der Verfasser das Johannesevangelium bereits als feste Autorität vor Augen hat."

auf dem uranfänglichen Sein des Logos bei Gott, seiner Schöpfungsmittlerschaft, der Ablehnung durch den ungläubigen Kosmos und der Inkarnation, so in 1Joh 1,1 auf der Apposition τῆς ζωῆς, wie 1Joh 1,2 zeigt. Der Logos trägt die Heilsgabe des Lebens in sich; eine Vorstellung, die durchaus unabhängig von Joh 1,1–18 in der joh. Schule entstanden sein kann (vgl. 1Joh 2,7), wenn man bedenkt, daß λόγος 39mal im Evangelium (ohne Joh 21,23) und 6mal im 1Joh, ζωή 36mal im Evangelium und 13mal im 1Joh belegt sind. Auch der Gebrauch von θεᾶσθαι (6mal im Evangelium, 3mal im 1Joh) in Joh 1,14/1Joh 1,1 und die vergleichbaren Wendungen ἦν πρὸς τὸν θεόν und ἦν πρὸς τὸν πατέρα in Joh 1,1.2/1Joh 1,2 können eine *literarische* Abhängigkeit des Briefprologs vom Prolog des Evangeliums nicht erweisen[95]. Zudem erscheint mit κοινωνία in 1Joh 1,3[bis] ein Begriff, der im Evangelium nicht belegt ist (19mal im NT, 13mal bei Paulus, 4mal im 1Joh).

Zweifellos gehen der Prolog des Briefes und des Evangeliums auf gemeinsame traditionsgeschichtliche Wurzeln in der joh. Schule zurück. Es ist aber nicht nachzuweisen, daß Joh 1,1–18 die literarische Vorlage für 1Joh 1,1–4 bildete.

b) Eine fundamentale Verschiebung zwischen Brief und Evangelium erblickt G. Klein in der Historisierung des Gegensatzes φῶς – σκοτία in 1Joh 2,8b. Finde sich im Evangelium ausschließlich ein existentialer Zeitbegriff, so werde im 1Joh ein chronologischer Zeitbegriff eingeführt, was deutlich für die zeitliche und sachliche Priorität des Evangeliums spreche[96]. Auch die Übertragung der Lichtprädikation auf Gott in 1Joh 1,5 hänge mit jener Wandlung des Zeitbegriffes zusammen, denn weil die existential zu verstehenden christologischen Lichtaussagen des Evangeliums (Joh 8,12; 9,5; 12,35.46 u.ö.) nun chronologisch mißverstanden werden könnten, sei „die Übertragung der Lichtprädikation von Jesus auf Gott als sachgemäße Spracherneuerung erfolgt"[97]. Die Tendenz zur Historisierung und Verkirchlichung sieht Klein auch in der Verwendung von ἐσχάτη ὥρα in 1Joh 2,18, da es sich auf das Auftreten der Irrlehrer, also auf „ein empirisches Faktum der Kirchengeschichte"[98] beziehe. Schließlich zeuge das ‚alte' und ‚neue' Gebot in 1Joh 2,7f. für das gewan-

---

[95] Für eine literarische Abhängigkeit des Briefprologes von Joh 1,1–18 plädieren u.a. R. Bultmann, JohBr, 13; R. Schnackenburg, JohBr, 51; H. Balz, JohBr, 167; R. E. Brown, JohBr, 176ff. Unentschlossen hingegen H. Windisch, JohBr, 108; K. Wengst, JohBr, 38f.

[96] Vgl. G. Klein, ‚Das wahre Licht scheint schon', 282ff. Vgl. schon vorher A. E. Brooke, JohBr, XXIV; H. Conzelmann, ThW IX 340–347.

[97] G. Klein, a.a.O., 288. Bei 1Joh 1,5 übersieht Klein, daß die Gleichsetzung von Gott und Licht traditionsgeschichtlich durchaus älter sein kann als die christologische Interpretation des Evangeliums (Joh 8,12 u.ö.), denn religionsgeschichtlich ist eine Identifizierung Gottes mit dem Licht vielfach belegt; vgl. H. Conzelmann, ThW IX 321 A 134.325.327ff. 327 A 187.343 A 341.

[98] G. Klein, ‚Das wahre Licht scheint schon', 302.

delte Zeitverständnis, denn: „,Alt' ist das Gebot, weil die Kirchengeschichte schon geraume Zeit währt, ,neu', weil die Geschichte der Kirche
im ganzen eine neue Phase der Weltgeschichte markiert."[99] Nach Klein
artikuliert sich im 1Joh „die theologische Entdeckung des Zeitkontinu-
ums"[100] in der joh. Schule. Sei das Evangelium ausschließlich an der
eschatologisch qualifizierten Gegenwart interessiert, so verarbeite der
1Joh das Problem der Dehnung der Zeit[101].

Ist die christologische Prägung des Gegensatzes Licht – Finsternis im
Evangelium unverkennbar, so kann daraus kein Gegensatz zum 1Joh
abgeleitet werden, denn auch dort manifestiert sich das Lichtsein Gottes
im Sohn. Der Inhalt der ἀγγελία in 1Joh 1,5 ist Jesus Christus, wie der
vorhergehende Briefprolog und die Begründung für den Wandel der
Gläubigen im Licht in 1Joh 1,7b deutlich zeigen (vgl. 1Joh 3,23; 5,1.5).
Der in der Offenbarung Gottes in Jesus Christus begründete Sieg des
Lichtes über die Finsternis ist sowohl im 1Joh als auch im JE eine im
Glauben vorausgesetzte Gegebenheit, der eine eschatologische und chronologische Qualität zukommt. Er ist endgültig und unüberbietbar,
gleichzeitig vollzieht er sich für den Glaubenden in der Geschichte. Auch
im Evangelium ist eine Entscheidung zwischen Licht und Finsternis
vorausgesetzt (Joh 3,19), der die ethische Forderung entspricht, Söhne
des Lichtes zu sein (Joh 12,35f.).

Liegt im 1Joh der Akzent mehr auf der chronologischen und ethischen
Ebene, so ist dies in der spezifischen Situation des Briefes, nicht aber in
grundsätzlichen theologischen Verschiebungen begründet. Die Form des
Evangeliums als Darstellung der vita Jesu (auch bei Johannes!) erfordert
eine christologische Konzentration, während der Brief in seiner Auseinandersetzung mit den Gegnern die Wahrung des rechten Bekenntnisses in
der Geschichte und die ihr entsprechende ethische Haltung verlangt. Von
hier aus muß die Interpretation von 1Joh 2,8b erfolgen. Die zeitlich
gedachte Ablösung der Finsternis durch das Licht vollzieht sich in einem
die Gemeinde bedrängenden Kampf. Grundsätzlich ist die Macht der
Finsternis durch das Erscheinen des Lichtes schon gebrochen, aber die
vollständige Durchsetzung dieses Sieges in der Geschichte steht noch aus.
Licht und Finsternis werden als zwei Prinzipien verstanden, so daß eine
einfache Gleichsetzung des ,wahren Lichtes' mit Christus nicht möglich
ist[102]. Dennoch ist unzweifelhaft aus der Sicht des Briefschreibers Christus mit dem ,wahren Licht' gemeint. Herrscht im 1Joh ein durch die
historische Situation geprägtes auf die Zukunft ausgerichtetes Denken
vor, so im Evangelium eine auf die vita Jesu konzentrierte Konzeption, die

---

[99] A.a.O., 306.
[100] A.a.O., 316.
[101] Vgl. a.a.O., 325.
[102] Dies betont nachdrücklich R. Schnackenburg, JohBr, 113.

ebenfalls chronologisch orientiert ist, denn Jesus ist das Licht für die Welt und die Jünger, solange er in der Welt bleibt (Joh 12,35: ἔτι μικρὸν χρόνον τὸ φῶς ἐν ὑμῖν ἐστιν; vgl. 8,12; 9,5). Die Differenzen zwischen dem JE und dem 1 Joh sind nicht zu leugnen; sie beruhen auf Unterschieden in der Form und den jeweils vorausgesetzten geschichtlichen Situationen beider Schreiben, nicht aber auf einer tiefgreifenden Wandlung des Denkens vom Evangelium zum Brief.

Darüber hinaus sind die Voraussetzungen der Johannesinterpretation G. Kleins zu kritisieren, da er im Anschluß an R. Bultmann im Evangelium nur einen ‚existentialen‘, nicht aber chronologischen Zeitbegriff erkennt[103]. Enthält schon der Prolog des Evangeliums Zeit- und nicht nur Wesensaussagen[104], so bezeugen die joh. Eschatologie und die Parakletvorstellung deutlich einen chronologischen Zeitbegriff. Kennzeichnend für den 4. Evangelisten ist eine Verschränkung der Zeitebenen, wie sie in Joh 5,25 mit der Formulierung ἔρχεται ὥρα καὶ νῦν ἐστιν zum Ausdruck kommt[105]. Die eschatologischen Ereignisse haben bereits eine präsentische Realität, das Zukünftige reicht in die Gegenwart hinein (vgl. Joh 3,3.5.18; 4,23; 5,25.29; 6,27 ff.; 10,9; 11,24.25; 12,25.32; 14,2 f.; 17,24). Selbst das Ausscheiden der futurisch-apokalyptischen Aussagen im JE ändert an dieser Beobachtung nichts, weil die literarkritisch unverdächtigen Stellen Joh 4,23; 5,25; 16,32 (vgl. 1 Joh 2,18: ἀντίχριστος ἔρχεται, καὶ νῦν (! U.S.) ἀντίχριστοι πολλοὶ γεγόνασιν; vgl. ferner Röm 13,11) ein Ineinander der Zeiten, das Wissen um Gegenwart und Zukunft und damit auch einen chronologischen Zeitbegriff voraussetzen. Zweifellos ist die joh. Eschatologie von der praesentia Dei im inkarnierten Logos und damit von der Heilsgegenwart geprägt. Dies macht futurisch-eschatologische Aussagen jedoch nicht überflüssig, denn die in der Begegnung mit Jesus vollzogene Scheidung zum Heil oder Unheil bedarf der Bewährung und Bestätigung im Gericht[106]. Gerade die eigentümlich doppelzeitliche Perspektive des Evangelisten belegt sein Wissen um die Bedeutung der Zeit.

Das Bewußtsein um die Existenz der joh. Schule in Zeit und Geschichte artikuliert sich deutlich in der Paraklet-Vorstellung[107]. Der Paraklet er-

---

[103] Vgl. G. Klein, ‚Das wahre Licht scheint schon‘, 287 u. ö. Vgl. zur Kritik an Klein auch W. G. Kümmel, Einleitung, 392.

[104] Vgl. die Prologexegese im Abschnitt 5.1.

[105] Vgl. E. Haenchen, Joh, 91 u. ö.; J. A. Bühner, Denkstrukturen, 224 f.

[106] Vgl. in diesem Sinn G. Stählin, Zum Problem der johanneischen Eschatologie, 225 ff.; C. K. Barrett, Joh, 67–70; W. Wilkens, Zeichen und Werke, 163–165. Die Einheit des locus classicus Joh 5,19–30 hat J. Blank, Krisis, 109–182, nachgewiesen.

[107] Zu den hier nicht zu behandelnden literarkritischen Problemen der Parakletsprüche vgl. die gute Analyse von U. Wilckens, Der Paraklet und die Kirche, 186–190, der die literarische Einheit der Abschiedsreden und damit die sachliche Einheit der Parakletaussagen hervorhebt. Vgl. ferner Anm. 20 im 6. Kapitel.

scheint in der nachösterlichen Situation[108] als Christus präsens, „als die
Vergegenwärtigung des verherrlichten Jesus in seiner irdischen Jüngerge-
meinde"[109]. Zeigt schon die appositionelle Näherbestimmung als πνεῦμα
τῆς ἀληθείας (Joh 14,17; 15,26; 16,13) die eminent ekklesiologische
Bedeutung des Parakleten an, so wird sie in seinen Funktionen ebenfalls
sichtbar: Er ist bei den Jüngern bis in Ewigkeit (Joh 14,16), er lehrt und
erinnert die Gemeinde (Joh 14,26), zeugt von Jesus (Joh 15,26), überführt
den Kosmos (Joh 16,8), verkündigt den Jüngern das Zukünftige (Joh
16,13: τὰ ἐρχόμενα ἀναγγελεῖ ὑμῖν) und verherrlicht Jesus in der Gemeinde (Joh 16,14). Die joh. Schule weiß sich in einem Zeitkontinuum,
und die Paraklet-Vorstellung ist nichts anderes als die joh. Lösung der
damit zusammenhängenden Probleme. Somit markiert nicht erst der
1Joh das Eintreten der joh. Schule in die ‚Kirchengeschichte'[110].

c) E. Schweizer sieht in der Ekklesiologie des 1Joh „ein logisch fortge-
schritteneres Stadium"[111] als im JE, da die Einheit der Kirche im 1Joh viel
problematischer geworden sei[112]. Zweifellos ist durch das Auftreten der
Irrlehrer die Einheit der Gemeinde für den 1Joh ein Problem. Andererseits zeigt die starke Betonung der Einheit der Kirche (vgl. Joh 10,16;
11,50–52; 17,20–24) im JE, daß auch dort die Gemeinschaft gefährdet
war. Eine die zeitliche Priorität des Evangeliums begründende grundsätzliche Verschiebung läßt sich hingegen nicht erkennen. Vielmehr können
gerade in der Ekklesiologie zahlreiche Übereinstimmungen zwischen beiden Schriften nachgewiesen werden: Die joh. Schule verdankt ihre Existenz der in der Sendung des Sohnes offenbar gewordenen Liebe Gottes
(vgl. 1Joh 4,9.14; Joh 3,16). Sowohl im 1Joh (vgl. 2,29; 3,9; 4,7; 5,1.4.18)
als auch im JE (1,13; vgl. auch 6,37.44; 17,2) wird die Zugehörigkeit zur
Gemeinde als Zeugung aus Gott und damit als reine Gottes- und Gnaden-
tat verstanden. Kennzeichen der joh. Gemeinden ist die Bruderliebe, die
das Zentrum joh. Ethik bildet (vgl. 1Joh 2,7–11; 3,14–18; 4,7–21; 5,1f.
u. ö.; Joh 13,34f.; 15,12–17).

Für die Jünger gilt das ‚Bleiben' (μένειν) in Jesus bzw. Gott (vgl. 1Joh
2,6.24b.28; 3,6; 4,12–16; Joh 15,4–6), im Wort bzw. Gebot (1Joh 2,14;
2,24a; 3,24; Joh 8,31; 15,7), in der Liebe (1Joh 2,10; 4,16; Joh 15,9.10) und
im Geist (1Joh 2,27; Joh 14,17). Wie Paulus kennt auch die joh. Schule die
Vorstellung einer gegenseitigen ‚Inexistenz', wie sie in den joh. Immanenzformeln zum Ausdruck kommt[113] (vgl. 1Joh 3,24; 4,13.16b; Joh 6,56;

---

[108] Das Kommen des Parakleten ist an das Weggehen Jesu gebunden (Joh 16,7 b).
[109] U. Wilckens, Der Paraklet und die Kirche, 193.
[110] Gegen G. Klein, ‚Das wahre Licht scheint schon', 317, der die Historisierung der Zeit
und die Dogmatisierung der Offenbarung für ausschließliche Merkmale des 1Joh hält.
[111] E. Schweizer, Der Kirchenbegriff bei Johannes, 266.
[112] Vgl. ebd.
[113] Vgl. dazu R. Schnackenburg, JohBr, 105–110.

15,4–7). Der Geist begründet die christliche Existenz (1Joh 2,27; 3,24; 4,13; 5,6–8; Joh 3,5) und bewahrt sie in Gegenwart und Zukunft (1Joh 2,20.27; Joh 14,26; 15,26f.; 16,12–15). Schließlich kennen weder der Brief noch das Evangelium Ämter, und es gibt nicht wie bei Paulus eine Vielzahl der Geistesgaben.

d) Auch die Parakletvorstellung vermag die Annahme einer zeitlichen Priorität des Evangeliums nicht zu begründen. Sie spricht vielmehr für eine frühere Abfassung des Briefes. Wird in 1Joh 2,1 ausschließlich Jesus Christus mit dem Parakleten identifiziert, so findet sich im Evangelium eine Erweiterung des Parakletbegriffes. Es dominiert die Gleichsetzung des Parakleten mit dem πνεῦμα ἅγιον bzw. πνεῦμα τῆς ἀληθείας (vgl. Joh 14,17.26; 15,26; 16,13). Damit verbunden sind ekklesiologische Funktionen, die der Paraklet nun wahrnimmt[114]. Wurde der 1Joh im Anschluß an das Evangelium verfaßt, so ist schwer zu erklären, warum der Briefschreiber die ekklesiologischen Funktionen des Parakleten nicht aufnimmt, obgleich der Brief dann den Eintritt der joh. Schule in die sich dehnende Zeit und damit in die Kirchengeschichte markiert. Statt dessen bedient er sich in seiner Auseinandersetzung mit den Gegnern der χρῖσμα-Vorstellung (1Joh 2,20.27). Schließlich liegt in Joh 14,16 ein Rückbezug auf 1Joh 2,1 vor, denn Jesus bittet den Vater um die Sendung eines ἄλλος παράκλητος und bezeichnet sich selbst indirekt als Parakleten.

e) Vielfach werden die Unterschiede in der Eschatologie zwischen dem JE und dem 1Joh als Beleg für eine frühere Abfassung des Evangeliums gewertet. Man erblickt im Evangelium die ,genuin' joh. Konzeption einer präsentischen Eschatologie und kann dann in der ,Reapokalyptisierung' des 1Joh nur eine Angleichung an die herrschende futurische Eschatologie des Urchristentums erkennen[115].

Gegen diese Sicht sind zwei grundlegende methodische Einwände zu machen: 1. Ein wirklicher Widerspruch zwischen den eschatologischen Aussagen des Evangeliums und des 1Joh besteht nur, wenn im Gefolge R. Bultmanns alle futurisch-eschatologischen Texte des Evangeliums (zumeist bis auf Joh 14,2) für literarisch sekundär erklärt werden. Dies ist aber eine petitio principii, da eine zumindest umstrittene Interpretation des Evangeliums die Grundlage für die Beurteilung der Eschatologie des 1Joh bildet. Daß innerhalb der joh. Schule eine Verbindung von futurischer und präsentischer Eschatologie denkbar war, zeigt die jetzt vorliegende Form des JE! Ob nicht schon dem Evangelisten möglich war, was vielfach für das Werk einer postjoh. Redaktion gehalten wird, das spannungsvolle Ineinander zweier eschatologischer Perspektiven, ist ernsthaft zu erwägen. Dafür sprechen nicht zuletzt die bereits angeführten Texte

---

[114] Vgl. die Aufzählung unter Punkt b).
[115] Vgl. A. E. Brooke, JohBr, XXI.

Joh 4,23; 5,25; 10,9; 12,25.32; 14,2f.; 17,24, die literarkritisch nicht eliminiert werden können. 2. In der urchristlichen Theologiegeschichte bestand von Anfang an ein Nebeneinander von präsentischer und futurischer Eschatologie. Besonders in der Paulus-Schule lassen sich beide Vorstellungsweisen durchgehend belegen (vgl. nur 1Thess 4,13–18; 1Kor 4,8; Röm 6,3f.; 13,11–12; Kol 2,12; Eph 2,5f.; 2Tim 2,18; 2Thess 2,1–12). Welche Form der Eschatologie innerhalb der joh. Schule den traditionsgeschichtlichen Ausgangspunkt bildete, muß deshalb in der Einzelexegese ermittelt werden, ohne daß eine Gesamtinterpretation der joh. Theologie das Ergebnis präjudiziert. Traditionsgeschichtlich können die futurisch-eschatologischen Aussagen des 1Joh (vgl. 2,18.28; 3,3) ein frühes Stadium der joh. Schule repräsentieren. Mit dem Verweis auf eine Angleichung an gemeinchristliche Vorstellungen ist diese Möglichkeit nicht auszuschließen.

f) Kein methodisch ernsthaftes Argument für die Priorität des Evangeliums ist die Behauptung, zahlreiche Passagen des 1Joh ließen sich nur auf dem Hintergrund des Evangeliums verstehen[116]. Da im 1Joh kein Zitat aus dem Evangelium nachzuweisen ist und auch an keiner Stelle auf die angeblich frühere Schrift explizit verwiesen wird, findet bei einem solchen Vorgehen lediglich ein bereits feststehendes Urteil seine nachträgliche Bestätigung.

g) Der mögliche Verweis auf ein früheres Schreiben in 1Joh 2,14 bezieht sich nicht auf das JE, weil hier nur ein Brief gemeint sein kann[117]. Vielleicht liegt in 1Joh 2,14 ein Hinweis auf den 2Joh vor, wie schon H. H. Wendt vermutete[118].

h) Zahlreiche Exegeten sehen in dem Liebesgebot 1Joh 2,7–8 eine Anspielung auf Joh 13,34f.[119]. Diese Interpretation ist aber keineswegs zwingend, denn 1Joh 2,7 knüpft deutlich an die gleichlautende Formulierung in 2Joh 5 an. Richtet sich dort der Verweis auf das Gebot ‚von Anfang an‘ gegen die in V. 9 erwähnten ‚Neuerer‘, so ist in 1Joh 2,7 das Gebot ‚alt‘, weil es der Gemeinde bei ihrer Grundlegung gegeben wurde und seither als konstitutiver Inhalt der Verkündigung gilt[120]. ‚Neu‘ ist das Gebot als Weisung des Offenbarers[121], wodurch ihm eine eschatologische Qualität zukommt (vgl. 1Joh 2,8b!). Der Verfasser des 1Joh weitet die Überlieferung des 2Joh dialektisch aus, indem er einerseits den Tradi-

---

[116] Gegen A. E. Brooke, JohBr, XXIIf., der behauptet: „Many passages in the Epistle seem to need the help of the Gospel in order to become intelligible."

[117] Vgl. R. Schnackenburg, JohBr, 125.

[118] Vgl. H. H. Wendt, Beziehung, 140–146; ders., Johannesbriefe, 3f.

[119] Vgl. nur R. Schnackenburg, JohBr, 111; K. Wengst, JohBr, 76; H. Balz, JohBr, 177; R. E. Brown, JohBr, 264; A. E. Brooke, JohBr, XXVI.

[120] R. Bultmann, JohBr, 33, sieht auch in 1Joh 2,7 einen Bezug auf die Irrlehrer aus 2Joh 9.

[121] In 1Joh 2,8a bezieht sich ἐν αὐτῷ auf Christus.

tionscharakter des Gebotes betont, andererseits es als ‚neues' Gebot der Bruderliebe (vgl. 1Joh 2,9–11) in seine spezifische Situation hinein interpretiert.

Die in der Literatur angeführten Argumente für die zeitliche Priorität des Evangeliums können nicht überzeugen. Im 1Joh findet sich kein Zitat aus dem Evangelium[122], und die vielfach behaupteten theologischen Akzentverschiebungen vom Evangelium zum Brief sind entweder nicht vorhanden oder beruhen auf einer bestimmten Interpretation des Evangeliums, die das gewünschte Ergebnis präjudiziert. In einem Punkt unterscheiden sich Brief und Evangelium jedoch grundlegend: Nur der Brief setzt eine *akute* christologische Auseinandersetzung mit innergemeindlichen Gegnern voraus. Dieser Konflikt ist ein methodisch sicherer Ausgangspunkt, um die zeitliche Reihenfolge von Brief und Evangelium zu klären.

R. Bultmann und R. E. Brown wenden dieses methodische Kriterium ebenfalls an, um ihre Reihenfolge von Evangelium und Brief zu bestimmen. R. Bultmann stellt lapidar fest: „Das Joh-Evg richtet sich gegen eine andere Front als 1Joh. Während das Evg gegen die ‚Welt' bzw. gegen die diese repräsentierenden Juden, also gegen Nichtchristen kämpft, so befinden sich die in 1Joh bekämpften Irrlehrer im Raum der christlichen Gemeinschaft und beanspruchen, den echten christlichen Glauben zu vertreten. Das zeigt, daß 1Joh aus einer späteren Zeit als das Evg stammt."[123] Hier setzt Bultmann voraus, daß ein innergemeindlicher Konflikt notwendigerweise ein späteres Stadium in der Entwicklung einer theologischen Schule darstelle. R. E. Brown führt das als Argument für die Priorität des Evangeliums an: „If there were already Johannine christological extremists (as attested in I John), would the evangelist have dared to present the prototype of the Community, the Beloved Disciple, as superior even to Peter in his perception of Jesus?"[124] Brown sieht im ‚Lieblingsjünger' einen Begleiter des historischen Jesus[125] und den Gründer der joh. Schule. Beide Annahmen sind durch unsere Analyse der ‚Lieblingsjüngertexte' widerlegt. Auch Browns zweites Argument, „the silence of GJohn about inner-Johannine conflict is hard to explain, if such a conflict had already occured"[126], vermag nicht zu überzeugen, weil das Evangelium keineswegs über den christologisch motivierten innerjohanneischen Konflikt schweigt[127].

---

[122] Vgl. R. E. Brown, JohBr, 33. Schon dieser Befund spricht gegen die These von J. Painter, ‚Opponents', 49ff., eine unterschiedliche Interpretation des Evangeliums sei der Ausgangspunkt des Konfliktes zwischen dem Verfasser des 1Joh und seinen Gegnern gewesen.

[123] R. Bultmann, JohBr, 9.

[124] R. E. Brown, JohBr, 34.

[125] Vgl. R. E. Brown, Ringen um die Gemeinde, 27.

[126] R. E. Brown, JohBr, 35.

[127] Vgl. dazu die Kap. 3, 4, 5 und 6.

Greifen die im Brief bekämpften Gegner in ihrer Lehre oder der Brief-schreiber in seiner Entgegnung erkennbar auf das Evangelium zurück, dann spricht dies für die Priorität des Evangeliums. Setzt andererseits das Evangelium den Konflikt bereits voraus und verarbeitet es ihn theolo-gisch, kommt dem Brief die zeitliche Priorität zu.

Zur Klärung dieses Problems muß zunächst die Lehre der Gegner im 1 Joh bestimmt werden. Dabei sind nur die Texte heranzuziehen, in denen der Verfasser des 1 Joh erkennbar die gegnerische Meinung referiert bzw. attackiert, indem er entweder mit ψεύστης, ἀντίχριστος und ψευδο-προφῆται die Gegner direkt benennt oder aber mit positiven bzw. negati-ven Bekenntnisformeln ihre Theologie zurückweist. Antithetische For-mulierungen, mögliche Anspielungen, Mahnungen und moralische Diffa-mierungen sind hingegen keine ausreichenden Kriterien, um gegnerische Positionen herauszuarbeiten[128].

Vielfach werden die Gegner als Vertreter eines ethischen Libertinismus ange-sehen (vgl. 1 Joh 1,5–10; 3,4–24; 4,20–5,3)[129]. Besonders K. Wengst eruiert aus antithetischen Formulierungen die Anthropologie der Gegner, wonach sie sich als Gnostiker für sündlos hielten, da ihr Wesenskern gottgleich sei. Zunächst ist der methodische Ausgangspunkt sehr fragwürdig, *allein* aus der antithetischen For-mulierung auf Gegneraussagen zu schließen und sie dann zu rekonstruieren[130]. Sodann zeigt die 1.P.Pl. in 1 Joh 1,8.10, daß die Frage der Sündlosigkeit ein *inner*gemeindliches Problem darstellte[131]. Die Deutung der 1.P.Pl. als „unpersön-liches ‚man‘"[132] durch Wengst ist willkürlich, zumal in 1 Joh 1,5–10 in keiner Weise ein Bezug auf die Gegner erkennbar wird. Schließlich spricht 1 Joh 3,9 eindeutig gegen die These, die Gegner hätten sich selbst für sündlos gehalten. Hier behauptet der Verfasser des 1 Joh die Sündlosigkeit für die Christen der joh. Schule. Bezöge sich 1 Joh 1,5–10 auf die Gegner, dann würde der Briefschreiber in 1 Joh 3,9 genau das vertreten, was er dort bekämpft[133]!

---

128 Vgl. dazu die guten methodischen Überlegungen von K. Berger, Die impliziten Gegner, 373 ff., der zu Recht den Subjektivismus bei der Rekonstruktion von ‚Gegnern‘ bzw. deren ‚Lehren‘ kritisiert und ein klares methodisches Instrumentarium fordert (vgl. bes. a.a.O., 392–394).

129 Vgl. R. Schnackenburg, JohBr, 16; K. Wengst, Häresie und Orthodoxie, 38 ff.

130 Vgl. die Kritik an Wengst von K. Berger, Die impliziten Gegner, 381 A 59.

131 Vgl. richtig H. Windisch, JohBr, 111. Die Aussagen des 1 Joh über Sünde, Sündlosig-keit und 2. Buße (vgl. bes. 1,6–2,2; 3,4–10; 5,16–17) sind ausschließlich paränetisch, nicht aber dogmatisch zu verstehen. Es handelt sich um ein Gemeindeproblem, das der Verfasser in der Spannung zwischen der Sündlosigkeit als eschatologischer Wirklichkeit und der Sündhaftigkeit als Gemeinderealität zu lösen versucht. Die Unterscheidung zwischen einer ‚Sünde zum Tode‘ und einer ‚Sünde nicht zum Tod‘ dient allein der Verschärfung des Imperativs, denn sie unterstreicht unüberhörbar den Ernst der sittlichen Forderung der Bruderliebe.

132 K. Wengst, Orthodoxie und Häresie, 39 A 74.

133 K. Wengst, a.a.O., 44, entgeht diesem Problem einfach mit der Behauptung, 1 Joh 3,9 (wie 3,6) sei ein Zitat der Gegner.

Die ehemals zur Gemeinde gehörenden Gegner (vgl. 1Joh 2,19)[134] leugneten aus der Sicht des Briefschreibers die soteriologische Identität zwischen dem irdischen Jesus und dem himmlischen Christus (vgl. 1Joh 2,22: Ἰησοῦς οὐκ ἔστιν ὁ Χριστός; vgl. ferner die Identitätsaussagen in 1Joh 4,15; 5,1.5)[135]. Offenbar waren für die Gegner nur der Vater und der himmlische Christus heilsrelevant, nicht jedoch das Leben und Sterben des geschichtlichen Jesus von Nazareth. Für den Verfasser des 1Joh hat hingegen der den Vater nicht, der das Wirken des Sohnes falsch lehrt[136].

Die Inkarnationsaussage in 1Joh 4,2 (vgl. 1Joh 1,2; 3,8b) läßt auf die Bestreitung der Fleischwerdung des präexistenten Christus durch die Gegner schließen[137]. Wiederum wird deutlich, daß der Sühnetod des geschichtlichen Jesus von Nazareth (vgl. 1Joh 1,9; 2,2; 4,10) für sie keine Heilsbedeutung hatte. Sie unterschieden strikt zwischen dem allein heilsrelevanten himmlischen Christus und dem irdischen Jesus, während dem Briefschreiber alles an beider Identität liegt. Wie aber stellten sich die Gegner das Verhältnis zwischen dem irdischen Jesus, dessen pure Existenz sie als Christen nicht verneinen konnten, und dem himmlischen Christus vor? Hier schweigt der 1Joh, aber es spricht nichts gegen die Vermutung, daß die Gegner Jesus Christus wesenhaft ausschließlich als Gott ansahen, der seiner irdischen Erscheinung nach nur einen nicht heilsrelevanten Scheinleib haben konnte. Sie hätten dann eine doketische Christologie vertreten. Für diese Interpretation spricht 1Joh 4,3, wo zu lesen ist καὶ πᾶν πνεῦμα, ὃ λύει τὸν Ἰησοῦν ἐκ τοῦ θεοῦ οὐκ ἔστιν[138]. Die Gegner „eliminierten Jesus aus ihrer Lehre, leugneten die menschliche Seite des Erlösers"[139].

---

[134] Es ist opinio communis in der Forschung, daß der 1Joh nur gegen eine Gegnerfront kämpft; vgl. R. Schnackenburg, JohBr, 16.

[135] Vgl. R. Bultmann, JohBr, 44; H. Balz, JohBr, 183; K. Wengst, JohBr, 112; R. E. Brown, JohBr, 352; H. Windisch, JohBr, 127f.; E. Haenchen, Neuere Literatur zu den Johannesbriefen, 274. Betrachtet man 1Joh 2,22 isoliert, dann kann auch die jüdische Leugnung der Messianität Jesu gemeint sein, was freilich durch 1Joh 2,19 ausgeschlossen ist; gegen K. Weiß, Die ‚Gnosis‘ im Hintergrund und im Spiegel der Johannesbriefe, 343, der in der Leugnung der Gottessohnschaft Jesu das Spezifikum der gegnerischen Lehre sieht; so auch neuerdings R. A. Whitacre, Johannine Polemics, 131.

[136] ὁ Χριστός und ὁ υἱὸς τοῦ θεοῦ sind hier gleichbedeutend; vgl. R. Schnackenburg, JohBr, 157.

[137] Vgl. R. Bultmann, JohBr, 67; H. Windisch, JohBr, 127; K. Wengst, JohBr, 169; H. Balz, JohBr. 195f.; R. E. Brown, JohBr, 50ff.; C. H. Dodd, JohBr, XIX. R. Schnackenburg, JohBr, 221, sieht in 1Joh 4,2 keine antidoketische Tendenz und fragt, ob Ἰ. Χρ. ἐν σαρκὶ ἐληλυθότα überhaupt eine Inkarnationsformel sei. Auch P. Minear, Idea, 300f, bestreitet, daß in 1Joh 4,2 eine Inkarnationsaussage vorliegt.

[138] Für die LA λύει plädieren u. a. R. Schnackenburg, JohBr, 222 (ausführliche Begründung); R. Bultmann, JohBr, 67; R. E. Brown, JohBr, 494–96; Th. Zahn, Einleitung II, 577; P. Weigandt, Doketismus, 104; K. Wengst, Häresie und Orthodoxie, 17 A 14; U. B. Müller, Geschichte der Christologie, 60.

[139] P. Weigandt, Doketismus, 105.

EXKURS: Was ist Doketismus?

Nicht nur eine genaue Bestimmung der im 1Joh bekämpften Gegner macht Überlegungen zum Problem des Doketismus notwendig. Seit E. Käsemann im Gefolge von F. Chr. Baur[140], A. v. Harnack[141], W. Baldensperger[142] und H. Lietzmann[143] die Christologie des 4. Evangelisten als „naiven Doketismus"[144] bezeichnete, ist der Doketismus für die Beurteilung der gesamten joh. Theologie von entscheidender Bedeutung.

Methodisch ist bei der Analyse des frühchristlichen Doketismus von den Ignatiusbriefen auszugehen, in denen diese Christologie zum ersten Mal wirklich greifbar wird[145] und die zudem zeitlich und inhaltlich in großer Nähe zum joh. Schrifttum stehen[146]. Ignatius wirft seinen Gegnern vor, die Leiblichkeit Jesu Christi zu bestreiten. Sie bekennen nicht, daß der Herr einen Leib trägt (IgnSm 5,2: μὴ ὁμολογῶν αὐτὸν σαρκοφόρον). Die Vehemenz, mit der Ignatius die Leiblichkeit Jesu Christi betont, zeigt, daß hier der zentrale Punkt der Auseinandersetzung liegt. Jesus Christus wurde von der Jungfrau Maria wirklich geboren, von Johannes getauft und unter Pontius Pilatus wirklich für uns im Fleisch angenagelt (IgnSm 1,1; vgl. Trall 9,1). Jesus Christus ist zugleich aus Fleisch und Geist, gezeugt und ungezeugt, im Fleisch erschienener Gott (ἐν σαρκὶ γενόμενος θεός), aus Maria sowohl wie aus Gott, zuerst leidensfähig und dann leidensunfähig (IgnEph 7,2). Schließlich meint Ignatius sogar, Jesus Christus sei auch nach der Auferstehung im Fleisch (Sm 3,1).

Für die Gegner hat Jesus Christus nur zum Schein gelitten. Ignatius sagt über sie: λέγουσιν, τὸ δοκεῖν πεπονθέναι αὐτόν (IgnTrall 10; vgl. Sm 2; Sm 4,2). Demgegenüber betont Ignatius nachdrücklich das Leiden und Sterben Christi (vgl. IgnEph 7,2; 20,1; Trall 9,1; 11,2; Röm 6,1; Sm 1,2; 6,2). Ist Jesus Christus auf Erden nur ‚τὸ δοκεῖν' erschienen, litt er nicht wirklich, so müssen die Gegner auch seine Auferstehung leugnen. Nur so erklärt sich der Nachdruck, mit dem Ignatius im Blick auf die Gegner die Auferstehung Jesu Christi im Fleisch betont (vgl. Sm 1,2; 3,1; 7,1; Trall 9,2; Eph 20,1; Magn 11). Leugnen die Gegner die Auferstehung, dann ist auch die Eucharistie entleert und die Gnade Christi geschmälert (IgnSm 6,2), so daß es

---

[140] Vgl. F. Chr. Baur, Kritische Untersuchungen, 233.286.291.373.
[141] Vgl. A. v. Harnack, Dogmengeschichte I, 215.
[142] Vgl. W. Baldensperger, Prolog, 171.
[143] Vgl. H. Lietzmann, Geschichte der Alten Kirche II, 117.
[144] E. Käsemann, Jesu letzter Wille, 62.
[145] Vgl. P. Weigandt, Doketismus, 57.
[146] Vgl. nur W. Bauer, Joh, 244; R. Bultmann, Joh, 13 A 8. Mit dem JE vergleichbare Stellen sind z.B. IgnRöm 7,2.3; Mag 7,2; Phld 7,1.

nur folgerichtig ist, wenn die Gegner der Eucharistiefeier fernbleiben (vgl. IgnSm 7,1, ferner Sm 6,2)[147].

Wie ist nun die von Ignatius bekämpfte αἵρεσις (IgnEph 6,2; Trall 6,2) zu benennen? Da die Gegner die sarkische Existenz des irdischen Jesus Christus, sein wahrhaftiges Leiden und die Auferstehung bestreiten, daraus Konsequenzen für die Eucharistie ziehen und das Stichwort ‚τὸ δοκεῖν‘ fällt, kann diese Lehre als Doketismus bezeichnet werden[148]. Offensichtlich wird die gesamte irdische Existenz Jesu Christi als δόκησις aufgefaßt[149], Jesus Christus ist nur zum Schein erschienen, ungeboren. Es läßt sich nicht nachweisen, daß die Gegner nur die Passion Jesu Christi ablehnten, ohne sein gesamtes Auftreten zu entwerten. Auch eine zeitweilige Verbindung zwischen dem himmlischen Christus und dem irdischen Jesus ist nicht zu erkennen. Jesus Christus ist nach Meinung der Gegner τῷ δοκεῖν erschienen.

Allein diese Form einer monophysitischen Christologie, in welcher der Erlöser ausschließlich göttlicher Natur ist und somit nicht er selbst, sondern seine δόκησις auf Erden erscheint, nennt P. Weigandt in seiner grundlegenden Untersuchung Doketismus[150]. Damit wendet er sich zu

---

[147] Da Ignatius offensichtlich auch gegen Judaisten kämpft (vgl. IgnMagn 8–11; Phld 5–9), die für den Sabbat eintreten (Magn 9,1) und die atl. Schriften sogar über das Evangelium stellen (Phld 8,2), ist oft vermutet worden, es seien zwei Häresien vorauszusetzen (vgl. zur Forschungsgeschichte J. Rohde, Häresie und Schisma, 229f.; C. K. Barrett, Jews and Judaizers, 134ff.). Obgleich es möglich ist, Doketismus und Judaismus als „zwei Seiten desselben häretischen Erscheinung" (W. Bauer, IgnTrall, 240; für eine Gegnergruppe plädiert auch C. K. Barrett, Jews and Judaizers, 152) anzusehen, sind beide Aspekte nur im Brief an die Magnesier wirklich miteinander verbunden, was m.E. eher für zwei Häresien spricht; vgl. auch W. Bauer/H. Paulsen, IgnTrall, 65; W. R. Schoedel, Ignatius, 118.

[148] Vgl. nur W. Bauer, IgnTrall, 239f.; P. Weigandt, Doketismus, 57f.; W. Bauer/H. Paulsen, IgnTrall, 64f.; W. R. Schoedel, Ignatius, 20.230ff.

[149] Vgl. W. Bauer, IgnTrall, 239.

[150] Vgl. P. Weigandt, Doketismus, 16.18. Da Weigandts Dissertation nicht veröffentlicht wurde und nur schwer zugänglich ist, muß die Forschungssituation zum Problem des Doketismus als unbefriedigend bezeichnet werden. A. Orbe, Christología Gnóstica I, 380–421; A. Grillmeier, Jesus der Christus I, 187–189; K. Rudolph, Gnosis, 179–184, haben offenbar die Arbeit von Weigandt nicht einsehen können. Orbe bezeichnet nur die Valentianer als Doketen, auf die die Petrus-, Johannes- und Thomasakten zurückgehen sollen. Eine weitere Fassung des Doketismusbegriffes als Weigandt vertreten M. Slusser, Docetism, passim; N. Brox, ‚Doketismus‘, 309: „In dem Augenblick, da das ‚Wie‘ der offenkundigen menschlichen Gestalt Jesu Christi etwas anderes als die reale Inkarnation war, nämlich δόκησις, nur Schein irgendwelcher und wenn auch substanzhafter Art, dann war das doketisch." Zum Problem des Doketismus vgl. derner K. Knox, Humanity and Divinity of Christ, 26ff.94ff.; K. W. Tröger, Doketische Christologie in Nag-Hammadi-Texten; K. Rudolph, Gnosis, 179–184. Eine bemerkenswerte Typologie des Doketismus findet sich bei W. Bauer, IgnTrall, 239. Bauer unterscheidet drei Formen des Doketismus: 1. Nicht Christus wurde gekreuzigt, sondern ein anderer an seiner Statt (Basilides nach Iren AH I 24,4). 2. Man unterschied zwischen dem Menschen Jesus und dem ‚oberen

Recht gegen den heuristisch unfruchtbaren Gebrauch von Doketismus im Sinn eines dogmengeschichtlichen Sammelbegriffes für alle Arten gnostischer Christologien[151]. Einen so definierten Doketismus, dessen Konsequenz eine völlige Entleerung des irdischen Seins Jesu Christi ist, findet Weigandt außer in den Ignatiusbriefen noch bei Satornil, Kerdon, Markion und in den Johannesakten[152].

Satornil wirkte bald nach dem Tod des Ignatius in Antiochia. Irenaeus schildert seine Lehre so: „salvatorem autem innatum demonstravit et incorporalem, et sine figura, putative autem visum homine" (Haer I 24,2). Der Erlöser war ungeboren, leiblos, ohne Gestalt und ist nur zum Schein den Menschen erschienen (vgl. ferner PsTert Haer 1,4; Hipp Ref VII 28,1–5). Weil Christus nicht substantia corporis erschienen ist, hat er auch nur zum Schein gelitten (vgl. zum System Satornils ferner Epiph Pan XXIII 1,10; Fil Haer 31,6)[153].

Satornils Zeitgenosse Kerdon lebte und lehrte seit 140 in Rom. Irenaeus berichtet, daß Kerdon der Lehrer Markions war. Nach PsTertullian lehrte Kerdon, Jesus Christus sei nicht von einer Jungfrau geboren, ja überhaupt nicht geboren. Er ist als Sohn Gottes auf die Erde herabgekommen, nicht aber in substantia carnis erschienen. Auf der Erde hat er nur in phantasmate existiert und deshalb litt er auch nicht (Haer 6,1). Auch Epiphanius bezeugt ausführlich die doketische Christologie Kerdons (vgl. Pan XLI 1,7f.; vgl. dazu Iren Haer II 32,4; Fil Haer 44,2). Kerdon

Christus‘, der sich bei der Taufe mit jenem vereint und ihn vor der Passion wieder verläßt. 3. Als ‚vollendeten Doketismus‘ bezeichnet Bauer die Lehre derer, die "Die irdische Existenz des Herrn ganz und gar in Schein" auflösen.

[151] Vgl. dazu die Auseinandersetzung bei Weigandt, Doketismus, 4–19, wo er sieben ‚Typen‘ gnostischer Christologie bespricht und genau voneinander abgrenzt. Er weist zudem nach, daß Simon Magus, Basilides, Valentin und Kerinth im strengen Sinn nicht als Doketen gelten können. Diesen Nachweis führen auch für Basilides W. Hauschild, Christologie und Humanismus, 82; für Simon Magus G. Lüdemann, Untersuchungen, 81 ff. Wie Weigandt betont jetzt auch N. Brox, ‚Doketismus‘, 312–314, mit Hinweis auf die Nag-Hammadi-Texte, daß Gnosis und Doketismus keineswegs identisch sind und einander nicht zwangsläufig bedingen. „Die Irrlehrer der Joh-Briefe Doketisten zu nennen, hat man gute Gründe in den Texten (1Joh 2,22; 4,2f.; 5,1.6), obwohl sie nicht zwingend sind. Aber weit schlechter ist die Basis für die Annahme, es handle sich bei ihnen um Gnostiker. Nichtgnostische doketische Christologien waren im frühen 2. Jahrhundert allem Anschein nach keine Rarität" (a.a.O., 313).

[152] Vgl. P. Weigandt, Doketismus, 28.82–86. Als ein frühes Zeugnis des Doketismus sieht J. Denker das Petrusevangelium an. Es vertrete „eine Christologie, die in ihrer Konsequenz doketisch ist. Der Herr schreitet als angelomorphes Wesen über die Erde. Seine Schmerzen existieren nur in der Einbildung, in der Phantasie der Leute, nicht in Wirklichkeit" (J. Denker, Die theologiegeschichtliche Stellung des Petrusevangeliums, 126). Denker vermutet, das Petrusevangelium sei in den Kreisen der von Ignatius bekämpften Gegner entstanden.

[153] Zu weiteren Einzelheiten des Systems von Satornil vgl. P. Weigandt, Doketismus, 64f.

unterschied zwischen einem ‚deum malum' und einem ‚deum bonum',
der dem gnostischen ἄγνωστος θεός bzw. πατήρ entspricht (vgl. PsTert
Haer 6,1; Epiph Pan XLI 1,3). Ist nach den angeführten Zeugnissen die
Lehre Kerdons eindeutig als doketisch zu bezeichnen, so muß allerdings
angemerkt werden, „daß Irenäus, Tertullian und Hippolyt nichts von der
Christologie dieses Häretikers wissen, während Justin, Clemens Alexan-
drinus und Origenes Kerdon gar nicht erwähnen"[154].

Es ist in der Forschung sehr umstritten, ob Markion ein Gnostiker
war[155]. Unzweifelhaft sind hingegen doketische Züge in seiner Christologie. Markion lehrte, Jesus Christus sei nicht geboren worden, sondern im
15. Jahr des Tiberius plötzlich vom Himmel her erschienen. Er kam
direkt vom Himmel „in hominis forma" (Iren Haer I 27,2). Nach dem
Zeugnis Tertullians nur „per imaginem substantiae humanae" (Tert
Marc III 10,2). Jesus Christus hat überhaupt keinen Körper gehabt, er
war vielmehr ein „phantasma carnis" (Tert Marc IV 42,7). Auch die
Wirklichkeit der Passion Jesu Christi wird von Markion bestritten, denn
weil der Erlöser kein wirklicher Mensch war und keinen sarkischen Leib
hatte, ist er nicht wirklich gekreuzigt, gestorben, begraben und auferstan-
den (Tert De carne 5,2f.9). Christus hat nur „putative" (Tert Marc III
8,4), nur δοκήσει (Epiph Pan XLII 12,3), nur τῷ δοκεῖν (Hipp Ref X
19,3) gelitten. Folglich gibt es auch keine leibliche Auferstehung der
Toten (Iren Haer I 27,3; Tert Marc III 8,6f.; V 7,4 u.ö.). Zwangsläufig
wird auch die Eucharistie entwertet, Markion deutet das „hoc est corpus
meum" im Sinn von „figura corporis mei" (Tert Marc IV 40,3) und
verwendet als Elemente beim Abendmahl Brot und Wasser (Epiph Pan
XLII 3,3). Freilich wird die soteriologische Bedeutung des Todes Jesu
Christi bei Markion dadurch nicht geschmälert, denn der Erlöser ist nicht
zur Rettung des menschlichen Leibes gekommen, so daß er auch nur in
einem Scheinleib erscheinen mußte[156].

Als einziges Selbstzeugnis doketischer Christologie wertet Weigandt
die Johannesakten[157]. Sie verkünden in Kap. 104 den Grundgedanken
doketischer Christologie: Weil Gott unwandelbar, Christus aber Gott ist,

---

[154] A.a.O., 66.

[155] Während A. v. Harnack, Marcion, 196 A 1, Markion ausdrücklich nicht als Gnostiker verstehen wollte und die Unterschiede zur Gnosis betonte, versucht B. Aland, Marcion,
passim, sowohl die Übereinstimmung als auch die Unterschiede zur Gnosis gleichermaßen
herauszustellen. Ich beziehe mich auf die m. E. sehr gute Darstellung bei P. Weigandt,
a.a.O., 67–73.

[156] Vgl. P. Weigandt, a.a.O., 70; B. Aland, Marcion, 438ff.

[157] Vgl. P. Weigandt, a.a.O., 83–96. Anders N. Brox, ‚Doketismus', 309ff., der die
Johannesakten nicht als doketisch ansieht; vgl. demgegenüber aber K. Schäferdiek, Herkunft und Interesse, 267, der betont, daß die Johannesakten eine ‚doketische Herrlichkeitschristologie' vertreten. Bei der deutschen Übersetzung folge ich K. Schäferdiek, Johannesakten, in: Hennecke-Schneemelcher II, 125–176.

kann er nicht Mensch geworden sein. Deshalb darf Christus auch nicht als auf Erden erschienener Mensch verkündet und verehrt werden. Die Johannesakten sehen in Christus ausschließlich ein göttliches Wesen. So heißt es über ihn: „Ich sehe ihn ... überhaupt nicht als einen Menschen" (Kap. 90) und „..., ihn, der Mensch geworden ist (abgesehen von) diesem Leib"[158] (Kap. 103). Mal hat der Erlöser einen materiellen Körper, „ein andermal dann wieder, wenn ich ihn berührte, war die Substanz immateriell und unkörperlich und so, als sei sie überhaupt nicht existent" (Kap. 93). In den Johannesakten ist sowohl der ‚irdische‘ (Kap. 88–93) als auch der ‚auferstandene‘ (Kap. 82.87) Christus polymorph. Er erscheint als Knabe und Mann, Greis und Jüngling, mal groß, mal klein. Nicht Jesus hing am Kreuz (Kap. 99), und er litt auch nicht das, was man über ihn sagen wird (Kap. 101). Konsequenterweise hat die Eucharistie keine Heilsbedeutung, sie ist nur ein mit Brot gefeiertes Dankgebet (Kap. 46.84–86.109f.). Weigandt sieht im Doketismus eine monophysitische Christologie[159]. Gott geht als Christus nicht eine lockere Verbindung mit dem Menschen Jesus ein, wobei Jesus ein ‚vehiculum‘ des Christus ist und eine subordinatianische dyophysische Christologie im Hintergrund steht. Vielmehr ist Jesus Christus wesenhaft nur Gott und kann seiner Erscheinung nach nur ein Scheinwesen sein, denn Gott ist unwandelbar. Wird also „der Erlöser nur als Gott vorgestellt, so kann er nicht in die Welt kommen, weil er jenseitig ist. Die Verbindung zu den Menschen wird dann durch die typisch griechische Vorstellung von der δόκησις erreicht, daß also der auf Erden erscheinende Erlöser nur ein Trugbild ist. Das ist der Doketismus ...."[160]

Insbesondere die Parallelität zu den bei Ignatius und Polykarp (vgl. Pol, Phil 7,1) bekämpften Gegnern läßt den Schluß zu, daß auch die Widersacher des 1Joh eine doketische Christologie lehrten[161]. Hier wie

---

[158] Vgl. K. Schäferdiek, Johannesakten, 159. Der von R. A. Lipsius – M. Bonnet, Acta, 202, und E. Junod – J. D. Kaestli, Acta, 215, gebotene griechische Text (... αὐτῷ τοῦ ἀνθρώπου γινομένου τούτο τοῦ σώματος ...) ist schwer verständlich, so daß der in beiden Textausgaben angeführten und von Schäferdiek aufgenommenen Korrektur von M. R. James (... αὐτῷ τῷ ἀνθρώπῳ γενομένῳ [ἐκτὸς] τούτου τοῦ σώματος ...) der Vorzug zu geben ist; vgl. auch P. Weigandt, Doketismus, 84 A 221.

[159] Vgl. a.a.O., 147ff.

[160] A.a.O., 148.

[161] Vgl. H. J. Holtzmann, JohBr 236f.; H. Windisch, JohBr, 127 (Kerinth), R. Bultmann, JohBr, 67; H. Balz, JohBr, 157; C. H. Dodd, JohBr, XIX; A. E. Brooke, JohBr, XLVff. (Nähe zu Kerinth); P. Weigandt, Doketismus, 103ff. (Weigandt ist in seiner Argumentation allerdings merkwürdig schwankend, denn einerseits betont er, 1/2Joh bekämpften den Doketismus (vgl. a.a.O., 105.107), andererseits meint er, 1/2Joh seien geschrieben, „um überhaupt vor christologischen Irrlehren zu warnen" (a.a.O., 103f.); R. E. Brown, JohBr, 65ff. (Kerinth); J. Bogart, Orthodox and Heretical Perfectionism, 128f.; W. Langbrandtner, Weltferner Gott, 376f.; U. B. Müller, Geschichte der Christologie, 59–63; G. Schunack, JohBr, 75 (Vorstufe ausgeprägter doketischer Vorstellungen). Zurückhal-

dort wird die Leiblichkeit des Gottessohnes bestritten. Heilsrelevant ist allein der himmlische Christus, der Existenz des irdischen Jesus kommt hingegen keine soteriologische Funktion zu. Die Gegner vertraten ihrem Selbstverständnis nach eine monophysitische Lehre. Sie sprachen dem Erlöser eine einheitliche göttliche Natur zu, die aber ihrem Wesen nach nur leidensunfähig sein konnte. Deshalb ist aus der Perspektive des Briefschreibers eine Trennung zwischen dem geschichtlichen Jesus von Nazareth und dem himmlischen Christus für ihre Soteriologie konstitutiv.

Die Ablehnung der Heilsbedeutung der Passion Jesu durch die Gegner ergibt sich aus 1Joh 5,6b. Wenn hier der Briefschreiber betont, Jesus Christus sei gekommen οὐκ ἐν τῷ ὕδατι μόνον ἀλλ᾽ ἐν τῷ ὕδατι καὶ ἐν τῷ αἵματι, darf daraus gefolgert werden, daß die Gegner wohl der Taufe Jesu einen soteriologischen Sinn abgewinnen konnten, nicht aber seinem Kreuzestod[162]. Offensichtlich kam der Taufe als Ort der Geistverleihung innerhalb der joh. Schule eine große Bedeutung zu (vgl. 1Joh 2,27; 3,24; 4,1–3.13; Joh 1,33; 3,5). Von dort begründeten die Gegner ihr eigenes Pneumatikertum, während sie das Kreuz und damit wohl auch das Abendmahl verwarfen. Demgegenüber betont der Verfasser des 1Joh die Heilsbedeutung von Taufe *und* Abendmahl (1Joh 5,7.8).

In 1Joh 5,6 ist explizit von den Sakramenten zwar noch nicht die Rede, aber die Argumentation des Briefschreibers läuft auf V. 7f. zu, wobei aus joh. Sicht das Heilsereignis und seine Vergegenwärtigung im Sakrament nicht getrennt werden können, weil Wasser und Blut die Elemente der Sakramente sind[163]. Die Aussage von V. 7 schwingt bereits in V. 6 mit! Die sakramentale Deutung von ὕδωρ und αἵμα in V. 8 ergibt sich aus dem Bedeutungswandel dieser Begriffe gegenüber V. 6[164]. Sind dort ὕδωρ und αἵμα Gegenstand des Geistzeugnisses, so erscheinen sie in V. 8 selbst als

---

tend argumentiert R. Schnackenburg, JohBr, 15–21, der zu den von Ignatius bekämpften Gegnern die größten Übereinstimmungen sieht. Gegen eine doketische Interpretation wendet sich J. Weiß, Die ‚Gnosis‘ im Hintergrund und im Spiegel der Johannesbriefe, 343, der die Gegner für Gnostiker hält, die einen ‚Äonen-Christus‘ verehrten; auch J. Schneider, 1Joh, 138, sieht in den Gegnern Gnostiker. J. Painter, ‚Opponents‘, 65ff., vermutet, die Gegner seien von Mysterienvorstellungen beeinflußte ehemalige Heiden, die erst nach dem Bruch des joh. Christentums aus der Synagoge in die joh. Gemeinde kamen.

[162] Vgl. R. Schnackenburg, JohBr, 258.

[163] Vgl. W. Langbrandtner, Weltferner Gott, 380f. Gegen R. Bultmann, JohBr, 82f.; W. Nauck, Tradition und Charakter, 147; K. Wengst, JohBr, 207; R. Schnackenburg, JohBr, 257f.; G. Schunack, JohBr, 94, die αἵμα und ὕδωρ in V. 6a ausschließlich auf die geschichtlichen Daten der Taufe und des Kreuzestodes Jesu beziehen. Als die eine aus dem Tod Jesu kommende, lebensspendende (ὕδωρ) und sündentilgende (αἵμα) Heilsgabe verstehen ὕδωρ und αἵμα in V. 6 H. Klos, Sakramente, 78f.; W. Thüsing, Erhöhung, 168; R. E. Brown, JohBr, 577f.; H. J. Venetz, ‚Durch Wasser und Blut gekommen‘, 354.

[164] Gegen K. Wengst, JohBr, 210, der einen Bedeutungswandel leugnet. Richtig hingegen R. Schnackenburg, JohBr, 261f.; H. Klos, Sakramente, 80f.; W. Thüsing, Erhöhung, 169f.; W. Nauck, Tradition und Charakter, 147f.; J. L. Houlden, JohBr, 128f.

Zeugen, d.h. in den Sakramenten von Taufe und Abendmahl wird das Heilsereignis durch den Geist vergegenwärtigt und damit bezeugt.

1Joh 5,6 dient vielfach als Hauptbeleg für die These, die Christologie der Gegner sei mit der Theologie Kerinths zu verbinden bzw. zu identifizieren[165]. Nach Irenaeus[166] lehrte der Kleinasiate Kerinth, die Welt sei nicht vom ersten Gott, sondern von einer unbekannten, von Gott getrennten Macht geschaffen. Jesus sei nicht aus einer Jungfrau, vielmehr aus seinen natürlichen Eltern Maria und Josef entstanden. Allerdings überragte er alle durch Gerechtigkeit, Einsicht und Weisheit. ‚Et post baptismum descendisse in eum ab ea principalitate quae est super omnia Christum figura columbae; et tunc annuntiasse incognitum et virtutes perfecisse; in fine autem revolasse iterum Christum de Iesu et Iesum passum esse et resurrexisse: Christum autem impassibilem perseverasse, existentem spiritalem‘.

Epiphanius faßt die Christologie Kerinths kurz mit der Bemerkung zusammen οὐ τὸν Ἰησοῦν εἶναι Χριστόν (Pan XXVIII 1,7). Die Eigenart der Lehre Kerinths liegt in der Kosmogonie (Trennung Vatergott – Demiurg) und der Annahme einer zeitweiligen Verbindung zwischen dem pneumatischen Christus und dem Menschen Jesus. Von einer Adoptionschristologie kann man jedoch nicht sprechen, da der geistige Christus den Menschen Jesus wieder verließ. P. Weigandt bezeichnet die Christologie Kerinths zutreffend als „eindeutig subordinatianisch sowie dyophysitisch und dyoprosopisch; der Mensch Jesus und der Gott Christus bleiben stets in ihren Naturen und Personen voneinander getrennt"[167]. Deshalb zählt Kerinth für Weigandt auch nicht zu den Doketen.

Übereinstimmungen zwischen der Lehre Kerinths und der vermuteten Christologie der Gegner im 1Joh sind nicht zu leugnen (Trennung himmlischer Christus – irdischer Jesus, Hochschätzung der Taufe Jesu). Ihnen stehen allerdings große Differenzen gegenüber. Konstitutiv für das System Kerinths war offenbar die Kosmogonie, die für die Gegner des 1Joh überhaupt nicht nachzuweisen ist. Auch die Unterscheidung zwischen einem pneumatischen, leidensunfähigen Christus und dem Menschen Jesus, der dem himmlischen Christus als *zeitweiliges* Gefäß diente, ist 1Joh 2,22; 5,6 nicht wirklich zu entnehmen[168]. Deshalb empfiehlt es sich nicht, die Gegner im 1Joh sehr nah an die Theologie Kerinths heranzurücken.

---

[165] Vgl. bes. K. Wengst, Orthodoxie und Häresie, 24ff.; R. E. Brown, JohBr, 65ff.; J. Blank, Irrlehrer, 174ff.

[166] Vgl. Iren AH I 26,1 (= Hipp Ref VII 33,1f.; X 21,2f.;). Der Bericht des Irenaeus ist die einzig sichere Grundlage zur Rekonstruktion des Systems Kerinths. Die Darstellungen Kerinths als Chiliasten (vgl. Euseb HE III 28,1ff.) und Judaisten bzw Ebioniten (vgl. Epiph Pan 28) sind als sekundär anzusehen. Eine Darstellung und Besprechung aller relevanten Texte bieten K. Wengst, Orthodoxie und Häresie, 24–34; R. E. Brown, JohBr, 766–771. Aus den Texten nicht zu belegen ist die Vermutung J. Blanks, Irrlehrer, 176, die Christologie Kerinths sei „eine problematisch-haeretische Mißdeutung der joh. Schekhina-Christologie, die von der joh. Gemeinde mit Recht abgelehnt worden ist".

[167] P. Weigandt, Doketismus, 17.

[168] Vgl. R. Schnackenburg, JohBr, 258.

Der Verfasser des 1 Joh setzt den Gegnern die in seinen Augen legitime Lehrtradition der joh. Schule (vgl. ἀπ' ἀρχῆς in 1Joh 1,1–4; 2,7f.; 3,11), nicht aber das JE entgegen! Lassen die Gegner faktisch die Erlösergestalt auseinandertreten, so betont der Briefschreiber die soteriologische Einheit des irdischen Jesus mit dem himmlischen Christus (vgl. 1Joh 2,22; 4,2.9.15; 5,1.5). Der Irrlehre wird das Bekenntnis entgegengesetzt. Ist die leibliche Erscheinung des Erlösers für die Gegner letztlich irrelevant, so hat sie für den Autor des 1 Joh indikativische Bedeutung (vgl. 1Joh 2,6; 3,3f.; 4,17). Gegen das pneumatische Selbstbewußtsein der Dissidenten stellt der 1Joh die Salbung in der Gemeinde (vgl. 1Joh 2,20.27), die ihre Empfänger über Wahres und Falsches belehrt[169].

Die Ausgangsfrage nach dem zeitlichen Verhältnis des 1Joh zum JE kann beantwortet werden, wenn die Beziehung des Evangeliums zu der im 1Joh bekämpften Irrlehre geklärt ist. Lassen sich in wichtigen Bereichen der Christologie des 4. Evangeliums antidoketische Züge und damit eine bewußte Reaktion auf die Irrlehre nachweisen, dann muß die zeitliche Priorität des 1Joh als wahrscheinlich gelten. Eine Antwort auf dieses Problem ist erst nach den Analysen in den folgenden Kapiteln möglich.

2.3 Ansatz und Methodik der Arbeit

Die vorhergehenden Untersuchungen haben gezeigt, daß innerhalb der joh. Schule nicht mit Uniformität, sondern theologischer Vielfalt zu rechnen ist. Die unterschiedliche Verfasserschaft der joh. Schriften, die theologischen und sprachlichen Differenzen, die Traditionsüberlieferung und die erkennbaren theologischen Schuldiskussionen lassen auf die Exi-

---

[169] Nicht überzeugend sind die von K. Wengst vermuteten Anknüpfungspunkte für die Theologie der Gegner im JE. So sollen sie ihre (kerinthische) Christologie aus Joh 1,29–34; 19,30 abgeleitet haben (vgl. K. Wengst, Orthodoxie und Häresie, 24; vgl. auch P. Hofrichter, Nicht aus Blut, 158f., der sich Wengst anschließt). Ist schon die behauptete Nähe zu Kerinth fragwürdig, so dürfte dieser seine Christologie aus Mk 1,9–11 entwickelt haben. In Joh 19,30 wird betont, daß Jesus auch sein Sterben als eine bewußte Tat verstand (vgl. R. Schnackenburg, Joh III, 332). Eine Trennung des pneumatischen Christus vom irdischen Jesus läßt sich aus diesem Text kaum ableiten. Auch die übrigen Anknüpfungspunkte (Joh 1,13; 3,6; 10,36; 14,7a; 17,25 als Belege für das pneumatisch-gnostische Selbstbewußtsein der Gegner, vgl. K. Wengst, Häresie und Orthodoxie, 43.45.53) sind nicht mehr als eine subjektive Anhäufung von Stellen, um feststehende Thesen des Exegeten zu untermauern. Ist schon die Rekonstruktion der Gegneraussagen im 1Joh hypothetisch, so muß die Ableitung ihrer Theologie aus dem JE als rein spekulativ bezeichnet werden, zumal an keiner für die Gegner relevanten Stelle in 1Joh auch nur andeutungsweise ein Bezug auf das Evangelium erkennbar ist. Wengst verfährt methodisch willkürlich, wenn er einer fragwürdigen Rekonstruktion der Gegnerchristologie einfach Verse aus dem Evangelium zuordnet und dann auch noch die Interpretation dieser Verse durch die Gegner angibt! (Vgl. dazu a.a.O., 53).

stenz zahlreicher geprägter, theologisch differenter Traditionen und vor-
geformter Stücke im Raum der joh. Gemeinden schließen[170]. Der Evangelist Johannes bestätigt dies, wenn er am Ende seines Evangeliums bemerkt, er könne noch andere σημεῖα mitteilen, welche in diesem Buch
nicht aufgezeichnet seien (Joh 20,30f.)[171]. Ihm standen somit noch weitere Traditionen zur Verfügung, die er nicht in sein Evangelium integrier-
te[172]. Das 4. Evangelium stellt nur eine Auswahl des Johannes zur Verfügung stehenden Stoffes dar. Auch das Kriterium seiner Auswahl gibt der
Evangelist mit V. 31 an: ταῦτα δὲ γέγραπται ἵνα πιστεύητε ὅτι Ἰησοῦς
ἐστιν ὁ Χριστὸς ὁ υἱὸς τοῦ θεοῦ ... . Nicht historische, vielmehr
ausschließlich theologische Gesichtspunkte leiten Johannes bei der Wahl
und Darbietung des Stoffes. Sie zielen auf den Glauben des Lesers bzw.
Hörers seines Evangeliums ab, der nicht mehr Augenzeuge (Joh 20,29) ist
und dennoch in das Heilsgeschehen von der Inkarnation bis zur Verherrlichung mithineingenommen werden soll.

Der Evangelist gibt sich als ein kritisch auswählender, nach theologischen Überlegungen gestaltender Autor zu erkennen, der auf der Grundlage umfangreicher ihm zur Verfügung stehender mündlicher und schrift-
licher Traditionen ein Evangelium für eine späte Generation des Urchristentums schreibt. Die für die Redaktionsgeschichte wesentlichen Kriterien der Stoffauswahl und Stoffanordnung werden in Kap. 20,30f. von
Johannes selbst genannt, so daß die Redaktionsgeschichte als angemessene Methode zur Analyse des JE zu gelten hat. Als „Ätiologie der joh.
Gruppe"[173] oder „Autobiographie der Geschichte der Johannesgemein-
de"[174] kann das 4. Evangelium nach der Eigenaussage des Evangelisten
nur sehr eingeschränkt bezeichnet werden, denn obgleich die Geschichte
der joh. Schule im Evangelium ihren Niederschlag fand, ist sie für Johannes nur gemäß den in Kap. 20,30f. genannten theologischen bzw. christologischen Kriterien relevant. Er ist weit davon entfernt, eine im Sinn
heutiger Historiographie verwertbare Darstellung der Ereignisse, Tendenzen und Entwicklungen in der joh. Schule zu geben, bei der jede
Aussage des Evangeliums auf eine historisch verifizierbare Situation oder
Gruppe schließen läßt.

Es ist vielmehr die Aufgabe einer redaktionsgeschichtlichen Analyse
des JE, die Traditionen und ihre Bearbeitung durch den Evangelisten

---

[170] Es ist m. E. mit mehreren joh. Gemeinden zu rechnen, vgl. R. Schnackenburg, Die
johanneische Gemeinde, 35 ff.

[171] Zum Nachweis des redaktionellen Charakters von Joh 20,30f. vgl. den Abschnitt
3.8.1.

[172] Vgl. O. Cullmann, Urchristentum und Gottesdienst, 39; E. Haenchen, Joh, 575.

[173] W. A. Meeks, Funktion, 279.

[174] R. E. Brown, Ringen um die Gemeinde, 23. Vgl. demgegenüber die treffende Bemerkung von H. Strathmann, Joh, 23: „Johannes huldigt bei seiner Darstellung nicht dem
Historismus, sondern dem Prinzip der kerygmatischen Stilisierung."

sowie die dabei verfolgte redaktionelle Gesamtkonzeption zu ermitteln. In der Verwendung der Traditionen durch Johannes wird zweifellos auch die Geschichte der joh. Schule sichtbar. Sie läßt sich aber nicht durch einen methodisch unkontrollierten unmittelbaren Rückschluß aus isolierten Textstellen auf historische Situationen erheben, sondern zeigt sich im Spiegel der redaktionellen Konzeption des Evangelisten.

Bei Johannes sind Tradition und Redaktion nicht als historische oder inhaltliche Gegensätze aufzufassen, wie dies im Gefolge von Quellentheorien viele Exegeten tun[175]. Warum sollte der Evangelist Traditionen aufgenommen haben, die seiner eigenen Theologie widersprachen? Der Hinweis auf die Überlieferungstreue vermag diese naheliegende Frage nicht zu beantworten, denn Johannes traf eine Auswahl aus dem ihm vorliegenden Material, so daß er seiner Theologie zuwiderlaufende Traditionen nicht aufzunehmen brauchte. Als Darstellungsmittel seiner spezifischen theologischen Konzeption arbeitete der 4. Evangelist Traditionen der joh. Schule in sein Evangelium ein. Redaktion und Tradition sind somit in ihrer Interdependenz zu begreifen, denn der Evangelist bestimmt durch seine Bearbeitung das Verständnis der Tradition, gleichzeitig entwickelt er aus der Tradition zu einem erheblichen Teil seine Theologie. Ausgangspunkt der Analysen muß deshalb der Jetzttext sein, wobei die literarischen und sachlichen Spannungen auf die *Vor*geschichte des Jetzttextes hinweisen.

Schwieriger als bei den Synoptikern sind bei Johannes Redaktion und Tradition zu trennen. Parallelüberlieferungen fehlen fast völlig, und die große Einheitlichkeit der Sprache und Vorstellungswelt im JE erschwert diesen methodischen Schritt zusätzlich. Dennoch sind auch bei Johannes die Mittel einer begrenzten Literarkritik anwendbar, um den Traditionsstoff und seine redaktionelle Bearbeitung zu unterscheiden[176]: Formale und theologische Spannungen, Widersprüche, Risse und Brüche im Satzbau und Handlungsablauf, fehlender Kontextbezug und unterschiedlicher Sprachgebrauch erlauben ebenso den Rückschluß auf Redaktion und Tradition wie form-, traditions- und religionsgeschichtliche Beobachtungen. Die Sprachanalyse allein vermag weder den redaktionellen, noch den traditionellen Charakter eines Textes zwingend zu erweisen. Sie ist aber in der Kombination mit anderen methodischen Schritten ein unentbehrliches Mittel der Johannesexegese.

---

[175] Als ein typisches Beispiel sei nur E. Haenchen, Joh, 575, genannt: „Der Evangelist selbst hat jenes alte ‚Evangelium' (= ‚Semeia-Quelle', U.S.) mit all diesen Wundergeschichten benutzt. Zwar hat er es in einem ganz anderen Sinn verstanden als dessen Verfasser (!, U. S.), aber er hat – das sollte man nicht bezweifeln – fest daran geglaubt, daß Jesus alle diese großen Wunder wirklich vollbracht hat."

[176] Vgl. dazu die Versuche von G. Schille, Traditionsgut im vierten Evangelium, 77ff.; R. Schnackenburg, Tradition und Interpretation im Spruchgut des Johannesevangeliums, 72ff.

Fragt eine redaktionsgeschichtliche Analyse des JE nach der Rezeption und Integration heterogener Traditionen der joh. Schule durch den Evangelisten, so soll nun dieser methodische Ansatz in drei Bereichen durchgeführt werden, die für die Christologie des 4. Evangeliums zentrale Bedeutung haben: Die Wunder Jesu, die Sakramente und der Prolog.

3. Der sichtbare Christus:
Wunder und johanneische Christologie

Der Einsatz bei den joh. Wundergeschichten legt sich aus drei Gründen nahe:

1. Hier läßt sich besonders gut zeigen, wie Johannes überliefertes Material in sein Evangelium integriert und dabei zugleich interpretiert hat. Die Trennung von Redaktion und Tradition als Ausgangspunkt jeder redaktionsgeschichtlichen Betrachtung kann in diesem wichtigen Teilbereich joh. Theologie auf breiter Textbasis exemplarisch durchgeführt werden.

2. Die joh. Wundergeschichten sind für die Interpretation der joh. Christologie von entscheidender Bedeutung, denn nach Joh. 10,41 ist die Wundertätigkeit geradezu *das* Kennzeichen der Messianität Jesu[1].

3. Darüber hinaus sind die Wundergeschichten für das Verständnis des gesamten Evangeliums von größter Wichtigkeit, weil mit ποιεῖν σημεῖα Beginn (2,11), Wende (12,37) und Ende (20,30) der Wirksamkeit Jesu bezeichnet werden[2] und es vielleicht die Wundergeschichten waren, die dem vierten Evangelium den Eingang in den Kanon ermöglichten und es so vor der Vergessenheit bewahrten[3].

3.1 Joh 2,1–11

3.1.1 Kontextstellung

Wie im Markusevangelium (vgl. Mk 1,21–28) beginnt Jesu öffentliches Wirken auch bei Johannes mit einem Wunder. Die gesamte bisherige Darstellung zielt auf dieses Wunder hin, denn in ihm offenbart sich sichtbar, was der Prolog in mythologischer Rede beschreibt und was den Jüngern in Joh 1,50f. zu sehen verheißen wird: die Doxa Jesu. Die in die Zukunft weisende Verheißung an Nathanael μείζω τούτων ὄψῃ in Joh 1,50c findet in der ersten großen Machttat Jesu in Galiläa ihre sichtbare

---

[1] Vgl. S. Hofbeck, Semeion, 72. Zum Nachweis des redaktionellen Charakters von Joh 10,41 vgl. den Abschnitt 3.8.3.1.

[2] Vgl. W. Nicol, Semeia, 115.

[3] Dies vermutet E. Schwartz, Aporien IV, 588.

Erfüllung[4]; unmittelbar darauf folgt in Jerusalem die zweite große Tat Jesu (Joh 2,14–17), die ebenfalls mit dem Stichwort σημεῖον in Verbindung gebracht wird (Joh 2,18.23)[5]. Das Kanawunder ist nicht nur die Einleitung zu den Kapiteln 2–4 im engeren Sinn, es ist der Beginn der Offenbarung der Doxa des Präexistenten in Raum und Zeit, es enthüllt das Wesen des Gottessohnes, dessen gesamtes Wirken Johannes als ποιεῖν σημεῖον bezeichnen kann (Joh 12,37; 20,30), und es verweist als ‚erstes Zeichen‘ auf weitere Manifestationen der Herrlichkeit Jesu Christi[6].

3.1.2 Redaktion und Tradition

V. 1 ist bis auf die Zeitangabe τῇ ἡμέρᾳ τῇ τρίτῃ der Tradition zuzurechnen[7]. Damit setzt der Evangelist nicht eine 1,29.35.43 umfassende Zählung fort[8], sondern betont, daß sich die Verheißung von 1,50f. bald erfüllte[9]. Vielleicht bezieht sich Johannes mit dieser Zeitangabe zugleich auf den Auferstehungsmorgen, eine Interpretation, die durch 2,4c.19.20 nahegelegt wird[10]. Die Ortsangabe Κανὰ τῆς Γαλιλαίας war ebenso wie die Mutter Jesu fest mit der Erzählung verbunden[11], auf Tradition verweist auch der ungewöhnliche Singular γάμος[12], ein Wort, das im JE nur in dieser Erzählung vorkommt. Zum ursprünglichen Bestand der Erzählung gehört ferner die kurze Exposition in V. 2 (καλέω außer Joh 1,42 nur hier)[13], wobei die Erwähnung der Jünger keineswegs als sekundär anzusehen ist[14].

---

[4] Vgl. R. Schnackenburg, Joh I, 328; J. Becker, Joh I, 108; E. Haenchen, Joh, 90.

[5] Vgl. J. Schneider, Joh, 79.

[6] Vgl. R. Schnackenburg, Joh I, 328.

[7] Vgl. R. Bultmann, Joh, 79 A 3; J. Schneider, Joh, 80: J. Becker, Joh I, 107. Gegen E. Schwartz, Aporien IV, 512; W. Wilkens, Zeichen und Werke, 31; H. P. Heekerens, Zeichen-Quelle, 68, die auch V. 1b zur Redaktion rechnen, weil die Erwähnung von Maria im 4. Evangelium durchweg redaktionell sei; vgl. dazu Anm. 16.

[8] Will man auf die Zeitspanne einer Woche kommen (so C. K. Barrett, Joh, 189), muß Joh 1,40–42 als gesonderter Tag gezählt werden, ohne daß Johannes dies kenntlich gemacht hat; vgl. R. Schnackenburg, Joh I, 330f.; J. Becker, Joh I, 330f.

[9] Vgl. J. Becker, Joh I, 107. R. Schnackenburg, Joh I, 331, sieht im ‚dritten Tag‘ lediglich eine runde Angabe.

[10] Vgl. R. Bultmann, Joh, 79 A 3; C. H. Dodd, Interpretation, 300; W. Wilkens, Entstehungsgeschichte, 41. Am Text nicht zu belegen ist ein Bezug auf Ex 19,10f., wie ihn B. Olsson, Structure and Meaning, 102f.; H. P. Heekerens, Zeichen-Quelle, 72, behaupten.

[11] Gemeint ist die Ortschaft Chirbet Kana 14 km nördlich von Nazareth, vgl. G. Dalman, Orte und Wege Jesu, 92f.

[12] Gewöhnlich wird für Hochzeit der Plural γάμοι gebraucht, vgl. W. Bauer, WB 300.

[13] Rein hypothetisch sind alle Überlegungen darüber, wer Jesus eingeladen habe; nach R. E. Brown, Joh I, 98, war es Nathanael!

[14] Gegen J. Wellhausen, Joh, 13; R. Bultmann, Joh, 79.

V. 3 entspricht dem äußerst knappen Erzählstil der gesamten Perikope. Es wird nicht gesagt, warum der Wein ausgegangen ist, und die
Mitteilung Marias an Jesus dient nur dazu, das Wunder vorzubereiten[15]. Hinweise auf redaktionelle Tätigkeit gibt es nicht[16], vielmehr
sprechen das joh. Hapaxlegomenon ὑστερεῖν und οἶνος (nur in Joh
2,1–11 und dem redaktionellen Verweis Joh 4,46) für den traditionellen Charakter des Verses. Die distanzierte Antwort Jesu in V. 4b[17]
wird in V. 4c begründet: οὔπω ἥκει ἡ ὥρα μου. Die auffallenden
sprachlichen Parallelen zu dieser Wendung in Joh 7,30; 8,20 (οὔπω
ἐληλύθει ἡ ὥρα αὐτοῦ) und die für Johannes sehr wichtige Rede von
der Stunde der Verherrlichung Jesu (Joh 12,23.27f.; 17,1), der Stunde, die für die Sendung Jesu vom Vater zeugt (Joh 13,1; 7,30; 8,20),
der Stunde der Annahme der Passion (Joh 12,27) und der Stunde, die
kommt (4,21.23; 5,25; 16,2.4.25)[18], belegen den redaktionellen Charakter von V. 4c[19]. Nicht nur die Stunde des Wundertäters ist gemeint[20], sondern vor allem die Stunde der Passion bzw. Verherrlichung des Gottessohnes[21]. Wie in Joh 7,6.8 trennt οὔπω die Zeit vor
der Passion und die Zeit der Passion, keinesfalls betont es nur die

---

[15] Vgl. R. Bultmann, Joh, 80; E. Haenchen, Joh, 188; J. Becker, Joh I, 108.

[16] Gegen E. Schwartz, Aporien IV, 512; W. Wilkens, Zeichen und Werke, 31; R. Fortna,
Gospel, 31 f.; M. E. Boismard – A. Lamouille, Joh, 101 f.; H. P. Heekerens, Zeichen-Quelle,
67 ff., die V. 3 f–5 (und V. 1 b) für redaktionell halten. Als Hauptargument für diese
Annahme gilt die apodiktische Behauptung E. Schwartz', die Mutter Jesu könne den
Dienern des Hauses keine Anweisungen geben, sie spiele auch sonst im JE keine Rolle und
sei deshalb hier ebenfalls sekundär. Innerhalb der Erzählung dient der Dialog zwischen
Maria und Jesus zur Vorbereitung des Wunders, und deshalb ist die Erwähnung der
Mutter Jesu als ursprünglich anzusehen.

[17] Vgl. zu dieser Abwehrformel im AT: Ri 11,12; 2Sam 16,10; 19,23; 1Kön 17,18; 2Kön
3,13; 2Chr 35,21; im Hellenismus: Epict Diss I 1,16; 22,15; 27,18; II 19,16; im NT: Mk 1,24;
5,7; Mt 8,29; Lk 4,34; 8,28. Unverständlich ist, wie O. Betz, Das Problem des Wunders, 40;
E. Leidig, Gespräch Jesu, 251, bei einer derart großen Verbreitung von τί ἐμοὶ καὶ σοί
gerade in dieser Formel einen Hauptbeleg für ihre These sehen, zwischen 1Kön 17,9ff.
(Witwe von Sarepta) und Joh 2,1–11 bestünde eine traditionsgeschichtliche Verbindung.

[18] Als reiner Zeitbegriff erscheint ὥρα in Joh 1,39; 4,6.52.53; 16,3; 19,14.27.

[19] Vgl. H. Strathmann, Joh, 58; E. Haenchen, Johanneische Probleme, 93 1; C. H.
Dodd, Tradition, 226; E. Ruckstuhl, Einheit, 197.204 (als Stilmerkmale gelten ὥρα mit
persönlichem Fürwort [Nr. 18] und γύναι als Anrede der Mutter Jesu [Nr. 27]); R.
Schnackenburg, Joh I, 333; M. Rissi, Hochzeit, 87; R. Fortna, Gospel, 31 f.; W. Wilkens,
Zeichen und Werke, 31; W. Nicol, Semeia, 31 (über Ruckstuhl hinaus gilt οὔπω als
Stilmerkmal Nr. 70 und ὥρα im Sinn der von Gott für Jesus vorherbestimmten Stunde als
Merkmal Nr. 67); B. Olsson, Structure and Meaning, 100; H. M. Teeple, Origin, 171.

[20] Gegen R. Bultmann, Joh, 81; E. Haenchen, Joh, 188; J. Becker, Joh I, 107. Bezöge sich
V. 4c auf die Wundertätigkeit Jesu, so entstünde die Schwierigkeit, daß er unmittelbar
nach der Ablehnung das Wunder vollbringt; vgl. F. Spitta, Joh, 69.

[21] Vgl. R. Bultmann, Joh, 85; W. Thüsing, Erhöhung, 94; R. Schnackenburg, Joh I,
333 ff.; S. Hofbeck, Semeion, 94 ff.; B. Lindars, Joh, 129; B. Olsson, Structure and Meaning,
43 ff.

Souveränität des Wundertäters, der den Zeitpunkt seiner Machtdemonstration selbst bestimmt.

Während der gesamte V. 5 der Tradition zugerechnet werden muß, geht die Wendung κατὰ τὸν καθαρισμὸν τῶν Ἰουδαίων in V. 6 vermutlich auf den Evangelisten zurück[22]. Die isolierte Stellung des Partizips κείμεναι weist auf sprachlicher Ebene darauf hin, daß wie in Mk 7,3f. ein kommentierender Zusatz vorliegt. Zudem ergibt sich eine inhaltliche Schwierigkeit, denn die Krüge sind nach V. 7 leer, und es ist damit fraglich, ob sie wirklich zu rituellen Zwecken benutzt wurden[23]. Der Rest von V. 6 wie auch die V. 7 und 8 gehören hingegen zur ursprünglichen Erzählung, worauf sowohl die ntl. (μετρητής, ἀρχιτρίκλινος) und joh. (λίθιναι ὑδρίαι) Hapaxlegomena als auch χωρεῖν (im Sinn von ‚umfassen‘ nur hier), γεμίζειν (nur noch 6,13), ἀντλεῖν (noch 4,7.15) und γεύεσθαι (nur noch 8,52) hinweisen. In V. 9 ist καὶ οὐκ ᾔδει ... τὸ ὕδωρ als Parenthese aufzufassen[24]. Sie unterbricht die Erzählung und erweist sich durch formale (vgl. Joh 2,16.22; 6,6b; 12,16; 20,9) und sachliche Parallelen (Gegensatz Wissen – Nichtwissen, πόθεν, vgl. Joh 3,8; 4,11; 7,27; 8,14; 9,29; 19,9) als joh. Redaktion[25]. Hingegen ist der gesamte V. 10 zum ursprünglichen Bestand der Erzählung zu rechnen (μεθύσκεσθαι im JE nur an dieser Stelle), denn hier wird stilgemäß vom Küchenmeister das Eintreten des Wunders bestätigt[26].

---

[22] Vgl. R. Fortna, Gospel, 32; M. E. Boismard – A. Lamouille, Joh, 101 f.; J. Becker, Joh I, 107. J. Wellhausen, Joh, 13, führt die Wendung auf den Bearbeiter der ‚Grundschrift‘ zurück. H. P. Heekerens, Zeichen-Quelle, 70 f., hält den gesamten V. 6 für redaktionell.

[23] Vgl. J. Becker, Joh I, 107.

[24] Vgl. B.-D.-R. § 442,20.

[25] Vgl. K. L. Schmidt, Der johanneische Charakter, 35; R. Bultmann, Joh, 82 A 9; R. Fortna, Gospel, 33; W. Wilkens, Zeichen und Werke, 31; J. Becker, Joh I, 107. H. P. Heekerens, Zeichen-Quelle, 70, hält auch V. 9a (τὸ ὕδωρ οἶνον γεγενημένον) für einen redaktionellen Einschub. Dabei ist diese Feststellung Voraussetzung für die Pointe in V. 10!

[26] Gegen M. Rissi, Hochzeit, 78, der V. 10 für sekundär hält. Er meint, ὑστερήσαντος οἴνου als ursprüngliche LA in V. 3 besage nur, für die Hochzeit habe überhaupt kein Wein zur Verfügung gestanden. Die u.a. vom Sinaiticus prima manu vertretene längere LA versuche den dann bestehenden Gegensatz zu V. 10 aufzuheben. Außerdem hält Rissi die ‚Weinregel‘ für eine ad hoc – Bildung, für die es in der antiken Welt keine Parallelen gebe. Schließlich sei die Pointe der Erzählung der Gegensatz ‚Wasser – Wein‘ und nicht ‚schlechter Wein – guter Wein‘. Gegen Rissi ist einzuwenden, daß die kürzere LA in V. 3 nicht notwendig besagt, zuvor sei überhaupt kein Wein vorhanden gewesen (vgl. W. Wilkens, Zeichen und Werke, 31 A 12). Sodann ist es möglich, daß die vom Sinaiticus prima manu gebotene lange LA ursprünglich ist (so R. Fortna, Gospel, 30 f.; M. E. Boismard – A. Lamouille, Joh, 100; H. P. Heekerens, Zeichen-Quelle, 64; vgl. dagegen B. M. Metzger, Textual Commentary, 201). Allerdings muß hier methodisch gefragt werden, ob textkritisch äußerst unsichere Entscheidungen die Interpretation bestimmen dürfen. Fragwürdig ist ferner Rissis Versuch, alle von H. Windisch, Die johanneische Weinregel, beigebrachten Parallelen einfach für wertlos zu erklären. Entscheidend gegen Rissi spricht aber die formgeschichtliche Beobachtung, daß V. 10 die Realität des Wunders feststellt, ihm die Funktion eines Wunderfeststellungsverfahrens zukommt. Da für ein ‚Geschenkwunder‘ die

Der für das Verständnis der Wundergeschichte entscheidende V. 11 ist vollständig der joh. Redaktion zuzuweisen[27]. Dafür sprechen vor allem sprachliche Gründe:

1. Typisch joh. ist der Satzanfang mit vorangestelltem ταῦτα (vgl. Joh 1,28; 6,6.59; 8,20; 9,22; 10,6; 12,16; 19,36). Als nächste Parallele zu Joh 2,11 ist Joh 12,37 zu nennen: τοσαῦτα ... σημεῖα[28].

2. Die Wendung ποιεῖν σημεῖα ist außerhalb der großen Wundererzählungen redaktionell in Joh 2,23; 6,14.30; 7,31; 10,41; 12,18.37 belegt, und auch für Joh 3,2; 4,54; 9,16; 11,47; 20,30 ist redaktioneller Ursprung anzunehmen[29].

3. ἀρχή ist im JE, 1/2Joh 18mal belegt, wobei nur für Joh 1,1.2 Tradition zu vermuten ist. Hier bezeichnet ἀρχή sowohl das erste Wunder Jesu als auch den Beginn der öffentlichen Wirksamkeit Jesu überhaupt.

4. Die Ortsangabe Κανὰ τῆς Γαλιλαίας wurde vom Evangelisten aus V. 1 übernommen[30] (vgl. die ebenfalls redaktionelle Notiz Joh 4,46a).

5. Ein zentraler Begriff des joh. Offenbarungsverständnisses ist φανεροῦν (18 Belege im JE und 1Joh, als nächste Parallele ist Joh 17,6 zu nennen)[31].

6. Zweifellos joh. sind schließlich auch δόξα (19mal im JE) und πιστεύειν εἰς (36mal im JE)[32].

7. οἱ μαθηταὶ αὐτοῦ übernahm Johannes aus V. 2. 34mal ist μαθητής im Plural mit folgendem Possessivpronomen belegt. Auf sprachlicher Ebene gibt es keinen Anlaß, auch nur Teile von V. 11 dem Evangelisten abzusprechen[33].

---

indirekte Schilderung des Wundervorganges charakteristisch ist, ist V. 10 als formbildendes Element unentbehrlich.

[27] Gegen L. Schottroff, Der Glaubende, 245; G. Richter, Semeia-Quelle, 284; J. Becker, Joh I, 107, die den gesamten V. 11 zur ‚Quelle' rechnen. V. 11 b weisen dem Evangelisten zu R. Bultmann, Joh, 79 (vgl. aber EH, 20, wo Bultmann den gesamten V. 11 bis auf οἱ μαθηταὶ αὐτοῦ für traditionell hält); R. Schnackenburg, Joh I, 338; W. Wilkens, Zeichen und Werke, 30; S. Schulz, Joh, 47; H. P. Heekerens, Zeichen-Quelle, 75; M. E. Boismard – A. Lamouille, Joh, 101f. V. 11 a.c hingegen für redaktionell, V. 11 a.c für traditionell halten R. Fortna, Gospel, 37; W. Nicol. Semeia, 31; H. M. Teeple, Origin, 172.
Gegen R. Fortna, Gospel, 35f.; H. P. Heekerens, Zeichen-Quelle, 26f.; ist mit NA[26] ἐποίησεν ἀρχὴν τῶν σημείων (P[66c] P[75vid] A B L u. a.) zu lesen.
[28] Vgl. B. Olsson, Structure and Meaning, 262 A 26.
[29] Vgl. zur Begründung den Abschnitt 3.8.
[30] Vgl. R. Fortna, Gospel, 36f.
[31] φανεροῦν ist Stilmerkmal Nr. 72 bei Nicol.
[32] Vgl. R. Schnackenburg, Joh I, 340 A 2; πιστεύειν εἰς ist Stilmerkmal Nr. 42 bei Ruckstuhl.
[33] E. Schweizer, Ego Eimi, 100, bezeichnet mit einem gewissen Recht Joh 2,1–10 als einen „erratischen Block". Die für das 4. Evangelium einmalige Häufung von Hapaxlegomena rechtfertigen dieses Urteil für V. 1–10, nicht aber für V. 11, der von Schweizer ausdrücklich nicht miteinbezogen wird. Vgl. zum johanneischen Gepräge von V. 11 auch E. Ruckstuhl, Einheit, 110.

Inhaltlich werden zwei Argumente – die Wunderzählung in V. 11a, das Glaubensverständnis in V. 11c – ständig wiederholt[34], um zumindest den teilweisen Traditionscharakter von V. 11 zu erweisen. Dabei wird allerdings die Existenz einer ‚Zeichen-Quelle‘ jeweils schon vorausgesetzt, eine Annahme, die sich durch Joh 2,1–11 nicht belegen läßt und die deshalb nicht a priori die Interpretation bestimmen darf. Zudem läßt sich zeigen, daß sowohl die Zählung als auch die Verhältnisbestimmung Zeichen – Glaube auf Johannes zurückgehen[35].

Der traditions- und religionsgeschichtliche Hintergrund der Kanaperikope ist nicht mehr sicher zu bestimmen. Sie läßt sich weder auf die atl. Vorstellung der Hochzeit als Anbruch der Heilszeit zurückführen[36], noch ist der von R. Bultmann behauptete heidnische Traditionshintergrund (Dionysos-Kult) wahrscheinlich, wie die eingehende Untersuchung von H. Noetzel gezeigt hat[37]. Auch eine sakramentale Deutung, wonach die Hochzeit von Kana Hinweis auf das eucharistische Mahl sein soll, hat keinen wirklichen Anhalt am Text, beruht auf Motivassoziationen (Wein als Element des Abendmahles) und gerät schließlich in die Nähe einer allegorischen Deutung[38]. Vielfach wird eine Ableitung aus der Elia-Tradition erwogen (Jesus als Elia redivivus),

---

[34] Vgl. nur R. Fortna, Gospel, 37.

[35] Vgl. den Abschnitt 3.1.3 und den Exkurs ‚Die Wunderzählung im Johannesevangelium‘.

[36] Gegen J. Jeremias, Jesus als Weltvollender, 21–29; H. P. Heekerens, Zeichen-Quelle, 97; R. E. Brown, Joh I, 105; zur Kritik vgl. auch I. Broer, Ableitung, 109.

[37] Vgl. H. Noetzel, Christus und Dionysos, passim. Noetzels Position hat sich allgemein durchgesetzt, vgl. aber E. Linnemann, Hochzeit zu Kana, 415 ff.; J. Jeremias, Theologie, 92; J. Becker, Joh I, 110 f.; H. Köster, Einführung, 622; I. Broer, Ableitung, 111 ff. Als Hauptargument gegen Bultmann führt H. Noetzel, a.a.O., 27, an, nirgends werde berichtet, „daß Dionysos Wasser in Wein verwandelt habe". Bei Bultmann ist besonders die Feststellung problematisch: „Zweifellos ist die Geschichte aus heidnischer Legende übernommen und auf Jesus übertragen worden" (Joh, 83). Damit wird nicht nur eine religionsgeschichtliche Analogie, sondern auch eine traditionsgeschichtliche Verbindung zum Dionysos-Kult behauptet, was wenig wahrscheinlich ist. Einzig in dem Motiv der Fülle des Weines ist eine Parallele zwischen dem Dionysos-Kult und Joh 2,1–11 zu sehen. Noetzel betont mehrfach, für die Verwandlung von Wasser in Wein gebe es weder jüdische noch pagan-hellenistische Parallelen. Auch Philo behauptet nicht, der Logos habe Wasser in Wein verwandelt. Nach All III 82 spendet der durch Melchisedek abgebildete Logos den Seelen Wein statt Wasser (ἀντὶ ὕδατος, οἶνον προσφερέτω). In Som II 249 wird der Logos als οἰνοχόος τοῦ θεοῦ bezeichnet. Zu wenig Beachtung findet hingegen die bereits von J. J. Wettstein, Novum Testamentum I, 847, angeführte Stelle Philostr, VA VI 10, wo sich m. E. allein das Motiv der Verwandlung von Wasser in Wein findet; vgl. auch G. Petzke, Apollonius, 178; W. Bauer, Joh, 47. Von Apollon wird berichtet: „... Und doch wäre es ihm ein leichtes, den ganzen Parnaß zu erschüttern, die Kastalischen Quellen umzuwandeln und mit Wein zu füllen ..." Die von I. Broer, Ableitung, 114–119, angeführten weiteren Texte (bes. Plin, nat hist II 231; Luk, Ver hist I 7; Philostr, Imag I 14) enthalten das Verwandlungsmotiv bei weitem nicht so eindeutig wie Philostr, VA VI 10. Offensichtlich ist das für Joh 2,1–11 zentrale Verwandlungsmotiv allein im hellenistisch-paganen Bereich, nicht aber im AT oder antiken Judentum belegt!

[38] Gegen W. Bauer, Joh, 46 f.; H. Strathmann, Joh, 58 f; O. Cullmann, Urchristentum

die aber auch nicht überzeugen kann, weil die wirklichen Parallelen zu gering sind[39].

Das Kanawunder ist eine joh. Sondertradition, die sich durch einen kargen Erzählstil und die gänzliche Konzentration auf die Realität des Wunders und die Macht des Wundertäters auszeichnet. Formgeschichtlich ist die Perikope als ein stilgerechtes ‚Geschenkwunder'[40] zu bezeichnen (V. 1–2 Exposition, V. 3–5 Vorbereitung des Wunders, V. 6–8 indirekte Schilderung des wunderhaften Vorganges, V. 9–10 Wunderbestätigung als Abschluß), Parallelen sind Lk 5,1–11; Joh 6,1–15 par.

3.1.3 Interpretation

Das joh. Verständnis des Kanawunders erschließt sich in V. 11: Im Wunder offenbart Jesus seine Doxa, durch das Wunder glauben seine Jünger an ihn. So wie sich in der Inkarnation die Doxa Jesu zeigt und geschaut werden kann (Joh 1,14) so ist das Wunder nicht nur Hinweis auf die Doxa, sondern Ausdruck der Doxa selbst (vgl. Joh 11,4.40; 12,41). Keinesfalls ist die irdische Doxa Jesu nur Vorabdarstellung oder Hinweis auf die Präexistenz- und Erhöhungs-Doxa, vielmehr manifestiert sich die eine Doxa Jesu in unterschiedlicher Weise[41]. Jesus hat die eine Doxa beim Vater nie verlassen. Auch bei seinem irdischen Wirken war der Vater immer mit ihm (Joh 8,54; 16,32), und am Ende kehrte er in die Doxa beim Vater zurück (Joh 17,5)[42]. Die Unterscheidung zwischen Präexistenz- (Joh 17,5bc.24cd; 12,41), irdisch sichtbarer (Joh 1,14cd; 2,11b; 11,4.40)

und Gottesdienst, 69; ders., Der johanneische Kreis, 16; M. Rissi, Hochzeit, 87 ff.; H. Heekerens, Zeichen-Quelle, 73; X. Léon-Dufour, Abendmahl und Abschiedsrede, 344.

[39] Gegen O. Betz, Das Problem des Wunders, 38 ff.; E. Leidig, Jesu Gespräch, 255 f.; G. Reim, Hintergrund, 207 f.218; W. Nicol, Semeia, 53.55.67; M. E. Boismard – A. Lamouille, Joh, 104. Ausführliche Kritik an atl.-jüdischen Ableitungsversuchen üben E. Linnemann, Hochzeit zu Kana, 410 ff.; I. Broer, Ableitung, 107–110.

[40] Vgl. G. Theißen, Wundergeschichten, 111 ff.; W. Bauer, Joh, 46, spricht von einem „Luxuswunder".

[41] Die grundlegende Monographie zum johanneischen Doxa-Verständnis ist nach wie vor W. Thüsing, Die Erhöhung und Verherrlichung Jesu im Johannesevangelium. Er unterscheidet bei der Verherrlichung Jesu zwei Stadien: 1. Das irdische Werk Jesu, das bis zur ‚Stunde' reicht und seinen Schwerpunkt im Gehorsamstod Jesu hat (vgl. a.a.O., 100). 2. Das durch die Auswirkung der Erhöhung geprägte Wirken Jesu jenseits der Stunde. Es erscheint „als das Herrschen Jesu durch den Glauben der Menschen, die der Vater zu ihm zieht, als Lebensspendung und Gericht, schließlich als die Wirksamkeit des Parakleten" (a.a.O., 101). Zutreffende Kritik an Thüsing übt J. Blank, Krisis, 268–276, der betont, die zwei Stadien Thüsings ließen sich nicht scharf voneinander abgrenzen, sondern Passion und Kreuz stellten bereits den Anfang der Verherrlichung Jesu dar. Es gebe nur ein einziges Werk der Offenbarung, des Heils und der Verherrlichung. „Infolgedessen sind die zwei Stadien, so wie sie Thüsing ansetzt, fallen zu lassen, als der Einheitlichkeit des johanneischen Denkens inadäquat (a.a.O., 269 A 11). Vgl. zur Kritik an Thüsing ferner R. Schnackenburg, Joh II, 504; S. Hofbeck, Semeion, 98 ff.; J. Riedl, Heilswerk, 77.

[42] Vgl. H. Hegermann, EWNT I 839.

und Postexistenz-Doxa (Joh 17,1b.5.10b.22.24c)[43] ist zwar geeignet, die zeitlichen Dimensionen und sich ergänzende Aspekte des joh. Doxa-Verständnisses zu benennen, sie kann aber nicht die sachliche Einheit des joh. Doxa-Begriffes bestreiten. Sofern Johannes mit Doxa nichts anderes meint als die Gottheit Jesu, die dieser vor Grundlegung der Welt hatte, in seinem irdischen Wirken offenbarte (vor allem in den Wundern!) und im Kreuzesgeschehen erwies, womit er gleichzeitig die Doxa des Vaters erfüllte und der Gemeinde die Gabe der Doxa eröffnete, muß an der prinzipiellen Einheit der joh. Doxa-Theologie festgehalten werden.

Sind also Präexistenz- und Postexistenz-Doxa identisch (Joh 17,5), wird am Ende seines Wirkens der Sohn durch den Vater verherrlicht (Joh 13,31a.32; 17,1a.5 u.ö.) und der Vater durch den Sohn (Joh 13,31b; 17,1b.4), ist die Verherrlichung Jesu Ermöglichung der Geistgabe (Joh 7,39) und der Übergabe der Doxa an die Jünger (Joh 17,22; vgl. auch 17,24; 16,14), so ist das Wunder wie die Inkarnation Ort der Epiphanie und Verherrlichung des Sohnes und damit auch des Vaters (Joh 2,11; 11,4.40; 12,41; 17,4).

Mit φανεροῦν bezeichnet Johannes die Machttat als Offenbarungsgeschehen, denn dieser Begriff charakterisiert im 4. Evangelium sowohl das Offenbarungswirken des sarkischen Jesus in seiner Ganzheit (vgl. Joh 1,31; 3,21; 17,6) als auch seine Wundertätigkeit im besonderen (vgl. Joh 2,11; 7,3–4; 9,3)[44]. Die Offenbarung der Doxa im Wunder ruft Glauben hervor. Dieses Geschehen vollzieht sich exemplarisch beim ersten Wunder an den Jüngern. Johannes demonstriert an ihnen in einer völlig undualistischen Terminologie sein Verständnis von Wunder und Glaube: Nicht der Glaube schaut das Wunder, sondern durch die Offenbarung der Doxa des Inkarnierten im Wunder entsteht Glaube[45]. Weil das Wunder Offenbarungsort der Doxa des sarkischen Jesus ist, kann es zum Glauben führen. Hier wird das christologische Interesse des Evangelisten sichtbar: Johannes ist weder an einem mirakulösen Glauben noch an einer Abwertung der Wunder interessiert, sondern einzig und allein an der Darstellung der Doxa des Inkarnierten und damit der Realität der Inkarnation. Diese Wirklichkeit der Fleischwerdung betont Johannes im Kanawunder in zweifacher Weise: Das Kanawunder ist wie alle joh. Wunder in seiner Materialität kaum zu überbieten, es bewirkt nachprüfbare Veränderungen in Raum und Zeit – der Wein kann vom ,neutralen' Küchenmeister geschmeckt werden – und verweist zurück auf die sarkische Existenz des

---

[43] Vgl. J. Riedl, Heilswerk, 129.

[44] Darüber hinaus bezeichnet φανεροῦν in Joh 21,1.14 die Offenbarungen des Auferstandenen, in 1Joh 2,28; 3,2 die Offenbarung des Kommenden.

[45] Gegen S. Hofbeck, Semeia, 102, für den die Offenbarung der Herrlichkeit „nur den Augen des Glaubens sichtbar" ist. So auch N. Walter, Auslegung überlieferter Wundererzählungen, 97.

Wundertäters. Gleichzeitig aber ist das Wunder gerade in seiner Massivität Ort der Offenbarung der Doxa des Inkarnierten, denn die Wirklichkeit der Fleischwerdung umfaßt beide Aspekte: Sichtbarkeit in Raum und Zeit und Aufleuchten der δόξα des Präexistenten, die Glauben bewirkt.

Mit dem Begriff δόξα verbindet Johannes darüber hinaus die Wundertätigkeit Jesu mit dem Anfangs- und Endpunkt seines Wirkens überhaupt: Inkarnation und Verherrlichung. Die Wunder sind nicht eine Episode im Leben und Wirken des sarkischen Jesus, sie haben keineswegs nur Hinweischarakter oder sind gar nur symbolisch zu verstehen[46], sondern in ihnen manifestiert sich die eine Doxa Jesu, die in der Fleischwerdung zuerst für alle sichtbar wurde und in der Stunde des Todes sichtbar sein wird. Von hier aus lassen sich die redaktionellen Zusätze in V. 1 τῇ ἡμέρᾳ τῇ τρίτῃ und V. 4c οὔπω ἥκει ἡ ὥρα μου erklären: Die ‚Stunde‘ Jesu ist die seiner endgültigen Verherrlichung (Joh 12,23.16)[47], und das Aufleuchten der Doxa im Wunder ist nicht nur Erweis der Inkarnation, sondern immer auch Hinweis auf die bevorstehende Passion. Der Doxa-Begriff ermöglicht es Johannes, Inkarnation, Wundertätigkeit und Passion zu verbinden, seine theologia crucis gleich zu Beginn des öffentlichen Auftretens Jesu zu entfalten, ohne daß Präexistenz-, Wunder- und Erhöhungsdoxa in Spannung zueinander stehen. Der joh. Zusatz κατὰ τὸν καθαρισμὸν τῶν Ἰουδαίων in V. 6 zeigt einen gewissen Abstand zum Judentum an (vgl. Mk 7,3f.), denn die Fülle des Weines im Gegensatz zu den Wasserkrügen der Juden deutet auf eine Überbietung der alten Heilsordnung durch das Christusgeschehen hin (vgl. Joh 1,17). Die Parenthese in V. 9 erhält durch πόθεν ἐστίν eine christologische Dimension (vgl. Joh 8,14; 9,26f.; 7,27; 18,9): Das Wunder zeugt von der göttlichen Herkunft des Wundertäters.

Der Kanaperikope kommt sowohl für das joh. Wunderverständnis als auch für die joh. Theologie insgesamt eine große Bedeutung zu. Johannes läßt Jesu öffentliche Wirksamkeit mit einer Wundergeschichte beginnen, die durch ihren äußerst knappen Erzählstil und die Materialität des Wunders den Blick einzig auf den lenkt, der das Wunder vollbringt. Diese gänzliche Konzentration auf den Wundertäter nimmt der Evangelist in V. 11 auf. Hier beschreibt er nicht nur Ort und Wirkung des ersten Wunders Jesu, sondern durch den Doxa-Begriff werden Wunder, Inkarnation und Verherrlichung in Beziehung gesetzt und die zentrale Bedeu-

---

[46] Gegen R. Bultmann, Theologie, 397, der behauptet: „Sie (sc. σημεῖα) sind Bilder, Symbole."

[47] W. Thüsing, Erhöhung, 240ff.321 f., will die Offenbarung der δόξα in 2,11 nicht als δοξασθῆναι verstanden wissen, da das Verbum nach seiner Meinung überwiegend mit der ‚Stunde‘ der Verherrlichung in Zusammenhang zu bringen ist. Genau diese Verbindung liegt durch den redaktionellen Zusatz in V. 4c auch in 2,1–11 vor!

tung der Wundertätigkeit Jesu herausgestellt: Im Wunder offenbart sich die eine, Glauben hervorrufende Doxa des Präexistenten und Erhöhten.

3.2 Joh 4,46–54

3.2.1 Kontextstellung

Wie er begann, so endet der erste Abschnitt des öffentlichen Wirkens Jesu: mit einem Wunder in Kana. Der ausdrückliche Bezug auf das Weinwunder in 4,46a zeigt, daß nach der Komposition des Evangelisten die Kap. 2–4 eine Einheit bilden[48]. Hatte Jesus nach dem ersten Wunder mit der zeichenhaften Handlung der Tempelaustreibung die Feindschaft der Juden geweckt und den Glauben der Jünger gestärkt (2,22), glaubte die Menge aufgrund der Wunder an ihn (2,23), und erwies er sich gegenüber dem offiziellen Judentum und den Samaritanern als der, der Wiedergeburt, ewiges Leben und lebendiges Wasser bringt, so schließt sich mit der Heilung des Sohnes eines königlichen Beamten der Kreis des ersten öffentlichen Auftretens Jesu: Kamen in 2,11 die Jünger, in 2,23 die Jerusalemer, in 4,39 ein Samaritaner zum Glauben, so ist es in 4,46–54 ein Heide[49], der durch ein σημεῖον an Jesus glaubt. Zudem verbindet das dreimalige ζῆν in 4,50.51.53 die Wundergeschichte mit dem vorhergehenden Gespräch Jesu mit der Samaritanerin. Erschien Jesus dort als der, der lebendiges Wasser und ewiges Leben gibt (4,10.11.14.36), so kann die Heilung des Sohnes eines βασιλικός als Illustration dieser grundlegenden Aussagen verstanden werden.

3.2.2 Redaktion und Tradition

Das Itinerar in V. 46a geht auf den Evangelisten zurück[50]. Dies ergibt

---

[48] Vgl. C. K. Barrett, Joh, 246; R. Schnackenburg, Joh II, 271.

[49] Mit βασιλικός kann ein Mann aus königlichem Geschlecht, ein königlicher Beamter oder aber auch ein Soldat in königlichen Diensten gemeint sein (Belege bei W. Bauer, Joh, 77). Aufgrund der offenkundigen Verwandtschaft der Erzählung mit dem Hauptmann von Kapernaum ist das letztere anzunehmen, so daß es sich auch bei Joh wahrscheinlich um einen Heiden handelt; so jetzt auch U. Wegner, Hauptmann, 57–72 (umfangreiche Darbietung des Materials), A. H. Mead, βασιλικός, 69 ff. Die meisten Kommentatoren beziehen βασιλικός auf einen Juden, wobei übersehen wird, daß Johannes dies an keiner Stelle ausdrücklich sagt. Zuzugestehen ist freilich, daß die Herkunft des Vaters bei Johannes nicht mehr die Bedeutung hat, wie in der synoptischen Tradition.

[50] Vgl. R. Bultmann, Joh, 151; W. Wilkens, Zeichen und Werke, 33; F. Schnider – W. Stenger, Joh u. Syn, 66 ff.; A. Dauer, Joh u. Luk, 51 f.; R. Fortna, Gospel, 39; H. M. Teeple,

sich aus dem ausdrücklichen Rückverweis auf das Weinwunder[51], dem
joh. Sprachstil (οὖν, πάλιν, Κανὰ τῆς Γαλιλαίας) und der zweiten
Ortsangabe in V. 46b. Der zur ursprünglichen Erzählung gehörende
V. 46b wirft die Frage auf, ob auch in der joh. Tradition die Fernheilung
zunächst ganz in Kapernaum spielte, vom Evangelisten aber durch V. 46a
nach Kana verlegt wurde. Dafür spricht Joh 2,12, ein Vers, der in seinem
jetzigen Kontext keinen rechten Sinn ergibt, aber ausgezeichnet als Einleitung zu 4,46b paßt[52]. Jesus wäre danach von Kana mit seinen Ver-
wandten nach Kapernaum gegangen und vollbrachte dort die Heilung.
Dem Evangelisten hätte dann wie in Kap. 6 eine Doppelüberlieferung
vorgelegen, wobei die eine Wundergeschichte in Kana, die andere – wie
bei den Synoptikern – in Kapernaum spielte. Johannes trennte beide
Wundergeschichten und verlegte auch dieses zweite Wunder nach Kana,
um so mit einer ‚Ringkomposition‘ das erste öffentliche Auftreten Jesu
abzuschließen und weil ihm Kana als besonderer Ort des Wirkens Jesu
sehr wichtig war[53]. Wenn die Erzählung auch in der joh. Tradition in
Kapernaum spielte, ist V. 47a zu großen Teilen (ἐκ τῆς Ἰουδαίας εἰς τὴν
Γαλιλαίαν, καταβῇ καί) der Redaktion zuzurechnen, denn Jesu Kommen von Judäa nach Galiläa setzt den jetzigen Kontext voraus[54].

Ein breiter Konsens besteht über den redaktionellen Charakter von
V. 48[55]. Das Verständnis dieses Verses ist freilich umstritten. Weist Johan-

---

Origin, 180; R. Schnackenburg, Joh I, 501; E. Schweizer, Heilung, 407; U. Wegner,
Hauptmann, 22. J. Becker, Joh I, 185, rechnet hingegen V. 46a seiner ‚Semeia-Quelle‘ zu,
was er lediglich mit einem Verweis auf Joh 2,1.11 begründet.

[51] Vgl. zum joh. Stilelement des Rückverweises Joh 1,30; 6,65; 13,33; 15,20; 16,15; 18,9.

[52] Vgl. F. Schnider – W. Stenger, Joh u. Syn., 66 ff.; R. Bultmann, Joh, 152; A. Dauer, Joh
u. Luk, 52 f.

[53] Vgl. K. Kundsin, Topologische Überlieferungsstoffe, 22 ff.

[54] Vgl. R. Bultmann, Joh, 151, der ἐκ τῆς Ἰουδαίας εἰς τὴν Γαλιλαίαν und καταβῇ καί
für redaktionell hält; R. Fortna, Gospel, 39 f.; F. Schnider – W. Stenger, Joh u. Syn, 68, die
mit einem gewissen Recht vermuten, das ‚Heruntersteigen‘ in V. 49.51 sei ebenfalls
redaktionell. R. Schnackenburg, Joh I, 498.501, hält in V. 47a die Passage von ἀκούσας bis
Γαλιλαίαν, in V. 47b καταβῇ καί und in V. 47c ἤμελλεν γὰρ ἀποθνήσκειν für redaktionell; so auch H. M. Teeple, Origin, 180 f. (er zählt allerdings καταβῇ καί zur ‚Quelle‘ und
hält ἠρώτα für einen Zusatz des Evangelisten); H. P. Heekerens, Zeichen-Quelle, 53 f., der
einen Einfluß von Lk 7,3 vermutet. A. Dauer, Joh u. Luk, 55–59, hält V. 47a für redaktionell, V. 47b für traditionell.

[55] Vgl. E. Schwartz, Aporien IV, 511; R. Bultmann, Joh, 151; J. Becker, Joh I, 186;
E. Haenchen, Joh, 258; L. Schottroff, Der Glaubende, 248 ff.; C. K. Barrett, Joh, 247;
E. Schweizer, Heilung, 407; R. Schnackenburg, Traditionsgeschichte, 60 f.; R. E. Brown,
Joh I, 196; B. Lindars, Joh, 203; R. Fortna, Gospel, 41; W. Nicol, Semeia, 28 f.; F. Schnider
– W. Stenger, Joh u. Syn, 69; A. Dauer, Joh u. Luk, 59–63; U. Wegner, Hauptmann, 25 f.
Sprachlich weisen ἐὰν ... οὐ μή (Ruckstuhl Nr. 44) und das οὖν-historicum (Ruckstuhl
Nr. 2) auf joh. Redaktion hin. Auffallend ist zudem der Wechsel in die 2. P. Pl.

nes mit dem singulären σημεῖα καὶ τέρατα[56] ein Wunderverständnis zurück, das das Wunder nur als innerweltliche Machtdemonstration und Legitimation des Wundertäters auffaßt[57]? Will er den bloßen Wunderglauben tadeln, um so seine Auffassung der überlieferten Erzählung bzw. sein Wunderverständnis überhaupt zu demonstrieren[58]? Diese (in der Literatur) durchgängig vertretenen Erklärungen übersehen, daß hier wie in 2,4 das Verlangen nach dem Wunder zunächst abgewehrt wird, dann aber das Wunder doch erfolgt und unmittelbar Glauben hervorruft[59]. In V. 48 äußert sich keine spezifisch joh. Wunderkritik, sondern mit der Abweisung von σημεῖα καὶ τέρατα steht Johannes in der Tradition der Synoptiker. Auch sie kennen die Ablehnung der Zeichenforderung (vgl. Mk 8,11–12; Mt 12,39–42; 16,1–2.4; Lk 11,16.29–32; vgl. auch 1Kor 1,22), und das Motiv des angesichts der Not indifferenten Wundertäters findet sich ebenfalls in der synoptischen Wunderüberlieferung (vgl. Mk 6,48; 7,27)[60]. Wie 2,4 ist 4,48 nicht als Ausdruck joh. Wunderkritik zu verstehen, Johannes weist nicht das Wunder als solches zurück, sondern die *Forderung* nach Zeichen und Wundern[61]. Auf die bloße Zeichenforderung kennt der Evangelist nur den Hinweis auf Tod und Auferstehung Jesu Christi (vgl. Joh 2,18–22).

L. Schottroff interpretiert das JE konsequent im Rahmen eines gnostischen Dualismus, bei dem sich ein weltferner Gott und eine gottlose Welt schroff gegenüberstehen[62]. Sie findet diesen bestimmenden Dualismus auch in den joh. Wundergeschichten wieder, wonach Johannes zwischen einem ‚richtigen‘ Wunderglauben, dessen Gegenstand Jesus als der himmlische Offenbarer ist, und einem ‚falschen‘ Wunderglauben, der in Jesus nur den Wundermann sieht, „der innerweltliche Heilung bringt"[63], unterscheidet. Jesus richtig sehen heißt, seine himmlische Herkunft und den Gegensatz Gottes zum Kosmos mitzubedenken. Die innerweltliche Machtdemonstration des Wundertäters hingegen kann nicht zum rechten Glauben führen, weil der absolute Gegensatz Gottes zur Welt verkannt wird. Als Exemplum dieser Wunderinterpretation dient L. Schottroff

---

[56] Zur Traditionsgeschichte dieser atl. Wendung (Jes 8,18; 20,3; Jer 39,20; Dtn 4,34; Ex 7,3; Sap 8,8 LXX) vgl. vor allem F. Stolz, Zeichen und Wunder, passim.

[57] So pointiert L. Schottroff, Der Glaubende, 248ff.

[58] So vor allem E. Haenchen, Johanneische Probleme, 88f.; ders., Joh, 91f.258; W. Nicol, Semeia, 29; R. Bultmann, Joh, 152f.; S. Schulz, Joh, 80f.; R. Schnackenburg, Joh I, 498; F. Schnider – W. Stenger, Joh u. Syn, 69; E. Schweizer, Heilung, 411ff.; F. Hahn, Glaubensverständnis, 54f.; R. Fortna, Gospel, 41, der von einer johanneischen Verleugnung des Wunders als Glaubensbasis spricht.

[59] Vgl. W. Langbrandtner, Weltferner Gott, 73.

[60] Vgl. G. Theißen, Wundergeschichten, 69f.

[61] Gegen eine umfassende und grundsätzliche johanneische Wunderkritik in V. 48 votieren C. K Barrett, Joh, 247; W. Wilkens, Zeichen und Werke, 33f.; W. Langbrandtner, Weltferner Gott, 73f.; H. P. Heekerens, Zeichen-Quelle (Diss.), 80ff.

[62] Vgl. L. Schrotthoff, Der Glaubende, 228ff.

[63] A.a.O., 252.

Joh 4,48[64]. Dieser Vers ist ihr Beleg für eine joh. Wunderkritik, die sich „gegen eine innerweltliche Deutung der Wunder und des Wundertäters"[65] richten soll. Dabei verkennt sie, daß sich in 4,48 nicht eine prinzipielle Wunderkritik artikuliert, sondern der joh. Jesus wie in 2,4 zunächst nur die bloße Forderung nach dem Wunder zurückweist, um es dann zu vollbringen. Zudem findet sich in 4,46–54 (wie in 2,1–11) gerade keine dualistische Theologie, sondern im Gegensatz zu Schottroffs Analyse folgt unmittelbar aus dem Wunder der Glaube (V. 53)[66]. Joh 4,46–54 ist kein Beleg für ein dualistisch orientiertes joh. Wunderverständnis, vielmehr trägt L. Schottroff den gnostischen Dualismus von weltfernem Gott und gottloser Welt als ihren Interpretationsschlüssel des 4. Evangeliums von außen an Joh 4,46–54 heran.

V. 49 lenkt auf V. 47b zurück und hat die Funktion, den durch V. 48 unterbrochenen Ablauf der Geschichte wiederaufzunehmen und fortzuführen. Sicher auf joh. Redaktion ist deshalb V. 49a zurückzuführen[67], möglicherweise auch die diesmal in direkter Rede formulierte zweite Bitte des Vaters in V. 49b[68]. V. 50 gehört zur ursprünglichen Erzählung, denn er schildert die nun notwendige Reaktion Jesu auf die zweifache Bitte des Vaters[69]. Das Motiv des Vertrauens des Vaters (πιστεύειν ist mit ‚Vertrauen' zu übersetzen; vgl. Mt 8,13) ist in unterschiedlicher Form Bestandteil aller Erzählungsvarianten und gehörte auch zur vorjoh. Tradition[70]. Auffällig ist die Abfolge ὁ υἱός σου ζῇ – ἐπίστευσεν, die sich in V. 53b wiederholt. Während ‚glauben' in V. 50b das unbedingte Vertrauen auf die Zusage Jesu meint, ist das absolute πιστεύειν in V. 53b Ausdruck des Glaubens aufgrund des nun konstatierten Wunders, wobei deutlich eine Steigerung erkennbar ist.

In den zur Tradition gehörenden V. 51.52[71] sind es im Gegensatz zu den Synoptikern die Diener, die mit „Hilfe des Stundenmotives"[72] die eingetretene Heilung bezeugen. In V. 53a finden sich zahlreiche joh. Sprach- und Stileigentümlichkeiten (γινώσκειν, πατήρ, οὖν-historicum, Rück-

[64] Vgl. a.a.O., 263ff.
[65] A.a.O., 256.
[66] Vgl. auch W. Langbrandtner, Weltferner Gott, 73; H. Thyen, FB (ThR 39), 235 A 1.
[67] Vgl. R. Fortna, Gospel, 41.
[68] So R. Bultmann, Joh, 152; W. Wilkens, Zeichen und Werke, 33; E. Haenchen, Johanneische Probleme, 88; ders., Joh, 258f.; F. Schnider – W. Stenger, Joh u. Syn, 69; J. Becker, Joh I, 186; H. P. Heekerens, Zeichen-Quelle (Diss.), 67; A. Dauer, Joh u. Luk, 63.
[69] Vgl. zum Motiv des wunderbaren Vorherwissens Jesu den Abschnitt 3.4.2.
[70] Gegen R. Fortna, Gospel, 42; F. Schnider – W. Stenger, Joh u. Syn, 70; A. Dauer, Joh u. Luk, 65f., die V. 50b Johannes zuweisen wollen. Richtig C. K. Barrett, Joh, 248.
[71] πυνθάνομαι außer 13,24 (wo die Überlieferung unsicher ist) nur hier. Gegen M. E. Boismard – A. Lamouille, Joh, 146, die V. 51 für redaktionell halten.
[72] G. Theißen, Wundergeschichten, 188. Das ‚Stundenmotiv' klingt schon in Mt 8,13 an und ist stilgerechte Fortsetzung von V. 51. Diese formgeschichtliche Beobachtung spricht gegen alle Versuche, V. 52(53a) für redaktionell zu halten; gegen E. Schwartz, Aporien IV, 511; W. Wilkens, Zeichen und Werke, 34; H. P. Heekerens, Zeichen-Quelle, 60ff.

bezug auf ein Wort Jesu vgl. Joh 5,11 f.; 7,33 ff.; 16,16–19 u. ö.), die Redaktion nahelegen könnten[73]. Andererseits gehört das in V. 53a vorherrschende Motiv der Beglaubigung des Wundertäters zum festen Inventar von Fernheilungen. Es wird ausdrücklich konstatiert, das Wunder sei zu der Stunde eingetreten, als der Wundertäter das Wunder wirkende Wort sprach (vgl. Mk 7,29; Mt 8,13; Ber 34b Bar)[74]. Diese formgeschichtliche Beobachtung spricht für die Zugehörigkeit von V. 53a zur Tradition. V. 53b schildert die Reaktion auf die Konstatierung des Wunders: Der βασιλικός und sein ganzes Haus (vgl. Apg 10,2; 11,4; 16,15.31; 18,8) kommen zum Glauben, d. h. sie werden Christen[75]. Wie in 2,11 erfolgt aus dem Sehen des Wunders unmittelbar der Glaube, nicht der Glaube schaut das Wunder, sondern er entsteht durch das Wunder[76]. Für eine dualistische Theologie läßt dieses zur Tradition gehörende – aber vom Evangelisten übernommene und in Joh 2,11 als redaktionell nachgewiesene – Junktim zwischen Sehen des Wunders und Glauben keinen Platz.

Ganz der joh. Redaktion ist V. 54 zuzuweisen[77]. Darauf weisen der parallele Aufbau zu 2,11; das joh. πάλιν und ἐλθών und die Wendung ἐκ τῆς Ἰουδαίας εἰς τὴν Γαλιλαίαν hin, die den jetzigen Kontext voraussetzt[78]. Das immer wieder bemühte Argument der Wunderzählung spricht gerade nicht für eine ‚Quelle‘, denn das δεύτερον besagt lediglich, daß die Heilung des Sohnes eines βασιλικός das zweite Wunder Jesu in *Kana* war. Deshalb besteht auch keine Spannung zwischen Joh 4,54 und der summarischen Wundererwähnung in Joh 2,23 (und 4,45), die nicht von Wundern in Kana spricht.

---

[73] Für Redaktion plädieren u. a. R. Fortna, Gospel, 43; W. Wilkens, Zeichen und Werke, 34; H. P. Heekerens, Zeichen-Quelle, 60.

[74] Vgl. R. Bultmann, Geschichte der synoptischen Tradition, 240.

[75] Vgl. C. K. Barrett, Joh, 248; R. Fortna, Gospel, 43; C. H. Dodd, Interpretation, 185.

[76] Vgl. W. Langbrandtner, Weltferner Gott, 73.

[77] Gegen R. Bultmann, Joh, 154; E. Haenchen, Joh, 260; R. Fortna, Gospel, 44; S. Schulz, Joh, 81; W. Nicol, Semeia, 28; J. Becker, Joh I, 186; R. Schnackenburg, Joh I, 501; E. Schweizer, Heilung, 407; H. P. Heekerens, Zeichen-Quelle, 63; H. M. Teeple, Origin, 181; B. Lindars, Joh, 205; A. Dauer, Joh u. Luk, 71 f.; U. Wegner, Hauptmann, 29 f., die vor allem mit Hinweis auf die Zählung und den angeblichen Widerspruch zu 2,23 entweder den gesamten V. 54 oder aber zumindest V. 54a der Tradition bzw. einer ‚Semeia-Quelle‘ zurechnen wollen. Für den redaktionellen Charakter von Joh 4,54 (und 2,11) spricht m. E. auch die Beobachtung, daß derartige zusammenfassende Verse in der rabbinischen und paganen Wunderüberlieferung (Belege bei G. Theißen, Wundergeschichten, 132) am Anfang der Erzählung stehen.

[78] Für redaktionell hält V. 54 auch W. Wilkens, Zeichen und Werke, 34 f.

3.2.3 Joh 4,46–54 im Verhältnis zu Mt 8,5–13/Lk 7,1–10

Nach der Rekonstruktion der joh. Tradition ist zunächst das Verhältnis zu den synoptischen Parallelüberlieferungen zu untersuchen, bevor eine abschließende Interpretation des zweiten Kanawunders gegeben werden kann. Daß allen drei Erzählungen eine gemeinsame Überlieferung zugrunde liegt, zeigen die folgenden Übereinstimmungen[79]:

1. Ein hochgestellter Heide im Dienst des Königs Herodes Antipas tritt an Jesus heran und bittet um die Heilung eines von ihm Abhängigen.
2. Der Kranke befindet sich in Kapernaum.
3. Jesus kommt der Bitte nach.
4. Der Bittsteller vertraut Jesus.
5. Jesus vollbringt das Wunder, ohne das Haus des Kranken zu betreten.
6. Die Heilung tritt ein, als Jesus das wunderwirkende Wort spricht.

Diesen Gemeinsamkeiten stehen aber gravierende Unterschiede gegenüber:

1. Bei Johannes spielt die Haupthandlung nicht in Kapernaum, sondern in Kana.
2. Aus dem synoptischen ἑκατόνταρχος ist bei Johannes ein βασιλικός geworden.
3. Bei Mt wird der Kranke als παῖς, bei Lukas als δοῦλος und bei Johannes als υἱός bezeichnet.
4. Auch die Angaben über die Krankheit schwanken. Spricht Matthäus von einer Lähmung, so Johannes von Fieber, und bei Lukas ist der δοῦλος im Begriff zu sterben.
5. Die Bitte um Heilung wird bei Lukas nicht wie bei Matthäus und Johannes vom Hauptmann selbst vorgetragen, sondern von zwei Gesandtschaften.
6. Das bei Matthäus und Lukas im Mittelpunkt der Erzählung stehende Glaubenswort des Centurio fehlt bei Johannes.
7. Matthäus integriert ein Logion Jesu in die Geschichte vom Hauptmann von Kapernaum, das bei Lukas in einem anderen Kontext steht und bei Johannes ganz fehlt.
8. Die Konstatierung des Wunders wird bei Johannes ausführlicher geschildert als bei den Synoptikern.

Eine traditionsgeschichtliche Erklärung dieses Sachverhaltes muß bei der Q-Überlieferung als vermutlich ältester rekonstruierbarer Traditionsstufe einsetzen. Die jetzige Stellung der Perikope bei Matthäus und Lukas läßt noch erkennen, daß sie auch in Q im Anschluß an die Feldrede

---

[79] Vgl. zu den Übereinstimmungen und Unterschieden F. Schnider – W. Stenger, Joh u. Syn, 57; R. Schnackenburg, Joh I, 503; E. Haenchen, Johanneische Probleme, 82 ff.; ders., Joh, 260 f.; A. Dauer, Joh u. Luk, 39–44; U. Wegner, Hauptmann, 18 ff.

bzw. Bergpredigt stand[80]. Matthäus steht am Anfang der Q-Überlieferung näher als Lukas[81]. Dies ergibt sich aus der Bezeichnung des Knaben als παῖς, die sich auch in Lk 7,7b findet[82], dem unmittelbaren Auftreten[83] und der direkten Rede des Centurio, der Schilderung der Krankheit durch den Vater und schließlich der Krankheitsbeschreibung mit παραλυτικός[84]. Auf die Krankheitsschilderung folgte in Q die Bereitschaft Jesu, die Heilung vorzunehmen (vgl. Mt 8,7). Mittelpunkt der Q-Überlieferung war das Glaubenswort des Centurio in Mt 8,8–9/Lk 7,6b.7b.8[85]. Ihm folgte als „eigentliche Pointe der ganzen Anekdote"[86] das Schlußwort Jesu (Mt 8,10/Lk 7,9). Den Abschluß der Erzählung bildete die Konstatierung des Wunders (Mt 8,13/Lk 7,10)[87].

Neben dem Beelzebul-Streit (Mt 12,22f. par) ist der Hauptmann von Kapernaum die einzige Wundergeschichte in Q. Obwohl die Logienquelle von Wundern Jesu berichtet (vgl. Mt 11,5.21f.par), scheint sie der Wundertradition insgesamt distanziert gegenübergestanden zu haben[88]. Dies zeigt sich gerade in der Übernahme einer Fernheilung, bei der als einer Sonderform der Wunderüberlieferung die mirakulösen Elemente fast völlig fehlen und alles Gewicht auf dem Dialog zwischen Bittsteller und Wundertäter sowie dem wunderwirkenden Wort liegt (vgl. Mk 7,24– 30)[89]. Der Dialog zwischen Jesus und dem Hauptmann bildet auch hier den Mittelpunkt der Erzählung, er verdeutlicht den unerhörten Glauben eines Heiden in die Wunderkraft Jesu[90]. Seine Anwendung findet das Glaubenswort des Centurio in dem λέγω ὑμῖν-Wort Jesu, dem eigentlichen Höhepunkt der Erzählung. Freilich wird mit diesem Wort der Vorrang Israels nicht aufgegeben, sondern die Perikope ist „vom Standort Israels aus geschrieben"[91]. Jesus betritt nicht das Haus eines Heiden,

---

[80] Vgl. G. Strecker, Weg der Gerechtigkeit, 99.

[81] Vgl. ebd.; S. Schulz, Q, 236ff. Bei Schulz findet sich die hier nicht durchzuführende vokabelstatistische Einzelanalyse.

[82] Vgl. S. Schulz, a.a.O., 236 A 400; F. Schnider – W. Stenger, Joh u. Syn, 60f. Dagegen meint E. Haenchen, Johanneische Probleme, 84f., δοῦλος sei bereits Bestandteil einer vorlukanischen Tradition gewesen.

[83] Vgl. G. Strecker, Weg der Gerechtigkeit, 99.

[84] Vgl. S. Schulz, Q, 237.

[85] Vgl. zu den Einzelheiten a.a.O., 238f.

[86] A.a.O., 243.

[87] Beide Verse sind stark redaktionell überarbeitet, dennoch stimmen sie inhaltlich darin überein, daß die Konstatierung des Wunders am Ende der Erzählung stand, vgl. S. Schulz, a.a.O., 239f.

[88] Vgl. a.a.O., 240.

[89] Zur großen Nähe von Mk 7,24–30 zu Joh 4,46–54 vgl. C. H. Dodd, Tradition, 188– 195.

[90] Vgl. E. Haenchen, Johanneische Probleme, 83: „Dieser Glaube steht eigentlich im Mittelpunkt der Geschichte, nicht die Heilungstat Jesu."

[91] G. Strecker, Weg der Gerechtigkeit, 100.

vielmehr ist der bedingungslose Glaube des Hauptmanns die Israel be-
schämende Ausnahme, „ein ‚idealer Fall'"[92].

Anders Matthäus, der durch die Aufnahme von V. 11–12 (Lk 13,28 f.)[93]
in die ursprüngliche Erzählung einen antijüdischen Akzent einträgt. Am
vorbildhaften Glauben des Hauptmanns wird der Unglaube Israels demonstriert und die Verwerfung des erwählten Volkes angekündigt. Nicht
die Söhne des Reiches werden bei Abraham, Isaak und Jakob sein,
sondern die ‚Vielen' werden berufen, die Söhne hingegen verworfen[94].
Aus der Sicht des Evangelisten kündigt sich am Glauben des Hauptmanns von Kapernaum bereits zu Lebzeiten Jesu an, was z. Zt. des
Heidenchristen Matthäus schon Vergangenheit ist: Die Verwerfung Israels und die Übernahme der βασιλεία an ein ‚anderes Volk' (vgl. Mt
21,33–46)[95].

Lukas hat in einem weit größeren Maß als Matthäus die Q-Vorlage
umgestaltet. Auf seine Redaktion gehen die Situationsschilderung in V. 2,
die Bezeichnung des Kranken als δοῦλος, die dramatische Krankheitsschilderung, die zweifache Gesandtschaft in V. 3–6a und die Gestaltung
des Schlußverses zurück[96]. Vor allem durch die Einführung der zwei
Gesandtschaften verlagert Lukas das Schwergewicht der Erzählung vom
Dialog zwischen Jesus und dem Hauptmann auf eine mit dramatischen
Elementen durchsetzte Schilderung der Handlungsabfolge[97]. Die lukanische Interpretation der Q-Vorlage zeigt sich besonders in dem im An-
klang an die antike Petitionsform[98] gestalteten Motiv der doppelten Gesandtschaft. Hier wird der Hauptmann als ein gottesfürchtiger Freund
des jüdischen Volkes dargestellt (vgl. Apg 10: Cornelius), der sich selbst
für unwürdig hält, Jesus um die Heilung seines Knechtes zu bitten.
Deshalb schickt er jüdische Älteste und Freunde, die an seiner Stelle die
Bitte aussprechen. Daß für Lukas auf der Demut des Hauptmanns das

[92] E. Haenchen, Johanneische Probleme, 83.

[93] Die bei Lukas überlieferte Form dürfte ursprünglich sein, vgl. zu den Einzelheiten
G. Strecker, Weg der Gerechtigkeit, 100.

[94] Vgl. a.a.O., 101.

[95] Vgl. E. Haenchen, Johanneische Probleme, 83f.

[96] Vgl. zur ausführlichen Analyse U. Busse, Die Wunder des Propheten Jesus, 144–150
(dort auch die Auseinandersetzung mit der Literatur). E. Haenchen, Johanneische Probleme, 84ff., hält die doppelte Gesandtschaft für eine „verunglückte Bearbeitung" der
Q-Überlieferung durch judenchristliche Kreise auf vorlukanischer Ebene (auch A. Dauer,
Joh u. Luk, 93f., hält die doppelte Gesandtschaft für vorlukanisch). Diese Annahme ist
unzutreffend, weil sowohl der sprachliche Befund als auch das theologische Interesse auf
lukanische Redaktion schließen lassen; vgl. zu den Einzelheiten U. Busse, Die Wunder des
Propheten Jesus, 142ff.; F. Schnider – W. Stenger, Joh u. Syn, 60–63. Diese Kritik gilt auch
G. Theißen, Wundergeschichten, 183, der lediglich die zweite Gesandtschaft auf Lukas
zurückführen will.

[97] Vgl. U. Busse, Die Wunder des Propheten Jesus, 150ff.

[98] Vgl. a.a.O., 152f.

Schwergewicht seiner Darstellung liegt, zeigt sich zuletzt an dem bewußten Kontrast zwischen V. 4b–5 und V. 6b–7: Während die Ältesten den Hauptmann ausdrücklich für würdig halten, betont er selbst durch den Mund der Freunde seine Unwürdigkeit. Lukas zeigt am Beispiel des Hauptmanns von Kapernaum, was wahre Demut ist: Geringschätzung der eigenen Person, völliges Vertrauen und unbedingter Glaube an Jesus (vgl. Lk 18,9–14)[99].

In welchem Verhältnis steht die vorjoh. Tradition zu den drei besprochenen Erzählungsvarianten? Negativ ist hier zunächs festzustellen, daß die Hauptthemen der synoptischen Überlieferungen (Q: Dialog zwischen Jesus und dem Hauptmann, Mt: Das Problem Kirche – Israel, Lk: Der Hauptmann als Vorbild an Demut) in der Vorlage des Johannes keine Rolle spielen. In der vorjoh. Tradition liegt das Gewicht ganz auf dem Feststellungsverfahren am Schluß der Erzählung. Der Dialog zwischen Jesus und dem βασιλικός ist stark reduziert, und das theologische Interesse ist auf die Darstellung der glaubenschaffenden Wundermacht Jesu konzentriert. Von der Exposition hat sich das Schwergewicht der Erzählung auf den Schluß verlegt. Diese gänzlich andere Ausrichtung läßt vermuten, daß die vorjoh. Tradition zwar von dem gleichen Ereignis handelt wie die synoptischen Erzählvarianten, eine literarische Abhängigkeit aber nicht besteht, denn bei dieser Voraussetzung sind die erheblichen Differenzen zwischen den einzelnen Erzählungen nicht zu erklären[100]. Gegen eine literarische Abhängigkeit spricht auch die sehr geringe Wortlautübereinstimmung.

R. Bultmann vermutet, der Evangelist Johannes habe durch die Einfügung von V. 48f. „einen ursprünglich berichteten Dialog verdrängt, der Mt 8,7–10 entsprochen haben muß"[101]. Die Art der joh. Einfügung in V. 48.49a weist jedoch eher darauf hin, daß dem Evangelisten schon eine feste Tradition vorlag, die er redaktionell überarbeitete, ohne Bestandteile der Vorlage zu eliminieren[102].

So ist anzunehmen, daß die joh. Vorlage ihre jetzige Gestalt im Verlauf einer eigenständigen joh. Traditionsgeschichte erhalten hat, wobei das Interesse der sie überliefernden joh. Gemeinde noch sichtbar ist: Der Gebrauch des absoluten πιστεύειν in V. 53 im Sinn von ‚Christ werden' deutet auf Missionsterminologie hin[103], die Missionare der joh. Gemeinden warben mit der überragenden Wunderkraft ihres Herrn[104].

---

[99] Vgl. a.a.O., 155–160; F. Schnider – W. Stenger, Joh u. Syn, 78f.
[100] Vgl. E. Haenchen, Joh, 260; F. Schnider – W. Stenger, Joh u. Syn, 64. A. Dauer, Joh u. Luk, 120f.
[101] R. Bultmann, Joh, 152.
[102] Vgl. E. Haenchen, Joh, 260f.
[103] Vgl. Apg 11,14; 16,15.31; 18,8; 1Kor 1,16.
[104] Vgl. F. Schnider – W. Stenger, Joh u. Syn, 80.

3.2.4 Interpretation

Johannes beschließt den ersten Zyklus des öffentlichen Auftretens Jesu bewußt mit einem zweiten Wunder in Kana. Diese ‚Ringkomposition‘ läßt nicht nur die kompositorischen Fähigkeiten des 4. Evangelisten erkennen, sie weist zugleich der Wundertätigkeit Jesu die zentrale Rolle in seinem öffentlichen Wirken zu: Das Wunder demonstriert sichtbar die Göttlichkeit des Wundertäters und ruft Glauben an den Sohn Gottes hervor. Beide Aspekte, die bereits in 2,1–11 deutlich wurden, finden sich auch in dieser Wundererzählung.

Die Massivität des zweiten Wunders Jesu betont Johannes vor allem durch die Verlegung der Fernheilung nach Kana, denn die Steigerung der Entfernung unterstreicht die Größe des Wunders. Zudem übernimmt er aus seiner Tradition eine Erzählvariante des Hauptmanns von Kapernaum, bei der die expositionellen Motive stark gekürzt sind und alles Gewicht auf dem Wunderfeststellungsverfahren am Schluß der Erzählung liegt, wodurch ebenfalls die Größe der Wundertat hervorgehoben wird.

Der auch für Johannes zentrale Gedanke, daß am Wunder und durch das Wunder Glauben entsteht, findet sich bereits in der Tradition (bes. V. 53), so daß für den Evangelisten keine Notwendigkeit bestand, ihn wie in 2,11 redaktionell hervorzuheben. Keinesfalls äußert sich in V. 48 eine spezifisch joh. Wunderkritik, sondern wie in 2,4 weist Jesus zunächst die Forderung nach dem Wunder ab, um es unmittelbar danach zu vollbringen. In Joh 4,46–54 findet sich nicht das angeblich dualistische Grundkonzept joh. Theologie von weltfernem Gott und gottloser Welt, vielmehr betont der Evangelist wie in 2,1–11 das Junktim zwischen Sehen des Wunders und Glauben.

EXKURS: Die Wunderzählung im Johannesevangelium

Seit A. Faure[105] ist die Zählung der Wunder in Joh 2,11; 4,54 in Verbindung mit Joh 20,30 ein wichtiges Argument für die These, Johannes habe eine ‚Semeia-Quelle‘ bzw. ein ganzes Wunderevangelium einge-

---

[105] Vgl. A. Faure, Die alttestamentlichen Zitate, 107–112. Vorläufer der These einer ‚Semeia-Quelle‘ im weiteren Sinn sind H. H. Wendt und F. Spitta. H. H. Wendt, Schichten im 4. Evangelium, 35 ff., unterscheidet zwischen einer ursprünglichen Redeschicht und späteren Erzählstoffen, zu denen auch die Wundergeschichten gehören. F. Spitta, Johannes-Evangelium, 16.63–70, rechnet Joh 2,1–11; 4,46–54; 21,1–14 aufgrund der Zählung zu den Stücken des Evangeliums, die vom Autor von Joh 21 einer ‚Grundschrift‘ später hinzugefügt wurden. Von einer ‚Semeia-Quelle‘ sprach 1915 H. J. Thompson, Structure, 512 ff., und E. Meyer, Urgeschichte des Christentums I/1, 332–340, rechnet 1921 mit einer johanneischen ‚Sonderquelle‘, der die meisten Wundergeschichten zuzurechnen sind. Umfassend begründet wurde die Existenz einer vorjohanneischen ‚Semeia-Quelle‘ aber

arbeitet[106]. Gestützt wird diese Annahme nach Meinung vieler Exegeten auch durch die summarischen Wundererwähnungen in Joh 2,23; 4,45, die scheinbar im Widerspruch zu der Zählung in 2,11 und 4,54 stehen[107].

Zur Erklärung der Wunderzählung bieten sich fünf Möglichkeiten an:

1. Die Zählung ist ein Charakteristikum der von Johannes benutzten ‚Semeia-Quelle‘. Dann aber muß gefragt werden, warum sie bei zwei endet. Die Auskunft, der Leser könne selbst bis sieben zählen, ist keine wirkliche Antwort auf diese Frage[108]. Zudem hat die Analyse der ersten beiden Wundergeschichten ergeben, daß Joh 2,11; 4,54 redaktionell sind.

2. Joh 4,46–54 ist das zweite *erzählte* Wunder, so daß kein Widerspruch

---

erst 1922 von Alexander Faure. Bei der Analyse atl. Zitate im 4. Evangelium fiel Faure auf, daß Joh 12,37 sehr gut an Joh 20,30f. anschließt und beide Texte an das Ende einer selbständigen, schriftlichen Quelle gehören könnten, die er „Wunderbuch“ (A. Faure, a.a.O., 109) nennt. Als weitere Argumente für die Existenz eines ‚Wunderbuches‘ wertet Faure die Zählung in Joh 2,11; 4,54 (vgl. a.a.O., 110) und das vom restlichen Evangelium abweichende Glaubensverständnis der Wundererzählungen (vgl. a.a.O., 111f.). Zum ‚Wunderbuch‘ sollen nach Faure die Wundertraditionen in Joh 2,4,5,9,11, nicht aber in Joh 6 (vgl. a.a.O., 109 A 1) gehört haben.

Der von A. Faure begründeten und von R. Bultmann endgültig durchgesetzten These einer vorjoh. ‚Semeia-Quelle‘ schlossen sich u.a. an: H. Windisch, Johannes und die Synoptiker, 54–55; E. Käsemann, Rez. R. Bultmann, 186; H. Conzelmann, Grundriß, 354; G. Bornkamm, Zur Interpretation des Johannesevangeliums, 115f.; E. Haenchen, Johanneische Probleme, 28ff. (vgl. aber jetzt ders., Joh, 101: „Die Annahme einer Semeia-Quelle ist außerordentlich gewagt.“); J. M. Robinson, Die johanneische Entwicklungslinie, 219ff.; H. W. Kuhn, Sammlungen, 210; R. Schnackenburg, Joh I, 51ff.; W. Grundmann, Zeugnis und Gestalt, 14f.; W. Marxsen, Einleitung, 251; S. Schulz, Joh, 7f.; L. Schottroff, Der Glaubende, 228–296; E. Lohse, Entstehung des Neuen Testaments, 108; J. Becker, Joh I, 112–120; R. Fortna, Gospel, passim; W. Nicol, Semeia, passim; J. L. Martyn, History and Theology, 164–166; D. M. Smith, Milieu of the Johannine Miracle Source, passim; G. Richter, Semeia-Quelle, 281–287; H. Fuller, Interpreting the Miracles, 88–92; Ph. Vielhauer, Geschichte, 424; H. Köster, Einführung, 622f.; H. M. Teeple, Origin, 143ff.; H. M. Schenke – K. M. Fischer, Einleitung II, 181; J. Gnilka, Joh, 6; D. L. Tiede, Miracle Worker, 269ff.; R. T. Hoeferkamp, Relationship, 55f.; H. E. Lona, Glaube und Sprache, 176ff.; B. Corsani, I miracoli di Gesù, passim; R. Kysar, Maverick Gospel, 15.72; H. Weder, Menschwerdung Gottes, 329.

Kritisch stehen der These einer ‚Semeia-Quelle‘ u.a. gegenüber W. Bauer, Joh, 250; M. Dibelius, Rez. R. Bultmann, 258f.; J. Jeremias, Rez. R. Bultmann, 416f.; W. Michaelis, Einleitung, 107–109; E. Stauffer, Rez. R. Bultmann, 347ff.; B. Noack, Johanneische Tradition, 109ff.; E. Ruckstuhl, Einheit, 107–112.212–216; W. G. Kümmel, Einleitung, 178–180; J. Schneider, Joh, 28f.; O. Betz, EWNT III 573; O. Betz/W. Grimm, Wunder Jesu, 124.

[106] So u.a. R. Bultmann, Joh, 78; E. Haenchen, Joh, 260.419f.; S. Schulz, Joh, 7f.; F. Schnider – W. Stenger, Joh u. Syn, 72 A 19; E. Schweizer, Heilung, 407 (die ersten beiden Wunder entstammen einer Quelle); R. Schnackenburg, Joh I, 339 (die Zählung „könnte mit einer σημεῖα-Quelle zusammenhängen“); J. Becker, Joh I, 112ff.; B. Lindars, Joh, 132; R. Fortna, Gospel, passim; W. Nicol, Semeia, passim.

[107] Vgl. nur R. Bultmann, Joh, 78.

[108] Gegen J. Becker, Joh I, 114, der meint, mit diesem Hinweis das Problem gelöst zu haben.

zu 2,23 und 4,45 besteht[109]. Aber auch bei dieser Lösung bleibt die Frage, warum die Zählung in 4,54 endet, denn es werden noch mehrere Wunder erzählt.

3. Der Evangelist Johannes führte allgemein die Zählung der Wunder ein. Wiederum muß gefragt werden, warum er nur die beiden ersten Wunder zählt.

4. Da beide Wunder in Kana lokalisiert sind, werden sie in der joh. Vorlage als erstes und zweites Wunder in *Kana* bezeichnet. Die Zählung wäre dann traditionell und bezöge sich bewußt nur auf die beiden ersten Wunder in Kana. Gegen diese Lösung spricht, daß nach der vorangegangenen Analyse Joh 2,11 und 4,54 redaktionell sind.

5. Die Zählung stammt vom Evangelisten Johannes[110]. Er zählte die beiden Wunder in *Kana,* um sie so als Anfangs- und Endpunkt des ersten öffentlichen Auftretens Jesu hervorzuheben. Zudem hatte er offensichtlich ein großes Interesse an Kana als einem besonderen Ort der Offenbarungen Jesu.

Für diese letzte Erklärung spricht einmal der eindeutig redaktionelle Charakter von Joh 2,11; 4,54; außerdem besteht kein Widerspruch zu den summarischen Wundererwähnungen in Joh 2,23 und 4,45 (die nicht in Kana, sondern sehr bewußt im feindlichen Jerusalem spielen), und zudem kann die Zählung der Kanawunder als kompositorisches Mittel des Evangelisten verstanden werden (die beiden Wunder Jesu in Kana als Anfangs- und Endpunkt des ersten öffentlichen Auftretens Jesu). Schließlich entsprechen 2,11; 4,54 der joh. Methode der nachträglichen Explikation (vgl. Joh 2,17; 7,39; 11,13; 12,16.33).

Die Wunderzählung in 2,11 und 4,54 ist somit kein Hinweis auf eine

---

[109] So H. Conzelmann, Grundriß, 377. Er hält die Zählung allerdings für redaktionell.

[110] So W. Michaelis, Einleitung, 168; E. Ruckstuhl, Einheit 109f.; B. Noack, Johanneische Tradition, 114; J. Blank, Joh I, 177; W. Wilkens, Zeichen und Werke, 35. H. Thyen, Entwicklungen, 275 A 42; W. Langbrandtner, Weltferner Gott, 71ff. und H. P. Heekerens, Semeia-Quelle, 51ff.63ff. erblicken in Joh 2,1–11; 4,46–54 gerade nicht den Anfang einer vorjoh. ‚Semeia-Quelle‘, sondern rechnen beide Wundergeschichten ihrer ‚redaktionellen Schicht‘ zu.
O. Betz, Das Problem des Wunders, 41, und E. Leidig, Jesu Gespräch, 256, sehen die Wunderzählung in Analogie zu den beiden Wundern Elias in 1Kön 17. „Schließlich läßt sich die Zählung der beiden ersten Wunder Jesu (Joh 2,11; 4,54) mit der Einheit des Orts und der Analogie zu den beiden ersten Eliawundern erklären" (O. Betz, ebd.). Dagegen ist schlicht einzuwenden, daß in beiden Wundergeschichten ein Bezug auf die Eliatradition nicht nachzuweisen ist. Die von Betz und Leidig als Beleg gewertete Wendung ὁ υἱός σου ζῇ (Joh 4,50.53; 1Kön 17,23 [LXX]: ζῇ ὁ υἱός σου) ist ausschließlich vom vorhohanneischen ζωή-Verständnis her zu erklären und wird zudem in V. 51 variiert mit ὁ παῖς αὐτοῦ ζῇ. An anderer Stelle meint O. Betz, EWNT III 572, durch die Zählung in 2,11; 4,54 werde „an die beiden ersten Wunder Moses (Ex 4,8) und Elijas (1Kön 17) erinnert". Träfe dies zu, müßte doch der Text irgendeinen Hinweis darauf enthalten, daß es sich um eine ‚Erinnerung‘ handeln soll!

vorjoh. ‚Semeia-Quelle' oder gar ein Wunderevangelium, sondern Ausdruck joh. Komposition.

3.3 Joh 5,1–9ab

3.3.1 Kontextstellung

Auch der zweite Hauptteil des JE (Joh 5,1–12,50) beginnt mit einer Wundergeschichte und hat in einem Wunder Jesu seinen Höhepunkt: Die Auferweckung des Lazarus ist der Anlaß für den endgültigen Todesbeschluß der jüdischen Führer und damit ein heilsgeschichtlich bedeutsames Ereignis (vgl. Joh 11,47–53). Kennzeichnend für diesen zweiten Teil ist der sich ständig steigernde Konflikt Jesu mit den Juden (vgl. Joh 5,16.18; 7,1.25.40ff.; 8,44), aber auch die Auseinandersetzung mit den Jüngern, die zu einer Spaltung der Jüngerschaft führt (Joh 6,66–71).

Im engeren Kontext stellt die Reihenfolge der Kapitel 5, 6 und 7 ein Problem dar. R. Bultmann unternahm im Anschluß an englische Exegeten[111] eine Neuordnung von Joh 4–7, die bis heute nachwirkt und ein Hauptproblem joh. Literarkritik darstellt. Heißt es in Joh 6,1, daß Jesus sich auf die andere Seite des Sees begibt, so muß er zuvor nach Bultmann auf der einen Seite des Sees gewesen sein. In Kapitel 5 ist er aber in Jerusalem! Hingegen würde das Kapitel 6 gut an Kapitel 4 anschließen, wo Jesus sich schon in Galiläa befindet. Ebenso paßt Kapitel 5 gut zu Kapitel 7, da 7,1 einen Aufenthalt Jesu in Judäa voraussetzt. „Die ursprüngliche Reihenfolge dürfte also gewesen sein: Kapp. 4.6.5.7."[112] Mit einer einfachen Kapitelumstellung sind aber die Probleme bei weitem noch nicht gelöst, vielmehr nimmt Bultmann auch innerhalb der umgestellten Kapitel eine Neuordnung vor und kommt zu der Reihenfolge: Joh 4,1–54; 6,1–26.27a.34.35.30–33.47–51a.41–46.36–40.59; 5,1–47; 7,15–24; 8,13–20; 7,1–14.25–29. Wie ist es aber zu dieser Unordnung im Evangelium gekommen? Als Hauptursache vermutet Bultmann, das noch unveröffentlichte Werk sei durch äußere Zerstörung in Unordnung geraten[113]. Zudem rechnet er mit Textverlusten[114], spricht von einem zerbrochenen bzw. verstümmelten Text[115] und nimmt auch Blattvertauschungen an[116].

Überzeugen können diese Erklärungen nicht, denn nachdem die Blatt-

---

[111] Vgl. dazu die ausführliche Darstellung älterer Umstellungsversuche bei W. F. Howard; Fourth Gospel, 111–127. Neuere Theorien referiert H. Thyen, FB (ThR 43), 329ff.

[112] R. Bultmann, Joh, 154.

[113] Vgl. R. Bultmann, Joh, 162.

[114] Vgl. a.a.O., 238.

[115] Vgl. a.a.O., 164 A 2. Bereits A. Faure, Zitate, 117, meinte: „Wir haben es mit einem unfertigen Werk zu tun, mit einem unvollendeten Entwurf."

[116] Vgl. R. Bultmann, Hirschs Auslegung, 119.

vertauschungshypothese in der heutigen Forschung zu Recht allgemein abgelehnt wird[117], bleibt nur noch die ‚Katastrophentheorie‘ übrig, die aber mehr Vermutung als wirkliche Erklärung ist. Zudem hat methodologisch zu gelten, daß Textumstellungen lediglich ultima ratio sein dürfen. Nur wenn der Nachweis erbracht ist, daß die vorliegende Textfolge völlig unsinnig ist, können Textumstellungen erfolgen. Die überlieferte Kapitelfolge in Joh 4–7 ist aber nicht unverständlich, sondern R. Bultmann stellt nur die Reihenfolge her, die seiner Meinung nach einen ‚besseren Sinn‘ ergibt[118].

Der Übergang von Kap. 4 zu Kap. 5 bereitet keine Probleme, weil der Evangelist das Fest in 5,1 nur erwähnt, um Jesus nach Jerusalem zu bringen, wo das Wunder und die folgende Rede stattfinden. Joh 2,12.13 zeigt, daß sprunghafte Übergänge im JE keine Ausnahme sind (vgl. ferner Joh 4,3.43; 7,10; 10,10; 11,54ff.), es dem Evangelisten offensichtlich möglich ist, Jesus mit einem Vers von Galiläa nach Jerusalem zu versetzen. Die joh. Festreisen sind wie viele unbestimmte Ortsangaben „nur literarische Mittel, ohne historischen und chronologischen Wert"[119]. Sie bedürfen deshalb auch nicht in jedem Fall einer kontextuellen Vorbereitung[120]. Dies zeigt der sehr abrupte Übergang von Kap. 5 zu Kap. 6, der aber dennoch nicht zu Kapitelumstellungen berechtigt, denn Joh 6,2 hat eindeutig die überlieferte Kapitelreihenfolge zur Voraussetzung[121]. Joh 6,2b nimmt Bezug auf Joh 4,46–54; 5,1–9ab und stammt vom Evangelisten (vgl. Joh 2,23b; 4,45; 11,45), auf den die Kapitelfolge zurückgeht. Zudem ergäbe sich auch durch eine Umstellung von Kap. 6 hinter Kap. 4 keine glatte Reihenfolge, denn Joh 6,1 setzt voraus, daß Jesus sich am Westufer des Sees Genezareth aufhält – speziell in Kapernaum, wohin er nach Joh 6,17.24

---

[117] Vgl. zur Kritik an der Blattvertauschungshypothese E. Haenchen, Joh, 48–57; R. Schnackenburg, Joh I, 41–44; R. E. Brown, Joh I, XXVI–XXVIII; H. Thyen, FB (ThR 39), 302ff.; W. Langbrandtner, Weltferner Gott, 80 A 5.

[118] Insbesondere zu Kap. 6 räumt R. Bultmann ein, daß die ursprüngliche Ordnung nicht mit Sicherheit wiederhergestellt werden kann, aber dennoch der Versuch einer Neuordnung gemacht werden muß; vgl. ders., Joh, 163.

[119] E. Haenchen, Joh, 266. Vgl. ferner W. Bauer, Joh, 251.

[120] Gegen W. Langbrandtner, Weltferner Gott, 79ff., der mit dem Argument des unvorbereiteten Ortswechsels die sekundäre Stellung von Kap. 6 begründet. Langbrandtner hält die Komposition der Kap 5, 7 und 8 sowie die Eintragung des jüdischen Festkalenders für das Werk seines ‚Redaktors‘. Auf ihn gehen folglich Joh 6,2; 7,1–14 zurück, die die jetzige Kapitelfolge voraussetzen. Die entscheidende Frage kann freilich auch Langbrandtner nicht überzeugend beantworten: Warum hat der Redaktor die Kap. 5 und 6 vertauscht und damit die Ungereimtheiten geschaffen, die heutige Exegeten zu Umstellungen bewegen?

[121] R. Bultmann, Joh, 156 A 3, sieht in V. 2 wohl einen Zusatz des Evangelisten, meint aber, dieser beziehe sich nur auf Joh 4,46–54 als ein Beispiel für Jesu Wunder. Die pluralischen Formulierungen in Joh 6,2 setzen m. E. zwingend Joh 4,46–54 *und* 5,1–9ab voraus.

zurückkehrt –, nach Joh 4,46 ist er aber in Kana und laut Joh 4,54 lediglich in Galiläa.

Auch Joh 7,1–14 ist dem Evangelisten zuzurechnen[122], der mit dieser galiläischen Episode nicht nur die Kapitel 6 und 7 verbindet, sondern Jesus endgültig nach Jerusalem bringt, wo er an einem sehr hohen Feiertag den Juden wiederum seine Sendung erklärt und auf Ablehnung stößt. „Die Juden in Jerusalem – mehrfach treten dafür genauer die von der Menge unterschiedenen Hohenpriester und Pharisäer ein – sind die unbelehrbaren Repräsentanten dieser Welt. Daß sie unzugänglich sind, läßt sich aber nur zeigen, wenn sich Jesus immer wieder bemüht, ihnen sein Recht und seine Sendung zu erweisen. Darum muß er immer wieder nach Jerusalem pilgern, und die Feste geben dazu den scheinbaren Anlaß."[123] Johannes hat kein Interesse an geographischen oder chronologischen Angaben, sie sind ihm lediglich Vehikel zur Formulierung seiner theologischen Anliegen. Die jüdischen Feste in Jerusalem, an denen Jesus ohnehin nicht aktiv teilnimmt, sind für den Evangelisten Ort der Verkündigung Jesu und Schauplatz seiner Kontroversen mit den Juden.

Die Kapitelreihenfolge in Joh 4–7 ist somit nicht als der mißglückte Rekonstruktionsversuch eines in Unordnung geratenen Werkes oder als wenig überzeugende Neukomposition eines Redaktors anzusehen, sondern als die vom Evangelisten Johannes gewollte Reihenfolge, deren Ziel darin besteht, Jesus immer wieder nach Jerusalem zu bringen, wo er die Auseinandersetzung mit dem ungläubigen Kosmos führt und sich sein Schicksal erfüllen wird.

3.3.2 Redaktion und Tradition

V. 1 ist der joh. Redaktion zuzurechnen: Wie in 2,13; 6,13 leitet der Evangelist mit der unbestimmten Zeitbestimmung μετὰ ταῦτα einen neuen Abschnitt ein und läßt Jesus zu einem Fest nach Jerusalem ziehen[124]. Welches Fest mit dem artikellosen ἑορτή gemeint ist, kann nicht mehr ermittelt werden und ist für Johannes auch ohne Belang[125]. Die dem Evangelisten vorliegende Erzählung beginnt mit V. 2, wobei der präsentische Versanfang nicht besagt, daß Jerusalem und der Ort der folgenden

---

122 Vgl. R. Schnackenburg, Joh II, 190 ff. Wohl verläßt Jesus im Zusammenhang mit der Auferweckung des Lazarus noch einmal Jerusalem (vgl. Joh 10,40–42; 11,54; 12,12), was aber an der Funktion der Reise zum Laubhüttenfest nichts ändert.

123 E. Haenchen, Joh, 342.

124 Vgl. R. Schnackenburg, Joh II, 118; E. Haenchen, Joh, 266; J. Becker, Joh I, 229; R. Bultmann, Joh, 179; R. Fortna, Gospel, 49.

125 Dies zeigt schon die distanzierende Formulierung ‚Fest der Juden', vgl. W. Bauer, Joh, 79; J. Becker, Joh I, 230. Für ein weiteres Passafest plädieren: R. Bultmann, Joh, 179; für Pfingsten (= Wochenfest): R. Schnackenburg, Joh II, 118; J. Becker, Joh I, 230; für das Laubhüttenfest: J. H. Bernard, Joh I, 226; H. Strathmann, Joh, 94.

Handlung z. Zt. der joh. Vorlage noch bestanden[126]. Zu τῇ προβατικῇ muß πύλη ergänzt werden[127], die ursprüngliche Bezeichnung der Stätte war Βηϑζαϑά[128]. Der zur Tradition gehörende V. 3a (κατακεῖσϑαι nur noch 5,6; πλῆϑος nur noch 21,6; ξηρός nur hier) führt in die Situation ein, während die eigentliche Handlung erst mit der zur Topik von Wundergeschichten gehörenden Schilderung der Not des Kranken in V. 5 beginnt[129]. Die Angabe der Krankheitsdauer soll die Größe des folgenden Wunders hervorheben (ein in Heilungsgeschichten geläufiges Motiv; vgl. Mk 5,25 f.; 9,11; Lk 13,11; Apg 3,2; 4,22; 9,33; 14,8; Joh 9,1)[130] und könnte vom Evangelisten stammen, da der Gebrauch von ἔχειν mit Zeitbestimmungen im Akkusativ im NT auf das JE beschränkt ist (vgl. Joh 5,6; 8,57; 9,21.23; 11,17)[131] und als Stilmerkmal des 4. Evangelisten gelten muß. Das wunderbare Wissen um die Krankheitsdauer in V. 6 geht auf Johannes zurück[132], denn es hat die 38 Jahre von V. 5 zur Voraussetzung und entspricht joh. Theologie (vgl. Joh 1,47 f.; 2,25 u. ö.). Außerdem findet sich auch hier ἔχειν mit einer akkusativen Zeitbestimmung. Auffälligerweise spricht Jesus selbst den Kranken an, wodurch die folgende große Wundertat vorbereitet wird.

Die Schilderung des Wunders in V. 7–9ab ist traditionell. Die große Wundermacht Jesu wird durch die indirekte Bitte des Kranken hervorgehoben, ihm in das Wasser zu helfen. Jesus ist auf die heilende Kraft des Teiches nicht angewiesen, er handelt von sich aus. Das Befehlswort in V. 8 zeigt große Übereinstimmungen mit Mk 2,11, wobei aber nicht an eine direkte literarische Abhängigkeit zu denken ist, sondern ein Einzellogion aus der mündlichen Überlieferung der joh. Vorlage verarbeitet wurde[133]. Stilgerecht ist die sofortige (εὐϑέως) Demonstration der Heilung, die als Ausgangspunkt für den folgenden Sabbatkonflikt dient[134].

---

[126] Vgl. W. Bauer, Joh, 79; E. Haenchen, Joh, 266.

[127] Vgl. W. Bauer, Joh, 79; R. Bultmann, Joh, 179; E. Haenchen, Joh, 267, gegen J. Jeremias, Bethesda, 6, der das Adjektiv mit κολυμβήϑρα als Dativ verbindet.

[128] So E. Haenchen, Joh, 267; W. Bauer, Joh, 79; B. M. Metzger, Textual Commentary, 208; Nestle-Aland[26] z. St. Zur Diskussion der Probleme vgl. C. K. Barrett, Joh, 251–253. H. Leroy, EWNT I 512 f., hält dagegen Βηϑεσδά für ursprünglich.

[129] Der sekundäre Charakter von V. 3b–4 ist unbestritten; vgl. C. K. Barrett, a.a.O., 253.

[130] Vgl. G. Theißen, Wundergeschichten, 61 f.

[131] Mit C. K. Barrett, Joh, 253, gegen R. Fortna, Gospel, 50, der diese Stileigentümlichkeit seiner ‚Quelle‘ zuschreiben will. Wohl kann auch in der Tradition eine Angabe über die Krankheitsdauer gestanden haben, aber die jetzige Formulierung geht auf den Evangelisten zurück.

[132] Mit R. Schnackenburg, Joh II, 121; R. E. Brown, Joh I, 207; H. Strathmann, Joh, 97; gegen R. Fortna, Gospel, 50 f.

[133] Vgl. C. H. Dodd, Tradition, 176; R. Bultmann, Joh, 177. Zum Verhältnis Joh 5,1–9ab zu Mt 9,1–8 vgl. R. Schnackenburg, Joh II, 121 f.

[134] Zu der Demonstration in V. 9b gibt es *nur* eine hellenistische Parallele: Lucian,

3.3.3 Joh 5,1–9ab im Verhältnis zu 5,9c–18

Johannes macht aus der ihm vorliegenden Wundergeschichte durch die Bemerkung in V. 9c ganz bewußt einen Sabbatkonflikt[135]. Das traditionelle Motiv der Sabbatverletzung dient dem Evangelisten primär als kompositionelles Mittel, die Sabbatverletzung als solche wird im Gegensatz zu den Synoptikern nicht mehr ausführlich diskutiert (vgl. nur Mk 2,23–28; 3,1–6). Johannes benutzt sie zur Vorbereitung der großen Rede Jesu in V. 19ff. und will damit einen Konflikt mit den Juden provozieren, der wie in Kap. 9 und 11 eine Wundertat Jesu als Ausgangspunkt hat und in die Verfolgung und Tötungsabsicht der Juden mündet. Auf der Auseinandersetzung Jesu mit den Juden liegt für Johannes das Schwergewicht, was sich deutlich an dem stilisierten Aufbau der V. 10–18 und dem eigenartigen Verhalten des Geheilten zeigt. Der Geheilte weiß nicht, wer ihn gesund gemacht hat[136], und bemüht sich nicht darum, Jesus zu finden (V. 13). Wie in der Heilungsgeschichte geht auch hier wiederum die Initiative von Jesus aus: Er führt die zweite Begegnung herbei (vgl. Joh 9,35–38) und warnt den Geheilten vor den Folgen seines Tuns. Der jedoch geht zu den Juden und gibt preis, wer ihn geheilt hat. Während der Geheilte mit Jesus kein einziges Wort spricht, redet er mit den Gegnern Jesu. Er ist nicht dankbar über seine Heilung, sondern zeigt im Gegenteil Jesus dafür bei den Juden an[137]. V. 17 bereitet auf die folgende Rede Jesu vor und ist nur von V. 19–21 her verständlich[138]. Jesus nimmt für sein Handeln die Autorität Gottes in Anspruch, was in V. 18 zu einer Verschärfung der Anklage der Juden und ihrer Reaktion führt[139].

Philopseudes 11; vgl. W. Nicol, Semeia, 52. Lucian berichtet von einem Knecht Midas, den eine Schlange biß und lähmte. Er wurde auf einem Tragstuhl herbeigebracht und von einem Chaldäer durch einen Wunderspruch und ein Stück vom Grabstein einer verstorbenen Jungfrau geheilt. Midas stand auf, nahm denselben Stuhl, auf dem man ihn herbeigetragen hatte, auf die Schulter und ging mit kräftigem Schritt von dannen. Vgl. auch Philostr, VA IV 45.

[135] Während R. Bultmann, Joh, 177, und J. Becker, Joh I, 229f., V. 9c–16 im wesentlichen ihrer ‚Semeia-Quelle‘ zurechnen, plädieren R. Fortna, Gospel, 52; E. Haenchen, Johanneische Probleme, 107; ders., Joh, 270ff.; W. Nicol, Semeia, 32, zu Recht für den Evangelisten als Autor.

[136] Das bei Johannes nur hier vorkommende ὑγιής ist die sprachliche und sachliche Verbindung zwischen V. 1–9ab und V. 9c–18, vgl. E. Haenchen, Joh, 284. Zu Recht vermutet K. H. Rengstorf, Anfänge der Auseinandersetzung zwischen Christusglauben und Asklepiosfrömmigkeit, 16f., daß hinter dem ὑγιὴ γίνεσθαι in V. 5.9a eine Anspielung auf den Asklepios-Kult steckt, da diese Wendung in Asklepios-Heiligtümern belegt ist. Auch die Wendung ὁ σωτὴρ τοῦ κόσμου in Joh 4,42; 1Joh 4,14 ist möglicherweise als Kritik am Asklepioskult zu verstehen; vgl. R. Schnackenburg, JohBr, 243.

[137] So muß m. E. das Verhalten des Geheilten gedeutet werden. E. Haenchen, Joh, 272, spricht davon, der Geheilte habe Jesus bei den Juden denunziert.

[138] Vgl. E. Haenchen, a.a.O., 273.

[139] J. L. Martyn, History and Theology, 68–73, findet in V. 16 und V. 18 die beiden von

Für Johannes ist der Geheilte Mittel zum Zweck und Statist in der sich verschärfenden Auseinandersetzung Jesu mit den Juden. Dieser Konflikt bricht nicht unvermittelt über Jesus herein, denn nach der joh. Dramaturgie ist es Jesus selbst, der bewußt durch Wort und Tat die Auseinandersetzung sucht[140].

3.3.4 Interpretation

Mit der Heilung des Kranken am Teich beginnt in vollem Umfang die sich ständig steigernde Auseinandersetzung Jesu mit den Juden. Der Evangelist Johannes erreicht dies durch die sekundäre Umwandlung der Heilungsgeschichte zu einem Sabbatkonflikt in V. 9c. Das Wunder ist Ausgangspunkt und Anlaß für den Streit über den Sabbat, der seinerseits wieder zur christologischen Rede in Joh 5,19ff. überführt. Dadurch wird das Wunder aber in keiner Weise relativiert, vielmehr demonstriert Jesus hier wie in 2,1–11; 4,46–54 seine Hoheit und Doxa. Er erscheint als souverän handelnder Wundertäter, der alles weiß und keiner Heilmittel bedarf. Allein auf sein Wort hin ist der Kranke gesund. Sollte die Angabe der Krankheitsdauer vom Evangelisten stammen, so würde er die Größe des Wunders und die Macht des Wundertäters noch unterstreichen. Zudem verbindet er durch die Aufnahme von ὑγιής in V. 11.14 die Heilung mit der nachfolgenden Auseinandersetzung auch terminologisch. Schließlich verweist das ἔγειρε in V. 8 auf Joh 5,21 und damit auf Jesus als Totenauferwecker und Lebensspender[141]. Für den Evangelisten macht die im Wunder offenbar werdende Doxa Jesu auch vor dem Sabbat nicht halt[142], denn sie ist Ausdruck der Einheit mit dem Vater und keiner irdischen Beschränkung unterworfen (V. 17.18). In der Machttat wird sichtbar, was die christologische Rede ausführt: Jesu Doxa, seine Macht über Gegenwart und Zukunft, über Leben und Tod, seine Einheit mit dem Vater.

Wie Joh 2,1–11 stammt diese nicht ausdrücklich als σημεῖον be-

---

ihm behaupteten Ebenen im Johannesevangelium wieder. Zu V. 16 bemerkt er „We may note first that verse 16 is related to the drama on the ‚einmalig' level" (a.a.O., 70). Demgegenüber soll V. 18 die Verfolgung der Gemeinde durch die jüdischen Führer widerspiegeln. Diese könnten als Begründung für ihr Vorgehen gesagt haben „‚We persecute Jesus as a second god!' (5,18b)" (a.a.O., 72). Eine derartige Interpretation muß m. E. als spekulativ bezeichnet werden.

[140] H. Windisch, Erzählungsstil, 189, bezeichnet Joh 5,1–18 als „Dramatische Novelle", die er in fünf Szenen unterteilt: 1. Heilung; 2. Verhandlung des Geheilten mit den Juden; 3. erneute Begegnung mit Jesus; 4. Mitteilung an die Juden, daß Jesus der Wundertäter war; 5. Zusammentreffen Jesus – Juden.

[141] Vgl. E. Haenchen, Joh, 270.

[142] Vgl. W. Wilkens, Zeichen und Werke, 41.

zeichnete Wundergeschichte aus einer joh. Sondertradition. In einer völlig undualistischen Terminologie und Denkweise wird Jesus als großer Wundertäter dargestellt, der von sich aus Machttaten vollbringt. Es gibt keinen Hinweis darauf, daß diese Geschichte Bestandteil einer joh. ‚Quelle‘ war, schon gar nicht das siebente und letzte Wunder einer ‚Semeia-Quelle‘, wie R. Fortna meint[143].

3.4 Joh 6,1–15

3.4.1 Kontextstellung

Der Übergang von Kap. 5 zu Kap. 6 ist hart, berechtigt aber dennoch nicht zu Textumstellungen, da es Johannes durchaus möglich ist, Jesus innerhalb eines Verses von Jerusalem an das jenseitige Ufer des Sees zu versetzen (vgl. Joh 2,12.13; 4,54), und weil Joh 6,2 die Heilungen in 4,46–54 *und* 5,1–9ab voraussetzt (vgl. 3.3.1). Nach den Auseinandersetzungen in Jerusalem vollbringt Jesus in Galiläa zwei weitere Zeichen, die Anlaß zur Brotrede und zum eucharistischen Abschnitt werden (vgl. σημεῖον in 6,26.30), welche ihrerseits eine Spaltung der Jüngerschaft hervorrufen (6,60–66).

3.4.2 Redaktion und Tradition

In V. 1 hat μετὰ ταῦτα als joh. Gliederungsmerkmal zu gelten (vgl. Joh 2,12; 3,22; 5,1.14; 7,1 u. ö.)[144], während der Rest des Verses der Tradition zuzurechnen ist. Die doppelte Genitivbestimmung zu θάλασσα ist zwar ungewöhnlich, aber trotzdem als ursprünglich anzusehen[145]. Für die Brotvermehrung erscheint Jesu Gang zum anderen Ufer des Sees nicht notwendig, wohl aber für den folgenden Seewandel, ein Hinweis darauf, daß beide Perikopen bereits auf vorjoh. Ebene verbunden waren[146]. Die Jesus nachfolgende Menge ist für das Speisungswunder erforderlich (vgl. Mk 8,1) und Bestandteil der Tradition[147]. Hingegen dürfte die Motivierung für das Folgen der Menge in V. 2b auf den Evangelisten zurückgehen, denn sie setzt die Heilungen in Joh 4,46–54; 5,1–9ab voraus und ist

---

[143] Vgl. R. Fortna, Gospel, 102–109. Völlig hypothetisch ist Fortnas Vermutung, das siebente Wunder (Joh 5,1–9) sei mit der Wendung τοῦτο ἕκτον ἐποίησεν σημεῖον ὁ Ἰησοῦς eingeführt und mit τοῦτο ἕβδομον ἐποίησεν σημεῖον ὁ Ἰησοῦς beendet worden (vgl. a.a.O., 108).

[144] Vgl. E. Haenchen, Joh, 299.

[145] Gegen R. Schnackenburg, Joh II, 17, der mit Hinweis auf Joh 21,1 τῆς Τιβεριάδος einem späteren Redaktor zuschreiben will.

[146] Vgl. F. Schnider – W. Stenger, Joh u. Syn, 143.

[147] Vgl. ebd.

ähnlich wie Joh 4,48 als Abwehr einer bloßen Zeichen*forderung* zu verstehen (vgl. 6,26.30)[148].

Der Redaktion muß auch der gesamte V. 3 zugewiesen werden, denn Jesu Aufenthalt auf dem Berg ist keine Vorbedingung für das Speisungswunder (vgl. die syn. Parallelen), und außerdem geht Jesus in 6,15 wiederum auf den Berg, ohne daß berichtet wird, er habe ihn zuvor verlassen. „Demnach ist die Speisung nicht auf dem Berg, sondern unten zu lokalisieren."[149] V. 4, nach J. Wellhausen ein „Meilenzeiger der Chronologie"[150], stammt vom Evangelisten. Dafür sprechen sowohl die zahlreichen Festverweise im Johannesevangelium (vgl. 2,13.23; 4,45; 5,1; 7,2; 13,1) als auch das distanzierte τῶν Ἰουδαίων[151].

Mit dem zur Tradition gehörenden V. 5 beginnt die eigentliche Wundergeschichte. Auffallend ist die fehlende Begründung für das Kaufen der Brote (Mk 6,31: Hunger der Menge, Mk 6,34: Jesu Erbarmen), erst in V. 6 erscheint das Motiv für Jesu Handeln[152]. Dieser Vers zeigt joh. Stileigentümlichkeiten (zu τοῦτο δὲ ἔλεγεν vgl. Joh 7,39; 11,51; 12,33; zu αὐτὸς γάρ Joh 2,25; 4,44f.; 6,34; 13,11; 16,27)[153], und auch Jesu Vorherwissen (vgl. Joh 12,32f.; 18,4a)[154] entspricht joh. Theologie, so daß V. 6 trotz des singulären πειράζειν zur Redaktion zu rechnen ist[155]. Damit unterstreicht Johannes die Tendenz seiner Tradition, Jesus als souveränen Wundertäter darzustellen, der um die Größe seines Wunders im voraus weiß und nicht erst durch das Leid der Menge dazu veranlaßt wird[156].

Von Jesu Vorauswissen ist auch in Mk 2,8; Lk 6,8; 9,47; 11,17 par; Mt 17,27 die Rede (vgl. ferner Mk 8,31 par; 11,1ff.; 13,1ff.; 14,12ff.)[157]. Prägnante Parallelen hat das wunderbare Vorherwissen als Fähigkeit des Wundertäters bes. bei Apollonius von Tyana[158]. Apollonius vermag Lebensschicksale vorauszusagen (VA I

---

[148] Vgl. R. Bultmann, Joh, 156 A 3; F. Schnider – W. Stenger, Joh u. Syn, 143 f. Hingegen rechnet E. Haenchen, Joh, 300, den gesamten Vers zur Vorlage.

[149] F. Schnider – W. Stenger, a.a.O., 144; vgl. auch R. Schnackenburg, Joh II, 17 f.

[150] J. Wellhausen, Joh, 28.

[151] Vgl. W. Wilkens, Evangelist und Tradition, 83; F. Schnider – W. Stenger, Joh u. Syn, 144; gegen J. Becker, Joh I, 191, der V. 4 der ‚kirchlichen Redaktion' zurechnet.

[152] Vgl. J. Becker, ebd.

[153] Vgl. R. Bultmann, Joh, 157 A 1; R. Fortna, Gospel, 58.

[154] Vgl. R. Fortna, a.a.O., 58.

[155] Vgl. R. Bultmann, Joh, 157 A 1; W. Wilkens, Evangelist und Tradition, 84; R. Fortna, Gospel, 58; F. Schnider – W. Stenger, Joh u. Syn, 145.

[156] Vgl. F. Schnider – W. Stenger, Joh u. Syn, 145. Gegen E. Haenchen, Johanneische Probleme, 93, der meint: „Aber Johannes führt diese Steigerung des Wunders nicht herbei."

[157] Für das AT vgl. bes. 1Sam 9,19f., eine jüdische Parallele bietet Bill I 528.

[158] Vgl. G. Petzke, Apollonius, 172f. Für den hellenistischen Bereich vgl. ferner die Belege bei G. P. Wetter, ‚Sohn Gottes', 69–72; L. Bieler, Theios Anēr I, 89–94; R. Bultmann, Joh, 71 A 4.

32.34; IV 18; V 7.37) und sieht Katastrophen kommen (VA IV 4.10; V 18). Diese außerordentliche Fähigkeit wird auf die Götter (VA IV 44; V 7.12.37; VI 32; VII 10) oder auf die asketische Lebenshaltung des Weisen zurückgeführt (VA I 2; II 36f.; VI 11.13; VIII 5.7.9).

Der Evangelist ist hier nicht nur von jeder Wunderkritik weit entfernt, er verstärkt sogar die Jesu machtvolles Handeln betonenden Züge der Tradition.

V. 7 ist zur Tradition zu rechnen, in ihm wird die Größe des Wunders gegenüber Markus gesteigert, denn hier reichen zweihundert Denare nicht aus, um die Menge zu sättigen (vgl. Mk 6,37). Eine Eigentümlichkeit der joh. Vorlage liegt in der Nennung der Jüngernamen, wobei allerdings die nachträgliche Identifizierung des einen Jüngers in V. 8b mit Ἀνδρέας ὁ ἀδελφὸς Σίμωνος auf Johannes zurückgehen könnte (vgl. Joh 1,40.44; 12,22)[159]. Die V. 9–13 gehören zur vorjoh. Tradition. Dabei ist in V. 11 das objektlose εὐχαριστεῖν[160] von besonderer Bedeutung, denn es weist auf eine Einwirkung der Abendmahlstradition auf Joh 6,1–15 hin[161]. Insbesondere die große Nähe zu 1Kor 11,23b–24 (Joh 6,11: ἔλαβεν ... καὶ εὐχαριστήσας; 1Kor 11,23b–24: ἔλαβεν ... καὶ εὐχαριστήσας)[162] zeigt die Beeinflussung der joh. Speisungstradition wie ihrer synoptischen Parallelen durch die Terminologie der Einsetzungsberichte (vgl. Mk 6,41; 8,6; Mt 14,19; 15,31; Lk 9,16). Die Beschränkung des absoluten Gebrauchs von εὐχαριστεῖν bei den vier Evangelien (und Paulus) auf die Einsetzungsberichte (Mk 14,23; Mt 26,27; Lk 22,17.19; 1Kor 11,24) und die Speisungsgeschichten (Mk 8,6; Mt 15,36; Joh 6,11.23) spricht für die Annahme, daß εὐχαριστεῖν zum terminus technicus mit der Bedeutung ‚das Eucharistiegebet sprechen‘ wurde (vgl. später Did 9,1; 10,1.7)[163].

Die Wendung ὅσον ἤθελον in V. 11fin unterstreicht noch einmal die Größe des Wunders, während die V. 12 und 13 stilgemäß zum Feststel-

---

[159] Für joh. Redaktion plädieren auch: F. Spitta, Johannesevangelium, 138; E. Hirsch, Studien, 60.

[160] Εὐχαριστεῖν ist als hellenistische Übersetzung von ברך nicht nachträglicher Ersatz von εὐλογεῖν, sondern gleichberechtigte Übersetzungsvariante; vgl. H. Patsch, Abendmahlsterminologie, 216–219; gegen J. Jeremias, Abendmahlsworte, 166–169, der in εὐχαριστεῖν nur einen Ersatz von εὐλογεῖν sieht. Ein paralleler Gebrauch findet sich in 1Kor 14,16f.; Jos Ant VIII 111; Corp Herm I 26,6; 27,2.

[161] Vgl. H. Patsch, Abendmahlsterminologie, 228–231; ders., EWNT II 221; C. K. Barrett, Joh, 276. W. Langbrandtner, Weltferner Gott, 106, schreibt εὐχαριστήσας in Joh 6,11 einfach der ‚Redaktion‘ zu, da in der von ihm rekonstruierten ‚Grundschrift‘ die Sakramente nicht vorkommen dürfen.

[162] Vgl. H. Patsch, Abendmahlsterminologie, 229.

[163] Vgl. H. Patsch, a.a.O., 210ff.; ders., EWNT II 221; H. Schlier, Johannes 6, 109. Gegen R. Bultmann, Joh, 157 A 5, der unter εὐχαριστήσας nur das übliche jüdische Dankgebet versteht.

lungsverfahren gehören. Bedenkenswert ist die Erwägung von C. H. Dodd, Johannes verweise mit ἵνα μή τι ἀπόληται in V. 12d im Sinn eines „additional ‚sign'"[164] auf βρῶσις ἀπολλυμένη in V. 27, um so eine Verbindung zwischen dem Speisungswunder und der Brotrede herzustellen: Das von Jesus gesegnete Brot macht satt und wird nicht alle, es ist βρῶσις μένουσα.

Eingewirkt haben auf die ntl. Speisungstradition vor allem atl. Motive[165]. Neben der Mosetradition, nach der das Volk wunderbar in der Wüste gespeist wurde (vgl. Ex 16,1–36; Num 11,6–9; Dtn 8,3.16 u.ö.), sind vor allem die Speisungswunder aus der Elia-Elisa-Überlieferung zu nennen (1Kön 17,7–16; 2Kön 4,42–44). Eine auffallende Parallele besteht zwischen Joh 6,9 und 2Kön 4,42 in dem Gebrauch von ἄρτους κριθίνους (zudem wird in 2Kön 4,38.41 Elisas Diener als παιδάριον bezeichnet; vgl. Joh 6,9 ἔστιν παιδάριον), und auch das καὶ ἔφαγον καὶ κατέλιπον in 2Kön 4,44 steht dem καὶ ἔφαγον πάντες καὶ ἐχορτάσθησαν in Mk 6,42 nahe. Eine direkte Beeinflussung ist aus diesen Übereinstimmungen nicht zu schließen[166].

Die V. 14 und 15 erweisen sich sowohl sprachlich als auch inhaltlich als joh. Redaktion[167]. Typisch johanneisch ist das οὖν am Anfang beider Verse, zu ἰδόντες ὃ ἐποίησεν σημεῖον in V. 14a vgl. Joh 2,23; 4,45; 6,2b; οὗτός ἐστιν ἀληθῶς ὁ προφήτης in V. 14b hat in Joh 7,40 eine direkte Parallele und zu ὁ ἐρχόμενος εἰς τὸν κόσμον vgl. Joh 1,9; 3,19; 9,39; 11,27; 12,46; 16,28; 18,37[168]. In V. 15a entspricht das mit γνούς ausgedrückte wunderbare Vorherwissen Jesu joh. Theologie (vgl. Joh 2,24f.; 4,1; 8,59; 10,39), und die Ablehnung eines weltlichen Königtums mit dem impliziten Hinweis auf die wahre, nicht weltliche Herrschaft Jesu hat eine Parallele in Joh 18,33–38[169].

Schwer ist die Frage zu beantworten, ob Johannes mit dem Titel ὁ προφήτης auf Dtn 18,15.18 Bezug nimmt. Zuerst wurde der samaritanische Taheb in einem späteren Stadium der samaritanischen Traditionsbildung als der verheißene Prophet wie Mose verstanden[170]. Auch in Qumran ist die Erwartung eines

---

[164] C. H. Dodd, Tradition, 207; vgl. auch R. Schnackenburg, Joh II, 23.

[165] Zu jüdischen und hellenistischen Parallelen vgl. R. Bultmann, Geschichte der synoptischen Tradition, 249.251; H. v. d. Loos, Miracles, 624ff.; G. Theißen, Wundergeschichten, 112.113 A 77.

[166] Mit H. W. Kuhn, Sammlung, 205, gegen A. Heising, Brotvermehrung, 18f.; L. Schenke, Wundererzählungen, 228, die mit direkter Beeinflussung durch die Elia-Elisa-Tradition rechnen. E. Schweizer, Mk, 73, spricht von einer auf Jesus übertragenen ‚Wanderlegende'.

[167] Mit R. Bultmann, Joh, 155.157f.; R. Schnackenburg, Joh II, 23ff.; F. Schnider – W. Stenger, Joh u. Syn, 146; gegen F. Hahn, Hoheitstitel, 391f., der die Akklamation des Volkes in V. 15 als traditionell ansieht. J. Becker, Joh I, 193, hält V. 14 für traditionell, V. 15 hingegen für redaktionell.

[168] Vgl. R. Fortna, Gospel, 60; R. Schnackenburg, Joh II, 24.

[169] Vgl. R. Fortna, Gospel, 60.

[170] Vgl. H. G. Kippenberg, Garizim und Synagoge, 306–310.

Propheten wie Mose belegt (1QS IX 9–11; 4Qtest 1–8), der allerdings vom
königlichen und priesterlichen Messias zu unterscheiden ist und auch nicht mit
dem ‚Lehrer der Gerechtigkeit' identifiziert werden darf[171]. Im NT findet sich die
Deutung von Dtn 18,15 auf Christus in Apg 3,22; 7,37. Johannes hingegen bezieht
sich an keiner Stelle ausdrücklich auf Dtn 18,15 (vgl. 1,21.25; 6,14; 7,40). Er
unterscheidet betont zwischen dem ‚Propheten' und dem Messias (Joh 1,21.25;
7,40), wobei in Joh 6,14f. die Eigentümlichkeit vorliegt, daß hier die Gestalt des
Propheten mit der „des (nationalen) Messias zusammenfließt"[172]. Für Johannes
ist Jesus als Wundertäter ‚der Prophet'. Während die Juden in ntl. Zeit den
Messias nicht als Wundertäter erwarteten[173], finden sich zahlreiche Nachrichten
über das Auftreten von ‚Propheten' mit Wunderfähigkeiten. Josephus berichtet
vom mit Wundern begleiteten Erscheinen ‚messianischer' Propheten[174], die sich
auf die Zeit der Wüstenwanderung und des Einzuges in das heilige Land beziehen, ohne daß eine ausdrückliche Berufung auf Dtn 18,15.18 vorliegt. Auch im
Hellenismus begegnen Propheten als Wundertäter. Apuleius erwähnt einen
ägyptischen Propheten, der Tote auferweckte (Met II 28f.), Apollonius von
Tyana wird durchgehend als vollendeter Prophet dargestellt[175], und auch die
‚Propheten' des Celsus mit ihrem Ausspruch ἐγὼ ὁ θεός εἰμι ἢ θεοῦ παῖς ἢ
πνεῦμα θεῖον (Orig, c. C. VII 9) gehören hierher[176]. Der religionsgeschichtliche
Hintergrund der joh. Prophetenvorstellung ist nicht eindeutig zu klären. Gegen
die heute vielfach vertretene Auffassung, Johannes verstehe Christus als Endzeit-
propheten wie Mose[177], sprechen vier Gründe: 1. Bei Johannes läßt sich keine
Mose-Christus-Typologie nachweisen, in der Jesus als der endzeitliche Prophet
wie Mose dargestellt wird. Der Evangelist bezieht Mose und Christus nicht
typologisch aufeinander, sondern stellt sie antithetisch gegeneinander (vgl. Joh
1,17; 6,32; 9,28)[178]. 2. An keiner Stelle des JE wird eindeutig auf Dtn 18,15.18
Bezug genommen. 3. Johannes greift bewußt die Prophetenvorstellung aus-

---

[171] Vgl. dazu R. Schnackenburg, Erwartung, 631 ff.

[172] A.a.O., 630. Zu den zeitgenössischen an Mose anknüpfenden messianischen Erwartungen vgl. Bill I 85–88; J. Jeremias, ThW IV 860–868 (861: „Nirgendwo dagegen findet
sich in der älteren Lit. die Vorstellung, daß der wiederkehrende Moses der Messias sein
werde.").

[173] Vgl. Bill I 593–596; E. Lohse, RGG[3] VI 1834; W. Nicol, Semeia, 79f.; E. Schweizer,
Jesus Christus, 127; J. L. Martyn, History and Theology, 95–100 (Martyn versucht diese
für seine Interpretation mißliche Quellenlage dadurch zu überspielen, daß er im Anschluß
an W. A. Meeks starke Affinitäten zwischen jüdischen Moseerwartungen und der joh.
Christologie behauptet [vgl. a.a.O., 101–128]. Dann löst sich natürlich das Problem der
Legitimation des Messias durch Wunder, denn Mose vollbrachte Wunder vor dem Pha-
rao); J. Klausner, Messianic Idea, 502–508; Ph. Vielhauer, Erwägungen, 203. Zur Diskussion abweichender Meinungen vgl. W. Nicol, Semeia, 80 A 1.

[174] Die Texte sind ausführlich besprochen bei R. Meyer, Der Prophet aus Galiläa, 82–
88.

[175] Vgl. E. Fascher, Prophḗtēs, 199–203.

[176] Vgl. weitere Belege bei W. Bauer, Joh, 32 ff. Zur Prophetenvorstellung in den
Pseudoklementinen vgl. G. Strecker, Das Judenchristentum in den Pseudoklementinen,
145–153.

[177] Vgl. nur F. Hahn, Hoheitstitel, 391 f.397.

[178] Vgl. R. Schnackenburg, Erwartung, 639.

schließlich im Mund der Juden auf (Joh 1,21.25: Juden aus Jerusalem über Johannes d. T., Joh 6,14.15: Das Volk über Jesus) und bewertet sie nicht positiv. Als positive Akklamation oder Selbstpräsentation erscheint der Prophetentitel bei Johannes gerade nicht. Im Sinn einer bewußt ausgeführten christologischen Konzeption spielt die Erwartung, Jesus sei der eschatologische Prophet, der die Verheißung von Dtn 18,15.18 erfüllt, keine Rolle. 4. Im Judentum ist das für Johannes charakteristische ὁ προφήτης nicht belegt[179].

Die joh. Deutung des Speisungswunders bezieht sich nicht auf ein bestimmtes historisches Ereignis (Jesu Erhebung durch die Menge zum politischen Messias)[180], sondern Johannes trägt durch das Bekenntnis der Menge auch hier sein Junktim vom Sehen des Wunders und daraus entstehendem Glauben ein: Das Wunder ist Anlaß der Erkenntnis und des Bekenntnisses der Menge, daß Jesus der in die Welt gekommene Prophet sei, was auf seiten des Volkes Glauben voraussetzt. Charakteristisch für Johannes ist die sofortige Absicherung dieser positiven Aussage gegen Mißverständnisse in V. 15[181]. Der Jesus zugesprochene Propheten-Titel ist nicht im irdisch-politischen Sinn aufzufassen, Jesus ist nicht nationaler Befreier, sondern der Sohn Gottes und das Brot des Lebens, der dem, der an ihn glaubt, ewiges Leben gibt. In diesem Sinn ist die Wiederaufnahme des σημεῖον-Begriffes in V. 26 und V. 30 zu verstehen, wodurch Johannes eine Verbindung zwischen Speisungswunder und Brotrede herstellt und zugleich ein mögliches Mißverständnis des Wunders abwehrt, indem er die ausschließlich soteriologische Bedeutung der Sendung des Sohnes hervorhebt und damit betont, daß letztlich die wahre Gabe der Sohn und damit der Geber selbst ist (vgl. 6,35).

3.4.3 Joh 6,1–15 im Verhältnis zu Mk 6,32–44 par

Die sechsfache Überlieferung der wunderbaren Brotvermehrung (Mk 6,32–44; 8,1–10; Mt 14,13–21; 15,32–39; Lk 9,10–17; Joh 6,1–15) wirft die Frage auf, in welchem Verhältnis die joh. Tradition zu den anderen Überlieferungen steht. Da Matthäus und Lukas gegenüber den Markustexten sekundär sind[182], kann sich ein Vergleich auf Johannes und Markus beschränken. Hier weisen zunächst die Übereinstimmungen auf traditionsgeschichtliche Verbindungen hin:

---

179 Vgl. R. Bultmann, Joh, 61.
180 Mit R. Schnackenburg, Joh II, 24, gegen C. H. Dodd, Tradition, 214.
181 Damit beurteilt der Evangelist die Aussage von V. 14 nicht negativ, sondern schützt sie nur vor einer Fehlinterpretation, gegen F. Schnider – W. Stenger, Joh u. Syn, 146.
182 Vgl. E. Haenchen, Weg Jesu, 246.

1. Wörtliche Übereinstimmungen

Joh 6,1 ἀπῆλθεν	Mk 6,32 ἀπῆλθον
Joh 6,2.5 ὄχλος πολύς	Mk 6,34 πολὺν ὄχλον
Joh 6,5 ἀγοράσωμεν … φάγωσιν	Mk 6,36 ἀγοράσωσιν … φάγωσιν
Joh 6,7 αὐτῷ	Mk 6,37 αὐτῷ
δηναρίων διακοσίων	δηναρίων διακοσίων
ἄρτοι	ἄρτους
Joh 6,9 πέντε … καὶ δύο	Mk 6,38 πέντε καὶ δύο
Joh 6,10 ἀναπεσεῖν	Mk 8,6 ἀναπεσεῖν
	Mk 6,40 ἀνέπεσαν
χόρτος	χόρτῳ
ἄνδρες … πεντακισχίλιοι	Mk 6,44 πεντακισχίλιοι ἄνδρες
Joh 6,11 ἔλαβεν … τοὺς ἄρτους	Mk 6,41 λαβὼν τοὺς … ἄρτους
εὐχαριστήσας	Mk 8,6 εὐχαριστήσας
Joh 6,12 περισσεύσαντα κλάσματα	Mk 8,8 περισσεύματα κλασμάτων
Joh 6,13 δώδεκα κοφίνους κλασμάτων	Mk 6,43 κλασμάτων δώδεκα κοφίνων

2. Sachliche Übereinstimmungen[183]

a) Jesus begibt sich an einen entlegenen Ort
   Mk 6,32; 8,3; Joh 6,1
b) Die Jünger haben fünf Brote und zwei Fische
   Mk 6,38; Joh 6,9
c) Das Volk lagert sich
   Mk 6,39a; 8,6; Joh 6,10
d) Am Ort der Speisung ist viel Gras
   Mk 6,39b; Joh 6,10
e) Gespeist werden 5000 Männer
   Mk 6,44; Joh 6,10
f) Zwölf Körbe werden mit Überresten gefüllt
   Mk 6,43; Joh 6,13

3. Übereinstimmungen im Aufbau[184]

a) Exposition
   Mk 6,32–34; 8,1; Joh 6,1–4
b) Dialog zwischen Jesus und den Jüngern (Vorbereitung des Wunders)
   Mk 6,35–38; 8,2–5; Joh 6,5–9

---

[183] Vgl. R. Schnackenburg, Joh II, 28.
[184] Vgl. dazu C. H. Dodd, Tradition, 202f.

c) Das Mahl mit indirekter Schilderung des Wunders
   Mk 6,39–42; 8,6–8; Joh 6,10–11
d) Konstatierung des Wunders
   Mk 6,43–44; 8,9; Joh 6,12–13

4. Übereinstimmungen in der Stoffanordnung[185]

Speisung
Joh 6,1–15; Mk 6,32–44
Seewandel
Joh 6,16–21; Mk 6,45–52
Überfahrt
Joh 6,22–25; Mk 6,53f.; 8,10
Zeichenforderung
Joh 6,26; Mk 8,11–13
Petrusbekenntnis
Joh 6,66–71; Mk 8,27–33

Diesen Übereinstimmungen stehen gewichtige Unterschiede gegenüber[186]:

1. Während in Mk 6,33 das Volk auf Jesus und die Jünger wartet, folgt es bei Johannes Jesus nach (V. 2a).
2. Nur bei Johannes besteigt Jesus zu Beginn der Erzählung einen Berg (V. 3).
3. In Mk 6,34 dient das Erbarmen Jesu über die Menge als ‚Schafe ohne Hirte‘, in Mk 8,2 sein Erbarmen über den Hunger der schon drei Tage verharrenden Menge als Motivation für das folgende Wunder. Bei Johannes fehlt ein Motiv für die Wunderhandlung.
4. Während sich in Mk 6,35a (Abend); 8,2 (3 Tage) Zeitangaben finden, erscheint in Joh 6,4 nur der Verweis auf das Passa.
5. Treten bei Markus (6,35; 8,4) die Jünger an Jesus heran, so fragt in Joh 6,5 Jesus Philippus. Andreas verweist dann auf einen Knaben, der Vorräte bei sich hat (V. 8f.).
6. In Mk 6,37b reichen 200 Denare aus, um genügend Brot zu kaufen, in Joh 6,7 hingegen nicht.
7. In Mk 6,38; Joh 6,9 verfügen die Jünger über fünf Brote und zwei Fische, in Mk 8,5 hingegen über 7 Brote.
8. Bei Johannes (V. 9.13) handelt es sich ausdrücklich um Gerstenbrote, anstelle von ἰχθύς verwendet er ὀψάριον.

---

[185] Vgl. C. H. Dodd, a.a.O., 196; J. Becker, Joh I, 217; F. Schnider – W. Stenger, Joh u. Syn, 119, die zeigen, daß die beiden Speisungen bei Mk Ausgangspunkt für parallele Kompositionen sind.
[186] Vgl. R. Schnackenburg, Joh II, 29.

9. Setzen sich in Mk 6,40 die Männer in Tischgemeinschaften zu 50 und 100 nieder, so heißt es in Joh 6,9 nur, daß sie sich setzten.

10. Johannes berichtet nicht davon, daß Jesus vor der Austeilung zum Himmel blickt und die Brote bricht (vgl. Mk 6,41; 8,8).

11. Nur in Joh 6,12b fordert Jesus die Jünger zum Einsammeln der Reste auf.

12. Bleiben in Mk 6,43; Joh 6,13 zwölf Körbe übrig, so in Mk 8,8 nur sieben.

13. Wurden in Mk 6 und Joh 6 5000 Männer gespeist, so in Mk 8 nur 4000.

14. Nur bei Johannes wird eine Reaktion der Menge auf das Wunder erwähnt (V. 14f.), während bei Mk der wunderbare Charakter der Speisung der Menge offenbar verborgen bleibt.

Sind Mk 6,32–44 und Mk 8,1–10 zwei unabhängige vormarkinische Fassungen eines gemeinsamen Grundberichtes[187], so könnte auch die joh. Tradition auf diesen Grundbericht zurückgehen, hätte dann aber eine eigenständige vorjoh. mündliche Traditionsgeschichte durchlaufen, wodurch sich sowohl die großen Gemeinsamkeiten als auch die aufgeführten Unterschiede erklären ließen. Johannes bzw. seine Tradition hätten in diesem Fall nicht das Markusevangelium als Vorlage benutzt[188]. Dagegen sprechen freilich die für Johannes außerordentlich großen wörtlichen Übereinstimmungen mit einer synoptischen Überlieferung. Auch die Folge ‚Speisung der 5000 – Seewandel' würde für eine Benutzung des Markusevangeliums sprechen, wenn diese Stoffanordnung auf die Redaktion des Mk zurückgeht[189]. Diese Frage kann erst nach einer eingehenden Analyse des joh. Seewandels und seiner synoptischen Parallelen beantwortet werden, so daß auch erst dann das Verhältnis von Joh 6,1–15 zu den markinischen Speisungsberichten abschließend geklärt werden kann.

---

[187] In der neueren Diskussion wird u. a. von M. Dibelius, Formgeschichte, 75 A 1, angeführte These, Markus habe die zweite Erzählung in 8,1 ff. selbst geschaffen, zu Recht allgemein abgelehnt. Zum Verhältnis der beiden markinischen Speisungsgeschichten vgl. J. Gnilka, Markus I, 254 ff. 300 ff.

[188] Dies vertreten z. B. R. Bultmann, Joh, 155; E. Haenchen, Joh, 305; J. Becker, Joh I, 190.

[189] Die Feststellung von F. Schnider – W. Stenger, Joh u. Syn, 142, „Geht die Einheit von Speisung und Seewandel auf Markus zurück, so ist anzunehmen, daß die Vorlage des Johannes die Synoptiker mindestens aus mündlichem Vortrag kannte", ist zu präzisieren: Geht die Stoffanordnung ‚Speisung der 5000 – Seewandel' auf Markus zurück, dann hat zumindest die joh. Tradition das Markusevangelium gekannt.

3.4.4 Interpretation

Auch das Speisungswunder dient Johannes zur Demonstration der Hoheit Jesu, die sich in seinem Wunderhandeln offenbart. Das redaktionelle σημεῖον in V. 2 und V. 14 bildet dabei die Klammer der joh. Interpretation der Tradition: Die Menge folgt Jesus, weil sie seine großen Taten an den Kranken sah, und sie erkennt in ihm durch das Zeichen den messianischen Propheten, der in die Welt gekommen ist. Auch hier bewirkt also das machtvolle Zeichen Glauben, finden wir das joh. Junktim vom Sehen des Wunders und daraus entstehendem Glauben[190]. In V. 15 wertet Johannes das Bekenntnis der Menge keineswegs ab, sondern schützt es nur gegen das Mißverständnis, Jesu Messianität sei im irdisch politischen Sinn zu verstehen. Joh 18,33–38 illustriert die joh. Sicht des Königtums Jesu, wodurch sich auch der redaktionelle Hinweis auf das Passa in V. 4 erklärt. Zugleich verstärkt der Evangelist die Tendenz der Tradition, Jesus als machtvollen Wundertäter darzustellen. Ist schon in der Vorlage von der Not des Volkes nicht die Rede, wodurch das Wunder Demonstrationscharakter bekommt[191], so unterstreicht der Evangelist diese Tendenz in V. 6: Der souverän handelnde Wundertäter weiß im voraus um die Größe seiner Tat. Als ein ‚Geschenkwunder‘[192] ist deshalb Joh 6,1–15 nur in einem sehr eingeschränkten Sinn zu bezeichnen, denn die Not der Menge steht nicht mehr im Mittelpunkt.

3.5 Joh 6,16–25

3.5.1 Kontextstellung

Wie im Markusevangelium folgt auch bei Johannes der Seewandel direkt auf die Speisung der 5000 (vgl. Mk 6,32–44.45–52). Schwer ist die Stellung von Joh 6,22–25 zu beurteilen, denn mit V. 21 ist das eigentliche Wunder beendet. Andererseits bezeugen die V. 22–25 die Tatsächlichkeit des zuvor Geschilderten, so daß ihnen die Funktion eines Feststellungsverfahrens zukommt und sie insofern zur Wundergeschichte gehören[193].

---

[190] Gegen R. Schnackenburg, Joh II, 17, der zu V. 2 meint, „daß die Menge ihm nur wegen dieser äußeren Wohltaten" nachfolgte. Sowohl das Nachfolgemotiv in V. 2 als auch das Bekenntnis in V. 14 werden nicht negativ beurteilt, sondern setzen im Gegenteil auf der Seite des Volkes Glauben an die Macht Jesu und Erkenntnis seiner Sendung voraus! V. 15 nimmt diese positiven Aussagen nicht zurück, sondern schützt sie nur vor einem Mißverständnis.

[191] Vgl. F. Schnider – W. Stenger, Joh u. Syn, 149.

[192] Vgl. zu dieser formgeschichtlichen Bezeichnung G. Theißen, Wundergeschichten, 111–114.

[193] Vgl. F. Schnider – W. Stenger, Joh u. Syn, 148. Vgl. auch R. Fortna, Gospel, 64ff., der neben V. 22–25 den gesamten V. 15 zur Seewandelperikope rechnet, während J. P. Heil,

Schließlich spricht für den ursprünglichen Zusammenhang die Beobachtung, daß auch in Mk 6,53–56; 8,10 auf den Seewandel bzw. die Speisung der 4000 eine Überfahrt folgt, wodurch trotz der jeweiligen Unterschiede eine traditionsgeschichtliche Verbindung angezeigt wird.

3.5.2 Redaktion und Tradition

V. 16.17a sind der Tradition zuzurechnen: Die Jünger gehen zum See und besteigen von sich aus ein Schiff (vgl. dagegen Mk 6,45), um ans jenseitige Ufer nach Kapernaum zu fahren. V. 17b hingegen stammt vom Evangelisten[194], denn σκοτία ist bei Johannes ein theologisch gefüllter Begriff, der den Bereich der Gottesferne bezeichnet. Wer Jesus nicht nachfolgt, bleibt in der Finsternis (vgl. Joh 1,5; 8,12; 12,35.46)[195]. Hier will Johannes mit σκοτία deutlich machen, daß die Jünger sich ohne Jesus in der Dunkelheit und damit in Gefahr befinden[196]. Zudem werden mit V. 17b zwei für das folgende Wunder notwendige Informationen nachgetragen: Jesus befindet sich an Land, die Jünger hingegen schon mitten auf dem See[197]. Die V. 18–21 lassen keine weitere joh. Redaktion erkennen. Sie unterscheiden sich beträchtlich von Mk 6,48–52, denn lediglich V. 18 deutet auf die Sturmstillung hin[198]. Das Wunder selbst wird aber nicht berichtet, sondern im Mittelpunkt der Erzählung steht eine Epiphanie Jesu. Wie bei Mk begegnet Jesus der Furcht der Männer mit einem majestätischen ἐγώ εἰμι, μὴ φοβεῖσθε, mit V. 21 weicht die joh. Überlieferung jedoch wiederum stark von Mk ab. V. 21a erweckt den Eindruck, als sei Jesus am Boot der Jünger vorübergegangen (vgl. Mk 6,48d), d.h. ursprünglich läge in Joh 6,16–21a eine reine Epiphaniegeschichte vor, bei der der Zusammenhang mit der Sturmstillung nur noch indirekt durch V. 18 zu erschließen wäre. Zudem berichtet V. 21b von einem weiteren Wunder, denn als solches muß das plötzliche Versetzen des Bootes an das Ufer verstanden werden.

Parallelen für den Seewandel Jesu finden sich sowohl im Alten Testament als auch im Hellenismus. Gottes machtvolles Eingreifen für sein Volk zeigt sich auch im Zug Israels durch das Rote Meer (Ex 14,21–31) und in der Überquerung des Jordans (Jos 3.4). Gott schreitet auf den Wassern einher (Ps 77,20; Hi 9,8; 38,16), und auch die göttliche Weisheit herrscht über das Meer (Sir 24,5f.). In 2Kön

---

Walking, 75, in V. 15b den Beginn der Perikope sieht und V. 22–25 als „transformation" (a.a.O., 144) bezeichnet.

[194] Vgl. F. Schnider – W. Stenger, Joh u. Syn, 147.

[195] Vgl. dazu J. P. Heil, Walking, 146.

[196] Vgl. a.a.O., 147.

[197] Das ἤρχοντο in V. 17 besagt lediglich, daß die Jünger *begannen*, sich auf den Weg zu machen, so daß diese nachträgliche Information notwendig ist.

[198] J. Wellhausen, Joh, 29, hält V. 18 für eine aus Mk nachgetragene Glosse, ohne dafür eine überzeugende Begründung geben zu können.

2,7f.14f. dient das Durchschreiten des Jordan durch Elia bzw. Elisa zur Legitimation der Propheten vor ihren Jüngern, ein Motiv, das auf die Seewandelperikope eingewirkt haben könnte[199]. Lucian (Philops 13) erzählt von einem Hyperboräer, der sich am hellen Tag in die Lüfte erhob, auf dem Wasser umherlief (ἐφ' ὕδατος βαδίζοντα) und gemächlich und langsam durchs Feuer ging[200].

V. 22 ist bis auf τῇ ἐπαύριον (vgl. Joh 1,29.35.44; 12,12) der Tradition zuzurechnen. Er hat die Funktion, „den ‚objektiven' Nachweis für die Wirklichkeit des Wunders"[201] zu erbringen, durch das Feststellungsverfahren wird der Effekt des Geschehens noch gesteigert. V. 23 gehört nicht zur Tradition, denn dieser Vers löst das Problem, wie die Menge vom Ort der Brotvermehrung wieder über den See kommt, und ermöglicht die in V. 25 vorausgesetzte Begegnung mit Jesus. Weil das Boot der Jünger nicht mehr am Ufer ist (V. 22), muß für das Volk ein Weg gefunden werden, um Jesus in Kapernaum (V. 21) zu begegnen und damit das Wunder des Seewandels zu bestätigen und die folgende Brotrede anzuhören.

Ist die Funktion des Verses klar zu erkennen, so stellen sich auf textkritischer und inhaltlicher Ebene zahlreiche Probleme. Bedeutsam ist die Auslassung von εὐχαριστήσαντος τοῦ κυρίου in D 091 it[a,d,e] syr[c,s] u. a., die insbesondere von den Exegeten für ursprünglich gehalten wird, welche in dieser eucharistischen Wendung ohnehin nur eine späte Glosse sehen[202]. Für die Zugehörigkeit der Wendung zum Urtext spricht aber die überragende äußere Bezeugung[203], so daß die Textüberlieferung nicht für den möglichen sekundären Charakter der Worte in Anspruch genommen werden kann. Inhaltlich war schon immer das plötzliche Auftauchen der Schiffe – nach Wellhausen gleichen sie „einem deus ex machina"[204] – Anlaß für die Vermutung, dieser Vers sei ein postevangelistischer Zusatz, wenn nicht gar eine späte Glosse[205]. Als weitere Hinweise für diese Annahme gelten der Gebrauch von ὁ κύριος in einem Bericht, der Singular ἄρτον φαγεῖν, die eucharistischen Anklänge und die Ortsangabe ‚aus Tiberia'[206]. Überzeugen können diese Argumente aber nicht: Das unver-

---

[199] Vgl. K. Kertelge, Wunder, 147.

[200] Weitere Parallelen bieten R. Bultmann, Geschichte der synoptischen Tradition, 251f.; L. Bieler, Theios Anēr, 96; R. Reitzenstein, Wundererzählungen, 125. Bemerkenswert ist auch Philostr, VA IV 13, wo berichtet wird, alle seien davon überzeugt, Apollonius habe Macht über Sturm, Feuer und alle übrigen Widerwärtigkeiten. Zum Motiv der wunderbaren Landung vgl. R. Bultmann, Joh, 159 A 8.

[201] E. Haenchen, Joh, 312.

[202] Vgl. nur R. Bultmann, Joh, 160 A 5; J. Schneider, Joh, 143 A 1.

[203] Vgl. B. M. Metzger, Textual Commentary, 212.

[204] J. Wellhausen, Joh, 30.

[205] Vgl. C. K. Barrett, Joh, 285; R. Schnackenburg, Joh II, 44ff.

[206] Für sekundär halten diesen Vers u. a. J. Becker, Joh I, 203 (kirchliche Redaktion); E. Haenchen, Joh, 312 (Zusatz eines Redaktors); H. Strathmann, Joh, 116 (sekundäres Einschiebsel), R. Fortna, Gospel, 68 (späte Glosse); F. Schnider – W. Stenger, Joh u. Syn, 148 (späterer Glossator).

mittelte Erscheinen der Schiffe ergibt sich aus dem Kontext, der eine Erklärung für das Zusammentreffen der Menge mit Jesus in Kapernaum fordert. In erzählenden Texten begegnet ὁ κύριος noch in Joh 4,1; 11,2; 20,20, ist also für den Evangelisten Johannes nicht ungewöhnlich[207]. Ἄρτον φαγεῖν im Singular findet sich noch Joh 6,31 (vgl. hingegen im Plural Joh 6,11.13.26) und ist durch die eucharistische Wendung εὐχαριστήσαντος τοῦ κυρίου bedingt. Die Analyse von V. 11 hat gezeigt, daß absolutes εὐχαριστεῖν im Sinne von ,das Eucharistiegebet sprechen' terminus technicus der Abendmahlstradition war. So ist bereits die joh. Tradition (!) in V. 11 zu verstehen, und die Aufnahme dieses Verständnisses und seine Eintragung in V. 23 durch den Evangelisten ist durchaus denkbar. Die Angabe ἐκ Τιβεριάδος ist nicht unverständlich, wenn man annimmt, daß die Speisung in der Nähe von Tiberias stattfand[208].

V. 23 und auch V. 24 (welcher V. 23 zur Voraussetzung hat) sind somit nicht als ein später Zusatz, sondern mit großer Wahrscheinlichkeit als Redaktion des Evangelisten anzusehen, der damit eine Erklärung für die in der Tradition vorgegebene Situation von V. 25 liefert[209].

3.5.3 Joh 6,16–21 im Verhältnis zu Mk 6,45–52

1. Wörtliche Übereinstimmungen:

(Joh 6,15 εἰς τὸ ὄρος)	Mk 6,46 εἰς τὸ ὄρος
Joh 6,16 ὀψία ἐγένετο	Mk 6,47 ὀψίας γενομένης
Joh 6,17 πλοῖον	πλοῖον
τῆς θαλάσσης	τῆς θαλάσσης
Joh 6,18 ἀνέμου (μεγάλου)	Mk 6,48 ὁ ἄνεμος
Joh 6,19 ἐληλακότες ... περιπα-	Mk 6,48 ἐλαύνειν ... περιπατῶν
τοῦντα ἐπὶ τῆς θαλάσσης	ἐπὶ τῆς θαλάσσης
Joh 6,20 λέγει αὐτοῖς·	Mk 6,50 λέγει αὐτοῖς ...
ἐγώ εἰμι μὴ φοβεῖσθε	ἐγώ εἰμι μὴ φοβεῖσθε
Joh 6,21 εἰς τὸ πλοῖον	Mk 6,51 εἰς τὸ πλοῖον

2. Sachliche Übereinstimmungen:

a) Die Jünger befinden sich ohne Jesus auf dem See.
   Mk 6,47b/Joh 6,17b

---

[207] Gegen R. Schnackenburg, Joh I, 457; Joh II, 45, der den Gebrauch von ὁ κύριος in Berichten nicht dem Evangelisten, sondern einer späteren Redaktion zuschreibt.

[208] Dafür spricht das ἀκολουθεῖν in V. 2.

[209] Vgl. R. Bultmann, Joh, 160f., der allerdings εὐχαριστήσαντος τοῦ κυρίου für sekundär hält. Abzulehnen sind alle Versuche, aufgrund der Folge εἶδον (V. 22) ... εἶδεν (V. 24) einen ,Kurztext' unter Ausscheidung von V. 22b.23 zu rekonstruieren (vgl. R. Schnackenburg, Joh II, 44f.), da in Joh 6,22–24 kein Anakoluth vorliegt, sondern das τῇ ἐπαύριον ὁ ὄχλος εἶδον durch ὅτι οὖν εἶδεν ὁ ὄχλος wiederaufgenommen wird, vgl. B.-D.-R. § 467,1.

b) Auf dem See herrscht ein großer Wind.
   Mk 6,48b/Joh 6,18
c) Vom Boot aus sehen die Jünger Jesus auf dem See wandeln.
   Mk 6,49a/Joh 6,19b
d) Die Jünger erschrecken bzw. fürchten sich.
   Mk 6,49b.50a/Joh 6,19b
e) Jesus spricht: ἐγώ εἰμι· μὴ φοβεῖσθε.
   Mk 6,50b/Joh 6,20

3. Sachliche Unterschiede:

a) In Mk 6,45a nötigt Jesus die Jünger, ins Boot einzusteigen, dagegen besteigen in Joh 6,16 die Jünger von sich aus das Boot.
b) Während bei Markus das Ziel der Jünger Bethsaida ist (V. 45b), rudern sie in Joh 6,17 nach Kapernaum.
c) Nach Mk 6,48 befinden sich die Jünger in Seenot, aus der sie Jesus rettet. Bei Johannes deutet sich dieses Motiv in V. 18 lediglich an.
d) Steigt Jesus nach der markinischen Überlieferung zu den Jüngern ins Boot (Mk 6,51a), so ist bei Johannes lediglich davon die Rede, daß die Jünger Jesus ins Boot nehmen wollen (V. 21a).
e) Bei Johannes wird nicht berichtet, daß sich der Wind legte, als Jesus im Boot war (Mk 6,51).
f) Die wunderbare Landung des Bootes am jenseitigen Ufer in Joh 6,21b als zweites Wunder neben dem Seewandel ist bei Markus nicht überliefert.

Die Aufzählung der Gemeinsamkeiten und Unterschiede zeigt, daß der Markustext in seiner jetzigen Gestalt wohl nicht in direktem Sinn literarische Vorlage für Johannes gewesen sein kann, denn den sprachlichen Berührungen stehen erhebliche Abweichungen in den einzelnen Wundermotiven gegenüber: Ist bei Markus der Seewandel verbunden mit den Motiven der in Seenot geratenen Jünger und der Sturmstille, liegen also Züge eines Rettungswunders vor, so findet sich bei Johannes eine reine Epiphanieerzählung. Im Mittelpunkt steht die wunderhafte Erscheinung Jesu auf dem See, wo er nicht zu den Jüngern ins Boot steigt, sondern ein weiteres Wunder vollbringt.

Vielfach ist nun vermutet worden, die joh. Tradition sei älter als der Markustext, eine Epiphanie auf dem Wasser habe bereits auf vormarkinischer Ebene sekundär Motive eines Rettungswunders übernommen[210].

---

[210] Vgl. R. Bultmann, Geschichte der synoptischen Tradition, 231; E. Lohmeyer, Mk, 131 ff. 135; G. Theißen, Wundergeschichten, 186 f.; R. Schnackenburg, Joh II, 37 f.

Für diese These spricht die von Matthäus als unverständlich ausgelassene Wendung καὶ ἤθελεν παρελθεῖν αὐτούς in Mk 6,48d, die noch darauf hinzuweisen scheint, daß ursprünglich Jesus am Boot vorüberging. Auch die Tradition[211] in Mt 15,28–31 mag dies voraussetzen, denn der Gang des Petrus zu Jesus auf das Wasser wäre verständlicher, wenn Jesus nicht in das Boot stiege. Zudem könnte die Akklamation in Mt 14,33 οἱ δὲ ἐν τῇ πλοίῳ προσεκύνησαν αὐτῷ darauf hinweisen, „daß sich der hier Akklamierte nicht im Boot befindet"[212]. Eine reine Epiphanieerzählung wäre um Züge eines Rettungswunders erweitert worden, und Johannes würde die gegenüber Markus ältere Tradition überliefern[213].

Möglich ist aber auch, daß Markus selbst die Züge eines Rettungswunders in eine ihm vorliegende Epiphaniegeschichte eingetragen hat. Dafür sprechen sowohl die Übereinstimmungen mit Mk 4,37–41 als auch die sonstige starke redaktionelle Bearbeitung des Seewandels durch Markus. Die Perikope von der Sturmstillung und der Seewandel stimmen darin überein, daß die Jünger durch einen aufkommenden starken Wind in Not geraten (Mk 4,37/6,48), und Jesu Erscheinen (auf unterschiedliche Weise) das Abflauen des Windes bewirkt (Mk 4,39/6,51b: καὶ ἐκόπασεν ὁ ἄνεμος). Darüber hinaus gibt es weitere Übereinstimmungen: Wie in Mk 4,36 besteigt Jesus in Mk 6,51 das Boot der Jünger, wodurch die Spannung zu 6,48d entsteht. Auch in Mk 4,36 wird die Menge entlassen (vgl. 6,45fin), und die sich anschließende Fahrt führt an das jenseitige Ufer (vgl. Mk 4,35; 6,45)[214]. Diese Beobachtungen sprechen für die Annahme, daß Markus die ihm vorliegende Tradition vom Seewandel durch Motive der Sturmstillungserzählung angereichert (bes. V. 48a.51a.b) und darüber hinaus redaktionell bearbeitet hat. So ist V. 52[215] (und evtl. V. 51c) Markus zuzuschreiben, der das Entsetzen der Jünger als ein Nichtverstehen der Speisungsgeschichte interpretiert, dadurch Brotwunder und Seewandel verbindet und das für ihn charakteristische Motiv des Jüngerunverständnisses (vgl. Mk 4,10.11.13.34.40f.; 7,17f.; 8,14–21; 8,33; 9,10.

---

[211] Vgl. G. Strecker, Weg der Gerechtigkeit, 199.

[212] G. Theißen, a.a.O., 187.

[213] L. Schenke, Szenarium, 197ff., hält für die ursprüngliche Seewandelgeschichte einen anderen als im Text vorliegenden szenischen Ablauf für wahrscheinlich. Danach sollen die Jünger sich im Anschluß an die Speisung nach Kapernaum begeben haben, wo sie Jesus erwarteten. Der aber kam nicht, obgleich es dunkel geworden war und auf dem See ein starker Sturm wütete. Obwohl Jesus damit der Land- und Wasserweg nach Kapernaum abgeschnitten war, kam er völlig unerwartet für die Jünger über den See (vgl. zu weiteren Einzelheiten der ‚Rekontruktion' Schenkes a.a.O., 199f.). Die Umwandlung dieses ‚ursprünglichen' Szenariums in den vorliegenden Ablauf soll durch die ‚johanneische Redaktion' (= Autor von Joh 21) mit dem Ziel erfolgt sein, die Darstellung der ‚Grundschrift' an die Synoptiker anzugleichen. Ist schon diese Voraussetzung höchst zweifelhaft, so muß Schenkes ‚Rekonstruktion' insgesamt als rein hypothetisch bezeichnet werden.

[214] Vgl. F. Schnider – W. Stenger, Joh u. Syn, 108.

[215] Vgl. R. Bultmann, Geschichte der synoptischen Tradition, 231, u. a.

18.19.28.31 f.33 f.38 f.; 10,10 u.ö.)[216] einträgt. Das Motiv des Jüngerunverständnisses läßt auch erkennen, warum Markus Speisung und Seewandel verbindet: Sie dienen ihm gerade mit ihrer Betonung der Wunderkraft Jesu als Illustration menschlichen Unverständnisses und damit als
Hinweis auf den wahren, verborgenen Charakter der Offenbarung Jesu
(vgl. neben V. 52 vor allem den redaktionellen V. 37)[217].

Redaktionelle Eingriffe lassen sich zudem am Anfang der Seewandelperikope (V. 45.46) nachweisen: Markus verbindet Speisung und Seewandel
durch den Ortswechsel εἰς τὸ πέραν (vgl. Mk 4,35; 5,1; 5,21; 8,13)[218] und
führt mit dem aus der Speisungsgeschichte übernommenen Motiv der
Entlassung des Volkes (vgl. Mk 6,36; 8,3.9) eine zweite Begründung für
die Trennung Jesu von den Jüngern ein, die für den folgenden Seewandel
notwendig ist[219]. Selbst das Motiv des einsam auf dem Berg betenden
Jesus (vgl. Mk 1,35)[220] könnte von ihm stammen, um durch eine zweifache Motivation die für V. 47 notwendige Situation nachdrücklich herauszuarbeiten. Daß die Einheit von Speisungsgeschichte und Seewandel
künstlich ist und auf Markus zurückgeht[221], läßt sich durch weitere
Beobachtungen erhärten: Die Entlassung des Volkes erfordert nicht ein
Vorausfahren der Jünger[222]. Wie soll man sich diese Entlassung von 5000
Menschen am Abend an einem einsamen Ort vorstellen? Die Zeitangaben
in Mk 6,35 ἤδη ὥρας πολλῆς γενομένης (vor der Speisung) und Mk 6,47
καὶ ὀψίας γενομένης sind nicht aufeinander abgestimmt und können nur
von ihrer jeweiligen Erzählung her verstanden werden[223]. Das redaktionelle ἐν τῷ πλοίῳ in Mk 6,32[224] (vgl. Mk 4,1.36 f.; 5,1.2.18.21; 6,45.54)
könnte durch den folgenden Seewandel bedingt sein, d. h. Markus hätte
nicht nur beide Perikopen verbunden, sondern darüber hinaus in V. 32
auf den Seewandel vor- und in V. 52 auf die Speisung rückverwiesen.

Abschließend kann nun die zurückgestellte Frage beantwortet werden,
ob das Markusevangelium der joh. Tradition bei der Speisungs- und
Seewandelperikope als Vorlage gedient hat. Da die Einheit der Speisung

---

[216] Vgl. dazu F. Schnider – W. Stenger, a.a.O., 115–124.
[217] Vgl. K. Kertelge, Wunder, 130 f.
[218] Vgl. zu diesem markinischen Motiv J. Schreiber, Theologie des Vertrauens, 205–207.
[219] Vgl. R. Bultmann, Geschichte der synoptischen Tradition, 231.
[220] Vgl. F. Schnider – W. Stenger, Joh u. Syn, 109 A 6. Zum ὄρος-Motiv vgl. J.
Schreiber, Theologie des Vertrauens, 164–167.
[221] So R. Bultmann, Geschichte der synoptischen Tradition, 231; F. Schnider – W.
Stenger, Joh u. Syn, 109. Für eine vormk. Verbindung plädieren K. Kertelge, Wunder, 145;
J. Gnilka, Mk I, 266.
[222] Vgl. R. Bultmann, Geschichte der synoptischen Tradition, 231.
[223] Vgl. E. Haenchen, Weg, 252 A 2; H. W. Kuhn, Sammlungen, 207.
[224] In der Forschung besteht ein breiter Konsens darüber, daß die V. 31–33 auf Markus
zurückgehen; vgl. zu den Einzelheiten L. Schenke, Wundererzählungen, 217–219; D. A.
Koch, Wundererzählungen, 99–111.

und des Seewandels auf den Evangelisten Markus zurückgeht und die joh. Tradition diesen Zusammenhang voraussetzt (vgl. Joh 6,1), ist die Benutzung des Markusevangeliums durch die joh. Tradition wahrscheinlich[225]. Hinzu kommen die großen Wortlautübereinstimmungen zwischen Mk 6,32–44 (8,1–10) und Joh 6,1–15, die allein mit dem Hinweis auf eine gemeinsame mündliche Tradition nicht zu erklären sind. Im einzelnen läßt sich dabei nicht mehr nachweisen, ob die joh. Tradition eine Vorlage an die markinische Überlieferung angeglichen hat, oder aber erst ihre Erzählung auf der Basis des Markusevangeliums schuf.

Beim Seewandel dürfte der joh. Tradition eine mit der markinischen Vorlage eng verwandte Epiphanieerzählung vorgelegen haben, die sie in Analogie zu Markus mit der Speisungsperikope verband. Die redaktionell bearbeitete markinische Fassung des Seewandels übernahm die joh. Tradition nicht, weil ihr deren Intentionen nicht wichtig waren. Speisung und Seewandel lassen erkennen, daß die joh. Tradition das Markusevangelium kannte, so daß auch für den Evangelisten diese Annahme nicht abwegig ist[226].

3.6 Joh 9,1–41

3.6.1 Kontextstellung

Joh 9,1–41 hebt sich vom unmittelbaren Kontext durch eine relativ einheitliche Komposition ab. Während in Joh 8 und Joh 10 sehr verschiedenartige Traditionen verarbeitet wurden[227], zeichnet sich die Heilung des Blindgeborenen durch eine für das JE ungewöhnliche Geschlossenheit sowohl in der Thematik als auch im Aufbau aus. Die Verbindung zum engeren Kontext stellt V. 1 her, gleich nach seinem Fortgang aus dem Tempel vollbringt Jesus die Blindenheilung[228]. Das an der Heilung demonstrierte Thema ‚Jesus, das Licht der Welt' (vgl. 9,5.39) ist eine

---

[225] Für eine Kenntnis des Markusevangeliums durch Johannes an dieser Stelle plädieren u. a. C. K. Barrett, Joh, 271; J. Blinzler, Joh u. Syn, 57; W. G. Kümmel, Einleitung, 168. Ablehnend hingegen: R. E. Brown, Joh I, 236 ff.; E. Haenchen, Joh, 313 ff.; ders., Johanneische Probleme, 90–95; C. H. Dodd, Tradition, 196 ff. (Speisung und Seewandel basieren auf unabhängigen Traditionen); R. Bultmann, Joh, 155; E. Lohse, Miracles, 47; J. Becker, Joh I, 190. Abzulehnen ist das Argument von J. Gnilka, Mk I, 266; W. Grundmann, Mk 183; E. Haenchen, Weg, 253; H. W. Kuhn, Sammlungen, 206 A 15, auch die joh. Stoffanordnung spreche für eine vormarkinische Verbindung von Speisung und Seewandel. Was bei Markus nicht nachzuweisen ist, kann nicht Johannes belegen!

[226] In der neueren Forschung wird wieder zu Recht vermehrt mit einer Kenntnis der Synoptiker durch Johannes gerechnet, vgl. dazu F. Neirynck, John and the Synoptics; ders., Jean et les synoptiques.

[227] Vgl. zu den Einzelheiten R. Schnackenburg, Joh II, z. St.

[228] Vgl. R. Schnackenburg, a.a.O., 302.

Entfaltung von Joh 8,12: ἐγώ εἰμι τὸ φῶς τοῦ κόσμου[229]. Darüber hinaus besteht durch das Stichwort φῶς Verbindung zu Joh 12,35f.46, und das Thema φῶς – κρίσις in 9,39–41 lenkt auf Joh 3,19ff. zurück. Schließlich stellt die Hirtenrede in Joh 10,1–18 einen Kontrast zu der in Joh 9 vorherrschenden Situation der Verfolgung und Unterdrückung dar (vgl. V. 22.30–34).

Die Bedeutung von Joh 9 wird aber erst sichtbar, wenn man die Stellung dieses Kapitels im Aufriß des Evangeliums betrachtet: Ist in Joh 2–7 der wiederholte Verweis auf jüdische Feste das joh. Kompositionsprinzip, um Jesus immer wieder nach Jerusalem zu bringen, so erfolgt nun, da Jesus ständig in Jerusalem ist (vgl. Joh 7,10), die Auseinandersetzung mit den Juden vor allem in den beiden großen thematisch und kompositionell geschlossenen Einheiten Joh 9 und Joh 11. Der Festrahmen tritt als Kompositionsmittel deutlich zurück[230] (nur noch Joh 10,22; 11,55ff.), und das Schwergewicht liegt auf den beiden großen Wundererzählungen.

Diesem formalen Aufbauprinzip entspricht auf der inhaltlichen Ebene eine erkennbare Steigerung innerhalb der Auseinandersetzung Jesu mit den Juden: Wurde in Joh 6,14.26.30; 7,31 das σημεῖον noch als Wunder und damit als Glauben weckendes und legitimierendes Geschehen anerkannt, so wird in Joh 9,16.24.31 das geschehene Wunder als solches in Frage gestellt[231]. Die Juden erkennen nicht mehr an, daß Jesus überhaupt Wunder tun kann, und stoßen den aus, der durch das Wunder zum Glauben kam (vgl. V. 30–34). Diese Haltung findet ihre konsequente Fortsetzung in Joh 11, wo sowohl der Wundertäter (vgl. Joh 11,47ff.) als auch der auferweckte Lazarus sterben sollen (vgl. Joh 12,10).

3.6.2 Redaktion und Tradition

Mit V. 1 schließt die Erzählung von der Blindenheilung gut an das Vorhergehende an, die unpräzise Situationsangabe καὶ παράγων kann aber auch Einleitung innerhalb eines ganz anderen Zusammenhanges gewesen sein, so daß die Zugehörigkeit des gesamten V. 1 zur Tradition anzunehmen ist[232]. Wiederum ergreift Jesus die Initiative, der Blinde bittet nicht um Heilung. Daß es sich um einen τυφλὸν ἐκ γενετῆς handelt, steigert nur die Größe des folgenden Wunders. Die Jüngerfrage in V. 2 ist für eine Wundergeschichte ungewöhnlich, zumal der hier diskutierte Zusammenhang zwischen Schuld und Krankheit bei einem

---

[229] Vgl. a.a.O., 302; G. Bornkamm, Heilung des Blindgeborenen, 67; J. Schneider, Joh, 186; C. H. Dodd, Interpretation, 357.
[230] Vgl. R. Schnackenburg, Joh II, 302.
[231] Vgl. S. Hofbeck, Semeion, 128.
[232] Vgl. R. Fortna, Gospel, 70; R. Bultmann, Joh, 250; J. Becker, Joh I, 316.

von Geburt an Blinden zusätzliche Schwierigkeiten aufwirft[233]. So ist die Funktion der Jüngerfrage nicht in theoretischen Spekulationen über einen Tat-Ergehens-Zusammenhang zu sehen, sondern nur in der Abweisung durch Jesus in V. 3a. Die Erklärung dieser Abweisung in V. 3b–5 deutet sowohl sprachlich (zum elliptischen ἀλλ' ἵνα vgl. Joh 1,8.31; 13,18; 14,31; 15,25; zu φανεροῦν vgl. besonders Joh 2,11; 3,21; zu ἐργάζεσθαι und ἔργα vgl. nur Joh 5,17.36; 6,28.30) als auch inhaltlich (in Jesu Handeln werden die Werke Gottes offenbar; vgl. Joh 3,21; 5,17; 10,32; Jesus als Licht der Welt vgl. Joh 3,19; 8,12; 11,9.10; 12,46) auf den Evangelisten hin[234]. Ihm dient der Blindgeborene einzig und allein zur machtvollen Demonstration der Wundertätigkeit Jesu (vgl. Joh 11,4), nicht aber zur Diskussion über das Verhältnis von Sünde und Krankheit. Das folgende Wunder soll augenfällig zeigen, daß Jesus das Licht der Welt ist.

Die Schilderung des Heilungsvorganges in V. 6f. weist traditionelle Züge auf: Speichel gilt in der antiken Medizin als bewährtes Heilmittel gegen Augenkrankheiten (vgl. Plin, nat 28,7; Tac, hist IV 81 [Suet, Caes VIII 7,2f.]; Bill II 15–17; Dio Cass LXVI 8; Mk 8,22ff. [vgl. auch Mk 7,33])[235], wobei hier aus Speichel und Erde eine Masse gebildet wird, die in Verbindung mit dem Abwaschen am Siloahteich eine heilende Wirkung hervorruft. Für den traditionellen Charakter von V. 6 spricht auch, daß πτύσμα Hapaxlegomenon ist und sich χαμαί nur hier und in Joh 18,6 findet. Das Befehlswort Jesu in V. 7 hat lediglich die Funktion, den Blinden zum Teich Siloah zu bringen, von dem er als Sehender zurückkehrt. Die (wohl unzutreffende)[236] Erklärung des Namens ‚Siloah‘ geht auf den Evangelisten zurück[237], wofür

---

[233] Zu den jüdischen Diskussionen über das Verhältnis von Sünde und Krankheit vgl. Bill II 527–529. Als pagane Parallele ist das häufig anzutreffende Motiv der Blendung als Strafe anzusehen, vgl. O. Weinreich, Heilungswunder, 190ff. Die von W. Bauer, Joh, 133, vermutete Vorstellung einer Seelenwanderung dürfte kaum hinter V. 2 stehen; vgl. zur Kritik R. Bultmann, Joh, 251 A 2. Abzulehnen ist auch die Vermutung von Bauer (so vorher schon F. Spitta, Johannesevangelium, 201) in der Vorlage habe γεννηθῇ statt γεννηθῇ gestanden, da es dafür keinen Anhalt am Text gibt.

[234] Vgl. R. Schnackenburg, Joh II, 307; R. Fortna, Gospel, 72; W. Nicol, Semeia, 35; J. Becker, Joh I, 316f.; W. Hartke, Urchristliche Parteien, 70 (3b–5); J. L. Martyn, History and Theology, 5 A 13 (3b–5); G. Reim, Joh 9, 246. R. Bultmann, Joh, 250; W. Wilkens, Zeichen und Werke, 42; E. Haenchen, Joh, 382, halten nur V. 4f. für redaktionell. Ob Johannes durch diese Einfügung eine andere Antwort Jesu in der Tradition verdrängt hat, wie Bultmann, Fortna und Becker meinen, ist nicht mehr auszumachen.

[235] Ausführliche religionsgeschichtliche Parallelen für die heilende Kraft des Speichels bietet A. Jacoby, Heilung des Blinden, 185ff.

[236] Zu den hier nicht zu behandelnden Einzelheiten vgl. W. Bauer, Joh, 134f.; R. Schnackenburg, Joh II, 308f.

[237] Vgl. R. Fortna, Gospel, 72; R. Schnackenburg, Joh II, 308; J. Becker, Joh I, 316; C. K. Barrett, Joh, 358; R. Bultmann, Joh, 253 (schwankt zwischen Evangelisten und Redaktor); G. Reim, Joh 9, 247.

sowohl sprachliche (ἑρμηνεύειν im NT nur Joh 1,42; 9,7; Hebr 7,2; ἀποστέλλω 28mal im JE) als auch theologische Gründe sprechen (Jesus als Gesandter des Vaters, vgl. nur Joh 3,17.34; 5,38; 6,29; 10,36; 17,3 u. ö.). Dadurch macht der Evangelist deutlich, daß es letztlich doch Jesus ist, der als Gesandter des Vaters die Heilung vollbringt, wodurch wiederum die für Johannes sehr bedeutsame Wundertätigkeit Jesu unterstrichen wird.

Bestehen auch Verbindungen zwischen der eigentlichen Heilungsgeschichte und den Blindenheilungen in Mk 8,22–26; 10,46–52 (Mk 8,23/Joh 9,6: Speichel als Heilmittel; Mk 10,46/Joh 9,8: der Blinde wird als προσαίτης gekennzeichnet; Mk 10,51/Joh 9,2: Jesus wird mit ῥαββί bzw. ῥαββουνί angeredet)[238], so kann daraus keine direkte traditionsgeschichtliche Abhängigkeit gefolgert werden, denn die Unterschiede zwischen den einzelnen Erzählungen sind zu groß (abweichende Orts- und Personenbezeichnungen, Joh 9 spricht von einem Blind*geborenen*, bei Johannes geht die Initiative von Jesus aus, der jeweilige Heilungsvorgang ist unterschiedlich).

Instruktiv ist ein Vergleich mit einer (Asklepios-)Inschrift aus dem 2. Jh.[239], in der einem blinden Soldaten von Gott die Weisung gegeben wird, hinzugehen (ἐλθεῖν vgl. Joh 9,7: ὕπαγε), aus Blut und Honik eine Salbe zu reiben (vgl. den Teig aus Erde und Speichel in Joh 9,6) und damit drei Tage lang seine Augen zu bestreichen (ἐπιχρεῖσαι ἐπὶ τοὺς ὀφθαλμούς, vgl. Joh 9,6: ἐπέχρισεν ... ἐπὶ τοὺς ὀφθαλμούς). Er konnte daraufhin wieder sehen (ἀνέβλεψεν vgl. Joh 9,7 βλέπων), kam (ἐλήλυθεν, vgl. 9,7 ἀπῆλθεν ... ἦλθεν) und dankte öffentlich dem Gott.

Bereits in V. 7 wird der Kranke „durch den Gang zum Teich von Siloah eine selbständige Erzählungsfigur, wie sie das Folgende voraussetzt; erst 9,35 trifft er wieder mit Jesus zusammen"[240]. Diese Beobachtung spricht gegen alle Versuche, nur die V. 1–7 einer vorjoh. Tradition zuzurechnen, das Folgende hingegen allein für das Werk des Evangelisten zu halten[241]. Die Darstellung des Blindgeborenen in V. 7 zielt bereits auf die nachfolgenden Dialoge, die als notwendige Reaktion auf das Wunder und als sehr kunstvoll aufgebaute Interpretation des Geschehens verstanden werden müssen. Zudem spricht auch die kompositorische wie auch theologische Geschlossenheit der Perikope für die Annahme, daß bis auf die redaktio-

---

[238] Vgl. dazu R. Schnackenburg, Joh I, 309, und die Tabelle bei C. H. Dodd, Tradition, 182.

[239] Text und Kommentar bei A. Deissmann, Licht vom Osten, 108. Vgl. auch C. K. Barrett, Joh, 353.

[240] E. Haenchen, Joh, 378.

[241] So mit kleinen Unterschieden R. Fortna, Gospel, 70–74 (er rechnet auch noch V. 8 zur ‚Vorlage', um die notwendige Reaktion auf das Wunder zu erhalten. V. 8 ist aber nicht von den folgenden Versen 9–12 zu trennen!); R. Schnackenburg, Joh II, 303; J. Schneider, Joh, 187; R. E. Brown, Joh I, 378 (zählt auch V. 13–17 zur Tradition); B. Lindars, Joh, 339 f. (zählt V. 1 und teilweise V. 6 f. zur Tradition); W. Wilkens, Zeichen und Werke, 41 f.; J. L. Martyn, History and Theology, 3 ff.; W. Nicol, Semeia, 35.

nellen Zusätze die gesamte Erzählung vom Blindgeborenen vorjohanneisch ist[242].

Zunächst wird in V. 8–12 die Reaktion der Nachbarn geschildert. Man erfährt, der Blindgeborene sei vorher Bettler gewesen (προσαίτης nur hier und in Mk 10,46) und viele Menschen hätten ihn gekannt. An ihm ist eine Veränderung vorgegangen, wie es die unterschiedlichen Reaktionen in V. 9 zeigen. Damit wird die Wirklichkeit des Wunders bestätigt, eine Funktion, die auch das ἐγώ εἰμι des Blindgeborenen und die nochmalige Schilderung des Heilungsvorganges in V. 10 f. haben[243]. Nun will sich die Menge an Jesus halten (V. 12), der aber ist entschwunden, so daß der Blindgewesene weiterhin im Mittelpunkt der Erzählung steht. Er wird den Pharisäern vorgeführt, und der Leser erfährt eher beiläufig in V. 14, Jesus habe die Heilung an einem Sabbat vollzogen. Da das Kneten eines Teiges als Arbeit am Sabbat verboten war[244], erhält der Konflikt eine weitere Steigerung. Auffallend ist die an Joh 5,9c erinnernde nachträgliche Erwähnung der Sabbatproblematik. Es war vermutlich der Evangelist, der dieses, die Dramatik des Geschehens betonende Element einführte[245]. Der Blindgewesene wird von den Pharisäern verhört, und er stellt wieder – in verkürzter Form gegenüber V. 11 – den Heilungsvorgang dar, wodurch nochmals die Tatsächlichkeit des Wunders hervorgehoben wird.

Wie V. 14 stammt auch V. 16 sehr wahrscheinlich vom Evangelisten, denn die beginnende Diskussion der Pharisäer untereinander setzt eine Heilung am Sabbat voraus (dafür spricht auch die Wendung τοιαῦτα σημεῖα ποιεῖν, vgl. Joh 2,11.23; 4,54; 6,14.30; 7,31; 10,41; 11,47; 12,18.37; 20,30)[246]. Johannes schildert die möglichen Reaktionen auf die Wundertätigkeit Jesu: Einerseits die Ablehnung der göttlichen Legitimation Jesu mit dem Hinweis auf dessen Nichtbeachtung der Tradition, andererseits die Glauben hervorrufenden σημεῖα, die auf die göttliche

---

[242] G. Bornkamm, Heilung des Blindgeborenen, 67, urteilt zu Recht: „Die Geschichte von der Heilung des Blindgeborenen ist ein kunstvoll aufgebautes Ganzes." E. Haenchen, Joh, 382, hält lediglich V. 4 f.39–41 für redaktionell. R. Bultmann, Joh, 250, rechnet Joh 9 insgesamt seiner ‚Semeia-Quelle' zu, wobei er vor allem V. 4 f.22–23.29–34a.39–41 für Zusätze des Evangelisten hält (auch in V. 16 f.35–38 soll die Redaktion eingegriffen haben). F. Spitta, Johannesevangelium, 199 ff., sieht in den V. 17–23.35b–41 Nachträge; W. Hartke, Urchristliche Parteien, 69 f., zählt V. 1–3a.6–21.24–29a.30a.31.33–34a zum Grundbestand von Joh 9. Eng an Butlmann lehnt sich J. Becker, Joh I, 315, an, der über die eigentliche Wundergeschichte hinaus V. 8–12.13–17.18–23.24–34 seiner ‚Semeia-Quelle' zurechnet.

[243] Mit E. Haenchen, Joh, 379, gegen J. L. Martyn, History and Theology, 5, der V. 8 f. gänzlich von der vorhergehenden Wunderschilderung abrücken will.

[244] Vgl. Bill II 530.

[245] So R. Schnackenburg, Joh II, 313; auch J. Wellhausen, Joh, 46; F. Spitta, Johannesevangelium, 205; B. Lindars, Joh, 345, halten das Sabbatgebot für nachgetragen.

[246] J. Becker, Joh I, 319, weist lediglich V. 16b dem Evangelisten zu, während er V. 14 zur ‚Semeia-Quelle' rechnet.

Herkunft des Wundertäters schließen lassen. Auch hier findet sich also in modifizierter Form das für den Evangelisten charakteristische Junktim zwischen Sehen des Wunders und Glauben. Sowohl Verweigerung als auch Vertrauen ruft das Wunder hervor, so daß wie zuvor bei den Nachbarn in V. 9 auch unter den Pharisäern Streit entsteht. Diese wenden sich an den Blindgewesenen und fragen ihn nach seiner Meinung über Jesus. Er sieht in Jesus einen Propheten, was eine deutliche Steigerung gegenüber dem ὁ ἄνθρωπος von V. 11 darstellt.

Die Juden[247] bezweifeln daraufhin die Identität des ehemals Blinden mit dem nun Sehenden und rufen die Eltern herbei, um Gewißheit zu erhalten. Diese bestätigen lediglich, daß der Sehendgewordene ihr Sohn sei und früher blind war. Hingegen vermeiden sie ängstlich jede Aussage darüber, wie ihr Sohn sehend wurde und wer dieses Wunder vollbrachte. Zur Erklärung des ungewöhnlichen Verhaltens der Eltern wird dem Leser mitgeteilt, daß ‚die Juden‘ beschlossen hatten, jeden aus der Synagoge auszuschließen[248], der sich zu Christus bekennt. Ob die V. 22f. vom Evangelisten stammen[249], ist nicht mehr auszumachen, da lediglich die einleitenden Wendungen ταῦτα εἶπαν in V. 22 und διὰ τοῦτο in V. 23 auf Redaktion hinweisen; für eine sichere Entscheidung eine zu schmale Basis.

Deutlich ist hingegen, daß die V. 22f. eine Erläuterung der vorhergehenden Erzählung sind, um das Verhalten der Eltern zu motivieren und das ganze Ausmaß der Feindschaft der Juden zu illustrieren. Über seine rein literarische Funktion hinaus blickt Joh 9,22 auf die Trennung joh. Christen von der Synagoge zurück[250]. Eine *aktuelle* Auseinandersetzung der joh. Gemeinde mit der Synagoge ist dem Text hingegen nicht zu entnehmen[251], vielmehr läßt er nur die Folgerung zu: „Zur Zeit des Erzählers und in dem ihm bekannten Umkreis kann es also eigentlich keine Judenchristen in einer jüdischen Gemeinde mehr gegeben haben."[252]

247 Für J. Wellhausen, Joh, 46, und F. Spitta, Johannesevangelium, 202f., war der Gebrauch von οἱ Ἰουδαῖοι in V. 18.22 anstelle von Φαρισαῖοι (V. 13.15.16.40) Anlaß für die Vermutung, die V. 18–23 seien gegenüber dem Kontext sekundär. Zur berechtigten Kritik vgl. R. Bultmann, Joh, 250 A 2. Bultmann, a.a.O., 254 A 6, hält den Wechsel zu οἱ Ἰουδαῖοι für das Werk des Evangelisten, der dadurch den offiziellen Charakter des Verhörs durch eine Behörde herausstellen will.
248 Vgl. W. Schrage, ThW VII 846ff.
249 So R. Bultmann, Joh, 254 A 10; G. Reim, Joh 9, 247. Für einen späten Nachtrag halten Joh 9,22f. hingegen W. Langbrandtner, Weltferner Gott, 75; R. Bergmeier, Glaube als Gabe, 211.
250 Vgl. U. Luz, Gesetz, 125.
251 Gegen J. L. Martyn, History and Theology, 37ff.; K. Wengst, Bedrängte Gemeinde, 48f.
252 E. Haenchen, Joh, 380.

Auch Joh 12,42; 16,2 sind nicht Reflexe eines *akuten* Konfliktes zwischen der joh. Gemeinde und der Synagoge. Der Glaube ,vieler'[253] Archonten in Joh 12,42 und ihre Angst vor einem Synagogenausschluß durch die Pharisäer[254] dienen dem Evangelisten nur zur Erläuterung des vorangehenden Jesajazitates: Die in der Schrift vorhergesagte Verstockung hebt die Glaubensentscheidung des einzelnen Menschen keineswegs auf, wie der Glaube ,vieler' Ratsherren zeigt[255]. Johannes schränkt diese positiven Aussagen in V. 43 allerdings sofort wieder ein, denn die Ratsherren bekannten ihren Glauben nicht, weil ihnen die Ehre bei den Menschen wichtiger war als die Ehre bei Gott (V. 43).

Die Prophezeiung in Joh 16,2 ist deutlich durch die urchristlichen Verfolgungstraditionen geprägt[256], wie wir sie in Mt 5,10f.; 10,21 ff.; Mk 13,12 ff. und Lk 6,22; 12,4; 21,12 finden. Hier erscheint die Verfolgung der Glaubenden bis hin zur Tötung als ein überliefertes Motiv (vgl. Mt 10,21.28; 24,9; Mk 13,12; Lk 21,16). Auch die Ankündigung der ,Stunde' ist ein aus der jüdischen Apokalyptik geläufiges Verfolgungsmotiv (vgl. Jes 39,6; Jer 7,32; 16,44; Sach 14,1LXX; 4Esra 5,1; 13,29, für das NT vgl. ferner Mk 2,20; Lk 17,22; 21,6; 23,29). Diese traditionsgeschichtlichen Beobachtungen stützen die Annahme, daß Joh 16,2 nicht auf eine konkrete Auseinandersetzung Bezug nimmt, sondern traditionelle Motive in der Situation der Abschiedsreden verarbeitet wurden.

Hatten bereits die Analysen im Abschnitt 1.3 gezeigt, daß die Einfügung der birkat ha-minim in das Achtzehngebet ein primär innerjüdischer Vorgang war, und sowohl das Gesetzesverständnis als auch der Gebrauch von Ἰουδαῖος gegen eine judenchristliche Interpretation des 4. Evangeliums sprechen, so wird dieses Ergebnis durch die Exegese von Joh 9,22; 12,42; 16,2 bestätigt: Weder lassen sich diese Verse als direkte Reaktion auf die Formulierung der birkat ha-minim verstehen, noch können sie die Last einer judenchristlichen Auslegung des JE tragen. Sollten sie einen realen historischen Hintergrund haben – was keineswegs ausgeschlossen werden soll –, so blickt der Evangelist auf ihn zurück, ohne daß eine präzise zeitliche Festsetzung – etwa um das Jahr 90 – möglich wäre[257].

Gegen eine derart späte zeitliche Fixierung sprechen sowohl die nur im Rahmen einer jurisdiktionellen Beauftragung verstehbare Verfolgertätigkeit des Paulus (vgl. Gal 1,13; Phil 3,6, ferner die 1 Thess 2,14 ff. vorausgesetzte Verfolgung der Gemeinden in Judäa durch Juden) als auch die einzige synoptische Parallele zu unseren Stellen in Lk 6,22 (vgl. auch Lk 11,49–51). Im Makarismus an die Verfolgten[258] spiegeln sich Auseinandersetzungen zwischen dem jungen Chri-

---

[253] Vgl. nur die joh. Darstellung in 7,48; 11,47 f.

[254] Joh 12,42 ist für K. Wengst, Bedrängte Gemeinde, 57.95, Anlaß zu der Vermutung das JE sei schon vor (!) der Formulierung der birkat ha-minim abgefaßt worden, da diese Stellen heimliche Sympathisanten der christlichen Gemeinde voraussetzen, die es nach Jabne nicht mehr gegeben haben könne. Eine derartige Argumentation ist schlicht als spekulativ zu bezeichnen.

[255] Vielleicht ist hier an Nikodemus (vgl. Joh, 3,1 ff.; 19,39) und Joseph von Arimathia (vgl. Joh 19,38) gedacht.

[256] Vgl. C. K. Barrett, Joh, 485; J. Becker, Joh II, 493.

[257] So W. Schrage, ThW VII 848.

[258] Zur traditionsgeschichtlichen Stellung des Makarismus vgl. F. W. Horn, Glaube und Handeln, 122 ff.

stentum und der jüdischen Synagoge wider. Dabei ist ἀφορίζειν mit „„exkommunizieren' zu übersetzen, ist also mit ἀποσυνάγωγος γίνεσθαι identisch, und auch ἐκβάλλειν (τὸ ὄνομα) hat eine jüdisch-disziplinarische Bedeutung, ist also nicht nur mit ,schmähen' wiederzugeben, sondern es steht dem ,Verwerfen' oder ,Ausstoßen' nahe"[259]. Mit ἀποσυνάγωγος wird somit eine Entwicklung bezeichnet, die bereits in der synoptischen Tradition und bei Paulus vorausgesetzt ist.

In V. 24–34 wird der Geheilte einem zweiten Verhör durch die Juden unterzogen[260], in dessen Mittelpunkt die Frage nach der göttlichen Legitimation sowohl des Wundertäters als auch der Juden steht. Während die Juden Jesus für einen Sünder halten und damit die göttliche Herkunft des Wundertäters und die Wirklichkeit des Wunders in Frage stellen, verteidigt der ehemals Blinde Jesus[261] und betont noch einmal die Tatsächlichkeit des Wunders (V. 25). Daraufhin entwickelt sich wiederum eine Diskussion über den Wunderhergang, die in die ironische Frage des Geheilten mündet: μὴ καὶ ὑμεῖς θέλετε αὐτοῦ μαθηταὶ γενέσθαι. Die Juden verwahren sich gegen eine solche Unterstellung mit dem Hinweis auf ihre Mosejüngerschaft (V. 28)[262]. Dieses Argument weitet V. 29 aus, indem hier die Legitimation des Mose durch Gott selbst (vgl. Ex 33,11) und die unbekannte Herkunft des Wundertäters Jesus gegenübergestellt werden. Die Wendung τοῦτον δὲ οὐκ οἴδαμεν πόθεν ἐστίν weist auf joh. Redaktion hin (vgl. Joh 7,27f.; 8,14; 3,8), so daß wahrscheinlich der ganze V. 29 dem Evangelisten zuzuschreiben ist[263]. Die Jünger des Mose entlarven sich selbst, wenn sie den nicht erkennen, über den Mose geschrieben hat (vgl. Joh 5,46). Damit erreicht das Gespräch sein eigentliches Ziel: Wenn die Juden von sich behaupten, durch Mose legitimiert zu sein, wodurch ist dann Jesus legitimiert? Die Antwort auf diese entscheidende Frage in V. 30–33 stammt zu großen Teilen vom Evangelisten, denn V. 30 setzt den redaktionellen V. 29 voraus (zudem ist ἐν τούτῳ eine joh. Wendung; vgl. 4,37; 13,35; 15,8; 16,30) und V. 33 ist sicher eine joh. Bildung (vgl. zu οὗτος παρὰ θεοῦ Joh 6,46; 7,29; 8,40; 17,5.7.8; zur Wendung ,etwas tun können' vgl. Joh 3,2; 5,19; 9,4.16; 11,37; 15,5; zur Legitimation durch Wunder vgl. Joh 3,2; 20,30f.)[264]. Der Blindgewesene belehrt die Pharisäer

---

[259] G. Strecker, Makarismen, 123f.

[260] Die Wendung δὸς δόξαν τῷ θεῷ in V. 24 weist darauf hin, daß die Juden im Blindgeborenen schon einen Verurteilten sehen; vgl. Bill II 535 z. St.

[261] Mit C. Burchard, εἰ nach einem Ausdruck des Wissens, 81, ist V. 25a zu übersetzen: „Daß er ein Sünder ist, ist mir nicht bekannt." Vgl. J. Becker, Joh I, 320.

[262] Vgl. dazu Bill II 535 z. St. Gemeint sind mit diesem Ausdruck wahrscheinlich die Pharisäer.

[263] Vgl. R. Bultmann, Joh, 255 A 5; G. Reim, Joh 9, 247.

[264] Für R. Bultmann, ebd., stammt V. 30 sicher vom Evangelisten, V. 33 hält er auch für eine joh. Bildung; alles Weitere läßt sich hingegen seiner Meinung nach nicht mehr sicher entscheiden. Er verweist zustimmend auf F. Spitta, Johannesevangelium, 206f., wonach V. 34c ursprünglich die Fortsetzung von V. 28 sei. G. Reim, Joh 9, 247f., hält die V. 28–

mit ihren eigenen Argumenten. Gerade die Singularität des Wunders zeugt für die göttliche Herkunft des Wundertäters, so daß er nicht ein Sünder sein kann. Gott erhört nicht Sünder[265], sondern nur den, der fromm[266] ist und seinen Willen tut (V. 30–31). In V. 32 wird noch einmal die Größe und Einmaligkeit des Wunders hervorgehoben, um daraus in V. 33 die theologisch einzig angemessene Schlußfolgerung zu ziehen: Ein solches Wunder kann nur vollbringen, wer παρὰ θεοῦ ist (vgl. dazu das ebenfalls redaktionelle οὐκ ἔστιν οὗτος παρὰ θεοῦ im Mund der Pharisäer in V. 16a). Hier wird wiederum deutlich das Interesse des Evangelisten sichtbar[267]: Ihm dient die Größe des Wunders nicht nur als Argument im Streitgespräch mit den Juden, sondern umfassend als Legitimation der göttlichen Herkunft Jesu. Die durch die Existenz des Blindgewesenen nicht zu leugnende Wirklichkeit des Wunders weist für Johannes die Göttlichkeit des Wundertäters aus. Weit entfernt von einer dualistischen Konzeption wird das Wunder zur sichtbaren innerweltlichen Demonstration der Hoheit Jesu.

Die Juden reagieren auf diese Belehrung des Blindgewesenen zornig; sie legen seine angeborene Blindheit als Sündhaftigkeit aus und stoßen ihn aus ihrer Gemeinschaft aus[268]. Wie in Joh 5,14 wird der Blindgeborene daraufhin von Jesus ‚gefunden‘ (vgl. auch Joh 1,41), und es kommt zu einer vom Evangelisten[269] gestalteten Schilderung der Glaubenserkenntnis und des Glaubensbekenntnisses des Geheilten. War zuvor der Blindgeborene vor dem Volk und der jüdischen Behörde beharrlich für Jesus eingetreten, so gelangt er nun durch Jesus selbst zum wahren Sehen und Glauben. Er erkennt in Jesus den ‚Menschensohn‘[270] und betet ihn an

---

30.32 für redaktionell. J. Becker, Joh I, 320f., rechnet V. 24–27a.31–34 seiner ‚Semeia-Quelle‘ zu, die V. 27b–30 sollen vom Evangelisten stammen.

[265] Vgl. dazu 1Joh 3,21.22; Jes 1,15; Ps 66,18; 108,7; Prov 15,8.29. Darüber hinaus bietet W. Bauer, Joh, 136, hellenistische Belege.

[266] Im NT erscheint θεοσεβής nur hier (was für den traditionellen Charakter von V. 32 spricht), es ist aber geläufiger Terminus in der hellenistischen religiösen Literatur; vgl. W. Bauer, WB 708; A. Deissmann, Licht vom Osten, 391f.

[267] Gegen J. Becker, Joh I, 321, der die massive Wundertheologie in V. 33 einfach seiner ‚Semeia-Quelle‘ zuschreibt, obwohl dieser Vers sprachlich eindeutig als joh. Bildung zu erkennen ist.

[268] Zuallererst meint ἐκβάλλειν hier das Entfernen aus dem Raum, in dem das Verhör stattfand. Darüber hinaus ist es aber wahrscheinlich im Sinn von V. 22 als Synagogenausschluß zu verstehen. Vgl. aber die Belege bei W. Bauer, WB 471 s. v. 1, für „jemanden aus der Gemeinschaft ausstoßen“.

[269] Vgl. J. Schneider, Joh, 194; J. Becker, Joh I, 321f.; G. Reim, Joh 9, 248; R. Bultmann, Joh, 256 A 7, der es allerdings nicht mehr für möglich hält, exakt zwischen Redaktion und Tradition zu trennen. Für joh. Redaktion spricht neben dem parallelen Aufbau zu Joh 5 vor allem V. 37 (zu καί–καί vgl. Joh 4,36; 6,36; 7,28; 11,48; 12,28; 15,24. Eine Sachparallele ist Joh 4,26). Joh. ist ebenfalls die Formulierung πιστεύειν εἰς.

[270] Der Begriff υἱὸς τοῦ ἀνθρώπου in V. 35 ist wohl durch den forensischen Kontext in

(vgl. Joh 4,20–24)[271]. Daß Jesus sich selbst offenbart, liegt in der Logik der Erzählung, denn der Geheilte hatte ihn zuvor noch nicht gesehen. Er konnte also gar nicht wissen, wer dieser Jesus von Nazareth ist, und erst als Jesus sich in V. 37 mit dem Hinweis auf das Wunder (ἑώρακας αὐτόν) zu erkennen gibt, kommt der Geheilte zum Glauben.

Auch hier steht das joh. Junktim vom Sehen des Wunders und daraus entstehendem Glauben im Hintergrund, denn es ist der Wundertäter Jesus, an den der Geheilte glaubt und dessen Macht er am eigenen Leib erfahren hat. Zudem spricht ἑώρακας in V. 37 für diese Interpretation, verweist doch das Perfekt ausdrücklich auf das Wunder der Blindenheilung und betont die nachhaltige Wirkung dieses Geschehens[272] (vgl. Joh 20,29; 14,7.9). Das Wunder legitimiert nicht nur den Wundertäter (V. 33), es ruft darüber hinaus Glauben hervor (V. 38)[273].

Ist mit dem Glaubenszeugnis des Blindgeborenen die eigentliche Handlung abgeschlossen, so fügt der Evangelist durch V. 39–41 eine weitere Deutung des Geschehens an[274]. Mit dem charakteristischen Stilmittel einer doppeldeutigen Ausdrucksweise[275] betont Johannes, daß die Offenbarung nicht nur Gnade ist, sondern zum Gericht werden kann, weil sich an der Stellung zu ihr entscheidet, wer sehend wird und wer in Blindheit verharrt. Allein im Ja oder Nein zur Offenbarung Gottes in Jesus von Nazareth zeigt sich, ob ein Mensch zum Bereich des Lichtes gehört oder in der Finsternis bleibt, die Möglichkeit wirklichen Sehens nicht ergriffen hat und dem Gericht verfällt (vgl. Joh 8,12; 12,35f.; 12,46). Der Blindgeborene ist in einem doppelten Sinn sehend geworden: Er erhielt nicht nur sein Augenlicht, sondern erkannte darüber hinaus, daß Jesus παρὰ θεοῦ ist und glaubte an ihn.

Demgegenüber sind die Pharisäer nur vermeintlich Sehende, denn sie erkennen in Jesus nicht den Offenbarer und sind somit Blinde, obgleich sie das Augenlicht besitzen. Sie haben Jesu große Wundertat gesehen, sind dem Offenbarer begegnet und dennoch nicht zum Glauben gekom-

---

V. 39 bedingt, eine Sachparallele bietet Joh 12,31–36; vgl. dazu R. Schnackenburg, Joh II, 320–322.

[271] Zur Proskynese als angemessener Haltung gegenüber dem Wundertäter vgl. vor allem Philostr, VA VII 21, wo berichtet wird, daß die Bürger von Ephesus Apollonius anbeteten und für göttergleich hielten, nachdem er ihre Stadt von der Pest befreit hatte.

[272] Vgl. B.-D.-R. § 342.

[273] Die Auslassung von V. 38.39a in P[75] ℵ* W b (1) ist sekundär; vgl. zur Diskussion B. M. Metzger, Textual Commentary, 229; J. Becker, Joh I, 322.

[274] Vgl. E. Haenchen, Joh, 382; G. Reim, Joh 9, 248. R. Bultmann, Joh, 258, rechnet V. 39 zur ,Offenbarungsredenquelle'. Für Redaktion spricht in V. 39 die Wendung εἰς τὸν κόσμον (vgl. Joh 8,23; 11,9; 12,25.31; 13,1; 18,36); zu ἐκ τῶν Φαρισαίων in V. 40 vgl. Joh 1,24; 3,1; 7,47f.; 9,16; zu V. 41 vgl. Joh 15,22.24.

[275] Vgl. zum übertragenen Gebrauch von τυφλός im AT und im hellenistisch beeinflußten Judentum W. Schrage, ThW VIII 280f.284ff.

men, so daß sie in der Sünde schlechthin – in der Ablehnung des Offenbarers – verbleiben (Joh 8,21; 15,22.24; 16,9; 19,11). Sehen heißt somit Glauben, Unglaube hingegen Blindsein.

3.6.3 Interpretation

Die kompositionell geschlossene und umfangreiche Tradition der Blindenheilung dient Johannes zur Illustration und Demonstration der christologischen Aussage ὅταν ἐν τῷ κόσμῳ ὦ, φῶς εἰμι τοῦ κόσμου (Joh 9,5; vgl. 8,12; 12,46). Daß Jesus das Licht der Welt ist, zeigt sich sichtbar in der einzigartigen Heilung eines von Geburt an Blinden. Dieses außerordentliche Wunder legitimiert Jesu göttliche Herkunft und weist ihn als von Gott gesandten Wundertäter aus (vgl. Joh 9,7c.16.33). Dabei steht das Wunder nicht nur im Dienst der Christologie, sondern es ist *Ausdruck* der christologischen Konzeption des Evangelisten, die in der Betonung des epiphanen Charakters der σημεῖα und damit der innerweltlichen Anschaulichkeit des Wirkens Jesu und der Wirklichkeit seiner Inkarnation zu sehen ist.

Das Wunder ruft sowohl Glauben als auch Ablehnung hervor (vgl. V. 9.16). Während die Juden im Unglauben verharren, Jesu Umgang mit der Tradition als Sünde interpretieren (V. 14.16a) und sogar die Tatsächlichkeit des Wunders leugnen, gelangt der Blindgeborene in einem stufenweisen Prozeß[276] zur Erkenntnis der göttlichen Herkunft Jesu, die in dem πιστεύω von V. 38 ihren Höhepunkt erreicht (vgl. zuvor V. 11: ἄνθρωπος; V. 17: προφήτης; V. 33: παρὰ θεοῦ; V. 35: υἱὸς τοῦ ἀνθρώπου). Somit wird auch in Kap. 9 das joh. Junktim vom Sehen des Wunders und daraus entstehendem Glauben sichtbar (vgl. bes. V. 16b.33).

Hat der Blindgeborene durch Jesus sein Augenlicht erhalten, ist er durch den Glauben zu einem wahrhaft Sehenden geworden, so verfallen die Juden der Krisis, weil sie im Unglauben verharren (V. 39–41). Die Offenbarung der Doxa Jesu im Wunder und das Gericht gehören für den Evangelisten zusammen, sofern die Offenbarung einerseits Schau des Göttlichen, andererseits aber auch Anstoß des Unglaubens ist. „Es ist die Paradoxie der Offenbarung, daß sie, um Gnade sein zu können, Ärgernis geben muß und so zum Gericht werden kann."[277]

Nicht ein historiographisches[278], sondern ein streng christologisches Interesse leitet Johannes bei seiner Bearbeitung der Erzählung vom Blindgeborenen: Jesu Sein von Gott wird im σημεῖον sichtbar, das Wun-

---

[276] Vgl. R. E. Brown, Joh I, 377; J. Schneider, Joh, 187.

[277] R. Bultmann, Joh, 259.

[278] Gegen J. L. Martyn, History and Theology, 24 ff., der das christologische Interesse des Evangelisten sehr vernachlässigt.

der zeigt die Doxa des Wundertäters und legitimiert ihn zugleich, es ruft Glauben und Unglauben hervor.

3.7 Joh 11,1–44

3.7.1 Kontextstellung

Die Auferweckung des Lazarus ist der Höhepunkt des öffentlichen Wirkens Jesu und zugleich der Anlaß des endgültigen Todesbeschlusses der Juden (Joh 11,53). Ganz bewußt wurde das größte Wunder im Neuen Testament von Johannes an diesen Ort gestellt, wo die Auseinandersetzung zwischen Glauben und Unglauben ihren Höhepunkt erreicht. Auf die verschärfte Kontroverse mit den Juden (Joh 10,22 ff.) und die Feststellung, daß Johannes keine Zeichen tat, hingegen viele aufgrund der Zeichen an Jesus glaubten (Joh 10,40–42), erfolgt in Bethanien und damit in der unmittelbaren Nähe Jerusalems dieses außerordentliche Wunder Jesu, das seinerseits wiederum Glauben bewirkt (Joh 11,45) und zugleich Unglauben hervorruft (Joh 11,47–53). Der für alle sichtbaren Offenbarung Jesu als Lebensspender steht der Todesbeschluß der Juden gegenüber, dem machtvollsten Zeichen entspringt die größte Tat des Unglaubens[279]. Weil Jesus einen Toten erweckt, muß er selbst in den Tod gehen.

3.7.2 Redaktion und Tradition

Der gesamte V. 1 ist im Rahmen der Exposition als traditionell anzusehen[280]. Zu ἦν δέ τις ἀσθενῶν vgl. Joh 5,5; der Name Λάζαρος[281] erscheint noch in Lk 16,20.23–25, mit Bethanien ist das judäische Bethanien gemeint (vgl. V. 18), welches von dem in Joh 1,28; 10,40 erwähnten Ort gleichen Namens zu unterscheiden ist[282]. In V. 1b werden mit Maria und Martha (vgl. Lk 10,38–42) zwei weitere für das folgende Geschehen wichtige Personen eingeführt, und durch ἐκ τῆς κώμης wird eine – zunächst geographische – Verbindung zu Lazarus hergestellt[283]. V. 2 ist

---

[279] Vgl. R. Schnackenburg, Joh II, 396. Die besondere Stellung von Kap. 11 im Gesamtaufbau des Evangeliums läßt auf bewußte Komposition des Evangelisten Johannes schließen und spricht eindeutig gegen die Vermutung von R. E. Brown, Joh I, 414: „We shall see in treating chs. XI–XII that they have peculiarities which suggest that they are an editorial addition to the original gospel outline."

[280] Vgl. R. Schnackenburg, Joh II, 402 ff.; C. K. Barrett, Joh, 389 f.

[281] Zur Form des Namens Λάζαρος (= hebr. לעזר = Gott hat geholfen) vgl. C. K. Barrett, Joh, 389.

[282] Vgl. dazu G. Schneider, EWNT I 511 f.

[283] Es besteht kein Grund, die Erwähnung der Schwestern hier für sekundär zu halten (so E. Schwartz, Aporien III, 166; J. Wellhausen, Joh, 52 f.), denn V. 1 hat innerhalb der Exposition die Funktion, drei wichtige Personen des folgenden Geschehens vorzustellen.

nach Meinung vieler Exegeten als nachjoh. Glosse anzusehen[284], die nur die Funktion hat, dem Leser zu erklären, wer die eben genannte Maria ist. Als inhaltliches Indiz für diese Annahme gilt der Vorverweis auf Joh 12,3 (oder aber die Erinnerung an Lk 7,37f.), sprachlich fällt wiederum der absolute Gebrauch von ὁ κύριος auf[285]. Andererseits ist der nachklappende Relativsatz ἧς ὁ ἀδελφὸς Λάζαρος ἠσθένει Voraussetzung für das sonst völlig unvermittelte αἱ ἀδελφαί in V. 3a, wo sich zudem αὐτόν auf τὸν κύριον in V. 2 zurückbezieht. Auch ist die Voranstellung von Maria gegenüber Martha (vgl. V. 1.2 einerseits und V. 5.20–27 andererseits) als ein Kennzeichen der Tradition anzusehen. Vom Evangelisten wird sie bewußt verändert, so daß V. 2 zur Tradition zu rechnen ist, vielleicht als eine vorjoh. Hinzufügung[286].

Die luk. und joh. Traditionen über Maria, Martha und Lazarus weisen Übereinstimmungen auf[287]. So wird von Martha in Lk 10,38–42 berichtet, sie sei ständig mit διακονεῖν beschäftigt gewesen, und in Joh 12,2 heißt es: καὶ ἡ Μάρθα διηκόνει[288]. Auch bei Maria ist eine Parallelität festzustellen, denn in Lk 10,39 sitzt sie zu Jesu Füßen und hört sein Wort, während in Joh 11,20b ausdrücklich gesagt wird, daß Maria sich im Haus niedersetzte, wo sie in V. 23–27 ein Wort Jesu erhält.

Lukas weiß nichts davon, daß Maria, Martha und Lazarus Geschwister sind, und hinter den umständlichen Formulierungen in Joh 11,1.2 schimmert dies ebenfalls durch. Das luk. Gleichnis vom reichen Mann und armen Lazarus (Lk 16,19–31)[289] schließt in V. 30f. mit der Feststellung, daß die Juden sich auch dann nicht zur Buße bekehren, wenn Lazarus von den Toten auferstehen und ins Leben zurückkehren würde. Eben das ereignet sich in Joh 11, aber die Juden bekehren sich nicht, sie beschließen im Gegenteil den Tod von Jesus und Lazarus (Joh 11,45–53).

Auf eine literarische Abhängigkeit lassen diese Übereinstimmungen nicht

---

284 Vgl. J. Wellhausen, Joh, 52; E. Schwartz, Aporien III, 166; R. Bultmann, Joh, 302 A 1; R. Schnackenburg, Joh II, 403; J. Becker, Joh II, 345; W. Wilkens, Erweckung, 23.

285 Vgl. dazu aber die Analyse von Joh 6,23, die gezeigt hat, daß absolutes ὁ κύριος keineswegs ein sicherer Hinweis auf eine Glosse ist; gegen R. Schnackenburg, Joh II, 403. Auch die auffallende Parallele von τὸν κύριον in V. 2 und κύριε in V. 3 zu Lk 10,39 (Maria sitzt πρὸς τοὺς πόδας τοῦ κυρίου) und Lk 10,40 (Martha redet Jesus mit κύριε an) spricht für Tradition.

286 Vgl. R. Fortna, Gospel, 77, der mit einer redaktionellen Bemerkung des Autors des ‚Zeichenevangeliums‘ rechnet. Für ursprünglich hält V. 2 auch E. Haenchen, Joh, 398 (er weist darauf hin, daß vielfach im JE bekannte Personen in ähnlicher Weise vorgestellt werden, vgl. Joh 7,50; 19,39 [Nikodemus]; 11,49; 18,14 [Kaiphas]; 6,71; 12,4; 13,2; 18,2.3.5 [Judas]).

287 Vgl. dazu E. Haenchen, Joh, 415f.; R. Schnackenburg, Joh II, 429.

288 Die Einfügung von Maria und Martha in die Salbungsgeschichte ist traditionsgeschichtlich sekundär, denn in Mk 14,3 ist nur von einer Frau und in Lk 7,37 von einer Sünderin die Rede.

289 Zur Analyse vgl. F. W. Horn, Glaube und Handeln, 81–85.

schließen, wohl aber sind Berührungen in der mündlichen Tradition zu vermuten[290].

Die V. 3–4 und 5–6 sind in zweifacher Hinsicht eine Doppelung: V. 4a stellt fest, Jesus habe die Botschaft der Schwestern über ihren kranken Bruder erhalten, hingegen erweckt V. 6a den Eindruck als habe Jesus hier erstmals von der Krankheit des Lazarus gehört. Berichtet schon V. 3 von der Freundschaft zwischen Jesus und Lazarus, so stellt V. 5 ausdrücklich fest, daß Jesus Martha, ihre Schwester und auch Lazarus liebte. Zudem wird in V. 3 φιλεῖν und V. 5 ἀγαπᾶν zur Kennzeichnung dieser Beziehungen gebraucht. Unzweifelhaft gehört V. 3 zur Tradition, denn die Erwähnung einer Gesandtschaft ist ein geläufiges Motiv bei der Heilung Todkranker (Joh 4,47) bzw. Totenerweckungen (Mk 5,35, Apg 9,38)[291], und außerdem tritt durch diesen Vers Jesus überhaupt erst in die Handlung ein. V. 4 ist dagegen bis auf die Einleitung ἀκούσας δὲ ὁ ᾽Ιησοῦς εἶπεν[292] als joh. Redaktion anzusehen, die eine erste Deutung des bevorstehenden Geschehens gibt. Für diese Annahme sprechen sowohl sprachliche Beobachtungen (zu οὐκ ... ἀλλά ... ἵνα vgl. Joh 1,7 f.31; 9,3; 13,18; 14,30c–31; zu πρὸς θάνατον vgl. 1Joh 5,16; zu δι᾽ αὐτῆς vgl. Joh 1,7; 3,17)[293] als auch die große inhaltliche Nähe zu Joh 2,11; 9,3. Die Krankheit des Lazarus führt nicht in den Tod, da sie Anlaß für die Offenbarung der δόξα θεοῦ durch Jesus im Wunder ist. Für Jesus selbst hingegen wird paradoxerweise gerade das Sichtbarwerden der δόξα θεοῦ in diesem Geschehen den Weg zum Kreuz endgültig beschließen, den Johannes als wechselseitige Verherrlichung des Vaters und des Sohnes interpretiert. Der Evangelist unterstreicht damit die bereits in der Stellung des Textes sichtbar werdende Verbindung zur Passion: In der Auferweckung des Lazarus werden Jesu Tod und Auferweckung vorweggenommen[294].

Wie V. 4 stammt auch V. 5 vom Evangelisten, der ganz deutlich Martha gegenüber ihren Geschwistern in den Vordergrund stellt (vgl. V. 20–27)[295] und die Zuneigung Jesu mit dem für ihn charakteristischen ἀγαπᾶν beschreibt (37 Belege im JE, von Jesu Liebe zu den Seinen sprechen vor allem Joh 13,1.34; 14,21; 15,9.10.12; vgl. ferner ‚den Jünger, den Jesus liebte' in Joh 13,23; 19,26). Auch V. 6 ist redaktionell, denn der Versanfang wiederholt V. 4a, und V. 6b macht die Zeitangabe in V. 17 verständli-

---

290 Vgl. R. Schnackenburg, Joh II, 428 ff.
291 Vgl. G. Theißen, Wundergeschichten, 59 f.
292 Für diese Annahme spricht die parallele Wendung in V. 6a, vgl. R. Fortna, Gospel, 78. Den gesamten V. 4 halten für redaktionell R. Bultmann, Joh, 302 A 7; R. Schnackenburg, Joh, 404 f.; J. Becker, Joh II, 355.
293 Vgl. R. Bultmann, Joh, 302 A 7.
294 Vgl. R. Schnackenburg, Joh II, 404.
295 Vgl. W. Stenger, Auferweckung, 22 f.

cher²⁹⁶. Zudem steigert Johannes durch Jesu ungewöhnliches Verweilen die Größe des Wunders; aus einer bloßen Krankenheilung wird nach einiger Zeit eine Totenerweckung²⁹⁷. Mit V. 7 wird ein neuer Abschnitt eröffnet, der zunächst bis V. 10 reicht: Jesus wendet sich an die plötzlich anwesenden Jünger und spricht von einer Reise nach Judäa, ohne Lazarus zu erwähnen. V. 8 bezieht sich auf die Auseinandersetzung mit den Juden in Joh 10,31–39, und die damit angeklungene Passionsthematik wird in V. 9 und 10 fortgeführt. Jesus wirkt in der ihm bestimmten Zeit in der Welt (vgl. Joh 9,4) bis zu der Stunde, wo er zum Vater geht (Joh 13,1). Er ist das Licht der Welt (Joh 8,12), wer ihm nicht nachfolgt, bleibt in der Finsternis und verfehlt dadurch das Heil (Joh 12,35). Der Wechsel in der Anrede, die Vorwegnahme des ἄγωμεν aus V. 15 in V. 7, die fest mit dem Kontext verbundene Passionsthematik, der fehlende Bezug zu Lazarus und die Wiederaufnahme von μετὰ τοῦτο λέγει aus V. 7 in V. 11 machen es wahrscheinlich, daß V. 7–10 auf den Evangelisten zurückgehen²⁹⁸.

Schwer sind in V. 11–16 Redaktion und Tradition zu bestimmen. Während die Erwähnung des Lazarus in V. 11–15 für Tradition spricht, weisen zahlreiche inhaltliche Merkmale auf die Hand des Evangelisten hin: die doppeldeutige Sprechweise vom ‚Schlafen‘ und ‚Auferwecken‘ (V. 11), das Mißverständnis der Jünger (V. 12), zu dem in V. 13 ein Kommentar gegeben wird, das Motiv der ‚offenen Rede‘ (zu παρρησία vgl. Joh 7,4; 10,24; 11,54; 16,25; 18,20), das Junktim zwischen Sehen des Wunders und Glauben in V. 15 und die Erwähnung des Thomas (vgl. Joh 14,5; 20,24–29)²⁹⁹.

Durch die doppelsinnige Redeweise in V. 11 wird Jesu wunderbares Vorherwissen betont und gleichzeitig das Mißverständnis der Jünger in V. 12 vorbereitet. Die Jünger deuten die Worte Jesu in einem irdisch-vordergründigen Sinn und erkennen nicht die göttliche Dimension des kommenden Geschehens. Ihr Mißverständnis besteht in der Verwechslung irdischer und himmlischer Sachverhalte, wodurch das wunderbare Wissen Jesu um so mehr hervorgehoben wird³⁰⁰. Für den Leser kommen-

---

²⁹⁶ Vgl. W. Wilkens, Erweckung, 24.

²⁹⁷ Vgl. E. Haenchen, Joh, 399.

²⁹⁸ Vgl. W. Stenger, Auferweckung, 20; R. Fortna, Gospel, 78f. (er rechnet lediglich λέγει τοῖς μαθηταῖς zur Vorlage); E. Haenchen, Joh, 400; R. Schnackenburg, Joh II, 399 (er hält V. 7–16 für redaktionell); W. Wilkens, Erweckung, 24; R. E. Brown, Joh I, 432 (sieht bes. in V. 7–8 eine Hinzufügung); J. Becker, Joh II, 356. Nach R. Bultmann, Joh, 304 stammen die beiden ἐάν-Sätze in V. 9f. aus der „Lichtrede der Offenbarungsreden" (a.a.O., 304 A 1); zur Kritik vgl. R. Schnackenburg, a.a.O., 409.

²⁹⁹ Vgl. R. Schnackenburg, Joh II, 399; R. Fortna, Gospel, 79. Den Abschnitt halten für redaktionell (bis auf V. 16): W. Stenger, Auferweckung, 21; E. Haenchen, Joh, 401 ff.; J. Becker, Joh II, 348; W. Wilkens, Erweckung, 24 f. (Becker und Wilkens rechnen die Verse allerdings nicht zu ihrer ältesten Traditionsstufe).

³⁰⁰ Gegen R. Bultmann, Joh, 304 A 6, der meint, hier läge nicht das übliche joh.

tiert Johannes das Verhalten der Jünger und offenbart, um was es im folgenden wirklich geht: eine Totenerweckung. In V. 14 erfahren dies auch die Jünger, Jesus enthüllt seine Rede vom ‚Schlafen' und ‚Auferwekken' in V. 11 und benennt sofort in V. 15 die soteriologische Dimension des bevorstehenden Ereignisses für die Jünger. Sie werden durch die machtvolle Totenerweckung zum Glauben kommen, d. h. auch hier trägt der Evangelist sein Junktim vom Sehen des Wunders und daraus entstehendem Glauben ein, wobei die Worte καὶ χαίρω δι' ὑμᾶς im Munde Jesu die Bedeutung des folgenden Wunders noch verstärken. Jesus heilt nicht aus Mitleid, sondern um seine Macht zu demonstrieren. Die Wendung ἀλλὰ ἄγωμεν πρὸς αὐτόν in V. 15c könnte zur Tradition gehören[301], denn sie stößt sich mit dem redaktionellen ἄγωμεν εἰς τὴν 'Ιουδαίαν πάλιν in V. 7 und ist innerhalb des Handlungsablaufes der Tradition Voraussetzung für V. 17. Der redaktionelle V. 16 lenkt auf das Passionsthema zurück, Thomas[302] fordert die übrigen Jünger auf, mit Jesus in den Tod zu gehen.

Mit V. 17 wird die Handlung fortgesetzt, Jesus erscheint am Grab des Lazarus, der schon vier Tage tot ist. Da nach jüdischer Vorstellung die Seele nur drei Tage in der Nähe des Leibes verweilt[303], wird durch diese Zeitangabe die Größe des folgenden Wunders gesteigert. Während V. 17 zur Tradition zu rechnen ist, müssen die wiederholte Ortsangabe in V. 18 und das Erscheinen der Juden bei Maria und Martha als redaktionell angesehen werden[304], denn sowohl die Wendung ἡ Βηθανία ἐγγὺς τῶν 'Ιεροσολύμων als auch die jüdischen Trauergäste, die in V. 45f. die Kunde von der Totenerweckung verbreiten, verweisen auf die Passionsthematik.

Auch das folgende Gespräch zwischen Jesus und Martha in V. 20–27 geht auf Johannes zurück, wofür die charakteristische Voranstellung von Martha und die fast gleichlautenden Formulierungen der beiden Schwestern in V. 21b und V. 32b sprechen[305]. Nur Martha hört von Jesu Kommen[306] und eilt ihm entgegen, während Maria im Haus verweilt (vgl. Lk

---

Mißverständnis vor. Bultmann schließt sich H. Leroy, Rätsel, 6f., an, der eine „Fehlinterpretation des Gesagten" annimmt. Vgl. zum Motiv des Mißverständnisses bei einem Wunder auch Philostr, VA IV 45.

[301] So R. Fortna, Gospel, 79.

[302] Zum Namen vgl. W. Bauer, Joh, 150; zur Thomastradition vgl. R. Schnackenburg, Joh II, 410f.

[303] Vgl. Bill II 544f.

[304] Vgl. W. Wilkens, Erweckung, 24; W. Stenger, Auferweckung, 21. Dagegen rechnet R. Fortna, Gospel 80, V. 18f. zur Tradition (mit Ausnahme von ἐκ τῶν 'Ιουδαίων).

[305] Vgl. W. Stenger, Auferweckung, 23; R. Fortna, Gospel, 80f. (joh. Redaktion auf der Basis eines Grundbestandes innerhalb der Quelle); W. Wilkens, Erweckung, 23; W. Nicol, Semeia, 38; R. Schnackenburg, Joh II, 400.

[306] Von wem sie diese Nachricht erhält, ist für den Evangelisten ohne Belang.

10,38–42). In V. 21 spricht Martha ihr Vertrauen zu Jesus aus und bittet ihn dann indirekt, „er möge doch jetzt Lazarus wiedererwecken"[307]. Jesu Antwort ist bewußt doppeldeutig formuliert, damit sie mißverstanden wird. Martha begreift Jesu Wort im Sinne des jüdischen Auferstehungs-glaubens als Erwartung einer eschatologischen Totenerweckung[308] und liefert so die dunkle Folie, von der sich Jesu Offenbarungswort in V. 25f. um so heller abhebt. Die machtvolle Selbstprädikation in V. 25a wird durch einen Zweizeiler in V. 25b.26ab erläutert[309]: Die Auferstehung als Überwindung des Todes und Gabe des Lebens ereignet sich im Glauben an Jesus. Dabei wird vorausgesetzt, daß Jesus von Gott die Macht über den Tod und das Leben gegeben wurde, wie es das ‚Ich-bin-Wort'[310] nachdrücklich betont. An diesem Punkt sind Soteriologie und Christolo-gie völlig eins: Allein im Glauben an Jesus realisiert sich bereits das volle Heil, Jesus offenbart nicht nur die σωτηρία, er ist sie selbst. Diese unerhörte Botschaft verlangt Glauben, und deshalb wird von Martha in V. 27 ausdrücklich ein Bekenntnis abgelegt, das in großer Übereinstim-mung mit Joh 20,31 Jesu Messianität und Gottessohnschaft betont.

Korrigiert der Evangelist mit V. 25f. bewußt jegliche futurische Escha-tologie und stellt ihr das eigene Konzept eines vollständig im Glauben gegenwärtigen Heils entgegen? Unser Text allein kann auf diese Frage keine Antwort geben, wohl aber einen wichtigen Hinweis liefern: Der von Johannes in 11,23–26 aufgestellte Gegensatz ist nicht prinzipieller, son-dern aktueller Natur, denn nur das folgende Wunder erfordert die starke Betonung der präsentischen Eschatologie. Allein die Auferweckung des Lazarus als augenfällige Demonstration der gegenwärtigen Macht Jesu über Leben und Tod macht die prägnante Hervorhebung präsentischer Eschtologie notwendig. Insofern kann dieser Text nicht als Beleg für einen grundsätzlichen Gegensatz zwischen die Gegenwart des Heils betonen-den und die Zukunft des Glaubenden miteinschließenden Aussagen bei Johannes in Anspruch genommen werden[311].

Auf den Evangelisten gehen V. 28–31 zurück, der damit die in V. 32 vorausgesetzte Begegnung zwischen Jesus und Maria vorbereitet und zudem die noch im Haus weilenden Juden zum Grab kommen läßt, wo sie Zeugen der Auferweckung des Lazarus werden[312]. Unter dieser Voraus-setzung ist die aus Furcht vor den Juden heimliche Nachricht Marthas an

---

[307] E. Haenchen, Joh, 404.
[308] Vgl. dazu P. Volz, Eschatologie, 229–256.
[309] Vgl. R. Schnackenburg, Joh II, 415; R. Bultmann, Joh, 307f., der V. 25f. für einen Text aus den ‚Offenbarungsreden' hält.
[310] Zu den joh. ἐγώ εἰμι-Sprüchen vgl. R. Schnackenburg, Joh II, 59–70.
[311] Vielmehr zeigt sich auch hier die für Johannes charakteristische Verschränkung der Zeitebenen; vgl. J. A. Bühner, Denkstrukturen, 224f.
[312] Vgl. R. Schnackenburg, Joh II, 418; W. Stenger, Auferweckung, 21f.

ihre Schwester in V. 28 als ein Hinweis auf die Passion Jesu zu verstehen, und auch die merkwürdige Mitteilung in V. 30, Jesus sei noch nicht in das Dorf gekommen, erhält einen Sinn. Weil Lazarus irgendwo außerhalb des Dorfes beigesetzt wurde, geht Jesus nicht sofort in das Trauerhaus, kann er Martha in Abwesenheit der Trauergäste die wahre Bedeutung des kommenden Geschehens erkennen lassen, begegnet er dann Maria und trifft schließlich die Juden erst am Grab des Lazarus[313]. Somit gehört auch die Einleitung von V. 32 (ʽΗ ... ᾿Ιησοῦς) zur Redaktion, denn sie setzt die der Begegnung zwischen Jesus und Maria vorhergehenden Ereignisse in V. 28–31 voraus. Johannes schafft durch diese Verse wieder den Anschluß an die ihm vorliegende Tradition und bereitet zugleich weitere redaktionelle Partien vor.

Ein traditionelles Motiv in Wundergeschichten ist das Niederfallen von Kranken (vgl. Mk 1,40; 5,6) oder deren Stellvertreter (vgl. Mk 5,22: ἰδὼν αὐτὸν πίπτει πρὸς τοὺς πόδας αὐτοῦ; 7,25) vor Jesus, um so Aufmerksamkeit zu wecken und Vertrauen in die Macht des Wundertäters zu demonstrieren (für den paganen Bereich vgl. Tac, hist IV, 81; Philostr, VA VII 21)[314]. Auch Maria bekundet ihr Zutrauen in die Fähigkeiten Jesu, wobei die gleichlautende redaktionelle Formulierung im Munde Marthas in V. 21b vermuten läßt, daß in V. 32c Tradition vorliegt[315]. Das Klagen Marias und der Trauergäste versetzt Jesus in Zorn (vgl. Mk 5,38f.; zu ἐμβριμᾶσθαι vgl. Mk 1,43; 14,5; Mt 9,30; die Wendung καὶ ἐτάραξεν ἑαυτόν geht auf Johannes zurück, vgl. Joh 12,27; 13,21; 14,1.27), weil es Zweifel an seiner Wunderkraft aufkommen läßt[316]. Daraufhin drängt er zum Grab des Lazarus, um das Wunder zu vollbringen.

Im Gegensatz zur Tradition in V. 33.34 steht in V. 35 das Weinen Jesu. Während er zuvor über das Klagen der Trauernden ergrimmte, weint er jetzt selbst. Man wird deshalb V. 35 und die Deutung des Verhaltens Jesu in V. 36 dem Evangelisten zuschreiben müssen, der hier nachdrücklich die Menschlichkeit Jesu betont. Auch der Verweis auf Kap. 9 in V. 37 geht auf Johannes zurück, wo durch den Zweifel der Juden an der Wunderkraft Jesu dessen abermaliges Ergrimmen im ebenfalls redaktionellen V. 38a (᾿Ιησοῦς ... ἐν ἑαυτῷ) motiviert wird[317]. V. 38b schließt sehr gut an den

[313] Vgl. E. Haenchen, Joh, 410.

[314] Vgl. G. Theißen, Wundergeschichten, 63.

[315] Gegen R. Fortna, Gospel, 81f., der sowohl V. 21b als auch V. 32c für redaktionell hält. Dagegen ist einzuwenden, daß das traditionelle Motiv des Niederfallens durchgängig mit Bekenntnissen, Vertrauenserklärungen und Akklamationen verbunden ist und Johannes Martha, nicht aber Maria besonders hervorhebt.

[316] V. 34 fordert m. E. diese Deutung, denn Jesu Drang zum Grab des Lazarus dient dazu, alle Zweifel an seiner Wundermacht zu beseitigen. Gegen R. E. Brown, Joh I, 425f., der hier Jesu Empörung gegen die Macht des Todes und damit des Satans sieht.

[317] Vgl. R. Schnackenburg, Joh II, 420; R. Fortna, Gospel, 82f., der allerdings in V. 38 ᾿Ιησοῦς οὖν noch zu seiner ‚Quelle‘ rechnet.

traditionellen V. 34 an, mit ἔρχεται wird das ἔρχου καὶ ἴδε wiederaufgenommen, und Jesus ist endlich am Ort des Geschehens. Auf dem Grab des
Lazarus liegt ein Stein[318], der auf den Befehl Jesu hin entfernt werden soll
(V. 39a). Befolgt wird diese Anweisung jedoch erst in V. 41a, ein deutlicher Hinweis auf den redaktionellen Charakter des eingeschobenen Ge-
spräches zwischen Martha und Jesus[319]. Für Redaktion sprechen ferner
die Voranstellung Marthas und der Rückverweis in V. 40b (vgl. dazu Joh
2,11) auf V. 25 f. Zudem widerspricht der Geruch des Leichnams in V. 39c
der in V. 44 vorausgesetzten Einbalsamierung. Die für die joh. Bearbeitung überlieferter Wundertraditionen charakteristischen theologischen
Leitgedanken erscheinen hier in massiver Form: Die Steigerung des Mirakulösen und das Junktim zwischen Sehen des Wunders und daraus entstehendem Glauben. Die Bemerkung Marthas, Lazarus sei schon vier Tage
tot und verbreite Verwesungsgeruch, unterstreicht nachdrücklich die
Größe des folgenden Wunders[320]. Jesu Antwort auf Marthas Hinweis hebt
noch einmal den engen Zusammenhang zwischen Wunder und Glauben
hervor, denn das Wunder überwindet den Zweifel, stärkt bereits vorhan-
denes Vertrauen und ruft neuen Glauben hervor.

V. 41a knüpft an den Befehl Jesu in V. 39 an und hat seine ursprüngliche Fortsetzung sehr wahrscheinlich in dem Ruf an Lazarus, aus dem
Grab herauszukommen (V. 43 f.)[321]. In diesen überlieferten Ablauf hat
der Evangelist ein Gebet Jesu eingeschoben[322]. Jesu Dank an Gott schon
vor der Wundertat ist Ausdruck der einzigartigen Verbindung zwischen
Vater und Sohn (vgl. Joh 1,51; 5,19; 10,30 u. ö.), aber auch Hinweis auf
das Wissen des Wundertäters um das Eintreten des Wunders. In einer
bemerkenswerten Dichte bringt V. 42 das joh. Wunderverständnis zum
Ausdruck. Der auffallende Verweis Jesu auf die ringsum stehende Menge
zeigt, daß das Ziel des Wunders der Glaube an die göttliche Legitimation
und die göttliche Sendung des Wundertäters ist. Gerade in seiner Massivität weist das Wunder auf den Gottessohn hin und zeugt damit auch für
den Vater. Es ist keineswegs nur Appendix oder entbehrliches Beiwerk,
sondern zentrales inhaltliches Darstellungsmittel joh. Christologie.

Die Darstellung des eigentlichen Wunders erfolgt in V. 43 f.[323]. Auf den
majestätischen Befehl Jesu Λάζαρε, δεῦρο ἔξω (vgl. Mk 1,25 f.; 5,8; Lk
4,41) kommt Lazarus aus dem Grab, noch mit Leinenbinden an den

---

[318] Vgl. dazu Bill I 1051.
[319] Vgl. R. Schnackenburg, Joh II, 414; R. Fortna, Gospel, 83. Gegen J. Becker, Joh II,
354 f., der V. 39 zur ‚Zeichen-Quelle‘ rechnet, V. 40 hingegen auf den Evangelisten
zurückführt.
[320] Vgl. E. Haenchen, Joh, 412.
[321] Vgl. R. Schnackenburg, Joh II, 425; R. Fortna, Gospel, 83; R. Bultmann, Joh, 311
A 6.
[322] Vgl. W. Stenger, Auferweckung, 23.
[323] Für Tradition spricht auch das ntl. Hapaxlegomenon περιδεῖσθαι in V. 44.

Händen und Füßen sowie einem Schweißtuch um den Kopf (vgl. Joh 19,40; 20,6f. für Jesus), wodurch das eingetretene Wunder realistisch demonstriert wird (vgl. Mk 1,31; 2,12; 5,42.43; Joh 5,9). Zur Totenerweckung ist ein zweites Wunder hinzugekommen, denn obwohl Lazarus an Händen und Füßen durch die Leinentücher gebunden ist und ein Schweißtuch sein Gesicht verhüllt, kann er gehen und findet den Ausgang des Grabes (vgl. Seewandel und wunderbare Landung in Joh 6,21)[324].

Zur synoptischen und außersynoptischen Tradition enthält die Auferweckung des Lazarus zahlreiche Verbindungslinien. Starke Ähnlichkeiten bestehen zur Auferweckung der Tochter des Jairus (Mk 5,22–24.35–43)[325]. In beiden Erzählungen ist der Schwerkranke tot, bevor Jesus kommt (Mk 5,35/Joh 11,17). Der Tod wird in metaphorischer Redeweise als ‚Schlaf‘ bezeichnet (Mk 5,39b/Joh 11,11). Jesus ist über die Totenklage unwillig (Mk 5,38–39b/Joh 11,33). Die Toten ruft Jesus mit einem Befehlswort ins Leben zurück (Mk 5,41/Joh 11,43)

---

[324] Vgl. E. Haenchen, Joh, 413; R. Bultmann, Joh, 312; W. Bauer, Joh, 154; W. Stenger, Auferweckung, 26.

R. Bultmann, Joh, 301 A 4; W. Wilkens, Erweckung des Lazarus, 23ff., und J. Becker, Joh II, 344ff., unterscheiden in Joh 11 nicht nur zwischen Redaktion und Tradition, sondern vermuten darüber hinaus einen ursprünglichen Bericht, der bereits bei der Aufnahme in die ‚Semeia-Quelle‘ bearbeitet wurde (vgl. auch J. Gnilka, Joh, 90, der ebenfalls eine Dreischichtung annimmt). Während Bultmann auf eine Rekonstruktion dieser ursprünglichen Erzählung verzichtet und nur vermutet, daß die Schwestern ursprünglich anonym waren, unternehmen Wilkens (vgl. a.a.O., 27) und Becker (vgl. a.a.O., 345) eine genaue Rekonstruktion der ältesten Erzählerschicht, die dann sowohl auf vorjoh. Ebene als auch vom Evangelisten bearbeitet worden sei. Sie gehen dabei offensichtlich von dem klassischen Axiom der Formgeschichte aus, wonach die postulierte Normalform einer Gattung als historisch primär anzusehen ist, d.h. hier konkret eine Wundergeschichte in synoptischer Kürze. Freilich unterscheiden sich beide in der Einzelanalyse, denn während Becker die Erwähnung der Schwestern für ursprünglich hält, scheiden nach Wilkens Maria und Martha für die traditionelle Erzählung aus. Demgegenüber rechnet Wilkens die Empörung Jesu über die weinenden Trauergäste in V. 33f. zur ältesten Tradition, nach Becker sind diese Verse hingegen das Werk von ‚SQ‘. Ist Becker darin zuzustimmen, daß die Tradition schon immer mit den beiden Schwestern verbunden war (wofür V. 3a spricht, in dem man αἱ ἀδελφαί nicht einfach streichen kann), so ist nicht einzusehen, warum dann V. 33f. nicht zur ältesten Schicht gehören sollen. Sind aber diese Verse ursprünglich, so muß m. E. auch V. 32 zur Urtradition gerechnet werden. Schließlich ist unverständlich, warum von beiden Autoren nicht V. 4a (ἀκούσας δὲ ὁ Ἰησοῦς εἶπεν) und V. 15c (ἄγωμεν πρὸς αὐτόν) zur ersten Traditionsschicht gerechnet werden, denn nur dadurch kann eine Verbindung zwischen der Nachricht in V. 3 und dem Eintreffen Jesu am Grab in V. 17 hergestellt werden.

Die unterschiedlichen Rekonstruktionen von Wilkens und Becker sowie die ebengenannten Schwachstellen beider Analysen zeigen, daß auf dieser vermuteten ältesten Traditionsebene sichere Entscheidungen nicht mehr möglich sind. Natürlicher hingegen ist die Annahme einer dem Evangelisten vorliegenden Tradition, die nicht ihrerseits schon eine Bearbeitung erfahren hat.

[325] Vgl. dazu vor allem R. Schnackenburg, Joh II, 428f. Einen Vergleich mit biblischen und außerbiblischen Schilderungen von Totenerweckungen bietet J. Kremer, Lazarus, 39–45.97–109.

und erteilt nach der Erweckung Anordnungen (Mk 5,43b/Joh 11,44b). Zur Auferweckung des Jünglings von Nain (Lk 7,11–17) besteht nur eine geringe motivgeschichtliche Nähe (vgl. das Befehlswort in Lk 7,14/Joh 11,43), wohl aber zeigt diese Erzählung aus dem lk. Sondergut, daß schon relativ früh Berichte von Todenerweckungen außerhalb des markinischen Traditionsstromes existierten.

Auffällig sind die sprachlichen und inhaltlichen Übereinstimmungen zwischen Joh 11 und der Auferweckung der Tabitha durch Petrus in Apg 9,36–42[326]. Nach dem Tod der Jüngerin wird eine Gesandtschaft zu Petrus geschickt (Apg 9,38: ἀπέστειλεν ... πρὸς αὐτόν; Joh 11,3: ἀπέστειλαν ... πρὸς αὐτόν). Wie Jesus in Joh 11 vollbringt auch Petrus das Wunder durch ein Befehlswort (Apg 9,40). Durch das Wunder kommen viele zum Glauben (Apg 9,42: ἐπίστευσαν πολλοὶ ἐπὶ τὸν κύριον; Joh 11,45: πολλοί ... ἐπίστευσαν εἰς αὐτόν). Markante Beispiele von Totenauferweckungen aus dem paganen Bereich sind Philostr, VA IV 45; Apul, Flor 19. Zu beiden Erzählungen ist allerdings anzumerken, daß es sich um die Auferweckung Scheintoter handelt.

Die aufgezeigten Parallelen können keine literarischen Abhängigkeiten belegen, sie zeigen aber das Einfließen zahlreicher Traditionen und Motive in Joh 11.

3.7.3 Interpretation

Die joh. Darstellung des öffentlichen Wirkens Jesu ist ganz entscheidend von der wiederholten Offenbarung des Gottessohnes im Wunder und der daraus entstehenden Feindschaft der Juden bestimmt. Die Hochzeit zu Kana und die Auferweckung des Lazarus bilden nicht zufällig den Rahmen des Auftretens Jesu, sondern der Evangelist läßt in Joh 2,11; 11,4.40 sein Verständnis des Wirkens Jesu erkennen: Im Wunder offenbart sich die eine Doxa des Vaters und des Sohnes, um Glauben zu wecken[327]. Kamen am Anfang nur die Jünger durch das Wunder zum Glauben (Joh 2,11), so glauben jetzt sogar viele Juden an Jesus (Joh 11,45)[328]. Ist also das Wunder Offenbarungsort der Herrlichkeit des Vaters und des Sohnes, so kann es gerade in der Sicht des Evangelisten Johannes nicht nur Hinweis auf das ‚Eigentliche', Konzession an die menschliche Schwäche oder theologisch längst überwundenes Traditionselement sein, es gehört vielmehr in die Mitte der joh. Christologie. Die Auferweckung des Lazarus zeigt dies deutlich, denn hier verdichten sich verschiedene Linien des joh. Christusbildes zu einer spannungsvollen Einheit.

---

326 Zu den sprachlichen Übereinstimmungen vgl. R. Fortna, Gospel, 84 A 2.

327 Vgl. W. Stenger, Auferweckung, 35; J. Kremer, Lazarus, 36–38. In Joh 11,4 ist δοξασθῆναι zuallererst auf die Offenbarung Jesu im Wunder zu beziehen (δι' αὐτῆς meint zweifellos die Krankheit des Lazarus), die dann zum Kreuz führt. Gegen W. Thüsing, Erhöhung, 230, der δοξασθῆναι auch in Joh 11,4 nur auf die ‚Stunde' Jesu deutet.

328 V. 45 f. stammen vom Evangelisten. Sprachliche Parallelen sind Joh 2,11.23; 6,14; 7,13; vgl. R. Schnackenburg, Joh II, 447. Gegen R. Fortna, Gospel, 84, der in V. 45 οἱ ἐλθόντες ... αὐτόν für traditionell hält.

Die Offenbarung der Doxa im Wunder ruft nicht nur Glauben hervor, sondern entfacht auch Unglauben. Das Wunder ist bei Johannes gleichermaßen ‚des Glaubens liebstes Kind', aber auch des Unglaubens erster Anlaß, so daß die redaktionellen Passionsverweise im Rahmen der Lazarusgeschichte (vgl. Joh 11,4.7–10.18–19.28.46) das Wesen des Unglaubens scharf herausstellen: bewußte Nichtanerkennung der im Wunder offenbar werdenden und damit in der Historie erkennbaren Göttlichkeit Jesu. Jesus erweckt einen Toten und muß dafür selbst in den Tod gehen! Auch die Steigerung des Wunderhaften (redaktionell: V.6.15, traditionell: V.17.43f.) dient zur Entlarvung des Unglaubens, denn gerade die damit betonte Realität des Wunders macht den Unglauben um so unverständlicher. Darüber hinaus weist die Einzigartigkeit des Wunders auf die Größe und das Woher des Wundertäters hin, ist es dessen Legitimation. Der redaktionelle V. 42 macht diesen Zusammenhang deutlich, weil das Wunder hier die Funktion hat, vor der ausdrücklich erwähnten Menge die Sendung Jesu vom Vater zu bestätigen, wodurch die Auferweckung des Lazarus in die Nähe eines Schauwunders gerät. Gerade in den Augen des Evangelisten sind die Wunder Legitimation der Göttlichkeit Jesu, insofern sich in ihnen die eine δόξα offenbart und Glauben hervorruft. Das Junktim vom Sehen des Wunders und daraus entstehendem Glauben findet sich in V.15.40.42 und ist für die joh. Interpretation der Lazarustradition konstitutiv. Dabei setzt der Evangelist – wie seine Tradition – die historische Faktizität des Wunders voraus, weil das Sehen der Doxa (vgl. V. 40: ὄψῃ) an ein sichtbares und greifbares Geschehen in Raum und Zeit gebunden ist.

Die im Wunder präsente Macht Jesu über Leben und Tod veranlaßt den Evangelisten zu den präsentisch-eschatologischen Aussagen in V. 20–27. Kompositionell durch die Voranstellung Marthas in die Tradition eingearbeitet, liegt ihre Bedeutung in der Übertragung des im Wunder punktuell Geschehenen in eine generelle theologische Aussage. Was Lazarus zuteil wurde, kommt aus der Sicht des Evangelisten schon jetzt allen Glaubenden zugute: vollständige Partizipation an der Heilsbedeutung des Wirkens Jesu. In dieser pointierten Voranstellung der die Gegenwart des Glaubenden bereits miteinschließenden Wirkung des Heilshandelns Gottes in Jesus Christus liegt die eigentliche Bedeutung der präsentischen Eschatologie in Joh 11. Nicht der häufig behauptete Gegensatz zur futurischen Eschatologie ist bestimmend, sondern die Herausarbeitung der im Wunder selbst angelegten Tendenzen[329].

---

[329] Gegen R. Bultmann, Joh, 307f.; J. Becker, Wunder und Christologie, 146f.; L.

3.8 Der sonstige Gebrauch von σημεῖον

Vor einer abschließenden Darstellung und Wertung der in der joh. Bearbeitung überlieferten Wundertraditionen sich entfaltenden Christologie und sich daraus ergebender Konsequenzen für die These einer vorjoh. ‚Semeia-Quelle' muß die sonstige Verwendung von σημεῖον im 4. Evangelium untersucht werden. Von besonderer Bedeutung sind dabei Joh 20,30 f. – von vielen Exegeten als Abschluß einer ‚Semeia-Quelle' angesehen –, die damit unmittelbar verbundene Thomasperikope sowie das Verhältnis von σημεῖον und ἔργα bei Johannes.

3.8.1 Joh 20,30 f.

Das JE schloß ursprünglich mit Kap 20,30 f., denn hier wird rückblickend der „Auswahlcharakter"[330] des Erzählten betont und das Ziel der gesamten Darstellung angegeben. Formgeschichtlich greift Johannes dabei den in der antiken Literatur wohlbekannten Topos der „Unsagbarkeit" auf[331], der besonders in Abschlußwendungen die Unerschöpflichkeit des Gegenstandes zum Ausdruck bringen soll[332]. Derartige Abschlußsätze sind in der joh. Schule keineswegs ungewöhnlich, wie die Parallelen 2Joh 12; 3Joh 13 zeigen[333]. Schließlich belegen sowohl der sekundäre Anhang Joh 21 als auch die Wiederaufnahme und Variation von Joh 20,30 in 21,25 (ἄλλα πολλά, ἐποίησεν ὁ Ἰησοῦς, γράφειν, βιβλίον), daß Joh 20,30 f. als der ursprüngliche Schluß des JE angesehen werden muß.

Die Vertreter einer vorjoh. ‚Semeia-Quelle' sehen in Joh 20,30 f. das Ende ihrer vermuteten Vorlage, das nun durch den Evangelisten den

---

Schottroff, EWNT II 268. Zur Kritik an Bultmanns Auffassung der Korrektur ‚traditioneller' Eschatologie in Joh 11 vgl. J. Blank, Krisis, 155 f.

[330] R. Bultmann, Joh, 540.

[331] Vgl. K. Thraede, Untersuchungen, 120 ff.

[332] Vgl. M. Dibelius, Formgeschichte, 37; R. Bultmann, Joh, 540; J. Becker, Joh II, 632. Beispiele: Sir 43,27; 1Makk 9,22; Luk, Dem 67; vgl. dazu R. Bultmann, Joh, 540 A 3; M. Dibelius, Formgeschichte, 37 A 3; W. Bauer, Joh, 234. Jüdische Parallelen bietet Bill II 587. Zum Motiv ‚Der Wunder sind mehr als man erzählen kann' in hellenistischen Texten vgl. O. Weinreich, Heilungswunder, 199–201. Zahlreiche Beispiele aus nachneutestamentlicher Zeit finden sich bei W. Bauer, Leben Jesu, 364 f. Man kann gegen die von R. Bultmann angeführten Beispiele natürlich einwenden, daß Sir 43,27; 1Makk 9,22 gar nicht das Ende eines Buches bilden. Hingegen ist Luk, Dem 67, der Abschluß des Buches!

[333] Es steht m. E. aufgrund der gesamten formgeschichtlichen Parallelen außer Frage, daß Joh 20, 30 f. den Abschluß des *ganzen* Evangeliums bilden; gegen G. Reim, Johannes 21, 336, der in diesen Versen nur den Schluß der Wundergeschichte nicht aber den Buchschluß erblicken will, und P. S. Minear, Joh 21, 87 ff., der in V. 30 f. lediglich den Abschluß des 20. Kapitels sieht.

Abschluß des gesamten 4. Evangeliums bildet[334]. Gegen diese Annahme sprechen eindeutig die zahlreichen joh. Spracheigentümlichkeiten[335]:

1. πολύς ist 39mal, ἄλλος 29mal im JE (ohne Kap. 21) belegt. Zur Wendung πολλὰ ... σημεῖα vgl. Joh 11,47.

2. Zur Konstruktion mit μέν ... δέ vgl. Joh 10,41; 16,9–11; 16,22; 19,24f.; 19,32f.

3. οὖν findet sich 190mal bei Johannes (ohne Kap. 21).

4. Zur Wendung σημεῖα ἐποίησεν ὁ Ἰησοῦς vgl. Joh 4,54 (σημεῖον ἐποίησεν ὁ Ἰησοῦς); vgl. ferner 2,11.18.23; 3,2; 6,2.14.30; 7,31; 9,16; 10,41; 12,18.37.

5. ἐνώπιον ist im JE nur hier belegt, darüber hinaus aber in 1Joh 3,22; 3Joh 6 (ferner 35mal in der Apk), so daß diese Präposition nicht als ,unjohanneisch' bezeichnet werden kann.

6. 68mal findet sich μαθητής im 4. Evangelium (ohne Kap. 21). Zu lesen ist hier der Plural τῶν μαθητῶν αὐτοῦ (A B K u.a.). Μαθητής im Plural mit folgendem Possessivpronomen ist 34mal im JE belegt. Inhaltlich entspricht die hier den Jüngern zugewiesene zentrale Stellung nicht ihrer Rolle in den traditionellen Wundererzählungen, so daß ihre Erwähnung als redaktionell angesehen werden muß[336]. Enge Sachparallelen sind Joh 2,11; 11,15.

7. γράφειν ist 18mal belegt (ohne Joh 21,24), zu (οὐκ) ἔστιν γεγραμμένα vgl. besonders Joh 10,34; ferner Joh 2,17; 6,31.45; 12,14.

8. Im JE erscheint βιβλίον nur in 20,30 (und 21,25; ferner 23 Belege in der Apk). Sinnvoll konnte der Evangelist dieses Wort nur am Ende seines Evangeliums gebrauchen.

9. Typisch johanneisch ist die Konstruktion in V. 31 mit einem von γέγραπται abhängigen doppelten ἵνα-Satz (ἵνα ist im Ev 145mal, in den Briefen 26mal belegt). Gibt der erste ἵνα-Satz, dessen Verb den folgenden ὅτι-Satz regiert, das Objekt des Glaubens an, so der zweite die soteriologische Dimension des Glaubensgeschehens. Enge Parallelen zu Joh 20,31 sind 1Joh 1,4; 2,1; 5,13, wo ebenfalls von γράφειν ein ἵνα-Satz abhängt.

Darüber hinaus finden sich sowohl im Evangelium als auch in den Johannesbriefen zahlreiche vergleichbare ἵνα-Sätze, die von anderen

---

[334] So A. Faure, Zitate, 108f.; S. Schulz, Joh, 248; R. Bultmann, Joh, 541; E. Haenchen, Joh, 574f.; J. Becker, Joh II, 632; R. Fortna, Gospel, 197f.; W. Nicol, Semeia, 29f.; R. Schnackenburg, Joh III, 401.

[335] Auch H. Conzelmann, Grundriß, 380, hält 20,30f. für redaktionell, ohne dies allerdings näher zu begründen. Vgl. ferner C. K. Barrett, Joh, 575, der mit Nachdruck die These ablehnt, Joh 20,30f. sei das Ende einer vorjoh. ,Semeia-Quelle'. Kritisch zu Bultmanns These des Abschlusses einer ,Semeia-Quelle' in Joh 20,30f. äußert sich auch J. Schneider, Joh, 325.

[336] R. Schnackenburg, Joh III, 401, sieht diese Schwierigkeit und hält deshalb ,vor den Jüngern' für einen redaktionellen Zusatz.

Verben (1. λέγειν [wobei Jesus der Sprechende ist]: Joh 5,34; 13,19; 15,11; ἐντέλλεσθαι: Joh 15,17. 2. ὁρᾶν, ἀκούειν, ἀπαγγέλλειν: 1Joh 1,3. 3. ἐρωτᾶν: 2Joh 5) oder aber Substantiven der Lehre und Unterweisung (ἐντολή: Joh 13,34; 15,12; 1Joh 3,23; θέλημα: Joh 6,39.40; ὑπόδειγμα: Joh 13,15; ἀγγελία: 1Joh 3,11) abhängen[337].

10. Zu ἵνα πιστεύειν vgl. Joh 1,7; 3,15.16; 6,29.30.40; 11.42; 13,19; 17,21; 19,35.

11. Parallelen zum auch in Joh 20,30f. vorausgesetzten Junktim zwischen Sehen des Wunders und daraus entstehendem Glauben sind Joh 2,11.23; 4,50.53; 6,30; 7,31; 9,35.36.38; 10,42; 11,15.45; 12,37.

12. Die Anreihung christologischer Titel Ἰησοῦς ἐστιν ὁ Χριστὸς ὁ υἱὸς τοῦ θεοῦ hat ihre nächste Parallele in Joh 11,27, vgl. ferner Joh 1,49; 6,69. Bloßes Ἰησοῦς (mit und ohne Artikel) ist 238mal, absolutes Χριστός 16mal (ohne 20,31) und υἱὸς τοῦ θεοῦ 6mal im JE belegt.

13. Zur Wendung ζωὴ (αἰώνιος) ἔχειν im Sinn einer Heilsverheißung vgl. Joh 3,15.16.36; 5,24.39.40; 6,40.47.54.

14. 24mal ist ὄνομα im 4. Evangelium belegt (ohne 20,31). Enge Parallelen zu 20,31 sind Joh 1,12; 2,23; 3,18.

Die Sprachanalyse zeigt, daß der ursprüngliche Abschluß des Evangeliums in Kap. 20,30f. nicht auf eine vorjoh. ,Semeia-Quelle‘, sondern auf den Evangelisten Johannes selbst zurückgeht[338]. Um so entschiedener stellt sich dann die Frage, was Johannes mit dieser abschließenden Bemerkung aussagen will.

Zunächst betont der Evangelist in V. 30a den Auswahlcharakter seiner Darstellung; er hat aus den ihm zugänglichen Traditionen nicht alle Wundergeschichten übernommen. Warum greift er dann aber gerade an dieser Stelle auf den σημεῖον-Begriff zurück, den er in 12,37 am Ende des öffentlichen Wirkens Jesu zum letzten Mal gebrauchte? Versteht Johannes das gesamte Wirken Jesu einschließlich Passion und Auferstehung als σημεῖον? Diese Deutung kann sich auf die Verbindung von σημεῖον und Auferstehung in Joh 2,18–22 berufen[339], weitet aber den σημεῖον-Begriff zu sehr aus und vermag vor allem nicht zu erklären, warum er in der Passionsdarstellung nicht erscheint[340]. Naheliegender ist deshalb der Versuch, in V. 31 die Erklärung für das Aufgreifen des σημεῖον-Begriffes zu finden[341]. Johannes nennt hier das Ziel seiner Evangelienschreibung:

---

[337] Vgl. H. Riesenfeld, Zu den johanneischen ἵνα-Sätzen, 217ff.

[338] Abzulehnen ist auch der Versuch W. Langbrandtners, Weltferner Gott, 37, und H. Thyens, FB (ThR 42), 269, Joh 20,30f. einem ,Redaktor‘ zuzuweisen (nach Thyen der Vf. von Kap. 21, den er für den ,vierten Evangelisten‘ hält. Vgl. dazu 1.2).

[339] Vgl. W. Nicol, Semeia, 115.

[340] Vgl. R. Schnackenburg, Joh III, 401f.

[341] Wer in Joh 20,30f. lediglich das Ende einer vorjoh. ,Semeia-Quelle‘ sieht, muß erklären, warum der Evangelist gerade am Abschluß seiner Darstellung den σημεῖον-Begriff wiederaufnimmt, der sich sonst vor allem auf konkrete Wundergeschichten bezieht.

Glauben an den Gottessohn zu wecken und zu erneuern. Weil der σημεῖ-ον-Begriff besonders geeignet ist, diese Glauben stiftende Offenbarungs-qualität des zuvor im Evangelium geschilderten Wirkens Jesu prägnant zu benennen, verwendet ihn der Evangelist an dieser Stelle. Was in den Wundergeschichten durch das Junktim vom Sehen des Wunders und daraus entstehendem Glauben nachdrücklich betont wurde, gilt nun für das ganze Evangelium: Es ist geschrieben, um Glauben an den Gottes-sohn hervorzurufen, zu bewahren und zu festigen[342]. Dabei wendet sich die auffällige Betonung der Identität zwischen Ἰησοῦς und ὁ Χριστός gegen Doketen innerhalb der joh. Schule, die dies leugnen (vgl. 1Joh 2,22f.; 4,2f.; 5,1)[343].

Ist die Verwendung von σημεῖον in V. 30 durch die Übereinstimmung der Glauben weckenden Funktion der Wundergeschichten einerseits und dem Ziel des ganzen Evangeliums andererseits bedingt, so wird darin sowohl eine Kontinuität als auch eine Ausweitung in der Verwendung des σημεῖον-Begriffes sichtbar. Johannes knüpft bewußt an seine Interpreta-tion der überlieferten Wundertraditionen an, benutzt aber σημεῖον zu-gleich als Interpretament seiner gesamten Darstellung der Worte und Taten Jesu, um mit diesem Begriff das Ziel seines Evangeliums in V. 31 vorzubereiten. Σημεῖον wird an dieser Stelle zum hermeneutischen Schlüssel des 4. Evangeliums.

Mit der Erwähnung der Jünger in V. 30 greift Johannes auf seine Interpretation des Kanawunders in Kap. 2,11 zurück und stellt gleichzei-tig einen Kontrast zu Kap. 12,37 her, wo vom Unglauben des ὄχλος angesichts der vielen Wunder Jesu die Rede ist. Auch auf das Ziel der Evangeliendarstellung fällt von hier aus Licht: Es sind die Jünger, vor denen Jesus viele andere Zeichen tat, d. h. das JE ist keine Missionsschrift für Juden oder Heiden, sondern es hat seinen ‚Sitz im Leben' innerhalb der joh. Gemeindetradition und Schule, wie es auch die ἵνα-Sätze[344] und das mit „damit ihr gläubig bleibt" zu übersetzende πιστεύητε in V. 31a[345] nahelegen. Schließlich dürfte die Wendung ἐνώπιον τῶν μαθητῶν auch

---

Zumeist wird dieses Problem übergangen. So J. Becker, Joh II, 633, der meint, es komme dem Evangelisten in 20,30f gar nicht auf den Zeichenbegriff an, den er nur „unter dem Druck der SQ" übernommen habe. Sollte Johannes gerade den Schluß seines Werkes unreflektiert gestaltet haben?

[342] Vgl. in diesem Sinn C. K. Barrett, Zweck des vierten Evangeliums, 272; W. G. Kümmel, Einleitung, 194f.; R. E. Brown, Joh I, LXXVIII.

[343] Vgl. F. Neugebauer, Entstehung, 28ff.

[344] Vgl. H. Riesenfeld, Zu den johanneischen ἵνα-Sätzen, 220.

[345] Auch die äußere Bezeugung (P[66vid] ℵ* B Θ 0250. 892ˢ) spricht für die präsentische Lesart, vgl. F. Neugebauer, Entstehung, 11f.; R. Schnackenburg, Joh III, 403. Für den Aorist πιστεύσητε treten natürlich die Autoren ein, die in Joh 20,30f. den Abschluß einer ‚Semeia-Quelle' sehen, welche als Missionsschrift verstanden werden muß, vgl. R. Fortna, Gospel, 197–199; W. Nicol, Semeia, 29.

durch die vorhergehenden Erscheinungen Jesu vor seinen Jüngern veranlaßt worden sein (Joh 20,19–23.24–29).

3.8.2 Joh 20,24–29

Der Thomasperikope kommt innerhalb der Erscheinungsgeschichten eine besondere Bedeutung zu, denn Johannes interpretiert sie durch den unmittelbaren Anschluß von V. 30 f. als σημεῖον[346]. Auch die wunderhaften Züge der Erzählung mit ihrer Betonung der in Raum und Zeit nachprüfbaren Realität des Geschilderten stehen in enger Verbindung zur gesteigerten Darstellung des Mirakulösen in den anderen joh. Wundergeschichten. Darüber hinaus verweist die Thematik von Sehen und Glauben auf das joh. Junktim vom Sehen des Wunders und daraus entstehendem Glauben. Schließlich lassen zahlreiche sachliche und sprachliche Hinweise vermuten, daß der Evangelist selbst diese Geschichte gebildet und an ihren exponierten Platz gestellt hat, wodurch die hier vorgetragene Interpretation der Thomasperikope als joh. σημεῖον erhärtet wird.

In V. 24 wird Thomas als ‚einer von den Zwölf‘ vorgestellt. Der Leser kennt ihn bereits aus den redaktionellen Abschnitten Joh 11,16; 14,5, wo er als treuer Jünger erscheint. Thomas will mit Jesus in den Tod gehen, was ihm den Glauben an die Auferstehung seines Herrn offenbar versperrt[347]. Den redaktionellen Charakter von V. 24 erweisen zahlreiche sprachliche Beobachtungen: Zu εἷς ἐκ τῶν δώδεκα vgl. Joh 6,71, εἷς mit partitivem ἐκ findet sich ferner in Joh 6,8; 11,49; 13,21.23; 18,26[348]. Die zusätzliche Bezeichnung des Thomas ὁ λεγόμενος Δίδυμος ist im redaktionellen Vers Joh 11,16 belegt, zu ὁ λεγόμενος vgl. darüber hinaus Joh 4,5.25; 5,2; 9,11; 11,54; 19,13.17. 15mal kommt εἶναι μετά mit folgendem Genitiv und ca. 74mal artikelloses Ἰησοῦς im 4. Evangelium vor (ohne Kap. 21).

Das Fehlen des Thomas bei den vorhergehenden Erscheinungen Jesu wird nicht weiter begründet, sondern dient wie V. 25 lediglich zur Vorbereitung der Begegnung mit Jesus. Die anderen Jünger teilen Thomas nur mit, daß sie Jesus gesehen haben (zu ἑωράκαμεν τὸν κύριον vgl. das ἑώρακα τὸν κύριον der Maria Magdalena in Joh 20,18), woraufhin

---

[346] Vgl. K. H. Rengstorf, ThW VII 245. Gegen R. E. Brown, Joh II, 1058, läßt sich der σημεῖον-Begriff nicht auf alle Erscheinungsgeschichten in Kap. 20 ausdehnen, denn eine derartige Ausweitung nivelliert das joh. σημεῖον-Verständnis und macht das Fehlen dieses Begriffes in der Passionsdarstellung um so rätselhafter. Nur die Verwendung von σημεῖον in unmittelbarer Folge zur Thomasperikope und die skizzierten sachlichen Übereinstimmungen mit den übrigen Wundergeschichten rechtfertigen die Anwendung des σημεῖον-Begriffes auf Joh 20,24–29.

[347] Vgl. R. Schnackenburg, Joh III, 392.

[348] Vgl. A. Dauer, Herkunft, 63.

Thomas Beweise für die Identität des Auferstandenen mit dem Irdischen fordert. V. 25b ist eine bewußte Wiederaufnahme und Variation von V. 20, die doppelte Negativpartikel οὐ μή erscheint 17mal, ἐὰν μή 18mal im JE. Formal und inhaltlich ist die nächste Parallele für die Verknüpfung eines Bedingungssatzes mit οὐ μή der redaktionelle Vers Joh 4,48 (vgl. ferner Joh 8,51f.; 16,7). Ebensowenig wie sich dort eine generelle Ablehnung des Wunders findet, wird in 20,25b die Verbindung zwischen dem wunderhaften Sehen des Auferstandenen und daraus entstehendem Glauben negativ beurteilt[349]. Im Gegenteil, die Bedingungen des Thomas werden in V. 27 erfüllt[350], so daß V. 25 nicht für eine joh. Wunderkritik in Anspruch genommen werden kann.

Durch das einleitende ‚nach acht Tagen' wird die Zeitangabe von V. 19 aufgenommen, und es erfolgt die zweite Erscheinung Jesu am nachfolgenden Sonntag, dem Tag der Erinnerung an die Auferstehung des Herrn (vgl. IgnMagn 9,1; Barn 15,9; vgl. ferner Apk 1,10; Apg 20,7; Did 14,1)[351]. Jesu wunderhaftes Erscheinen ist wörtlich aus V. 19 übernommen worden. Während es dort in einem sinnvollen Zusammenhang erscheint, wirkt es hier ausschließlich auf das folgende Gespräch zwischen Jesus und Thomas hin konstruiert[352]. Typisch johanneisch sind οἱ μαθηταί mit folgendem Possessivprogramm und der asyndetische Anschluß mit ἔρχεται ὁ Ἰησοῦς[353].

In V. 27 erfüllt Jesus die Forderungen des Thomas, wobei die sprachlichen Übereinstimmungen deutlich zeigen, daß eine Variation aus V. 25b vorliegt[354] (V. 25b: δάκτυλόν μου/V. 27: δάκτυλόν σου; V. 25b: ἴδω ἐν ταῖς χερσὶν αὐτοῦ/V. 27: ἴδε τὰς χεῖράς μου; V. 25b: καὶ βάλω μου τὴν χεῖρα εἰς τὴν πλευρὰν αὐτοῦ/V. 27: καὶ φέρε τὴν χεῖρά σου καὶ βάλε εἰς τὴν πλευράν μου; V. 25b: οὐ μὴ πιστεύσω/V. 27: μὴ γίνου ἄπιστος ἀλλὰ πιστός). In wunderbarer Weise darf Thomas die Identität des Auferstandenen mit dem Irdischen in Raum und Zeit nachprüfen[355] und kommt dadurch zum Glauben. Mit der Aufforderung μὴ γίνου ἄπιστος

---

[349] Gegen R. Schnackenburg, Joh III, 393, der hier wie in Joh 4,48 Wunderkritik vermutet.

[350] Darauf weist E. Käsemann, Jesu letzter Wille, 53f., zu Recht besonders hin.

[351] Vgl. R. Schnackenburg, Joh III, 394.

[352] Vgl. G. Hartmann, Vorlage, 212; A. Dauer, Herkunft, 59.

[353] Vgl. B.-D.-R. § 462,1. E. Schweizer, Ego Eimi, 91, findet das Asyndeton bei Johannes 39mal.

[354] Deshalb finden sich auch nur wenige joh. Spracheigentümlichkeiten in V. 27: Zum seltenen εἶτα vgl. Joh 13,5; 19,27; φέρειν ist 15mal im JE belegt; zur Konstruktion mit μή + Imperativ + folgendem ἀλλά vgl. Joh 6,27; 7,24; 19,21.

[355] Im Text wird zwar nicht ausdrücklich gesagt, daß Thomas wirklich seinen Finger in die Wundmale und seine Hand in die Seite Jesu legte, Jesu Aufforderung in V. 27 und das Bekenntnis in V. 28 setzen dies aber voraus; gegen B. Lindars, Joh, 614; R. Schnackenburg, Joh III, 396, die meinen, Thomas habe auf ein Nachprüfen verzichtet.

ἀλλὰ πιστός akzeptiert Jesus ausdrücklich den Zusammenhang zwischen dem wunderhaften Sehen und daraus entstehendem Glauben.

Das reale Sehen des Auferstandenen bringt Thomas zum Glauben und löst das Bekenntnis in V. 28 aus. Typisch johanneisch ist die Einführungsformel ἀπεκρίθη ... καὶ εἶπεν αὐτῷ[356]. Die Verbindung von ὁ κύριος und ὁ θεός verweist auf das AT (Ps 34,23 LXX: ὁ θεός μου καὶ ὁ κύριός μου)[357], hat im Evangelium eine Sachparallele im Nathanaelbekenntnis (Joh 1,49)[358] und dürfte hier durch die Wendung ἑώρακα τὸν κύριον in 20,18 und den bewußten Rückbezug auf Joh 1,1c (θεὸς ἦν ὁ λόγος) und 1,18 (μονογενὴς θεός) bedingt sein[359]. Thomas bekennt Jesus als seinen Herrn und Gott und bringt damit den Glauben der joh. Gemeinde an die Gottessohnschaft Jesu Christi zum Ausdruck.

Mit der Feststellung[360] ὅτι ἑώρακας με πεπίστευκας im Munde Jesu wird noch einmal der Zusammenhang zwischen dem wunderbaren Sehen und daraus entstehendem Glauben betont. Eine Akzentverschiebung bringt der folgende Makarismus. Er gilt den Generationen, die nicht mehr durch das unmittelbare Sehen des Auferstandenen zum Glauben gelangen können[361]. An Thomas wird exemplifiziert, was z. Zt. des JE schon gilt: Glauben ohne das Thomas gewährte wunderhafte direkte Sehen des Auferstandenen, Angewiesensein auf die Überlieferung der Augenzeugen. Die unterschiedlichen zeitlichen Perspektiven sind für die Interpretation der Thomasperikope entscheidend. Während V. 24–29a von einem Geschehen berichten, das nur z. Zt. der Epiphanien des Auferstandenen und der ersten Jüngergeneration möglich war, richtet V. 29b den Blick auf die Zukunft, was allein schon die Form des Makarismus deutlich macht[362]. V. 29b kritisiert oder relativiert somit nicht das vorherige Sehen

---

[356] Vgl. E. Ruckstuhl, Einheit, 199.

[357] Vgl. ferner Ps 29,3; 85,15; 87,2. Pagane Belege bietet A. Deissmann, Licht vom Osten, 309f. (vgl. besonders Suet, Domit 13: Dominus et Deus noster).

[358] Vgl. ferner die Bekenntnisse in Joh 4,42; 6,69; 9,37f.; 11,27; 16,30; 20,16.

[359] Vgl. R. Schnackenburg, Joh III, 396f.

[360] Gegen Nestle-Aland[26] u. a. ist der Satz nicht als Frage aufzufassen, wie es die Parallelen Joh 1,50; 16,31 nahezulegen scheinen. Die Frageform würde eine Distanz zum Ausdruck bringen, die für Johannes gerade nicht charakteristisch ist. Zudem weist das Perfekt von πιστεύειν (im Gegensatz zum Präsens in 1,50; 16,31) auf einen festen Glauben hin und schließt die folgende Seligpreisung besser an eine Feststellung als an eine Frage an; vgl. auch R. Schnackenburg, Joh III, 398. Typisch joh. ist der Sprachgebrauch in V. 29: Die Einleitungsformel λέγει αὐτῷ ὁ Ἰησοῦς ist vielfach belegt, vgl. nur Joh 2,7; 4,7.17.21.26.34.50; 5,8; 7,6 u.ö. Perfektformen von πιστεύειν kommen 6mal, von ὁρᾶν 20mal vor; insgesamt ist πιστεύειν 98mal, ὁρᾶν 62mal im JE belegt. Ebenfalls redaktionell ist μακάριος in Joh 13,17; vgl. R. Schnackenburg, Joh III, 398.

[361] Vgl. R. Schnackenburg, Joh III, 399; H. Kohler, Kreuz und Menschwerdung, 207ff.

[362] Sehr deutlich ist dieser futurische Akzent in Joh 13,17, wo den Jüngern das Heil verheißen wird, wenn sie das beispielhafte Tun Jesu in Zukunft (= ἐάν; vgl. R. Bultmann, Joh, 363 A 5; G. Strecker, EWNT II 931) verwirklichen. Die auffälligen Aoristpartizipien widersprechen dem nicht, denn V. 29b formuliert einen in Zukunft für die joh. Christen

des Thomas, sondern formuliert lediglich, was für die folgenden Generationen im Unterschied zu den Augenzeugen bereits gilt[363]. Das unmittelbare Sehen ist auf die Generation der Augenzeugen beschränkt. Indem dieses Sehen aber die joh. Tradition begründet, hat es im Kerygma für die joh. Gemeinde gegenwärtige Bedeutung. Bemerkenswert ist die Kontinuität zwischen den Manifestationen des Irdischen in den Wundern und dem wunderhaften Erscheinen des Auferstandenen in Joh 20,24–29a: Hier wie dort findet sich das Junktim vom Sehen und daraus entstehendem Glauben, wird die in Raum und Zeit nachprüfbare Realität des Wirkens bzw. der Auferstehung Jesu unterstrichen.

Neben den zahlreichen nachgewiesenen joh. Spracheigentümlichkeiten weisen auch die Kompositionstechnik sowie die Aufnahme einzelner Motive aus Joh 20,19–23 darauf hin, daß die Thomasperikope auf den Evangelisten Johannes zurückgeht[364]. So nimmt ἑωράκαμεν τὸν κύριον in V. 25a auf ἰδόντες τὸν κύριον in V. 20b Bezug und ist die Antwort des Thomas in V. 25b deutlich V. 20a nachgestaltet. Die Zeitangabe in V. 26a bezieht sich auf V. 19a, und Jesu wunderhaftes Kommen in V. 26b entspricht der Schilderung in V. 19b. Schließlich ist die Begegnung zwischen Jesus und Thomas in V. 27 eine Variation von V. 25b.

Auf die Hand des Evangelisten weist auch die Komposition der Thomasgeschichte hin, die auffallende Parallelen in der Nathanael-Erzählung (Joh 1,45–51) hat[365]. Auf die Botschaft des Philippus (1,45) reagiert Nathanael zunächst skeptisch (1,46). Es kommt zu einer Begegnung zwischen ihm und Jesus, in deren Verlauf der Unglaube des Jüngers durch Jesus überwunden wird (1,47.48). Daraufhin erfolgt das Glaubensbekenntnis des Nathanael (1,49), das Jesus seinerseits kommentiert und zu einer generellen Aussage veranlaßt (1,50.51).

Schließlich zeugt auch die traditionelle Erzählung[366] in Joh 20,19–23 für den redaktionellen Charakter der Thomasperikope, denn sie setzt bei der Geistverleihung und Bevollmächtigung zur Sündenvergebung die Anwesenheit *aller* Jünger voraus[367]. Nirgendwo ist angedeutet, daß Thomas eine besondere Offenbarung zuteil werden soll.

Die Leiblichkeit des Auferstandenen wird auch in Lk 24,36–43 sehr betont, und

---

immer gültigen Sachverhalt, der als bereits eingetreten gedacht wird; vgl. B.-D.-R. § 333,3a u. 373,7; R. Schnackenburg, Joh III, 399. Einen traditionsgeschichtlichen Zusammenhang zwischen dem Makarismus in Joh 20,29 und der Seligpreisung der Augenzeugen in Lk 10,23; Mt 13,16 sehen C. H. Dodd, Tradition, 354; G. Strecker, a.a.O., 931.

[363] Gegen U. Wilckens, Auferstehung, 53, der V. 29 als ein „höchst kritisches Wort" versteht, und E. Haenchen, Weg, 558, der meint, die Thomasgeschichte entspreche „nicht dem Geist des Evangelisten". Richtig hingegen E. Käsemann, Jesu letzter Wille, 54; O. Cullmann, Urchristentum und Gottesdienst, 43; B. Lindars, Joh, 616; C. K. Barrett, Joh, 574; M. d. Jonge, Signs and Works, 109.

[364] Vgl. den umfassenden Nachweis bei A. Dauer, Joh u. Luk, 251–259; vgl. ferner R. Fortna, Gospel, 142f.; R. Schnackenburg, Joh III, 390; E. Hirsch, Auferstehungsgeschichten, 10f.; J. Becker, Joh II, 628; H. Kohler, Kreuz und Menschwerdung, 179f.

[365] Vgl. W. Grundmann, Zeugnis und Gestalt, 92; A. Dauer, Herkunft, 60f.

[366] Zur Analyse vgl. R. Schnackenburg, Joh III, 380–390.

[367] Vgl. a.a.O., 390.

das Motiv des Jüngerzweifels findet sich ebenfalls in Mt 28,17; Mk 16,11–14. Dies zeigt das starke Interesse eines späten Traditionsstadiums an der nachprüfbaren Wirklichkeit des Auferstehungsleibes, zeugt aber weder für literarische noch traditionsgeschichtliche Abhängigkeiten[368]. Eine instruktive pagane Parallele findet sich bei Philostr, VA VII 41; VIII 42[369].

In der Thomasperikope verbindet der Evangelist Johannes zwei aktuelle theologische Probleme seiner Gemeinde: Die Abwehr einer doketischen Leugnung der Identität des Gekreuzigten mit dem Auferstandenen und die Frage nach dem Auferstehungsglauben derer, die auf das Zeugnis der Augenzeugen angewiesen sind. Eine antidoketische Tendenz artikuliert sich in dem Verlangen des Thomas, die Wundmale Jesu berühren zu dürfen, um so die Leiblichkeit des Auferstandenen und seine Identität mit dem Irdischen nachzuprüfen[370]. Thomas wird dieser Wunsch gewährt, womit er als Augenzeuge ausdrücklich bestätigt, daß der Auferstandene in dem Fleisch ist, in dem er litt und starb[371]. Die damit behauptete Kontinuität zwischen dem irdischen Leib Jesu und dem Auferstehungsleib richtet sich gegen Glieder der joh. Gemeinde, die Jesu reales Gekommensein im Fleisch und somit auch sein Leiden und Sterben und die Realität des Auferstehungsleibes leugnen (vgl. 1Joh 2,22.23; 4,2.3; 5,1)[372]. Wahrscheinlich ist auch die Frage nach dem Auferstehungsglauben der späteren Generationen durch diese innergemeindlichen Gegner ausgelöst

---

[368] Gegen C. H. Dodd, Tradition, 145f., der traditionsgeschichtliche Verbindungen vermutet.

[369] Vgl. R. Reitzenstein, Wundererzählungen, 48; W. Bauer, Joh, 233; L. Bieler, Theios Anēr I, 48f. Eine jüdische Parallele zur Thomasperikope bietet Bill II 586.

[370] Vgl. G. Richter, Fleischwerdung, 180ff., der die Thomasperikope allerdings für einen sekundären Einschub seines ‚antidoketischen Redaktors' hält. Sahen schon J. Wellhausen, Joh, 93, und E. Schwartz, Aporien I, 348f., das Ende ihrer joh. ‚Grundschrift' in 20,18 und hielten deshalb die Thomasgeschichte für einen Zusatz, so wird diese These neuerdings wieder von W. Langbrandtner, Weltferner Gott, 35–38, und H. Thyen, FB (ThR 42), 261–268, vertreten, die beide in Joh 20,19–31 das Werk ihrer ‚Redaktionen' sehen. Für diese Annahme lassen sich aber weder literarkritische noch inhaltliche Argumente geltend machen, und zudem hat die Analyse gezeigt, daß die Sprachgestalt von 20,24–29.30–31 eindeutig joh. ist; vgl. zur Kritik an Langbrandtner und Thyen auch A. Dauer, Joh u. Luk, 289–295.

[371] Gegen R. Bultmanns Meinung, der Zweifel des Thomas sei „repräsentativ für die durchschnittliche Haltung der Menschen, die nicht glauben können, ohne Wunder zu sehen (4,48)" (Joh, 539; ähnlich S. Schulz, Joh, 246f.; C. H. Dodd, Interpretation, 443), spricht entscheidend, daß das Verlangen des Jüngers von Jesus erfüllt wird. Hier liegt keine Wunderkritik vor, sondern das wunderhafte Sehen des Thomas ist im Gegenteil Voraussetzung für den Glauben ohne Sehen der späteren Generationen. Vgl. zur Kritik an Bultmann bes. E. Käsemann, Jesu letzter Wille, 53f.89f.; H. Kohler, Kreuz und Menschwerdung, 192–213.

[372] Vgl. die Analyse dieser Texte im Abschnitt 2.2.2.2. Gegen R. Schnackenburg, Joh III, 399; J. Becker, Joh II, 627, die eine antidoketische Ausrichtung der Thomasperikope bestreiten und ihr lediglich eine pastorale Funktion zubilligen.

worden, denn wenn sie die leibliche Auferstehung Jesu verneinten, mußte sich für die anderen Gemeindeglieder die Frage nach dem Wesen und der Zuverlässigkeit ihrer eigenen Glaubensgrundlagen stellen. Johannes antwortet darauf mit dem Verweis auf die Augenzeugen, welche Jesu Auferstehung im Fleisch bestätigen und auf deren Glaubwürdigkeit sich die spätere Gemeinde verlassen muß und darf. Somit begründet das unwiederholbare Sehen der ersten Zeugen die Tradition, in deren Kontinuität sich die joh. Gemeinde weiß, denn ihr gilt die Verheißung Jesu μακάριοι οἱ μὴ ἰδόντες καὶ πιστεύσαντες.

3.8.3 Zeichen und Werke

Bei Johannes überschneidet sich der Gebrauch von σημεῖον (σημεῖα) und ἔργον (ἔργα), so daß die Verwendung der einzelnen Begriffe und ihr Verhältnis zueinander untersucht werden müssen.

3.8.3.1 σημεῖον

Subjekt aller siebzehn σημεῖον-Belege im JE ist Jesus, was allein schon die exklusiv christologische Bedeutung dieses Begriffes zeigt[373].

In Joh 2,11; 4,54; 6,14; 9,16; 11,47; 12,18 und 20,30 dient σημεῖον (σημεῖα) zur Bezeichnung und Charakterisierung eines zuvor geschilderten Wunders. Was die synoptische Tradition mit δύναμις bezeichnete, heißt bei Johannes σημεῖον: Jesu Wunderfähigkeit und Wundertätigkeit. Nur die Heilung des Lahmen am Teich Bethesda (Joh 5,1–9ab) wird nicht σημεῖον genannt, wohl aber nachträglich ἔργον (Joh 7,21). Als summarische Bezeichnung für Wunder dient σημεῖον (σημεῖα) in Joh 2,23; 6,2; 7,31; 10,41; (11,47); 12,37; (20,30). Bei diesen Stellen ist es vor allem das Volk, das angesichts der Wunder Jesu zum Glauben kommt oder im Unglauben verharrt.

Als Zeichenforderung erscheint σημεῖον in Joh 2,18; 6,30 im Mund der Juden. Dieses aus der synoptischen Tradition geläufige Motiv (vgl. Mk 13,4par Zeichenforderung der Jünger; Mk 8,11f.; Mt 12,9–42; 16,1–2.4; Lk 11,16.29–32 Zeichenforderung der Juden; vgl. ferner 1Kor 1,22) wird von Johannes in einer veränderten Form aufgenommen: Jesus wehrt nicht wie bei den Synoptikern die Zeichenforderung ab, sondern das σημεῖον erhält einen positiven Verweischarakter; es weist hin auf Jesus, der der eigentliche Tempel (vgl. Joh 2,19–22) und die wahre Speise ist (vgl. Joh 6,31–35)[374]. Auch in Joh 4,48 wehrt Jesus die Forderung nach Zeichen

---

[373] Vgl. S. Hofbeck, Semeion, 68.
[374] Vgl. dazu S. Hofbeck, a.a.O., 78–90.

und Wundern nur ab, um danach selbst ein Wunder zu vollbringen[375]. In Joh 3,2; 6,26 gelten die σημεῖα als Legitimation der göttlichen Sendung Jesu.

Die bisherigen Analysen haben gezeigt, daß der Gebrauch von σημεῖον in Joh 2,11; 4,48.54; 6,2.14; 9,16; 11,47; 20,30 auf den Evangelisten Johannes selbst zurückgeht. Schwer ist zu entscheiden, ob in Joh 2,18 Redaktion oder Tradition vorliegt. Für den traditionellen Charakter dieses Verses spricht der unmittelbare Kontext, denn V. 17 ist deutlich als redaktioneller Einschub zu erkennen[376], so daß V. 18 als Fortsetzung des vorgegebenen Abschnittes Joh 2,14–16 erscheint. Darüber hinaus weist Mk 11,27 ff. par auf die ursprüngliche Verbindung zwischen Tempelreinigung und Vollmachtsfrage hin, d. h. auch unter traditionsgeschichtlichem Gesichtspunkt muß V. 18 als traditionell gelten. Andererseits ist die Sprachgestalt des Verses johanneisch[377], geht die Subjektangabe οἱ Ἰουδαῖοι sehr wahrscheinlich auf Johannes zurück[378] und könnte die Umwandlung der synoptischen Vollmachtsfrage in eine Zeichen*forderung* der Absicht des Evangelisten entspringen, die Juden im Gegensatz zu den Jüngern pauschal als ungläubig zu qualifizieren[379]. Joh 2,18 kann traditionell sein, es muß aber auch mit der Möglichkeit gerechnet werden, daß der Evangelist selbst einen vorgegebenen Zusammenhang gestaltet hat.

Eindeutig redaktionell ist hingegen Joh 2,23[380]. Johannes verbindet mit dem Überleitungsstück 2,23–25 Tempelreinigung und Nikodemusgespräch (vgl. Joh 4,43–45; 10,19–21.40–42; 11,55–57), wobei die Erwähnung der σημεῖα in 2,23 Voraussetzung für 3,2 ist[381]. Der Sprachstil des Evangelisten[382] zeigt sich an dem überleitenden ὡς δέ (vgl. Joh 7,10; ὡς οὖν in 4,1.40; 18,6) sowie an den Wendungen πολλοὶ ἐπίστευσαν εἰς τὸ ὄνομα αὐτοῦ und σημεῖα ποιεῖν. Auch die Erwähnung der σημεῖα in Joh 3,2 ist redaktionell, denn die Nikodemusperikope ist ein vom Evangelisten um die traditionellen Herrenworte Joh 3,3.5 entworfenes Lehrgespräch[383]. In Joh 6,26 geht Jesus auf die Frage der Menge in V. 25 gar

---

[375] Zur Analyse von Joh 4,48 vgl. den Abschnitt 3.2.2.

[376] Vgl. F. Schnider – W. Stenger, Joh u. Syn, 38 f.; R. Fortna, Gospel, 146.

[377] So ist die Einleitungswendung ἀπεκρίθησαν (77mal ἀποκρίνομαι im JE ohne Kap. 21) οὖν in Verbindung mit einer Form von λέγειν typisch joh. (Joh 1,26.48; 3,3.9.10; 4,10.13 u. ö.; insgesamt ist das joh. ἀπεκρίθη καὶ εἶπεν anstelle des synoptischen ἀποκριθεὶς εἶπεν 30mal belegt); δείκνυμι ist 9mal, ποιεῖν 110mal im 4. Evangelium belegt.

[378] Vgl. F. Schnider – W. Stenger, Joh u. Syn, 39.

[379] Vgl. R. Schnackenburg, Joh I, 363.

[380] Vgl. R. Bultmann, Joh, 91; R. Schnackenburg, Joh I, 372; J. Becker, Joh I, 131.

[381] Ferner ist die Erwähnung Jesu in 2,23–25 Voraussetzung für Joh 3,1 ff., was sich an dem bloßen ἦλθεν πρὸς αὐτόν in 3,2 zeigt.

[382] Vgl. R. Bultmann, Joh, 91 A 3.

[383] Zur ausführlichen Begründung vgl. den Abschnitt 4.1.3.

nicht ein, sondern knüpft mit ζητεῖν an den (redaktionellen) V. 24 an[384]. Zudem weist das Stichwort σημεῖον auf Joh 6,2.14 zurück, und auch V. 27 stellt sowohl vom Thema (Beginn der Lebensbrotrede) als auch von der Terminologie (V. 26: ζητεῖν/ἄρτος; V. 27: ἐργάζεσθαι/ βρῶσις) einen Neueinsatz dar; alles Indizien für den redaktionellen Charakter von Joh 6,26[385].

Demgegenüber muß die Zeichenforderung im Rahmen der Lebensbrotrede in Joh 6,30 als traditionell angesehen werden. Wenn das Volk in V. 31 ein Speisungswunder in der Wüste wie z. Zt. des Mose fordert, so scheint hier die unmittelbar zuvor erfolgte Speisung der 5000 völlig in Vergessenheit geraten zu sein. Dieser Widerspruch kann nur auf die Verknüpfung verschiedener Traditionen durch den Evangelisten zurückgeführt werden (V. 26!), d. h. V. 30 ff. sind traditioneller Bestandteil der Lebensbrotrede. Hingegen geht der Gebrauch von σημεῖον in Joh 7,31 auf den Evangelisten zurück. Dafür sprechen die fast schon schematische Erwähnung des Wunderglaubens der Menge (vgl. Joh 2,23; 6,14; 9,16; 10,42; 11,45.47) und die im Rahmen der Messiasdebatte in Kap. 7 dem Volk in den Mund gelegte und in dieser Form spezifisch joh. Anschauung vom Wunderwirken des Messias, für die es im jüdischen Bereich keine überzeugenden Parallelen gibt[386].

Auf dem Hintergrund der Auferweckung des Lazarus ist die Bemerkung in Joh 10,41 zu verstehen, Johannes d. T. habe zwar keine Wunder getan, aber dennoch sei sein Zeugnis über Jesus wahr. Damit wird einerseits das Vollbringen von Wundern als hervorstechendes Merkmal des öffentlichen Wirkens Jesu und damit als Legitimation seiner göttlichen Herkunft verstanden, andererseits der Täufer zum bloßen Vorläufer degradiert, dessen Auftreten lediglich Zeugnischarakter hat (vgl. Joh 1,19–34; 3,28). Die bewußte Betonung des Abstandes zwischen Jesus und Johannes d. T. (vgl. Joh 1,8.15.19–27.29– 34; 3,26–30; 5,33–36) weist ebenso auf die Hand des Evangelisten hin wie die stereotype Erwähnung des Glaubens der Menge in V. 42 (vgl. Joh 2,23; 3,18; 7,31; 11,45) und die Stellung des Übergangsstückes Joh 10,40–42 (zu den typisch joh. Überleitungswendungen vgl. Joh 2,23–25; 4,43–45; 10,19–21; 11,55–57) im Kontext[387], denn Joh 11 illu-

---

[384] Vgl. E. Haenchen, Joh, 319.

[385] Vgl. R. Bultmann, Joh, 161.

[386] Vgl. die Analyse von Joh 6,1–15 im Abschnitt 3.4.2.

[387] Gegen R. Bultmann, Joh, 299 A 2; J. Becker, Joh I, 340, die in Joh 10,40–42 ein Stück ihrer ‚Semeia-Quelle‘ sehen. Becker führt als Beleg dafür die Ortsangabe in V. 40 an, was aber nicht überzeugt, denn der Evangelist bezieht sich hier bewußt (τὸ πρῶτον) auf 1,28, wohl wegen der Ortsangabe ‚Bethanien‘ (vgl. Joh 11,1, wo freilich ein anderes Bethanien gemeint ist).

striert in machtvoller Weise die Gültigkeit der Aussage von V. 41[388]. Zudem lassen sich in dem Abschnitt zahlreiche joh. Stileigentümlichkeiten nachweisen[389].

Johannes verbindet den Einzug Jesu in Jerusalem mit einem nochmaligen Verweis auf die Auferweckung des Lazarus (Joh 12,12–19). Während V. 12–15 der Tradition zuzurechnen sind[390], gehen V. 16–19 und damit auch τὸ σημεῖον in V. 18 auf den Evangelisten zurück, was sich für V. 17–19 eindeutig aus dem Rückbezug auf Kap. 11 ergibt[391]. Johannes läßt noch einmal die Volksmenge auftreten, die bei der Auferweckung des Lazarus anwesend war[392] und nun in Jerusalem die Größe dieses Wunders bezeugt. Weil die Menge von diesem außerordentlichen σημεῖον durch die Augenzeugen hörte[393], zog sie Jesus entgegen (vgl. V. 12). Die Pharisäer betrachten diese Entwicklung mit Sorge, denn alle Welt scheint Jesus zuzulaufen. Durch die Verknüpfung einer vorgegebenen Einzugstradition mit der Lazarusperikope betont der Evangelist nochmals, daß Jesu größtes Wunder sowohl Glaube als auch Unglaube bis hin zur Todfeindschaft hervorruft.

Auch die Schlußbemerkung über das öffentliche Wirken Jesu in Joh 12,37 stammt vom Evangelisten[394]. Dafür sprechen zum einen die zahlreichen joh. Stileigentümlichkeiten: Zum gen. abs. vgl. besonders Joh

---

[388] Allein diese Beobachtung spricht entscheidend gegen die Vermutung R. E. Browns, Joh I, 414, V. 40–42 seien der ursprüngliche Abschluß von Joh 5–10, woran dann Kap. 11.12 sekundär angeschlossen worden seien.

[389] V. 40: ἀπέρχομαι (21mal), πάλιν (41mal) τόπος (16mal), ἐκεῖ (23mal); V. 41: πολύς (39mal), ἔρχομαι (151mal); πρός (99mal); zur Wendung ἦλθον πρὸς αὐτὸν καὶ ἔλεγον vgl. Joh 3,2.26; zu σημεῖον ποιεῖν vgl. Joh 2,11.23; 4,54; 6,14.30; 9,16; 20,30. Zu πολλοὶ ἐπίστευσαν in V. 42 vgl. Joh 2,23; 3,18; 4,39; 7,31; 8,30; 11,45; 12,11.42.

[390] V. 16 erweist sich durch das Motiv der Jüngererinnerung als redaktionell (vgl. Joh. 2,22). Zum traditionellen Charakter von 12–15 vgl. R. Bultmann, Joh, 319; R. Schnackenburg, Joh II, 468.

[391] Vgl. R. Bultmann, Joh, 319; R. Schnackenburg, Joh II, 468; J. Becker, Joh II, 376.

[392] Die ursprüngliche LA ὅτε bezieht sich auf Joh 11,42.

[393] Zum joh. διὰ τοῦτο ... ὅτι vgl. Joh 5,18; 8,47; 10,17; 12,39.

[394] Vgl. R. Schnackenburg. Joh II, 525ff.; R. Fortna, Gospel, 199; W. Nicol, Semeia, 39. Gegen A. Faure, Zitate, 108; R. Bultmann, Joh, 346; J. Becker, Joh II, 408f., die in Joh 12,37f einen Bestandteil der ‚Semeia-Quelle' sehen. Als entscheidendes Argument gilt die Differenz zwischen V. 38 und V. 39f., wonach V. 39f. eine deterministische, aus der Feder des Evangelisten stammende Interpretation von V. 38 sein soll. Überzeugend ist dies freilich nicht, denn weder die Einleitungsformel (vgl. Joh 15,25) noch die wörtliche LXX-Zitation von Jes 53,1 (vgl. die wörtlichen LXX-Zitate in Joh 2,17; 10,34; 19,24) sprechen gegen den Evangelisten. Sodann wird das in V. 37f. dominierende Motiv der menschlichen Mitverantwortung und Schuld in V. 42f. wiederaufgenommen und weitergeführt, d. h. der Evangelist will das von ihm frei gestaltete Verstockungszitat aus Jes 6,9f. (Einzelheiten bei R. Schnackenburg, Joh II, 518) gerade nicht in einem unentrinnbar deterministischen Sinn verstanden wissen, sondern er betont hier wie in V. 37f. die menschliche (Mit-)Verantwortung.

8,30[395], zu τοσοῦτος vgl. Joh 6,9; 14,9 und zu ἔμπροσθεν vgl. Joh 1,15.30; 3,28; 10,4. Eindeutig johanneisch ist σημεῖα ποιεῖν (vgl. Joh 2,11.23; 3,2; 4,54; 6,14.30; 7,31; 9,16; 10,41; 11,47; 12,18; 20,30) und zu (οὐκ) ἐπίστευον εἰς αὐτόν vgl. besonders Joh 2,11; 4,39; 3,16; 6,40; 7,31; 8,30; 9,36; 10,42; 11,45.48; 12,42. Im unmittelbaren Kontext hat der Vers die Funktion, durch das Stichwort πιστεύειν das folgende atl. Zitat vorzubereiten. Sodann ist die Korrespondenz zwischen Joh 12,37 und Joh 20,30 f. nicht zu übersehen. Schließt die Darstellung des öffentlichen Auftretens Jesu mit einem negativen Urteil über den Unglauben des Volkes angesichts der großen Wunder Jesu, so soll der Leser des Evangeliums durch die berichteten Zeichen zum Glauben kommen. Dieser Kontrast zwischen dem Unglauben angesichts der Offenbarung Jesu vor der Welt und dem vom Leser des Evangeliums gerade aufgrund dieses Wirkens geforderten Glauben geht auf den Evangelisten zurück.

Der Gebrauch von σημεῖον ist im 4. Evangelium bis auf Joh 2,18; 6,30 durchweg redaktionell, der Zeichenbegriff somit ein bewußtes theologisches, d. h. christologisches Interpretament des Evangelisten[396]. Aus dem traditionellen Motiv der Zeichenforderung entwickelt[397] dient es Johannes zur prägnanten Benennung des Offenbarungswirkens Jesu, denn σημεῖα ποιεῖν hat als Subjekt ausschließlich Jesus, und niemals wird ein Wort Jesu als σημεῖον bezeichnet[398].

Der exklusiv christologische und offenbarungstheologische Gebrauch von σημεῖον im 4. Evangelium ist ohne Analogie. Er ist ausschließlich als theologische Leistung des Evangelisten Johannes zu begreifen[399]. Religionsgeschichtlich dürfte im weiteren Sinn die Septuaginta den Hintergrund des joh. σημεῖον-Begriffes bilden[400]. Zu nennen ist hier besonders Num 14,22, wo Gott zu

---

[395] Vgl. ferner Joh 4,51; 5,13; 6,23; 7,14; 13,2; 20,19.26.

[396] Gegen J. Becker, Wunder und Christologie, 136, der alle ‚abwertenden‘ Semeia-Belege dem Evangelisten (2,18.23; 3,2; 4,48; 6,26.30; 7,31; 9,16; 11,47; 12,18) die ‚positiven‘ hingegen der ‚Semeia-Quelle‘ zuschreibt (2,11; 4,54; 6,2.14; 10,41; 12,37; 20,30 f.). Richtig hingegen O. Betz/W. Grimm, Wunder Jesu, 124: „Das Semeion-Konzept ist genuin johanneisch.“

[397] Es ist wohl kein Zufall, daß nur die Zeichenforderung in Joh 2,18; 6,30 traditionell ist. Der Evangelist hat dieses vorgegebene Motiv eigenständig ausgearbeitet und zu einem zentralen Bestandteil seiner Christologie gemacht.

[398] Vgl. K. H. Rengstorf, ThW VII 245. Allein schon dieser Sachverhalt spricht gegen die Feststellung R. Bultmanns, Theologie, 413, „die Werke Jesu – als Ganzes einheitlich gesehen: sein Werk – sind seine Worte“.

[399] Vgl. K. H. Rengstorf, ThW VII 254. Nicht zu belegen ist die Vermutung von P. Riga, Signs of Glory, 423, „the signs are invitations by Christ for men to interpret their deeper spiritual meaning“. Ein ‚tieferer, geistlicher‘ Sinn ist den Texten nicht zu entnehmen.

[400] Vgl. dazu die umfassende Sichtung des Materials bei K. H. Rengstorf, ThW VII 199 ff.; ferner R. Heiligenthal, Werke als Zeichen, 135 ff. Pagane Parallelen bietet M. Whittaker, ‚Signs and Wonders‘, 155 ff.

Mose spricht: πάντες οἱ ἄνδρες οἱ δρῶντες τὴν δόξαν μου καὶ τὰ σημεῖα, ἃ ἐποίησα ...; vgl. ferner Ex 15,1 ff.

3.8.3.2 ἔργον

Von den 27 ἔργα-Stellen im 4. Evangelium heben sich Joh 4,34; 17,4 durch den Singular ἔργον und durch ihre exponierte Stellung als erster und letzter Beleg eindeutig ab. Die einzelnen ἔργα Jesu bzw. des Vaters zusammenfassend und ihnen die Interpretationsrichtung gebend, wird hier das gesamte Inkarnationsgeschehen als ἔργον bezeichnet[401]. Ist mit dem ‚einen Werk' Jesu zunächst das Heilswirken des irdischen Jesus gemeint, so schließt dies den Blick auf das Wirken des Erhöhten nicht aus. In Joh 5,20 ist von den μείζονα ἔργα die Rede, die das Wunder der Krankenheilung überbieten werden. Damit kann nach dem Kontext nur das zukünftige (vgl. das Futur δείξει) Wirken des Erhöhten als Richter und Lebensspender gemeint sein (Joh 5,21 ff.; vgl. ferner Joh 14,12–14)[402].

Zu den verschiedenen ἔργα gehören zunächst die Wunder Jesu[403]. Ein deutlicher Bezug auf die σημεῖα ist in Joh 5,20.36; 6,29.30; 7,3.21; 9,3.4; 10,25.32 ff.; 14,10 f.; 15,24 unverkennbar. Die Wunder als Werke Jesu haben sowohl Offenbarungsqualität als auch Legitimationsfunktion (vgl. Mt 11,2–6) und sind sinnfälliger Ausdruck der Einheit des Sohnes mit dem Vater. Die Werke zeugen für die Einheit des Vaters mit dem Sohn. Dieses zweite große Bedeutungsfeld der ἔργα im JE wird in Joh 4,34; 5,36; 6,28 f.; 9,4; 10,25.32.37; 14,10; 17,4 sichtbar. Der Sohn vollbringt die ἔργα τοῦ θεοῦ, tut den Willen dessen, der ihn gesandt hat, und gerade deshalb bezeugen ihn die Werke.

Auch die Worte Jesu können als ἔργα erscheinen, vgl. Joh 5,36–38; 8,28; 14,10; 15,22–24. Die Austauschbarkeit von Worten und Werken bedeutet keineswegs „die Identität von Werk und Wort"[404] Jesu bei Johannes, denn beide sind wohl Offenbarungsträger, aber nur den Werken eignet eine in Raum und Zeit nachprüfbare, augenfällige Realität[405]. Zudem deuten Joh 10,32–38; 14,8–12 darauf hin, daß der Evangelist zwischen beidem zu unterscheiden vermag[406]. Eine Fortsetzung finden die Werke Jesu durch die Jünger, denen in Joh 14,12 verheißen wird, größere Werke als Jesus zu tun. Jesu Fortgang zum Vater ermöglicht die

---

[401] Vgl. R. Bultmann, Joh, 164 A 3; W. Thüsing, Erhöhung, 58.62; S. Hofbeck, Semeion, 147.

[402] Vgl. W. Thüsing, Erhöhung, 58 ff.

[403] Auch die wunderbaren Taten des Apollonius können mit ἔργα καὶ λόγοι bezeichnet werden, vgl. Philostr, VA VIII 12; vgl. ferner Sir 48,14. Zum Sprachgebrauch bei Philo vgl. G. Delling, Wunder, 80 A 26.

[404] R. Bultmann, Theologie, 407.

[405] Vgl. W. Thüsing, Erhöhung, 59 A 28.

[406] Vgl. M. de Jonge, Signs and Works, 124.

μείζονα ἔργα, sie sind somit Werke des Erhöhten durch die Jünger[407]. Jesus erfüllt die in seinem Namen an ihn gestellten Bitten und gewährt dadurch die μείζονα ἔργα (Joh 14,13–14). Nicht nur die Jünger, Jesus oder Gott vollbringen ἔργα, sondern auch die Menschen allgemein (Joh 3,19), das Volk (Joh 6,28f.) oder der Kosmos (Joh 7,7) können Werke tun. Daneben spricht Johannes noch von den Werken Abrahams (Joh 8,39) und den Werken des Teufels (Joh 8,41). Die sittliche Qualität dieser ἔργα richtet sich danach, ob sie gottgewirkt sind (Joh 3,21) oder aber vom Teufel, bzw. der Welt stammen (Joh 3,19; 7,7; 8,41).

3.8.3.3 Zeichen und Werke

Parallelbegriffe sind σημεῖα und ἔργα nur, insofern sie beide das Wunderwirken Jesu bezeichnen. Σημεῖα kann aber nur Jesus vollbringen, ἔργα hingegen auch die Jünger, das Volk, die Menschen allgemein und sogar der Teufel. Während σημεῖον durchweg absolut gebraucht wird, folgt auf ἔργον zumeist ein qualifizierender Genitiv (vgl. Joh 7,7; 9,4; 10,34)[408]. Ist das σημεῖον ausschließlich augenfällige Offenbarungstat, so können die ἔργα Offenbarungsworte sein. Die σημεῖα sind begrenzt auf die öffentliche Wirksamkeit Jesu, im Gegensatz dazu gibt es auch ἔργα des Erhöhten.

Für Johannes ist σημεῖον ein ausschließlich christologisch gefüllter Begriff. Er benennt besonders die sinnfällige Offenbarung der Doxa Jesu in den Wundern, die sowohl Glauben als auch Unglauben hervorruft. Demgegenüber ist ἔργον weit umfassender als σημεῖον. Es kann das gesamte Heilswerk Jesu bezeichnen, hat aber vor allem die Funktion eines Zeugnisses für die göttliche Sendung Jesu. Die Einheit des Vaters und des Sohnes zeigt sich in den ἔργα, die ihrerseits diese Einheit bezeugen. Erscheint ἔργα hier als soteriologische Größe, so wird eine ekklesiologische Bedeutung in den Werken der Jünger, eine ethische in den ἔργα πονηρά bzw. ἔργα ἀγαθά der Menschen sichtbar.

Der 4. Evangelist unterscheidet somit bewußt zwischen σημεῖα und ἔργα. Der exklusiv christologische Sinn von σημεῖον als präziser Benennung des Offenbarungswirkens des Inkarnierten wird durch die joh. Rede von den ἔργα Χριστοῦ bzw. θεοῦ keineswegs relativiert, sondern ergänzt[409].

---

[407] Vgl. W. Thüsing, Erhöhung, 115.
[408] Vgl. W. Wilkens, Zeichen und Werke, 85.
[409] Nicht zu belegen ist die Vermutung von W. Wilkens, Zeichen und Werke, 86, daß „die Erga mit den Semeia offenbar nichts zu schaffen" haben.

3.9 Einwände gegen die Annahme einer ‚Semeia-Quelle'

Gegen die in der neueren Johannesforschung u. a. von R. Bultmann, R. Schnackenburg, E. Haenchen, G. Richter, R. Fortna, J. M. Robinson, J. L. Martyn, D. M. Smith, W. Nicol und J. Becker vertretene opinio communis einer vorjoh. ‚Semeia-Quelle' müssen aus der vorangegangenen redaktionsgeschichtlichen Untersuchung der joh. Wundererzählungen folgende Einwände geltend gemacht werden:

3.9.1 Die Zählung der Wunder

Als wesentliches Indiz für die Existenz einer ‚Semeia-Quelle' gilt die Zählung in Joh 2,11; 4,54[410]. Danach enthielt die ‚Quelle' eine Zählung der Wunder, die allerdings nur noch bei den ersten beiden Wundern erhalten ist. Dagegen ergab die Exegese von Joh 2,11; 4,54, daß diese Verse und damit auch die Zählung vom Evangelisten Johannes stammen. Er zählte die beiden Wunder Jesu in *Kana,* um sie als Anfang und Ende des ersten öffentlichen Wirkens Jesu hervorzuheben. Ein Widerspruch zu den summarischen Wundernotizen in Joh 2,23; 4,45 besteht nicht, denn sie berichten von Wundern in *Jerusalem.* Damit entfällt das Hauptindiz für die Existenz einer vorjoh. ‚Semeia-Quelle'!

Im Anschluß an F. Spitta[411] rechnen R. Fortna[412] und H. P. Heekerens[413] Joh 21,14 zu ihrer ‚Quelle', so daß der wunderbare Fischfang zum ‚dritten' gezählten Wunder wird. Die Zählung in Joh 21,14 stammt aber eindeutig von der postevangelistischen Redaktion, die damit auf die zwei vorhergehenden Erscheinungen in Joh 20,19–23.24–29 Bezug nimmt.

3.9.2 Der Abschluß des Johannes-Evangeliums

In enger Verbindung mit der Wunderzählung wird Joh 20,30 f. vielfach als Ende einer ‚Semeia-Quelle' angesehen. Auch hier hat die Analyse gezeigt, daß diese Verse auf den Evangelisten zurückgehen. Er verwendet den σημεῖον-Begriff, um die zuvor im Evangelium geschilderte, Glauben hervorrufende und bestärkende Offenbarungsqualität des Wirkens Jesu prägnant zum Ausdruck zu bringen.

---

[410] Exemplarisch sei hier auf die Argumentation von R. Bultmann, Joh, 78; J. Becker, Joh I, 114, verwiesen. Zutreffend bemerkt B. Lindars, Behind the Fourth Gospel, 29: „Everyone knows that the main clue to the existence of the source is the numbering of the first two signs, ..."

[411] Vgl. F. Spitta, Johannesevangelium, 3.

[412] Vgl. R. Fortna, Gospel, 95 ff.

[413] Vgl. H. P. Heekerens, Zeichen-Quelle, 45–47.

3.9.3 Der traditions- und religionsgeschichtliche Hintergrund der vorjohanneischen Wundergeschichten

Eine ausgesprochene Sondertradition der joh. Schule liegt in Joh 2,1– 11 vor. Das vom Erzähler aufgenommene Bildmaterial verweist auf den hellenistischen Vorstellungsbereich, denn nur hier findet sich das Verwandlungsmotiv von Wasser zu Wein (Philostr, VA VI 10) und ist der Titel ἀρχιτρίκλινος belegt[414]. Eine joh. Sondertradition synoptischen Typs ist Joh 5,1–9ab. Auffallend sind die Berührungen im Aufbau mit synoptischen Wundergeschichten (vgl. Mk 2,1–12; 3,1–6; Lk 7,11–17; 13,10–17)[415], bis hin zu wörtlichen Übereinstimmungen (vgl. Joh 5,8/Mk 2,11). Das Motiv der heilenden Kraft des Wassers findet sich sowohl im jüdischen[416] als auch im paganen Bereich, wobei ὑγιὴς γίνεσθαι in V. 6.9a eine Anspielung auf den Asklepios-Kult sein könnte[417]. Eine sehr enge hellenistische Parallele hat die Demonstration der Heilung (Joh 5,9ab) in Luk, Philops 11 (vgl. ferner Philostr, VA IV 45).

Auch die Heilung des Blindgeborenen in Joh 9 ist eine Sondertradition aus der joh. Schule. Die eigentliche Wundergeschichte in V. 1–7 hat synoptische (Mk 8,22–26; 10,46–52) und hellenistische Parallelen[418]. Als eine Steigerung des Mirakulösen ist die Bemerkung in V. 1 zu verstehen, der Bettler sei von Geburt an blind gewesen. Das Motiv des Blindseins als Folge von Sünde in V. 2 findet sich besonders in jüdischen Quellen[419], ist aber in der abgewandelten Form der Blendung als einer Strafe ebenfalls in hellenistischen Wundergeschichten belegt[420]. Schließlich ist die heilende Kraft des Speichels in der gesamten antiken Medizin bekannt.

In einer sehr stark redaktionell überarbeiteten Form liegt eine weitere joh. Sondertradition vor: Die Auferweckung des Lazarus in Joh. 11. Sie wirkt in ihrer jetzigen Gestalt sehr überladen, zeigt aber in ihrem traditionellen Grundbestand sowohl in den Personen (Lk 10,38–42; 16,19–31) als auch in der Topik (Mk 5,22–24.35–43) eine große Nähe zu synoptischen Traditionen, besonders aber zu Apg 9,36–42. Kennzeichnend ist auch hier eine Verstärkung des Wunderhaften: Lazarus wird nicht nur von den Toten auferweckt, sondern findet trotz der Leinentücher um Hände und Füße und des Schweißtuches um das Gesicht den Ausgang des Grabes.

---

[414] Vgl. Bill II 407ff.; C. K. Barrett, Joh, 193.

[415] Vgl. die Tabelle bei C. H. Dodd, Tradition, 175.

[416] Vgl. Bill II 454; W. Nicol, Semeia, 56.

[417] Hier ist vor allem an die Asklepios-Heiligtümer zu denken, zu den Parallelen vgl. K. H. Rengstorf, Anfänge der Auseinandersetzung zwischen Christusglaube und Asklepiosfrömmigkeit, 16f.

[418] Vgl. A. Deissmann, Licht vom Osten, 108.

[419] Vgl. Bill II 193ff.; 527ff.

[420] Vgl. O. Weinreich, Heilungswunder, 189ff.

Auf eine gemeinsame Überlieferung mit Mt 8,5–13/Lk 7,1–10 geht die
Heilung des Sohnes eines βασιλικός in Joh 4,46–54 zurück. Wenn auch
keine literarische Abhängigkeit nachzuweisen ist, so sind doch die traditionsgeschichtlichen Berührungen unverkennbar. Eine enge religionsgeschichtliche Parallele hat Joh 4,46–54 in Berakh 34b, wo von R. Chanina
b Dosa berichtet wird, er habe einen Sohn Gamaliel II durch Gebet
geheilt[421]. In beiden Fällen handelt es sich um eine Fernheilung, bei der
das ‚Stundenmotiv' eine zentrale Rolle spielt. Fernheilungen finden sich
sowohl im jüdischen als auch im paganen Bereich[422]. Das Motiv des
wunderbaren Vorherwissens in V. 50 hat eindrucksvolle Parallelen bei
Apollonius von Tyana[423].

Die wunderbare Speisung der 5000 und der folgende Seewandel Jesu in
Joh 6,1–25 sind traditionsgeschichtlich und literarisch von Mk 6,32–52
abhängig. Kennzeichnend sind für die Speisungserzählung eine Intensivierung des Wunderhaften in V. 7.11fin sowie die eucharistischen Anklänge in V. 11. Die engste religionsgeschichtliche Parallele ist 2Kön 4,42–
44[424]. Auch für Joh 6,16–25 ist eine massive Wunderdarstellung charakteristisch, denn in dieser ursprünglichen Epiphanieerzählung sind die Motive des Seewandels und der Sturmstillung mit einem weiteren Wunder
verbunden, dem plötzlichen Versetzen des Bootes an den Strand in
V. 21b. Religionsgeschichtliche Parallelen zum Seewandel gibt es sowohl
im AT[425] als auch im Hellenismus[426], hingegen ist das Motiv der wunderbar schnellen Landung des Bootes offensichtlich in vorchristlicher Zeit
nur im griechischen Bereich belegt[427].

Der Evangelist Johannes hat offensichtlich aus verschiedenen ihm
zugänglichen Traditionsströmen Wundergeschichten übernommen. Neben ausgesprochenen Sonderüberlieferungen der joh. Schule finden sich
Traditionen synoptischen Typs, eine Erzählung, die traditionsgeschichtlich mit synoptischer Überlieferung sehr eng verbunden ist und schließlich zwei Wundergeschichten, die dem Markusevangelium entstammen.
Der religionsgeschichtliche Befund ist ebenfalls komplex. Sowohl atl. und
jüdische als auch hellenistische und pagane Motive und Einflüsse sind
nachweisbar.

Dieses Ergebnis spricht gegen alle Versuche, die vorjoh. Wundertradi-

---

[421] Vgl. Bill II 441.

[422] Vgl. R. Reitzenstein, Wundererzählungen, 124; C. Clemen, Religionsgeschichtliche
Erklärung, 153.218.

[423] Vgl. den Abschnitt 3.4.2.

[424] Zu den paganen Parallelen vgl. R. Bultmann, Geschichte der synoptischen Tradition, 251.

[425] Vgl. W. Nicol, Semeia, 58f.

[426] Vgl. L. Bieler, Theios Anēr I, 96f.; R. Bultmann, Geschichte der synoptischen
Tradition, 251f.

[427] Vgl. R. Bultmann, Joh, 159 A 8.

tion im Rahmen einer ‚Semeia-Quelle' einem *geschlossenen* traditions- und religionsgeschichtlichen Hintergrund zuzuordnen.

So vermutet R. Bultmann, die ‚Semeia-Quelle' stamme aus der Propaganda ehemaliger Täuferjünger für den christlichen Glauben[428]. Sie zeige „Jesus als den θεῖος ἄνθρωπος, dessen wunderbares Wissen die ihm Begegnenden überwältigt"[429]. Neuere Untersuchungen weisen die ‚Semeia-Quelle' vorwiegend dem jüdischen Raum zu. R. Fortna sieht den ‚Sitz im Leben' der ‚Quelle' in der frühen christlichen Judenmission[430]. Sie sei „a textbook for potential Jewish converts" und habe nur den Zweck, „to prove one thing, and one thing only: that Jesus was the Messiah in whom men should believe"[431]. Entstanden sei die ‚Quelle' in Syrien vor 70 n. Chr.[432]. Auch W. Nicol betont den jüdischen Hintergrund[433] und die missionarische Tendenz[434] der joh. Wundererzählungen. Aus der Kontroverse mit der Täuferbewegung in Samaria versteht H. P. Heekerens seine ‚Zeichen-Quelle'[435], deren religionsgeschichtlicher Ausgangspunkt die atl. Elia-Traditionen gewesen seien[436]. Als Ziel der ‚Zeichen-Quelle' vermutet Heekerens, „die (samaritanischen) Jesus-Anhänger gegenüber Anfechtung von seiten der Täuferbewegung in ihrem Glauben zu bestärken"[437]. In die Auseinandersetzung zwischen Christentum und Judentum nach der ‚Synode' von Jamnia ordnet H. M. Teeple die ‚Semeia-Quelle' ein[438]. Sie sei als eine apologetische Schrift von einem Heidenchristen nach 75 n. Chr. geschrieben worden[439].

3.9.4 Stilkritik und ‚Semeia-Quelle'

In unterschiedlicher Weise gelten Stileigentümlichkeiten als Indiz für die Existenz einer ‚Semeia-Quelle'. Während H. M. Teeple sie zum alleinigen Kriterium seiner Quellenkonstruktion macht[440], R. Fortna ih-

---

[428] Vgl. R. Bultmann, Joh, 76 A 6. Ähnlich vermutet D. M. Smith, Milieu, 175 ff., die ‚Semeia-Quelle' habe ihren ‚Sitz im Leben' in der Mission von Täuferjüngern.

[429] R. Bultmann, Joh, 75. Vgl. in diesem Sinn auch M. Dibelius, Formgeschichte, 88; E. Haenchen, Joh, 221 u. ö.; H. Köster, Einführung, 622 f.; H. D. Betz, RAC XII 304; L. Schottroff, Der Glaubende, 257 ff.; J. Becker, Wunder und Christologie, 137 ff.; R. Fortna, Gospel, 230 f. (sehr vorsichtig); J. L. Martyn, Source Criticism, 254 (ebenfalls zurückhaltend).

[430] Vgl. R. Fortna, Gospel, 223–225. Hier zieht Fortna auch eine Verbindung zwischen dem ‚gospel of signs' und den Gegnern des Paulus in 2 Kor 10–13.

[431] R. Fortna, a.a.O., 234.

[432] Vgl. a.a.O., 225.

[433] Vgl. W. Nicol, Semeia, 53–68.

[434] Vgl. a.a.O., 77–79.

[435] Vgl. H. P. Heekerens, Zeichen-Quelle (Diss.), 133 ff.

[436] Vgl. a.a.O., 132.

[437] A.a.O., 139.

[438] Vgl. H. M. Teeple, Literary Origin, 145.

[439] Vgl. a.a.O., 143–147.

[440] Vgl. a.a.O., 142 ff.

nen einen sehr hohen Stellenwert einräumt[441], W. Nicol[442] Stilmerkmale als eine unter mehreren methodischen Zugängen anerkennt, verzichtet J. Becker völlig auf sie[443] und lehnt E. Haenchen sie ausdrücklich ab[444]. Allein dieses Spektrum macht die Notwendigkeit methodologischer Überlegungen an dieser Stelle deutlich.

Die Sprache als Ausdruck schriftstellerischer und theologischer Individualität erlaubt grundsätzlich einen Rückschluß auf den Verfasser eines Textes. Sprachliche Einheitlichkeit verweist auf einen Verfasser, so wie sprachlich-stilistische Unterschiede auf mehrere Hände hinweisen können. Zeichnet sich ein Verfasser unter vergleichbaren Autoren durch einen besonderen Stil aus, so ist damit ein Kriterium für die Zuweisung von Texten gewonnen[445]. Für Johannes haben diesen Nachweis vor allem E. Schweizer und E. Ruckstuhl zu erbringen versucht, indem sie 33 bzw. 50 joh. Stilmerkmale postulierten[446]. Als ‚johanneisch' gilt ein Wort oder eine Konstruktion dann, wenn sie bei Johannes häufig, im übrigen NT aber selten oder gar nicht belegt sind. Finden sich Stileigentümlichkeiten in bestimmten Partien des Evangeliums nicht, so läßt dies auf verarbeitete Traditionen schließen. Sind hingegen die Merkmale über das gesamte Evangelium verteilt, erscheint dessen Einheitlichkeit gesichert.

Diesen methodischen Grundsätzen sind folgende kritische Überlegungen hinzuzufügen:

a) Der Stil eines Autors kann nicht nur im Kontrast zu anderen Autoren ermittelt werden. ‚Johanneisch' können auch Worte, Wendungen und Konstruktionen sein, die im übrigen NT mehrfach belegt sind.

b) Ein innerneutestamentlicher Vergleich ist nicht ausreichend, da sich zahlreiche joh. ‚Stilmerkmale' auch in der nichtliterarischen Koine finden[447]. Durch eine Ausweitung des Vergleichsmaterials reduziert sich die joh. Spracheigenständigkeit[448].

c) Es ist nicht nur mit einem Ideolekt des Evangelisten bzw. der von ihm verarbeiteten Traditionen zu rechnen, sondern mit einem joh. Soziolekt. Innerhalb der joh. Schule hat sich offensichtlich eine Gruppen-

---

[441] Vgl. R. Fortna, Gospel, 203 ff.

[442] Vgl. W. Nicol, Semeia, 16 ff.

[443] Vgl. J. Becker, Joh I, 113 ff.

[444] Vgl. E. Haenchen, Joh, 65–74.

[445] Vgl. E. Schweizer, Ego Eimi, 87 f.

[446] Vgl. E. Schweizer, a.a.O., 88 ff.; E. Ruckstuhl, Einheit, 203 ff.; J. Jeremias, Johanneische Literarkritik, 35.37.40 f., und Ph. H. Menoud, Recherches, 16, erweiterten die Liste Schweizers um jeweils 4 Merkmale. W. Nicol, Semeia, 23 f., erhöhte die Liste sogar auf 82 Stilmerkmale.

[447] E. C. Collwell, The Greek of the Fourth Gospel, hat schlüssig nachgewiesen, daß die nichtliterarische Koine die sprachliche Heimat des 4. Evangelisten ist; als Parallele muß vor allem Epiktet angesehen werden.

[448] Darauf weist E. Haenchen, Joh, 64 ff., mit Nachdruck hin.

sprache ausgebildet, die den Rückschluß von Stilmerkmalen auf einen bestimmten Autor erschwert[449].

d) Die joh. Stilkritik steht immer in der Gefahr eines Zirkelschlusses, denn einerseits dient sie zur Rekonstruktion literarischer Schichten, andererseits zu deren Verifikation. Sie ist damit zugleich eine analytische und synthetische Methode.

e) Die Beweiskraft der Stilanalyse hängt wesentlich davon ab, welche Texte ein Exeget einer postulierten literarischen Schicht zuschreibt. Je größer die behauptete literarische Basis, desto schlüssiger die Stilanalyse.

Beispiel: Bei R. Fortna spielt Joh 21,1–14 für den Nachweis eines einheitlichen Stils der ‚Semeia-Quelle‘ eine wichtige Rolle. Lehnt man die Zugehörigkeit dieser Wundergeschichte zum ursprünglichen JE aus den in Abschnitt 1.2 dargelegten Gründen ab, so verliert seine Stilanalyse erheblich an Überzeugungskraft.

f) Umfangreiche literarkritische bzw. traditionsgeschichtliche Theorien, die stilkritisch begründet werden, können nicht nur auf Worten beruhen, die im gesamten Evangelium einmal, zweimal oder dreimal belegt sind.

g) Unterscheiden sich Texte erheblich vom Stil des Evangelisten Johannes, so ist dies zunächst nur ein Hinweis auf den möglichen Traditionscharakter der Texte. Was sich als vorjoh. Tradition erweist, ist nicht a priori Bestandteil einer ‚Quelle‘. Von einer zusammenhängenden ‚Quelle‘ kann erst dann gesprochen werden, wenn die Texte einerseits joh. Stilmerkmale nicht aufweisen, andererseits aber *durchgängig* eigene Stilmerkmale nachweisbar sind.

Als erster hat R. Bultmann die Stilanalyse umfassend als Mittel joh. Literarkritik angewandt. 1927 stellt er die methodische Forderung auf, „in sorgfältiger Weise stilistische Merkmale" zu sammeln, „durch die Kriterien für die Unterscheidung von Tradition und Redaktion, von Quellen und Verfasser geliefert werden"[450]. In seinem Johanneskommentar löste er die Forderung ein, indem er für die Rekonstruktion der ‚Semeia-Quelle‘ und der ‚Offenbarungsreden-Quelle‘ zahlreiche Stilmerkmale heranzog. Kennzeichnend für die ‚Semeia-Quelle‘ ist nach Bultmann ein leicht semitisierendes Griechisch[451]: Durchweg steht das Verb am Anfang des Satzes, vielfach finden sich asyndetisch durch καί, δέ, οὖν aneinandergereihte Sätze, überflüssiges αὐτοῦ bzw. ἡμεῖς fehlen fast völlig, und es sind semitische Wendungen nachweisbar. „Also ist die Quelle wohl von einem griech. redenden Semiten griech. verfaßt."[452]

---

[449] Vgl. H. Thyen, FB (ThR 39), 299; FB (ThR 42), 214; H. P. Heekerens, Zeichen-Quelle, 27–32.

[450] R. Bultmann, Johannesevangelium in der neuesten Forschung, 503.

[451] Vgl. dazu R. Bultmann, Joh, 68 A 7; 131 A 5; 155 A 5; 177 A 4; 250 A 1; 301 A 2.4.

[452] A.a.O., 68 A 7.

Bultmanns Stilanalysen ist von E. Schweizer, vor allem aber von E. Ruckstuhl, energisch widersprochen worden. Beide sehen in der von ihnen angenommenen sprachlichen Einheit des 4. Evangeliums ein entscheidendes Argument gegen Quellenhypothesen. „Das vierte Ev ist ein durchaus einheitliches Werk, dem der Vf. einen deutlichen Bauplan zugrunde gelegt und einen einheitlichen Geist einverleibt hat.“[453]

In neueren Untersuchungen wird die Stilanalyse nicht als Beweis gegen, sondern als Beleg für Quellenrekonstruktionen angewandt. So wertet R. Fortna die Abwesenheit von 32 der von Rückstuhl herausgearbeiteten 50 Stilmerkmale in seiner ‚Quelle‘ als einen deutlichen Hinweis auf deren Existenz. „Thirty-two (or 64%) of the characteristics are never found in the source.“[454] Spricht dieses Ergebnis zunächst nur für den traditionellen Charakter einzelner Perikopen, so versucht Fortna darüber hinaus einen eigenen Stil der ‚Quelle‘ nachzuweisen, der als Hauptbeleg für die These einer Verbindung von Wunder- und Passionstraditionen in seinem ‚Gospel of Signs‘ dient[455].

Fortna behauptet, bis auf eine Ausnahme (Joh 1,19–34) enthalte jede Einzelperikope eine Stileigentümlichkeit der gesamten ‚Quelle‘. Im Detail vermag seine Argumentation nicht zu überzeugen[456]. Von neun Wörtern, die im NT häufig und im JE nur in der ‚Quelle‘ vorkommen[457], sind fünf im JE nur einmal belegt (ἕτερος, ἐνώπιον, ἄρχεσθαι, ὑπό c.Akk., ἰσχύειν), so daß sie die Zusammengehörigkeit von Wunder- und Passionsüberlieferung nicht erweisen können. Zudem ist ἐνώπιον in Joh 20,30 redaktionell und ἰσχύειν im Nachtrag Joh 21,6 kaum beweiskräftig. Vier Worte erscheinen im JE dreimal, wobei wiederum drei zumindest einmal sowohl in den Wunder- als auch in den Passionstraditionen zu finden sind (ἕκαστος, εὐθέως, adverbiales πρῶτον)[458]. Von acht Wörtern, die im NT selten sind und im JE nur in der ‚Quelle‘ vorkommen, erscheint lediglich κραυγάζειν in der Passionsgeschichte und in der Wunderüberlieferung. Es ist im übrigen NT dreimal belegt (Mt 12,19; Lk 4,41; Apg 22,23).

Fünf Stilmerkmale, die Ruckstuhl dem Evangelisten zuschreibt, werden von Fortna als Merkmale der ‚Quelle‘ angesehen[459]. Ἱεροσόλυμα mit Artikel erscheint in Joh 2,23; 5,2; 11,18. Während in Joh 5,2 Tradition vorliegt, sind Joh 2,23; 11,18 eindeutig redaktionell[460]. Beim typisch joh. ἑλκύειν (8 Belege im NT, davon 5 bei Joh) unterscheidet Fortna ein metaphorisches (Joh 6,44; 12,32) und

---

[453] E. Ruckstuhl, Einheit, 218.

[454] R. Fortna, Gospel, 205.

[455] Vgl. a.a.O., 214–217.

[456] Vgl. dazu die Kritik an Fortna von J. M. Robinson, Entwicklungslinie, 230 ff.; E. Ruckstuhl, Johannine Language and Style, 125–147.

[457] Vgl. R. Fortna, Gospel, 214 f.

[458] Gegen R. Fortna, a.a.O., 215, kann σύν (Joh 12,2; 18,1; 21,3) nicht mitgerechnet werden, denn es erscheint nicht in einer Wundertradition.

[459] Vgl. a.a.O., 216.

[460] Bei Joh 2,23 kann dies auch Fortna, a.a.O., 213, nicht leugnen, und so vermutet er, der Evangelist habe hier den Stil der ‚Quelle‘ nachgeahmt.

wörtliches (Joh 18,10; 21,6.11) Verständnis[461]. Die metaphorische Bedeutung sei typisch für den Evangelisten, die wörtliche hingegen für die ‚Quelle'. Dagegen ist einzuwenden, daß metaphorisches ἑλκύειν in der ‚Quelle' gar nicht erscheinen kann, weil es sich nur für die joh. Reden eignet, die aber nicht Bestandteil der ‚Quelle' sind[462]. Zudem können Joh 21,6.11 nicht als ernsthafter Beleg gelten.

Den Plural ὀψάρια (Joh 6,9.11; 21,10) schreibt Fortna als Stileigentümlichkeit der ‚Quelle' zu, den kollektiven Singular ὀψάριον (Joh 21,9.13) habe hingegen der Evangelist gebraucht[463]. Ist es schon höchst zweifelhaft, daß ὀψάριον in Joh 21,9.13 vom Evangelisten stammen soll, so ist darüber hinaus der unterschiedliche Sprachgebrauch in der Sache, nicht aber in einer Quellenzugehörigkeit begründet. Der kollektive Singular ὀψάριον bezeichnet jeweils Fisch zum Essen, der nicht gezählt zu werden braucht. Demgegenüber wird ὀψάρια verwendet, wenn der Fisch gezählt wird[464].

Das typisch joh. πιάζειν (12mal im NT, 8mal bei Joh) ist nach Fortna in Joh 21,3.10 eine Stileigentümlichkeit der ‚Quelle'. Als Begründung führt er an, hier bedeute πιάζειν ‚fangen' (catch) von Fisch, ansonsten aber ‚gefangennehmen' (arrest)[465]. Auch hier ist zu entgegnen, daß diese leichte Akzentuierung in der Sache begründet ist, denn in Joh 7,30.32.44; 8,20; 10,39; 11,57 ist von Jesus, nicht aber von Fischen die Rede. Lediglich ein Merkmal (Substantiv + ἐκ = gemacht aus) findet sich sowohl in Wunder- als auch in Passionsüberlieferungen (Joh 2,15; 9,6; 19,2)[466]. Aber auch hier ist die Konstruktion von der Sache her gefordert (Herstellung einer Geißel aus Stricken, eines Teiges aus Erde und Speichel, einer Krone aus Dornen), und nicht als unverwechselbare Stileigentümlichkeit anzusehen.

Fortna führt elf weitere Merkmale an, die für die ‚Quelle' eigentümlich seien[467]. Sie kommen im übrigen NT vor, sind aber beim Evangelisten Johannes selten. Einführendes oder wiederaufnehmendes ἦν (δέ) kann als Stilkriterium kaum gelten, weil Fortna bewußt das vergleichbare und bei den Synoptikern vielfach belegte καὶ ἦν bzw. ἦν + Partizip ausläßt[468]. Auch das einschaltende oder erklärende ἦν (vgl. Joh 11,2.18; 18,10.13.28.40; 19,14.19.23) vermag die joh. Einheit von Wunder- und Passionsüberlieferung nicht zu beweisen, denn der Evangelist Johannes verwendet genau diese Konstruktion bei seinen Verweisen auf jüdische Feste (vgl. Joh 5,9; 6,4; 7,2; 9,14; 11,55)[469]. Auch ὡς mit Zahlwort kann nur sehr eingeschränkt als Stilmerkmal gelten, denn den acht joh. Belegen (Joh 1,39; 4,6; 6,10.10; 11,18; 19,14[39]; 21,8) stehen zehn weitere ntl. Belege entgegen (Mk 5,13; 8,9; Lk 1,56; 8,42; Apg 4,4; 5,7.36; 13,18.20; Apk 8,1)[470].

---

[461] Vgl. a.a.O., 208f.
[462] Vgl. W. Nicol, Semeia, 13 A 3.
[463] Vgl. R. Fortna, Gospel, 209.
[464] Vgl. W. Nicol, Semeia, 13 A 3.
[465] Vgl. R. Fortna, Gospel, 211 A 3.
[466] Vgl. a.a.O., 211.
[467] Vgl. a.a.O., 216.
[468] Vgl. a.a.O., 216 A 4.
[469] R. Fortna, a.a.O., 216 A 5, erwähnt dies wohl in einer Anmerkung, wertet es aber bewußt nicht aus.
[470] Vgl. W. Bauer, WB 1776f.

Wenn Fortna als weiteres Merkmal ein Verb im Singular mit doppeltem Subjekt nennt (Joh 1,35.45; 2,2.12 [vgl. dazu Apg 11,14; 16,31]; 4,53; 18,1b.15 u. ö.), so ist zu bedenken, daß bei doppeltem Subjekt ein vorangestelltes Prädikat im Singular üblichem griechischen Sprachstil entspricht und mehrfach im NT belegt ist[471]. Daß auch der Evangelist Johannes diese Konstruktion beherrscht, zeigt das redaktionelle ἔρχεται Ἀνδρέας καὶ Φίλιππος καὶ λέγουσιν in Joh 12,22.

Als ein weiteres Stilmerkmal der ‚Quelle‘ wertet Fortna οὖν nach einem Befehl (Joh 1,39; 6,10; 9,7; 11,41; 21,6)[472]. Bei insgesamt 202 οὖν-Belegen im 4. Evangelium ist es methodisch allerdings höchst zweifelhaft, gerade diesen Gebrauch als eine Stileigentümlichkeit anzusehen.

Das Zahlwort mit ἐκ kann ebenfalls nicht als Merkmal gelten, denn es kommt bei den Synoptikern so häufig vor, daß E. Schweizer es nicht in die Liste joh. Stileigentümlichkeiten aufnimmt[473]. Zudem ist es durch Joh 7,50; 20,24 auch für den Evangelisten belegt[474].

Das partitive ἐκ mit einem Substantiv ist für Fortna ein weiteres Merkmal der ‚Quelle‘ (Joh 3,1; 4,7; 6,13; 18,3). Auch hier sind Zweifel angebracht, denn ἐκ anstelle des gen. part. ist eine joh. Stileigentümlichkeit[475], und es ist höchst fragwürdig, ob Joh 3,1; 4,7 einer ‚Quelle‘ anzurechnen sind.

Als ein weiteres Indiz für die Zusammengehörigkeit von Wunder- und Passionsüberlieferung wertet Fortna die Anrede Jesu ῥαββί (-ουνί)[476]. Dabei spricht der Befund hier eindeutig gegen diese These. Während in Joh 20,16 ῥαββουνί erscheint, kommt sonst überall im Evangelium ῥαββί vor (Joh 1,38.49; 3,2.26; 4,31; 6,25; 9,2; 11,8)!

ἔχειν mit Zeitbestimmungen findet sich sowohl in traditionellen (Joh 9,21.23; 11,17) als auch redaktionellen Abschnitten (Joh 5,5.6; 8,57) und kann deshalb nicht als Stilmerkmal der ‚Quelle‘ gelten.

Die von Fortna behauptete Einheit von Wunder- und Passionstraditionen können auch ὄνομα αὐτῷ (Joh 1,6; 3,1; 18,10) sowie ἔρχου καὶ ἴδε (Joh 1,39.46; 4,29; 11,34) nicht erweisen, denn das erstere erscheint nicht in Wundergeschichten, das letztere hingegen nicht in Passionstraditionen.

Fortnas Analysen können weder einen charakteristischen Stil der ‚Quelle‘ noch die Einheit von Wunder- und Passionsüberlieferung auf vorjoh. Ebene nachweisen[477].

Für W. Nicol ist die Stilkritik eine von vier Methoden (seine drei weiteren Kriterien sind: Form, Aporias, Ideological Tensions), um die Existenz einer ‚Semeia-Quelle‘ nachzuweisen. Im Gegensatz zu Schwei-

---

[471] Vgl. B.-D.-R. § 135.

[472] Vgl. R. Fortna, Gospel, 216.

[473] Vgl. E. Schweizer, Ego Eimi, 92.

[474] Vgl. J. M. Robinson, Entwicklungslinie, 232.

[475] Vgl. E. Schweizer, Ego Eimi, 92; E. Ruckstuhl, Einheit, 195.

[476] Vgl. R. Fortna, Gospel, 217.

[477] Vgl. auch R. Schnackenburg, Joh II, 465 A 1: „Die Verbindung von σημεῖα-Geschichten mit einer Passionsdarstellung zu einem ‚Zeichen-Ev‘ dürfte die Hauptschwäche der Auffassung von R. Fortna sein.“

zer und Ruckstuhl ist er nicht an dem Vorhandensein, sondern an der Abwesenheit joh. Stilmerkmale in einzelnen Texten interessiert[478]. Nicol erweitert Ruckstuhls Liste um 32 Merkmale und fragt dann nach der Verteilung der nun 82 Stileigentümlichkeiten im Evangelium[479]. Hier stellt er fest, daß fünf Wundergeschichten (Joh 2,1–12; 4,46–47.50–54; 5,1–9; 6,16–21; 9,1–2.6–7) auffallend wenige Stilmerkmale haben und zieht daraus den methodischen Schluß: „I contend that this cannot be ascribed to chance and must mean that in these five miracle stories there is evidence of the influence of an style different from that of John: he must have take them from tradition.“[480] Dieser Folgerung ist durchaus zuzustimmen. Sie besagt: Johannes hat Wundergeschichten aus ihm zugänglichen Traditionen übernommen, nicht aber, daß diese Erzählungen einer durchgehenden ‚Quelle‘ entstammen!

Die Stilkritik ist als eine unter mehreren Methoden der Johannesexegese geeignet, den traditionellen Charakter von *Einzelperikopen* zu erweisen[481]. Hingegen kann sie nicht die Existenz einer zusammenhängenden ‚Semeia-Quelle‘ beweisen, weil es einen vom Stil des Evangelisten einerseits abweichenden und andererseits in mehreren Perikopen der ‚Semeia-Quelle‘ nachzuweisenden ‚Stil‘ nicht gibt.

3.9.5 Die ‚Form‘ der ‚Semeia-Quelle‘

Gegen die Existenz einer ‚Semeia-Quelle‘ spricht ferner, daß sie formgeschichtlich nicht klassifizierbar ist. Obgleich R. Bultmann nicht nur Wundergeschichten zu seiner ‚Semeia-Quelle‘ zählte (z. B. Teile von Joh 1,35–51; 4,1–42; 7,1–13)[482], verzichtet er bewußt auf eine Einbeziehung von Passionsüberlieferungen. Demgegenüber sprechen E. Haenchen und R. Fortna von einem ‚Wunderevangelium‘. Haenchen sieht in der ‚Zeichenquelle‘ ein Wunderevangelium nichtsynoptischen Typs, ohne dessen Umfang genau zu bestimmen[483]. Fortna hingegen hält sein ‚gospel of signs‘ für ein Evangelium synoptischen Typs[484], das umfangreiche Pas-

---

[478] Vgl. W. Nicol, Semeia, 22.

[479] Vgl. a.a.O., 22–27. Zur Kritik an Nicol vgl. E. Ruckstuhl, Johannine Language and Style, 145–147.

[480] W. Nicol, Semeia, 26.

[481] Zutreffend bemerkt Chr. Demke, Logoshymnus, 48: „Ergebnisse der sogenannten Stilkritik sind für literarkritische Fragen ... allerhöchstens eine Prüfungs-, nie aber eine Entscheidungsinstanz.“

[482] Vgl. die genaue Rekonstruktion bei D. M. Smith, Composition and Order, 38 ff.

[483] Vgl. E. Haenchen, Johanneische Probleme, 113; ders., Aus der Literatur des Johannesevangeliums, 303; ders., Joh, 419 f. (‚Evangelium der Wunder‘ als eine von einem großen Dichter verfaßte Evangeliumsschrift). Haenchen schließt sich an J. Becker, Wunder und Christologie, 142 A 1.

[484] Vgl. R. Fortna, Gospel, 221 A 2.

sionstraditionen beinhaltet und detailliert zu rekonstruieren ist. Was Bultmann auf zwei unabhängige Überlieferungsstränge zurückführt (Zeichenquelle, Quelle der Passions- und Auferstehungsgeschichten), wird von Fortna zu einem ‚Evangelium' verbunden[485]. Als methodischer Ausgangspunkt dient ihm dabei die Beobachtung, daß sowohl die Wundergeschichten als auch die Passionsdarstellung den Synoptikern verwandtes Material enthalten und somit einer ‚Quelle' entstammen könnten[486]. Hier wird eine Grundschwäche der Arbeit Fortnas sichtbar: Was sich als vorjoh. Tradition erweist, gehört für ihn damit schon zu seiner ‚Quelle'. Konnte schon im vorhergehenden Abschnitt gezeigt werden, daß Fortnas Stilanalysen die Einheit von Wunder- und Passionsüberlieferung nicht belegen können, so sind nun weitere Argumente gegen diese These anzuführen.

Die jetzige Stellung der Tempelreinigung (Joh 2,14–22) geht auf den Evangelisten zurück[487]. Weil im Aufbau seines Evangeliums die Auferweckung des Lazarus in Kap. 11 der endgültige Anlaß des Todesbeschlusses ist, hat Johannes die Tempelreinigung an diesen exponierten Platz gestellt. Er selbst verband die Passions- und Wunderüberlieferung! Nichts spricht für Fortnas willkürliche Annahme, die Tempelreinigung sei ursprünglich auf Joh 5,1–9 als letztem Wunder Jesu in der ‚Quelle' gefolgt[488]. Auch die zahlreichen Festverweise (vgl. Joh 2,13; 2,23; 5,1; 6,4; 7,1 f.) und die Passionsverweise in den einzelnen Wundergeschichten (vgl. Joh 2,4c; 6,4; 11,4 ff.) zeigen, daß der Evangelist Wunder- und Passionsüberlieferung zusammenfügte. Schließlich spricht Joh 20,30 f. eindeutig gegen Fortnas Rekonstruktion[489]. Er selbst hält diese Verse für das Ende des ‚gospel of signs'[490], übergeht aber stillschweigend das Fehlen des Schlüsselbegriffes σημεῖον in der Passionsüberlieferung. Dieser Schluß kann sich gerade unter Fortnas eigenen Voraussetzungen nur auf Wunder-, nicht aber auf Passionstraditionen beziehen.

W. Nicol wertet schon die formgeschichtliche Nähe einiger joh. Wundergeschichten zur synoptischen Tradition als Beleg für die Existenz einer ‚Semeia-Quelle'[491]. Dabei weist die zutreffende Beobachtung einer formgeschichtlichen Parallelität zwischen joh. und synopt. Wundertraditionen nur darauf hin, daß Johannes *einzelne* Wundergeschichten aus der ihm

---

[485] Vorweggenommen hat diese These bereits W. Wilkens, Entstehung, 77 ff., dessen ‚Grundevangelium' mit der Passions- und Ostergeschichte endet.

[486] Vgl. R. Fortna, Gospel, 113.

[487] Der Evangelist verbindet durch den redaktionellen V. 13 das erste Wunder Jesu mit der Tempelreinigung, die er durch V. 17.20–22 interpretiert; vgl. den Abschnitt 3.10.5.

[488] Vgl. R. Fortna, a.a.O., 240 f., wo er den griechischen Text seines ‚Gospel of signs' rekonstruiert.

[489] Vgl. B. Lindars, Behind the Fourth Gospel, 30 ff.

[490] Vgl. R. Fortna, Gospel, 197 f.

[491] Vgl. W. Nicol, Semeia, 15–16.

zugänglichen Tradition übernommen hat. Für eine ‚Quelle' von Wunder-erzählungen, von Nicol ‚Missionsevangelium' genannt[492], gibt es keine formgeschichtliche Parallele. Zudem ist für die ‚Quelle' kein einheitlicher ‚Sitz im Leben' nachweisbar, denn nur in Joh 4,53 findet sich eindeutig Missionsterminologie.

Vielfach wird die ‚Semeia-Quelle' als Aretalogie bezeichnet[493]. Ist es schon fragwürdig, die Wundergeschichten des Markusevangeliums als formgeschichtliche Parallele heranzuziehen[494], so ist darüber hinaus der von R. Reitzenstein geprägte Terminus ‚Aretalogie' sehr problematisch, denn in der klassischen Philologie bezeichnet Aretalogie nicht die Form, „sondern den Inhalt und den Zweck sehr verschiedener literarischer Gattungen"[495]. Aretalogische Motive finden sich in Hymnen, Briefen, Weihinschriften und Romanen[496], „von einer festliegenden literarischen Gattung kann man allerdings nie sprechen"[497]. Deshalb sollte auf den Begriff ‚Aretalogie' im Sinn einer festen formgeschichtlichen Gattung verzichtet werden.

Eine formgeschichtliche Parallele für die ‚Semeia-Quelle' gibt es nicht. Hingegen zeigen die *einzelnen* joh. Wundergeschichten zahlreiche formge-schichtliche Übereinstimmungen mit synoptischen und nichtsynopti-schen Traditionen. Auch dieses Ergebnis spricht gegen die Existenz einer zusammenhängenden vorjoh. ‚Semeia-Quelle'.

3.9.6 Die Zahl der Wunder

Nicht zufällig ist die Anzahl der von Johannes aufgenommenen Wun-dererzählungen. Sieben gilt im gesamten Alten Orient als Zahl der Fülle und Geschlossenheit[498]. Die Johannesapokalypse zeigt, daß im Umkreis der joh. Schule die Zahl Sieben von Bedeutung war (vgl. Apk 1,4.12; 5,1; 8,2; 10,3; 12,3). Offensichtlich ist die Siebenzahl ein Mittel der joh. Komposition, um die Fülle der Offenbarungen Jesu in den Wundern zu unterstreichen[499]. Die einzelnen Wunder sind planmäßig über das öffent-

---

[492] Vgl. a.a.O., 6. Nicol schließt unvermittelt aus seinen zutreffenden formgeschichtli-chen Beobachtungen zu den *Einzel*perikopen auf die Existenz einer Gattung ‚Missions-evangelium'.

[493] Vgl. nur H. Köster, Ein Jesus und vier ursprüngliche Evangeliumsgattungen, 173 ff.; J. M. Robinson, Entwicklungslinie, 248 ff. Auch R. Fortna, Christology in the Fourth Gospel, 501, bezeichnet sein ‚gospel of signs' als „an aretalogy with sequel".

[494] So H. Köster, Einführung, 622.

[495] Ph. Vielhauer, Urchristliche Literatur, 310, im Anschluß an D. Esser, Studien, 98 ff.

[496] Vgl. dazu R. Reitzenstein, Wundererzählungen, 1–99; D. Esser, Studien, 98–102. Dort findet sich auch Kritik an Reitzensteins weiter Fassung des Begriffes Aretalogie.

[497] D. Esser, a.a.O., 101.

[498] Vgl. K. H. Rengstorf, ThW II 623 ff.

[499] Vgl. H. J. Holtzmann, Theologie II, 459; E. Lohmeyer, Aufbau, 12; C. H. Dodd,

liche Wirken Jesu verteilt und eingebettet in die sich ständig steigernde Auseinandersetzung mit den Juden, die in Joh 11 ihren Höhepunkt erreicht.

R. Fortna erwägt, ob in der ‚Quelle' als Parallele zu den Wundern des Mose in Exodus nicht 10 Wunder standen[500]. Der Evangelist hätte dann zwei oder drei Wunder nicht überliefert. Schließlich entscheidet sich Fortna doch für die Siebenzahl. Da er aber Joh 21,1–14 als drittes Wunder in der Quelle ansieht, kommt er auf acht Wunder. So werden Speisung und Seewandel in Joh 6 kurzerhand zu einem Wunder erklärt, um die Siebenzahl zu erhalten[501]. Auch die ursprüngliche Reihenfolge der acht (sieben) Wunder kann Fortna angeben. Weil der ‚Quelle' ein geographisches Schema von Galiläa nach Jerusalem zugrunde liegt, ergibt sich nach Fortna folgende Anordnung: Joh 2, Joh 4, Joh 21, Joh 6, Joh 11, Joh 9, Joh 5[502].

Methodisch ist dieses Vorgehen als willkürlich zu bezeichnen. Fortna analysiert acht Wundergeschichten, behauptet dann aber, die ‚Quelle' habe nur sieben enthalten. Er postuliert eine ‚ursprüngliche' Reihenfolge der Wunder, ohne in den Erzählungen selbst auf vorjoh. Ebene ein geographisches Schema nachweisen zu können.

Sowohl die Stellung der Wunder Jesu im Aufbau des Evangeliums als auch die Siebenzahl als Kompositionsmittel weisen darauf hin, daß der Evangelist Johannes bewußt einzelne Wundertraditionen im Rahmen der joh. Schule aufgenommen und planvoll in sein Evangelium integriert hat.

3.9.7 Σημεῖον und ‚Semeia-Quelle'

Sollte es eine vorjoh. ‚Semeia-Quelle' gegeben haben, so ist zu erwarten, daß der Begriff σημεῖον in ihr eine zentrale Rolle spielt. Von den siebzehn σημεῖον (σημεῖα)-Belegen gehen aber fünfzehn auf den Evangelisten Johannes zurück, wie unsere Analyse gezeigt hat[503]. Lediglich in Joh 2,18; 6,30 erscheint σημεῖον als joh. Variation der synoptischen Zeichenforderung in traditionellen Abschnitten. Σημεῖον als prägnante Benennung des irdischen Offenbarungswirkens Jesu ist ein zentraler Begriff der Christologie des 4. Evangelisten. Auch dieses Ergebnis spricht gegen das Vorhandensein einer vorjoh. ‚Semeia-Quelle'.

Interpretation, 297ff.; W. Grundmann, Zeugnis und Gestalt, 13; H. Windisch, Erzählungsstil, 178ff.

[500] Vgl. R. Fortna, Gospel, 101. D. K. Clark, Signs in Wisdom and John, 202ff., sieht hingegen in der Exodustradition in Weish 11–19 den Hintergrund der joh. Wundergeschichten.

[501] Vgl. R. Fortna, Gospel, 101.

[502] Vgl. a.a.O., 102–109.

[503] Vgl. den Abschnitt 3.8.3.1.

3.9.8 Zur ‚Theologie' der ‚Semeia-Quelle'

Vielfach dienen angebliche Spannungen, Widersprüchlichkeiten und Gegensätze zwischen der Theologie des 4. Evangelisten und der ‚Semeia-Quelle' als Begründung für deren Existenz[504]. Literarkritische Analysen werden so auch inhaltlich theologisch abgesichert.

Zunächst muß gegenüber diesem Verfahren die Frage gestellt werden, warum der Evangelist die ‚Semeia-Quelle' übernahm, wenn ihre Christologie seiner eigenen widersprach[505]. Sodann können Spannungen auch durch Einzelperikopen verursacht sein, so daß eine einheitliche Theologie bzw. Christologie der ‚Semeia-Quelle' nachgewiesen werden muß, die mit der Christologie des Evangelisten nicht vereinbar ist.

Eine einheitliche Theologie der vorjoh. Wundertraditionen gibt es aber nicht! Da der Schlüsselbegriff σημεῖον mit Ausnahme von Joh 2,18; 6,30 auf den Evangelisten zurückgeht, kommt er als Theologumenon der ‚Quelle' nicht in Betracht[506]. Es ist unwahrscheinlich, daß die ‚Quelle' die Messianität Jesu erweisen wollte, um so Juden für den christlichen Glauben zu gewinnen, weil die dabei vorausgesetzte Vorstellung des Messias als Wundertäter im Judentum nicht überzeugend belegt werden kann[507]. Zudem ist eine missionarische Intention bei den einzelnen Wundergeschichten nur in Joh 4,53 erkennbar. Keinesfalls sind die vorjoh. Wundertraditionen durchgängig von der Erwartung Jesu als eines Propheten wie Mose bestimmt, denn noch nicht einmal im redaktionellen Abschnitt Joh 6,14f. ist dieses Motiv wirklich nachweisbar. Auch die Massivität der Wunderdarstellung ist nicht für alle Traditionen charakteristisch, sondern geht zu einem erheblichen Teil auf den Evangelisten Johannes zurück[508]. Schließlich kann aus dem Fehlen einzelner theologischer Topoi (Dualismus, Eschatologie, Gesandtenchristologie) in den Wundergeschichten nicht auf die Existenz einer hypothetisch rekonstruierten ‚Quelle' mit einer erkennbaren theologischen Konzeption geschlossen werden, da die Abwesenheit dieser Motive allein in der Gattung der Wundertradi-

---

[504] Bereits für Bultmann war dies ein tragendes Kriterium seiner Quellenrekonstruktion, vgl. D. M. Smith, Composition and Order, 11f. Vgl. ferner R. Fortna, Gospel, 16f.; W. Nicol, Semeia, 27–30; J. Becker, Joh I, 113f.

[505] Antworten auf diese naheliegende Frage sucht man in der Literatur vergebens. Typisch ist eine Bemerkung von J. Becker, Wunder und Christologie, 142f.: „Daß es ein an Kühnheit grenzender Entschluß des Evangelisten war, diese Christologie (sc. der ‚Semeia-Quelle', U.S.) unter seinem Dach wohnen zu lassen, darf von vornherein als zugestanden gelten."

[506] Gegen W. Nicol, Semeia, 89, der σημεῖον als „Key word" der ‚Semeia-Quelle' bezeichnet.

[507] Vgl. Anm. 173.

[508] Vgl. dazu den Abschnitt 3.10.1.

tionen und ihrem vorjoh. Charakter begründet ist[509].

Die nun folgende Darstellung der Johannes leitenden theologischen Motive bei seiner Bearbeitung überlieferter Wundertraditionen wird vielmehr zeigen, daß der Evangelist sehr bewußt die *einzelnen* Wundergeschichten interpretiert und vielfältig mit den übrigen Partien seines Evangeliums verbunden hat.

3.10 Das johanneische Verständnis der Wunder Jesu

3.10.1 Wunder und Offenbarung der Doxa

Für Johannes haben die Wunder Jesu Offenbarungscharakter[510]. Die Doxa des Sohnes, vor Grundlegung des Kosmos vom Vater verliehen (Joh 17,5bc.24cd; 12,41), in der Inkarnation des Präexistenten schaubar (Joh 1,14ab), manifestiert sich in den Wundern (Joh 2,11; 11,4.40) und vollendet sich am Kreuz, um in die eine Doxa beim Vater zurückzukehren (Joh 17,1b.5.10b.22.24c). Schon im Weinwunder zu Kana wird die Doxa Jesu offenbar (Joh 2,11), und das letzte und größte Wunder dient ausschließlich zur Verherrlichung des Sohnes (Joh 11,4) und zur Offenbarung der Doxa des Vaters (Joh 11,40). Kaum zufällig interpretiert der Evangelist das erste und das letzte Wunder mit dem Doxa-Begriff, denn dadurch erscheint Jesu gesamtes Wunderwirken als wiederholte Offenbarung der Doxa. Die Wunder sind Manifestation der Doxa Jesu, nur hier gebraucht Johannes im offenbarungstheologischen Sinn δόξα in Verbindung mit Jesu öffentlichem Wirken[511]. Johannes verwendet δόξα gleichermaßen als theologisches Interpretament der überlieferten Wundertraditionen und als Verbindungsglied, um die Wundergeschichten in seine theologische Gesamtkonzeption einzubetten.

Joh 7,39; 12,16 relativieren die Offenbarung der δόξα Jesu in den Wundern keineswegs, denn δοξάζειν bezieht sich dort ausschließlich auf die soteriologische Bedeutung der Erhöhung Jesu für die Jünger (Geistgabe und nachträgliches Verständnis des Christusgeschehens). Das Wirken des sarkischen Jesu in den Wundern als „noch nicht das Eigentliche"[512] zu bezeichnen, ist angesichts von Joh 2,11; 11,4.40 nicht möglich.

---

[509] Gegen J. Becker, Joh I, 114, der dies als Beleg für die Existenz der ,Semeia-Quelle' anführt.

[510] Vgl. dazu W. Wilkens, Zeichen und Werke, 50 f.

[511] Vgl. W. Nicol, Semeia, 119, „... but after the prologue doxa (δόξα) occurs only thrice in connection with the life of Jesus – and in all three cases it is said to be revealed in a miracle, ..."

[512] W. Thüsing, Erhöhung, 94. Thüsing versucht durchgehend das Wirken des irdischen Jesu mit dem Hinweis auf Joh 7,39 zu relativieren, zur Kritik vgl. S. Hofbeck, Semeion, 100.

Dient Jesu gesamtes Offenbarungswirken der Verherrlichung des Vaters durch den Sohn und des Sohnes durch den Vater (vgl. Joh 8,54; 12,28; 13,31.32; 14,13) und spricht der scheidende Christus zu Gott ἐγώ σε ἐδόξασα ἐπὶ τῆς γῆς τὸ ἔργον τελειώσας ὃ δέδωκάς μοι ἵνα ποιήσω (Joh 17,4), so ist das Wunder der besondere Ort dieses Geschehens. Es ist nicht nur ein Hinweis auf die Doxa, sondern Ausdruck der Doxa selbst. Wohl umfaßt die Doxa Jesu mehr als seine Wundertätigkeit, aber dennoch ist die Doxa im Wunder vollständig präsent.

In der Größe des Wunders erweist sich *Jesu Göttlichkeit*. Der Evangelist Johannes erhebt den Komparativ der Synoptiker zum Superlativ[513]. Jesus verwandelt nicht nur Wasser in Wein, er füllt darüber hinaus sechs gewaltige Krüge mit einer Menge von fast 700 Litern[514]. Die Fernheilung des Sohnes eines königlichen Beamten in Kapernaum findet nicht mehr am Ort selbst statt, sondern Jesus ist in Kana. Der Lahme am Teich Bethesda ist schon 38 Jahre krank. Bei der wunderbaren Speisung der 5000 können alle soviel nehmen, wie sie wollen, und dennoch bleiben zwölf Körbe voll Brot übrig. Jesus wandelt nicht nur auf dem See und hilft den Jüngern aus ihrer Not, er vollbringt noch ein weiteres Wunder, indem er das Boot an das gewünschte Ufer versetzt. Einem von Geburt an Blinden gibt Jesus das Augenlicht wieder. Lazarus ist schon vier Tage tot und steht schon am Rand der Verwesung, als Jesus ihn von den Toten erweckt. Obgleich er an Händen und Füßen gebunden war und sein Angesicht von einem Schweißtuch verdeckt wurde, fand Lazarus aus der Grabstätte heraus.

Diese charakteristische Steigerung des Wunderhaften lag dem Evangelisten in Joh 2,1–11; 6,1–15.16–25; 9,1–41 vor, während er sie in Joh 4,46–54; 5,1–9ab; 11,1–44 erst einführte bzw. verstärkte. Er steigerte bei der Heilung des Sohnes eines βασιλικός durch V. 46a die Entfernung und damit auch die Größe des Wunders. Von ihm stammt die Angabe der Krankheitsdauer in Joh 5,5, und durch Jesu Frage θέλεις ὑγιὴς γενέσθαι im ebenfalls redaktionellen V. 6 gerät die Heilung am Teich in die Nähe eines Schauwunders, wird sie zur Demonstration der göttlichen Macht Jesu. Mit Hilfe dramatischer Elemente erweitert und interpretiert Johannes die Auferweckung des Lazarus. Was zunächst nur wie eine harmlose Krankheit aussieht (Joh 11,4.6), die es Jesus erlaubt, noch zwei weitere Tage am selben Ort zu bleiben (Joh 11,6), dann als ‚Schlafen‘ des Lazarus bezeichnet wird (Joh 11,11), endet schließlich als Totenauferweckung. Johannes macht die Auferweckung des Lazarus zum größten Wunder im NT, denn von ihm stammt die Bemerkung in V. 39bc, Lazarus rieche schon, weil er bereits vier Tage tot sei.

---

[513] Vgl. H. J. Holtzmann, Theologie II, 459.
[514] Vgl. Bill II 407.

Auch Jesu wunderbares Vorherwissen und Erkennen sind Ausweis seiner Göttlichkeit. Traditionell ist diese Fähigkeit Jesu in Joh 4,50. Vom Evangelisten eingetragen wurde hingegen das Motiv in Joh 5,6; 6,6.15a; 11,11. Jesus sind die 38 Jahre Krankheit des Lahmen am Teich bekannt, und er ergreift die Initiative, um ihn zu heilen. Nach Joh 6,6 weiß Jesus ganz genau, was angesichts der großen hungrigen Menge am einsamen Ort zu tun ist. Nur um die Jünger zu versuchen, fragt er Philippus, wo Brot zu kaufen sei (Joh 6,5). Der Evangelist betont damit nachdrücklich das Bild des machtvollen Wundertäters, der um die Größe seines Tuns im voraus weiß, nicht auf das Leid der Menge angewiesen ist und seine Jünger sogar noch auf die Probe stellen kann. In Joh 6,15a erkennt Jesus die Absicht der Menge, ihn zu einem weltlichen König zu erheben, und entflieht. Jesus ist sich in Joh 11,11 bewußt, daß er Lazarus von den Toten auferwecken wird (vgl. 11,4), denn nur deshalb kann er sagen Λάζαρος ὁ φίλος ἡμῶν κεκοίμηται.

Auch außerhalb der Wundergeschichten ist vielfach vom wunderbaren Vorherwissen Jesu die Rede. Jesus weiß sein Schicksal im voraus (vgl. Joh 2,19.21; 3,14; 4,35; 6,64.70; 8,21.40; 13,1.19.38; 18,4.32; 19,28), er errät die Gedanken der Jünger (Joh 16,19), erkennt die Menschen und sieht in ihr Herz (vgl. Joh 2,24.25; 5,42; 6,64) und ist über die Schriften orientiert, obwohl er nicht studiert hat (Joh 7,15). Er kennt Nathanael (Joh 1,47f.) und ist über das Vorleben der Samaritanerin informiert (Joh 4,16–18.29). Schließlich bekennen die Jünger in Joh 16,30: νῦν οἴδαμεν ὅτι οἶδας πάντα καὶ οὐ χρείαν ἔχεις ἵνα τίς σε ἐρωτᾷ· ἐν τούτῳ πιστεύομεν ὅτι ἀπὸ θεοῦ ἐξῆλθες (vgl. Joh 21,17). Jesu wunderbares Vorherwissen als Kennzeichen seiner Göttlichkeit ist somit ein vom Evangelisten bewußt verwandtes Motiv, um die Wundertraditionen mit den übrigen Partien des Evangeliums zu verbinden. Dadurch wird Jesu Wundermacht gesteigert, gleichzeitig aber das Wunderwirken als Ausweis seiner Göttlichkeit organisch in das Ganze des Evangeliums eingebettet.

Die Größe des Wunders unterstreicht Jesu Göttlichkeit. Zugleich weisen die Wunder aber gerade mit ihrer in Raum und Zeit nachprüfbaren und dem Irdischen verhafteten Materialität auf die *Menschlichkeit Jesu* hin. Sie bestätigen in ihren unübersehbaren Dimensionen, daß der, der solche Taten vollbringt, wirklich in die sarkische Existenz eingegangen ist. Sie geschehen in der Welt an konkreten Menschen.

Sowohl die gewaltige Menge des von Jesus verwandelten Weines (Joh 2,6f.) als auch die Prüfung des ‚neutralen‘ ἀρχιτρίκλινος, der die Güte des Weines ausdrücklich preist (Joh 2,9f.), bezeugen die Realität des Wunders. Die Diener des βασιλικός bestätigen (Joh 4,51ff.), daß dessen Sohn genau zu der Stunde gesund wurde, als Jesus zu ihm sprach: ὁ υἱός σου ζῇ. Der 38 Jahre lang Kranke am Teich steht nach dem Befehlswort Jesu vor aller Augen auf, nimmt sein Bett und geht (Joh 5,8f.). Die 5000 am einsamen Ort können vom Brot und vom Fisch so viel nehmen, wie sie wollen; alle werden satt, und dennoch bleiben sogar 12 Körbe mit Brot übrig (Joh 6,13). Jesu wunderbarer Seewandel wird nachdrücklich vom Volk bestätigt. Es suchte ihn lange am jenseitigen Ufer vergeblich und fand ihn überraschenderweise erst in Kapernaum, obwohl er nicht mit den Jüngern vom jenseitigen Ufer in einem Boot abgefahren war (Joh 6,22–25). Die Identität des von Geburt an Blinden mit dem nun Sehenden wird ausdrücklich mehrfach hervorgehoben (Joh 9,9.20.25.30) und damit auch die Tatsächlichkeit des Wunders betont. Lazarus war wirklich tot, denn er lag bereits vier Tage im Grab und roch schon (Joh 11,39). Vor den Augen der anwesenden Juden verläßt er die Grabhöhle (Joh 11,44).

Das Interesse des Evangelisten an den Wundern als Ausdruck der Menschlichkeit Jesu zeigt sich auch in seiner Bearbeitung der Lazarusperikope. Schon die vorjoh. Tradition der Lazaruserweckung spricht davon, daß Jesus seinen Freund Lazarus liebt (Joh 11,3). Dieses Motiv der Menschlichkeit Jesu wird von Johannes stark erweitert. Jesus liebt nicht nur Lazarus, sondern auch dessen Schwestern Martha und Maria (Joh 11,5). In Joh 11,35 weint Jesus aus Trauer und Schmerz über den Tod des Lazarus. Eine einzigartige Bemerkung des Evangelisten, die in striktem Gegensatz zu der von ihm verarbeiteten Tradition steht, wo Jesus über die Trauer der Menge ergrimmt (Joh 11,33.34). Im ebenfalls redaktionellen V. 36 wird Jesu Weinen von den Juden als Ausdruck seiner Freundschaft und Liebe zu Lazarus gewertet.

Weitere Texte im Evangelium betonen ausdrücklich Jesu menschliche Regungen und Gefühle. Aus höchster menschlicher Leidenschaft heraus reinigt Jesus den Tempel (Joh 2,14–22), so daß der Evangelist diese Szene mit Ps 69,10 kommentiert: Der Eifer um dies Haus wird mich verzehren. Jesus ist von einer Wanderung erschöpft und durstig (Joh 4,6f.). Er ist verwirrt bzw. erregt (ταράσσω) angesichts des ihm bevorstehenden Schicksals (Joh 12,27; vgl. ferner Joh 13,21). Am Kreuz verlangt er nach einem Getränk (Joh 19,28). Durchgängig wird Jesus im 4. Evangelium als (ὁ) ἄνθρωπος bezeichnet (Joh 5,12; 8,40; 9,11; 11,50; 18,27.29; 19,5).

Die Wunder sind gleichermaßen Ausdruck der Göttlichkeit und Menschlichkeit Jesu. Der Evangelist betont beides und kann gerade deshalb Wunder und Doxa miteinander verbinden, insofern die Inkarnation nicht der Verlust, sondern das Sichtbarwerden der Doxa Jesu ist (Joh 1,14).

3.10.2 Wunder und die Einheit von Vater und Sohn

Die Wunder bezeugen die Einheit des Sohnes mit dem Vater. Der Sohn tut nur die Werke dessen, der ihn gesandt hat, und die Wunder sind nichts anderes als ἔργα τοῦ θεοῦ (vgl. Joh 5,20.36; 6,29.30; 7,3.21; 9,3b–5; 10,25.32ff.38; 14,10f.; 15,24). Insbesondere durch Joh 9,3b–5 verbindet der Evangelist Jesu Wundertätigkeit mit dem gesamten Heilsgeschehen, das in Joh 4,34; 17,4 als ἔργον bezeichnet wird. Gerade als Ausdruck der innigen Verbundenheit zwischen Vater und Sohn legitimieren die Wunder Jesus. Wer solche Taten vollbringt, kann nur von Gott kommen (vgl. Joh 9,16.30.33; 11,42), Gott muß mit ihm sein (Joh 3,2). Sie weisen auf Jesu Herkunft hin (vgl. πόθεν in Joh 9,30) und beglaubigen sein Gesandtsein vom Vater. Weil der Vater und der Sohn eins sind (Joh 10,30: ἐγὼ καὶ ὁ πατὴρ ἕν ἐσμεν, vgl. ferner nur Joh 8,28; 12,45; 14,9), hat der Vater dem Sohn die Macht über das Leben gegeben (Joh 10,28–30; 17,2). Jesus gebraucht diese Macht, wenn er dem im Sterben (vgl. bes. Joh 4,47c.49) liegenden Sohn eines Königlichen heilt und Lazarus von den Toten auferweckt (vgl. bes. Joh 11,20–27).

Mit dem Motiv der Einheit von Vater und Sohn verbindet der Evangelist die Wundergeschichten mit dem Zentrum seiner Christologie: der im Sohn erschienenen endgültigen und unüberbietbaren Offenbarung des Vaters.

3.10.3 Wunder und Glaube

Die Offenbarung der Doxa Jesu im Wunder ruft Glauben hervor[515]. Schon bei der Hochzeit zu Kana entfaltet der Evangelist beispielhaft an den Jüngern sein Verständnis von Wunder und Glaube (Joh 2,11): Nicht der Glaube schaut das Wunder, sondern durch die Offenbarung der Doxa im Wunder entsteht Glauben. Weil das Wunder Offenbarungscharakter hat und machtvoll von der Einheit des Sohnes mit dem Vater zeugt, vermag es Glauben zu erwecken. Nach den Jüngern ist es die Menge, die aufgrund der Wunder an Jesus glaubt (Joh 2,23). Wer solche Taten vollbringt, kann nur der in die Welt gekommene wahre Prophet oder der Christus sein (Joh 6,14; 7,31, vgl. ferner Joh 6,2; 9,16; 12,18). Der Blindgeborene gelangt durch ein Wunder zum Glauben an den, der ihm die Augen öffnete (Joh 9,35–38). Wie unmittelbar für den Evangelisten Wunder und Glaube zusammengehören, zeigt Joh 10,40–42. Unterscheiden sich Jesus und der Täufer wesenhaft darin, daß allein Jesus Wunder tut (V. 41), so können die ‚Vielen‘ auch nur an Jesus glauben (V. 42). Joh 11,15 macht ebenfalls deutlich, daß der Glaube durch Wunder entsteht.

---

[515] Vgl. zum sprachlichen Hintergrund von πιστεύειν bei Joh bes. C. H. Dodd, Interpretation, 179–183.

Jesus freut sich für die Jünger, beim Tod des Lazarus nicht dabei gewesen zu sein. Nun kann er seinen Freund von den Toten auferwecken, damit die Jünger zum Glauben gelangen (ἵνα πιστεύσητε). Hier ist das Wunder nicht zufälliger Anlaß des Glaubens, es wird vielmehr bewußt eingesetzt, um Glauben hervorzurufen. V. 40.45 erhellen ebenso den Zusammenhang zwischen Wunder und Glaube in der Lazarusperikope. Im Vertrauen auf Jesu Macht darf Martha die δόξα τοῦ θεοῦ sehen, und viele Juden glauben nach dem Wunder an Jesus (11,45.48; 12,11).

Das joh. Junktim von Sehen und Glauben spielt auch bei den Auferstehungs- und Erscheinungsberichten eine wichtige Rolle. Im redaktionellen Vers Joh 20,8 heißt es vom ‚Lieblingsjünger‘, er habe das Grab betreten καὶ εἶδεν καὶ ἐπίστευσεν. Ohne einen kosmologischen Dualismus im Hintergrund wird der Glaube an das Wunder der Auferstehung angesagt. Thomas macht das Sehen der Wundmale seines Herrn zur Bedingung für den Glauben (Joh 20,25). Jesus lehnt diese Forderung nicht ab, sondern erfüllt sie (V. 28)! In V. 28a wird der Zusammenhang zwischen Sehen und Glauben noch einmal betont (ὅτι ἑώρακας με πεπίστευκας), bevor der Makarismus in V. 29b formuliert, was für die *folgenden* Generationen gilt: Glauben ohne das direkte Sehen des auferstandenen Gottessohnes. Das unmittelbare Sehen ist den Augenzeugen vorbehalten. Es führt aber zur Tradition und gilt insofern der Gemeinde, die im Kerygma am Sehen der Augenzeugen voll teilhat. In diesem Sinn ist der Zusammenhang von Sehen und Glauben keineswegs auf die vita Jesu beschränkt, sondern hat in der Verkündigung der Gemeinde gegenwärtige Bedeutung.

In Joh 2,24f.; 4,48; 6,30 artikuliert sich keine grundsätzliche Wunderkritik, denn Jesus weist nur die bloße *Forderung* nach dem Wunder (4,48; 6,30) bzw. einen zweifelhaften Glauben auf seiten der Menge (2,24f.) zurück. Sagt Jesus in Joh 10,38; 14,11, wenn man ihm schon nicht glaube, so doch wenigstens den Werken, dann werden die Werke (und damit auch die Wunder) nicht abgewertet[516]. Sie sind im Gegenteil so eindrucksvoll und wichtig, daß sie von der Einheit des Vaters mit dem Sohn zeugen und allein schon Glauben rechtfertigen.

Für den Evangelisten Johannes bewirkt das Wunder den Glauben, folgt auf das Sehen des σημεῖον ein πιστεύειν εἰς Ἰησοῦν Χριστόν. Dieser völlig undualistische Zusammenhang zwischen Sehen und Glauben wird in Joh 2,11.23; 4,53; 6,14; 7,31; 9,35–38; 10,40–42; 11,15.40.45; 12,11; 20,8.25.27.29a explizit ausgesprochen und ist in Joh 4,39; 6,2; 9,16; 12,18 vorausgesetzt, so daß ihm für das Glaubensverständnis des 4. Evangelisten eine zentrale Bedeutung zukommt. Der Glaube an Jesus Christus als Gottessohn ist nicht nur das Ziel der Evangeliumsschreibung des Johannes, er ist das Ziel der Inkarnation überhaupt (Joh 1,7.12) und damit des

---

[516] Gegen R. Schnackenburg, Joh I, 512, der im Glauben hier gegenüber den Werken das höhere Motiv sieht.

gesamten Heilsgeschehens. Wer glaubt, hat das ewige Leben (Joh 3,15.16.36; 5,24; 6,35.40.47.69, 7,38), während der Unglaube dem Gericht verfällt (Joh 3,18). Ist die Gottessohnschaft Jesu Christi der Inhalt des Glaubens und das ewige Leben seine Folge, so ist der Glaube an Jesu Wort (Joh 2,22), seine Reden (Joh 5,46 f.) und vor allem an seine σημεῖα gebunden. Hier ist der Glaube das Resultat des zuvor geschehenen Wunders, nicht dessen Ermöglichung.

Was bedeutet dies für das joh. Glaubensverständnis? Sieht Johannes im Wunderglauben nur einen vorläufigen Glauben[517]? Offenbart Jesus auch in den Wundern nicht mehr, als „daß er der Offenbarer sei"[518]?

Gegenüber einer Relativierung und rein worthaften Fassung des joh. Glaubensbegriffes muß betont werden, daß für Johannes die Wunder ἀρεταὶ θεοῦ sind, weil die Offenbarung der Doxa im Wunder Glauben hervorruft. Nicht nur einen hinweisenden, minderwertigen oder unvollständigen Glauben, sondern Glauben im Vollsinn des Wortes: Erkennen und Anerkennen der Gottessohnschaft Jesu Christi. Entsteht der Glaube in der Begegnung mit Jesus, der im Wunder seine Doxa offenbart, so umfaßt er gleichermaßen Jesu sarkische und himmlische Existenz. Er hat damit auch nicht nur das „Daß" der Offenbarung zum Inhalt, sondern die Wunder beschreiben mit einer kaum zu überbietenden Anschaulichkeit und Realität das Wirken des Offenbarers in der Geschichte. Das Sehen des Wunders ist kein geistiges, nur den Prädestinierten vorbehaltenes Schauen, sondern ein sinnfälliges Sehen. Sofern die Offenbarung der Doxa des Inkarnierten ein θεᾶσθαι, ein leibhaftiges und anschauliches Sehen ermöglicht (Joh 1,14) und die Wunder des sarkischen Jesus Orte des wiederholten Sichtbarwerdens der Doxa sind, kann das Sehen des Wunders Glauben begründen[519].

Zweifellos ist der Glaube nicht von der Verkündigung Jesu zu trennen (vgl. nur Joh 5,46; 17,8.20; 6,68 f.), aber die häufig unterschätzte Bedeutung der Wunder für das joh. Glaubensverständnis macht deutlich, daß für den Evangelisten beides wichtig war: Wort und Werk Jesu, die Offenbarung seiner Gottessohnschaft in den ῥήματα und σημεῖα.

---

[517] So D. Lührmann, RAC XI 74; vgl. auch F. Hahn, Glaubensverständnis, 54 f.

[518] R. Bultmann, Bedeutung, 57. Zur Kritik an Bultmanns Verhältnisbestimmung von ‚Sehen' und ‚Glauben' vgl. bes. H. Wenz, Sehen und Glauben, 22; K. Lammers, Hören, Sehen und Glauben, 51 ff.

[519] Vgl. F. Hahn, Sehen und Glauben, 129.

3.10.4 Wunder und Unglaube

Die Wunder Jesu rufen Glauben und auch Unglauben hervor. Gerade-zu programmatisch wird dieser Sachverhalt vom Evangelisten in Joh 12,37 formuliert: τοσαῦτα δὲ αὐτοῦ σημεῖα πεποιηκότος ἔμπροσθεν αὐτῶν οὐκ ἐπίστευον εἰς αὐτόν. Selbst Jesu Brüder glauben nicht an ihn (Joh 7,5), obgleich sie seine Werke gesehen haben (Joh 7,3). Die Heilung des Blindgeborenen hat auf seiten der Juden Glauben und Unglauben zur Folge (Joh 9,16). Das Bekenntnis des Blindgeborenen πιστεύω κύριε in Joh 9,38 nimmt Jesus zum Anlaß, um den Gerichtscharakter seiner Sendung zu betonen. Wie der Glaube bzw. Unglaube überhaupt (vgl. Joh 3,18) entscheidet die Haltung gegenüber der Wundertätigkeit Jesu über das Gericht (Joh 9,39). Die Auferweckung des Lazarus führt viele Juden zum Glauben (Joh 11,45), gleichzeitig gehen aber einige zu den jüdischen Führern, um Jesus zu verraten (Joh 11,46).

Johannes demonstriert an den Wundern das Wesen des Unglaubens, denn angesichts der σημεῖα ist Unglaube die Leugnung eines unleugba-ren Tatbestandes: Jesus Christus ist der Sohn Gottes. Nicht Unwissenheit oder Unvermögen sind Merkmale des Unglaubens, sondern die bewußte Ablehnung eines nicht zu übersehenden, offenkundigen Tatbestandes.

Die Verbindung zwischen Wunder und Unglaube zeigt auch, daß für den Evangelisten die Wunder nicht magisch wirken. Trotz ihres Offen-barungscharakters, ihrer Materialität und Realität fordern sie auf der Seite des Menschen eine Entscheidung. Sofern die Wunder Jesu gleicher-maßen Anlaß zum Glauben wie zum Unglauben sein können, sind sie zentraler Bestandteil des gesamten Wirkens Jesu, das Glaube und Un-glaube (vgl. nur Joh 5,47; 6,36.64; 8,45.46; 10,25.26; 16,9) zur Folge hat.

3.10.5 Wunder und Passion

Der Unglaube der jüdischen Führer ist der Anlaß für die Passion Jesu. Ihr endgültiger Todesbeschluß folgt auf die machtvollste Tat Jesu, die Auferweckung des Lazarus (Joh 11,53). Hier wird die kompositionelle Eigenständigkeit des 4. Evangelisten sichtbar, der die Tempelreinigung als letzten Grund des Todesbeschlusses bei den Synoptikern (vgl. Mk 11,17; Lk 19,47) an den Anfang seines Evangeliums stellt (Joh 2,14–22) und somit der theologia crucis und den Wundergeschichten als Etappen auf dem Weg zum Kreuz eine zentrale Bedeutung zumißt. Die in Joh 11 (bes. V. 8–10.16) sowohl kompositionell als auch inhaltlich sichtbar wer-dende enge Verbindung von Wunder und Passion bestimmt und erklärt die Passionsverweise in den übrigen Wundergeschichten.

Weist schon der Titel ὁ ἀμνὸς τοῦ θεοῦ im Mund des Täufers (Joh

1,29.36)[520] auf die Passion hin, so wird dieser Zusammenhang in Joh 2,1–11 ganz deutlich. Mit dem redaktionellen τῇ ἡμέρᾳ τῇ τρίτῃ in V. 1 bezieht sich Johannes auf den Auferstehungsmorgen, und das ebenfalls vom Evangelisten stammende οὔπω ἡ ὥρα μου in V. 4c verweist auf die Stunde der Passion. Bereits im ersten Wunder wird angedeutet, was sich im letzten ereignet: Jesu Wundertätigkeit als Auslöser für die Passion. Gerade dort, wo der Gottessohn seine Doxa offenbart, entzündet sich der Unglaube.

Durch Joh 2,13 verknüpft der Evangelist den ersten Teil der von ihm vorgefundenen Doppelüberlieferung (Joh 2,1–10.12; 4,46b.47.50–53) mit der Tempelreinigung, die durch ihre exponierte Stellung zu Beginn des Evangeliums die Wirksamkeit Jesu von Anfang an unter das Kreuz stellt[521].

Aus Joh 2,14–22 heben sich die V. 20–22 durch eine veränderte Perspektive hervor. Die Juden reflektieren über die Worte Jesu, und es kommt die nachösterliche Situation in Sicht[522]. Für Redaktion sprechen zudem das typisch joh. Motiv des Mißverständnisses (vgl. Joh 3,3f.; 4,10ff.; 6,32ff.; 7,34ff. u.ö.) und die joh. Wendung ἐκεῖνος δὲ ἔλεγεν περί (vgl. Joh 7,39; 11,13; 12,33)[523]. Auch V. 17 geht auf den Evangelisten zurück[524], denn er ist in seinem jetzigen Kontext nur von V. 20–22 her verstehbar und entspricht der joh. Technik, kurze Kommentare aus nachösterlicher Sicht zu geben (vgl. Joh 7,39; 11,13; 12,16.33). Ermöglicht wird das joh. ‚Erinnern‘ in V. 17.22 durch die Sendung des Parakleten, der die Gemeinde an Jesus erinnert (Joh 14,26).

Die joh. Vorlage weist zwei Besonderheiten auf: 1. Es erscheint nicht das Zitat aus Jes 56,7; Jer 7,11 (vgl. Mk 11,17par). 2. Von einer Lehrtätigkeit Jesu im Tempel (vgl. Mk 11,17; Lk 19,47) ist nicht die Rede. Das Auslassen des Zitates erklärt sich aus V. 17, wo der Evangelist selbst den Bezug zur Passion herstellt. Das Motiv der Lehrtätigkeit im Tempel hat Johannes mehr an das Ende des öffentlichen Wirkens Jesu gestellt (vgl. Joh 17,14). Es spricht also nichts dagegen, daß Johannes einen synoptischen Bericht (Mk) der Tempelreinigung kannte[525].

Joh 2,17.20–22 zeigen die nachösterliche Perspektive des Evangelisten an; er deutet die Geschichte Jesu von Kreuz und Auferstehung her. Das Wirken Jesu und auch die Schrift erschließen sich nur durch Kreuz und

---

[520] Zu ἀμνὸς τοῦ θεοῦ vgl. R. Schnackenburg, Joh I, 285ff.

[521] Gegen J. Schneider, Joh, 85, wonach die Tempelreinigung nur aussagt, „daß der Messias die Vollmacht hat, einen neuen Kultus zu begründen".

[522] Vgl. F. Schnider – W. Stenger, Joh u. Syn, 37f.

[523] Vgl. R. Bultmann, Joh, 89 A 1.

[524] Vgl. F. Schnider – W. Stenger, Joh u. Syn. 39.

[525] Vgl. C. K. Barrett, Joh, 195; J. Schneider, Joh, 85. Zu den engen Verbindungen zwischen der Markus- und der Johannesüberlieferung vgl. ferner F. Schnider – W. Stenger, Joh u. Syn, 40ff. Eine syn. Vorlage für Johannes lehnen u.a. ab E. Haenchen, Weg, 389; J. Becker, Joh I, 122.

Auferstehung, denn in der Hingabe seines eigenen Leibes vollzieht Jesus sein Heilswerk.

Auch die wiederholten vom Evangelisten gestalteten Festreisen und Festverweise (vgl. Joh 2,23; 5,1; 6,4; 7,2.10; 11,18.55 ff.; 12.1.12) haben nur den Zweck, Jesus immer wieder nach Jerusalem zu bringen bzw. sein Tun mit Jerusalem zu verbinden, wo sich sein Schicksal vollendet. Viele Juden kommen zum Glauben an Jesus, als er beim Passa in Jerusalem Wunder vollbringt. Die Heilung am Teich ereignet sich während eines Festes in Jerusalem. Speisung und Seewandel finden aus der Sicht des Evangelisten kaum zufällig in unmittelbarer Nähe zum Passa vor einer großen Menschenmenge statt. Seine Brüder fordern Jesus auf, zum Laubhüttenfest zu gehen, um dort vor der Menge Wunder zu tun. Doch Jesus geht nur im Verborgenen zum Fest, weil er weiß, daß die Juden ihn töten wollen. Bewußt weitet Johannes die Heilungen des Lahmen am Teich und des Blindgeborenen zu einem Sabbatkonflikt aus (Joh 5,9c; 9,14). Dadurch verschärft sich die Auseinandersetzung zwischen Jesus und den Juden und werden die Wunder zum Anlaß für die Verfolgung Jesu und seiner Anhänger (vgl. Joh 5,16; 9,4.16.22.34).

Für Johannes sind die Wunder sowohl kompositionell als auch inhaltlich Mittel und Ausdruck seiner theologia crucis.

Im Anschluß an E. Käsemann[526] meint U. B. Müller, man könne bei Johannes nicht von einer Kreuzestheologie sprechen. Die eigentlich joh. Konzeption erblickt Müller in den Aussagen, die vom Hingang Jesu zu Gott ($\dot{\upsilon}\pi\acute{\alpha}\gamma\epsilon\iota\nu$, vgl. nur Joh 7,33; 8,14; 13,4; 14,28), von seinem Auf- und Abstieg reden (vgl. $\dot{\alpha}\nu\alpha\beta\alpha\acute{\iota}\nu\epsilon\iota\nu$/$\kappa\alpha\tau\alpha\beta\alpha\acute{\iota}\nu\epsilon\iota\nu$ in Joh 3,13; ferner 1,51; 6,62; 20,17). Hier stehe der Gedanke der Rückkehr zu Gott im Mittelpunkt, nicht aber das Kreuz[527]. Auch beim spezifisch joh. $\dot{\upsilon}\psi\omega\vartheta\tilde{\eta}\nu\alpha\iota$ (Joh 3,14; 8,28; 12,32.34) sei das Kreuz „noch nicht heilskonstitutiver Inhalt"[528]. Schließlich will Müller auch die joh. Doxa-Begrifflichkeit von jeder Art Kreuzestheologie abrücken. „Der Tod Jesu erscheint zwar als ein notwendiges Geschehen auf dem Weg zum Leben, aber eben doch nur als ein solches, das im Schatten der Verherrlichung steht, die der Vater dem Sohne in dessen irdischen Wirken sowie durch den Tod hindurch schenkt."[529] Somit hat das Kreuz nach U. B. Müller für Johannes keine Heilsbedeutung mehr, es betreffe vielmehr nur noch den innerweltlichen Bereich, dem sich der Evangelist und seine Gemeinde als Pneumatiker enthoben fühlten[530].

---

[526] Vgl. E. Käsemann, Jesu letzter Wille, 111: „Der eigentliche Unterschied zu Paulus wird durch das Fehlen der theologia crucis gekennzeichnet." Zur Bedeutung der Kreuzestheologie vgl. demgegenüber jetzt H. Kohler, Kreuz und Menschwerdung, passim, der herausstellt, daß im JE das Kreuz nicht verflüchtigt, sondern umfassend ausgewertet werde, indem es als Ort der vollendeten Einheit von Vater und Sohn gedacht wird; vgl. ferner W. Klaiber, Aufgabe, 311 f.

[527] Vgl. U. B. Müller, Bedeutung, 53–56.

[528] A.a.O., 57.

[529] A.a.O., 63.

[530] Vgl. a.a.O., 64 ff.

Müller kommt zu diesem Ergebnis, weil er die Stellung der Tempelreinigung und die zahlreichen Passionsverweise im Evangelium (bes. in den Wundern) von vornherein bei seiner Analyse ausklammert[531]. Ein methodisch sehr zweifelhaftes Vorgehen, denn hier präjudiziert das gewünschte Ergebnis die Exegese. Auch die Bezeichnung Jesu als ἀμνὸς τοῦ θεοῦ (Joh 1,29.36) und die Sühntodaussagen (Joh 10,11.15.17; 15,13) werden einfach für nicht „spezifisch johanneisch"[532] erklärt, um den eigenen Entwurf abzusichern. Demgegenüber ist zu betonen, daß das joh. Verständnis des Todes Jesu erst dann sachgemäß in den Blick kommt, wenn *alle* Aussagen über das Leiden und Sterben Jesu berücksichtigt werden. Allein die zahlreichen redaktionellen Passionsverweise in den Wundergeschichten, die wiederholten Festreisen Jesu nach Jerusalem als Ort seines Leidens und Sterbens, die Sühntodaussagen und die Stellung der Tempelreinigung (wie auch der Salbungsgeschichte Joh 12,1–11) zeigen, daß man von einer joh. theologia crucis reden muß. Zudem erreicht nach Joh 19,30 die Offenbarung Jesu am Kreuz ihr Ziel (τετέλεσται!). Dabei sind die gegenüber Paulus und Markus zweifellos vorhandenen Akzentuierungen nicht zu leugnen, sie erlauben es aber nicht, die Existenz einer theologia crucis bei Johannes zu bestreiten.

3.11 Die Bedeutung der Wunder für die johanneische Christologie

Bereits 1841 bemerkte Alexander Schweizer zu den joh. Wundergeschichten: „Johannes legt zwar auch Werth auf σημεῖα, aber durchweg nur einen sekundären Werth, so daß von ihnen aus auf die ‚größeren Werke' hingewiesen wird, welche Christus im Seelenleben verrichte."[533] Wohl wecken die σημεῖα Aufmerksamkeit und einen vorläufigen Glauben, aber sie gehören nicht in das Zentrum, eher an die Peripherie joh. Theologie. Diese Bewertung bzw. Abwertung der Wunder bei Johannes ist in der Forschung bis in die Gegenwart hinein bestimmend geblieben. So konstatiert K. L. Schmidt 1921: „Wer die symbolische Bedeutung versteht, nur der versteht das σημεῖον wirklich."[534] Für R. Bultmann sind die Wunder lediglich Konzessionen an die menschliche Schwäche[535], bloße Symbole[536], von deren Historizität der Evangelist keineswegs überzeugt ist[537]. Wird auch eine rein symbolische Deutung der Wunder nur noch vereinzelt vertreten[538], so findet sich aber durchgängig die Auffas-

---

531 Vgl. a.a.O., 53.
532 A.a.O., 63.
533 A. Schweizer, Johannes, 66 f.
534 K. L. Schmidt, Hochzeitswunder in Kana, 40.
535 Vgl. R. Bultmann, Joh, 173.
536 Vgl. R. Bultmann, Theologie, 397.
537 Vgl. R. Bultmann, Joh, 83 A 4.
538 Vgl. R. E. Brown, Joh I, 529, der von einem ‚spiritual symbolism' spricht. Zur Kritik an Bultmanns symbolischer Interpretation der joh. Wunder vgl. E. Haenchen, „Der Vater,

sung, die Wunder hätten bei Johannes lediglich Hinweischarakter, sie weckten nur einen vorläufigen Glauben und seien für die Christologie des Evangelisten nur von untergeordneter Bedeutung. E. Haenchen sieht in den Wundern „Hinweise auf etwas ganz anderes"[539], L. Schottroff hält sie für ein rein innerweltliches Geschehen[540] und J. Becker meint sogar, das Wunder habe „für den Evangelisten keine selbständige Bedeutung mehr"[541], es sei „für den Glauben ein sinnleeres Geschehen"[542].

Im Gegensatz zu der in der Forschung geläufigen Abwertung der joh. Wundergeschichten ist aufgrund der vorangegangenen Analysen zu betonen: Weil die Offenbarung der einen Doxa Jesu nicht hinter, sondern *in* den Wundern geschieht, sind sie für die Christologie des 4. Evangelisten von grundlegender Bedeutung[543]. Die Wunder sind nicht bloße Konzession an die menschliche Schwäche, vielmehr Demonstrationen der δόξα θεοῦ.

Das joh. Wunderverständnis ist undualistisch. Nicht zwei voneinander unabhängige und entgegengesetzte Prinzipien bestimmen die Darstellung, sondern für den Evangelisten folgt aus dem Sehen des Wunders unmittelbar der Glaube (Joh 2,11.23; 4,53; 6,14; 7,31; 9,35.38; 10,40–42; 11,15.40.45). Es gibt für Johannes nicht „zwei Maßstäbe des ‚Sehens‘, zwei Ebenen des Wunders"[544]. Die von L. Schottroff auf der Basis einer fragwürdigen Interpretation von Joh 4,48 vorgenommene umfassende Integration der joh. Wundergeschichten in ein übergeordnetes und alles bestimmendes dualistisches Bezugssystem läßt sich gerade an den Wundern nicht verifizieren. Johannes unterscheidet an keiner Stelle zwischen einem ‚falschen‘, innerweltlichen und einem ‚richtigen‘, auf den himmlischen Offenbarer ausgerichteten Wunderglauben. Für ihn gehören im Gegenteil die innerweltliche Realität und Massivität des Wunders und die in ihm aufleuchtende Doxa des Offenbarers untrennbar zusammen. Im Wunder werden Sarx und Doxa des Offen-

---

der mich gesandt hat", 68 f.; E. Käsemann, Jesu letzter Wille, 51 f.; W. Wilkens, Zeichen und Werke, 32; M. L. Appold, Oneness, 100. Die eschatologische Dimension der joh. Wunder betont bes. X. Léon-Dufour, Sēmeion Johannique, 373 ff.

[539] E. Haenchen, Wandel, 10. Abzulehnen ist auch die Position von W. Grundmann, Bewegung des Glaubens, 142, der bei Johannes eine stufenweise Entwicklung vom Zeichen- zum Wortglauben hin sieht.

[540] Vgl. L. Schottroff, Der Glaubende, 255; vgl. E. Haenchen, Joh, 402: „Auch die größten Wunder sind Ereignisse innerhalb der irdischen Welt."

[541] J. Becker, Wunder und Christologie, 146.

[542] A.a.O., 147. Differenzierter als Becker urteilt H. E. Lona, Glaube und Sprache, 176 ff., der auch einen gegenüber der ‚Semeia-Quelle‘ kritischen Glaubensbegriff des Evangelisten annimmt, die Diskrepanz zwischen Evangelisten und ‚Quelle‘ aber weitaus geringer veranschlagt als Becker.

[543] Vgl. W. Wilkens, Zeichen und Werke, 32.

[544] L. Schrottroff, Der Glaubende, 254.

barers gleichermaßen epiphan. Eine grundsätzliche joh. Wunderkritik existiert nicht[545]!

Als Machttaten des λόγος ἔνσαρκος haben die Wunder im JE eine antidoketische Funktion[546]. Mit ihrer Massivität und Realität verweisen sie darauf, daß Jesus Christus wirklich in Raum und Zeit eingegangen ist. Auch die gleichzeitige Betonung der Menschlichkeit Jesu dient dem Ziel, die sarkische Existenz des Wundertäters zu erweisen. Folgt der Glaube aus einem sinnfälligen Sehen des Wunders, so hält Johannes damit an der Bedeutung des Auftretens Jesu für den Glauben fest und widersetzt sich einer doketischen Verflüchtigung. Indem die Wunder sichtbare inner-weltliche Demonstration der Hoheit Jesu und zugleich Bestandteil der joh. theologia crucis sind, in ihnen die Doxa des Inkarnierten sichtbar wird und Glauben hervorruft, wahren sie nachdrücklich die Identität des Präexistenten mit dem sarkischen, leidenden und erhöhten Jesus Christus und sind somit aus der Sicht des Evangelisten antidoketisch zu verstehen.

---

[545] Gegen L. Schottroff, a.a.O., 256 u.ö., die durchgehend von einer joh. Wunderkritik spricht.

[546] Vgl. W. Wilkens, Evangelist und Tradition, 89. Gegen E. Käsemann, Jesu letzter Wille, 51 ff., der wohl die Realität der Wunder Jesu im JE betont, andererseits aber ihre antidoketische Funktion nicht wahrnimmt.

4. Der gegenwärtige Christus: Sakramente und johanneische Christologie

Die Bedeutung der Sakramente für die joh. Christologie wird als Folge der Johannesinterpretation R. Bultmanns bis in die Gegenwart hinein unterschätzt[1]. In einer Radikalisierung reformatorischer Ansätze[2] verneinte Bultmann einen Einfluß der Sakramente auf das joh. Denken. „In Wahrheit sind für ihn (sc. Johannes) die Sakramente überflüssig: die Jünger sind rein durch das Wort (15,3), und sie sind – nach dem das Herrenmahl ersetzenden Gebet – ‚heilig‘ ebenfalls durch das Wort (17,17).“[3] Zwar setzt Johannes auch nach Bultmann den kirchlichen Brauch von Taufe und Abendmahl voraus[4], jedoch werden sie von ihm so verstanden, „daß in ihnen das Wort in besonderer Weise vergegenwärtigt wird“[5]. Das Wort tritt an die Stelle des Sakramentes und übernimmt dessen Funktionen. Zusammenfassend kann Bultmann urteilen, „daß Johannes zwar nicht direkt gegen die Sakramente polemisiert, ihnen aber kritisch oder wenigstens zurückhaltend gegenübersteht“[6].

Im Gegensatz zu Bultmanns asakramentaler Johannesdeutung ist für O. Cullmann das 4. Evangelium ganz und gar von einem kultisch-sakramentalen Interesse durchzogen[7]. Es lasse sich „durch das Evangelium eine gottesdienstliche Linie verfolgen“[8] und der Evangelist bemühe sich, „die Beziehung zwischen dem Gottesdienst der urchristlichen Gegenwart und dem historischen Jesus herzustellen“[9]. Cullmann sieht in der Doppel- und Mehrdeutigkeit joh. Begriffe die methodische Rechtfertigung für eine

---

[1] Bultmann schließen sich bei unterschiedlicher Argumentation u. a. an E. Lohse, G. Bornkamm, H. Köster, E. Schweizer, J. Becker; vgl. die Forschungsübersicht bei H. Klos, Sakramente, 11–21.

[2] B. Lindars, Word and Sacrament, 52, führt die unterschiedliche Beurteilung der Sakramente bei Johannes in der deutschen und englischen Exegese auf den unterschiedlichen Verlauf der Reformation in beiden Ländern zurück.

[3] R. Bultmann, Joh, 360.

[4] Vgl. R. Bultmann, Theologie, 407.411.

[5] R. Bultmann, Joh, 360.

[6] R. Bultmann, Theologie, 412.

[7] Eine Vorwegnahme der Position Cullmanns findet sich bei A. Schweitzer, Mystik, 340 ff. Autoren, die sich Cullmanns Argumentation anschließen, referiert H. Klos, Sakramente, 24–32.

[8] O. Cullmann, Urchristentum und Gottesdienst, 38.

[9] Ebd.

bewußt symbolische Auslegung joh. Reden und Erzählungen[10]. So interpretiert er zahlreiche joh. Texte sakramental, die sonst nicht auf Taufe oder Abendmahl bezogen werden (z. B. Joh 1,6–8.15.19–34; 2,1–11.12–22; 3,22–36; 4,1–30; 5,1–19; 6,1–13; 9,1–39). Da Cullmann „das Aufsuchen auch des nicht ausgesprochenen tieferen Sinnes geradezu zum Prinzip der Erklärung"[11] macht, gerät er in die Nähe einer allegorischen Johannesinterpretation.

Sowohl Bultmann als auch Cullmann vertreten Extrempositionen, die sich angesichts des joh. Textbefundes nicht halten lassen. Bultmanns asakramentale Interpretation ist gewaltsam, weil sich zumindest für Joh 3,5 keine literarkritischen Indizien für den sekundären Charakter von ὕδατος καί finden lassen. Hingegen scheitert Cullmanns sakramentalistische Auslegung an der für eine historisch-kritische Exegese unaufgebbaren Forderung, daß nur Wortlaut und Inhalt des vorliegenden Textes, nicht aber ein vermuteter ,tieferer Sinn' Gegenstand der Untersuchung sein kann. Deshalb werden im folgenden nur die Texte untersucht, deren Bezug auf Taufe und Abendmahl zweifelsfrei ist: Joh 3,5.22.26; 4,1; 6,51c–58; 19,34f.

4.1 Die Taufe im Johannesevangelium

4.1.1 Stellung und Aufbau von Joh 3

Im 3. Kapitel entfaltet der joh. Christus zum ersten Mal umfassend seine Lehre[12]. Standen zuvor die Taten Jesu im Mittelpunkt (Kanawunder, Tempelaustreibung), so wird nun im Gespräch mit einem Juden erörtert, was zum Heil nötig ist. Damit führt das Nikodemusgespräch in das Zentrum joh. Theologie.

Innerhalb des Aufbaus von Joh 3 stellen vor allem die V. 31–36 ein Problem dar. Formal sind sie die Fortsetzung der Täuferrede in V. 27 ff., inhaltlich lassen sie sich jedoch nicht als Worte des Täufers verstehen (bes. V. 35.36)[13]. Dies führte zu zahlreichen Umstellungsversuchen[14]: R. Bultmann fügt V. 31–36 an V. 21 an und kommt zu der Gliederung: 3,1–

---

[10] Vgl. a.a.O., 49 ff.; vgl. auch ders., Der johanneische Gebrauch doppeldeutiger Ausdrücke als Schlüssel zum Verständnis des vierten Evangeliums, passim.

[11] O. Cullmann, Urchristentum und Gottesdienst, 57. Scharf zu unterscheiden von Cullmanns Ansatz sind die Versuche von F. Mussner, ,Kultische' Aspekte im johanneischen Christusbild, und J. A. Bühner, Denkstrukturen im Johannesevangelium, eine ,kultische' Grundschicht in der joh. Christologie herauszuarbeiten.

[12] Vgl. J. Becker, Joh I, 129.

[13] Vgl. R. Bultmann, Joh, 92; R. Schnackenburg, Joh I, 374; J. Becker, Joh I, 130; gegen W. Bauer, Joh, 63 ff.; C. K. Barrett, Joh, 219, die V. 31–36 als Täuferrede ansehen.

[14] Vgl. die Übersichten bei J. Blank, Krisis, 53–56; F. Porsch, Pneuma, 83–89.

8.9–21.31–36.22–30[15]. Für R. Schnackenburg endet das Nikodemusgespräch in 3,12, darauf folgen die ‚situationsgelösten‘, ‚kerygmatischen‘ Redestücke 3,31–36 und 3,13–21, während Joh 3,22–30 als Täuferperikope verstanden wird[16]. Überzeugen können derartige Rekonstruktionshypothesen nicht, denn Umstellungsversuche sind gerade bei diesem Text methodisch sehr fragwürdig[17]. Zudem liegt allein in der Stellung und Funktion der V. 31–36 eine Schwierigkeit, die sich aber nicht durch eine Verlagerung der Probleme in V. 1–30 lösen läßt. Vielmehr können diese Verse als ein abschließender Kommentar der Nikodemusperikope und des Täuferzeugnisses aus der Hand des Evangelisten verstanden werden[18].

Unter dieser Voraussetzung ist der im Anschluß an C. H. Dodd[19] gemachte Gliederungsvorschlag von Y. Ibuki plausibel, der in Joh 3 zwei parallele Komplexe verarbeitet sieht[20]:

	I. Abschnitt	II. Abschnitt
Exposition	2,23–25	3,22–24
Dialog	3,1–12	3,25–30
Monolog	3,13–21	3,31–36

Der überleitende Charakter von Joh 2,23–25; 3,22–24 ist nicht zu bestreiten[21] und der Wechsel vom Dialog zum Monolog am Ende einer Sinneinheit typisch johanneisch (vgl. Joh 6; 8; 14)[22], so daß Kap. 3 als bewußte Komposition durch den Evangelisten zu gelten hat.

4.1.2 Die Bedeutung der Tauftätigkeit Jesu (Joh 3,22.26; 4,1)

Die Nikodemusperikope ist der locus classicus zur Erhebung des joh. Taufverständnisses. Daneben bezeugen einige in der Forschung wenig beachtete Texte[23] die Kenntnis der Taufe durch den 4. Evangelisten. Sie

---

[15] Vgl. R. Bultmann, Joh, 92 ff.

[16] Vgl. R. Schnackenburg, Joh I, 378 ff.

[17] Vgl. dazu E. Haenchen, Joh, 48–57.230 (zu Joh 3,22 ff.).

[18] Zu Recht bezeichnet M. J. Lagrange, Jean, V. 31–36 als „une Réflexion de l'Evangeliste". Gegen H. Thyen, FB (ThR 44), 112; J. Becker, Joh I, 130, die V. 31–36 für das Werk der postevangelistischen Redaktion halten. Zum joh. Stil der Rede vgl. die Analyse bei R. Schnackenburg, Joh I, 393–404.

[19] Vgl. C. H. Dodd, Interpretation, 303 ff.; ders., Tradition, 279. Für die Einheitlichkeit von Joh 3 plädieren u. a. auch E. C. Hoskyns, 221 ff.; O. Cullmann, Urchristentum und Gottesdienst, 78 ff.; C. K. Barrett, Joh, 219; R. H. Lightfoot, Joh, 115–120; R. E. Brown, Joh I, 160.

[20] Vgl. Y. Ibuki, Gedankenaufbau und Hintergrund, 11.

[21] Vgl. R. Schnackenburg, Joh I, z. St.

[22] Vgl. J. Becker, Joh I, 130.

[23] Vgl. nur R. Bultmann, Joh, 360: „Aber 3,22; 4,1 sind ganz unbetont, und in der Verkündigung Jesu spielen die Sakramente keine Rolle."

berichten von einer in den Synoptikern nicht bezeugten Tauftätigkeit Jesu.

Joh 3,22 erwähnt eine Tauftätigkeit Jesu während seines Aufenthaltes in Judäa. Die Imperfektform ἐβάπτιζεν läßt dabei an eine längere Wirksamkeit Jesu denken[24]. Auf den redaktionellen Charakter von V. 22 weisen die joh. Überleitungsformel μετὰ ταῦτα (vgl. 5,1.14; 6,1; 7,1; 19,38), die Fortsetzung des Itinerars aus Joh 2,23; 3,1 und die im Gegensatz zu V. 23 unpräzise Ortsangabe hin[25]. Hingegen dürfte die Notiz über Johannes den Täufer in Joh 3,23 traditionell sein[26], was sich schon aus den genauen geographischen Angaben ergibt[27]. Mit V. 24 erklärt der Evangelist[28] das Nebeneinander der Tauftätigkeit Jesu und Johannes des Täufers.

Das Traditionsstück *Joh 3,25–29* weist auf eine Auseinandersetzung zwischen der joh. Gemeinde und der Täufergruppe über die rechte Taufpraxis hin. Für Tradition spricht in V. 25 das vom Kontext her unmotivierte καθαρισμός[29]. Es bezieht sich auf das Verhältnis der Jesus-Taufe zur Johannes-Taufe, so daß der Anlaß für den Streit der taufende Jesus gewesen sein muß. Dies ergibt sich auch aus V. 26, was eine Konjektur des für den Fortgang der Erzählung funktionslosen μετὰ Ἰουδαίου[30] in μετὰ τῶν Ἰησοῦ[31] bzw. μετὰ (τοῦ) Ἰησοῦ[32] sachlich geboten erscheinen läßt. In V. 26 kommt die Konkurrenzsituation zwischen der joh. Gemeinde und der Täufergruppe in dem polemischen πάντες deutlich zum Ausdruck. Die joh. Gemeinde projiziert ihren zahlenmäßigen Erfolg gegenüber der Täufergruppe in das Leben Jesu zurück und degradiert Johannes d. T. zum bloßen Zeugen. Der Vers dürfte bis auf den syntaktisch schwerfälligen Relativsatz ᾧ σὺ μεμαρτύρηκας (vgl. dazu Joh 1,19–34) traditionell sein[33], zumal Johannes seine Bemerkung über die Tauftätigkeit Jesu in V. 23 hier entnommen hat. V. 27 kann als ein Täuferwort verstanden

---

[24] Vgl. W. Bauer, Joh, 62; R. Bultmann, Joh, 124 A 1.

[25] Vgl. J. Becker, Joh I, 153; R. Schnackenburg, Joh I, 448 f.

[26] Vgl. J. Becker, Joh I, 153, der allerdings V. 23 seiner ‚Semeia-Quelle‘ zurechnen will, wofür es keinen Anhalt gibt. Entweder stammt diese Notiz aus der joh Schule oder der Evangelist entnahm sie einer ihm zugänglichen Täufertradition (so R. Bultmann, Joh, 124 A 5).

[27] Vgl. dazu R. E. Brown, Joh I, 151; W. Bauer, Joh, 62; R. Schnackenburg, Joh I, 450 f.

[28] Vgl. R. Schnackenburg, Joh I, 451; gegen J. Becker, Joh I, 153, der auch V. 24 seiner ‚Semeia-Quelle‘ zuschreibt. V. 24 setzt aber V. 22 voraus, den auch Becker für redaktionell hält! R. Bultmann, Joh, 124 A 7, sieht in V. 24 eine Glosse der ‚kirchlichen Redaktion‘, wofür es keinen Hinweis gibt.

[29] Vgl. R. Bultmann, Joh, 123.

[30] Den auffälligen Singular ändern P66 ℵ* u. a. in den Plural.

[31] Vgl. O. Holtzmann, Joh, 210.

[32] Vgl. A. Loisy, Le quatrième évangile, 171; J. Becker, Joh I, 153.

[33] Vgl. J. Becker, Joh I, 154; gegen R. Bultmann, Joh, 125 A 4.

werden[34], in dem der Täufer sich ursprünglich auf die ihm von Gott verliehene Vollmacht berief[35]. Im jetzigen Kontext bestätigt er hingegen den Anspruch Jesu. Mit V. 28–29 nimmt die joh. Gemeinde die Angehörigen der konkurrierenden Gemeinschaft als Zeugen für die Vorläuferrolle des Täufers in Anspruch. Reihen sich V. 28–29 in die Täuferpolemik der Tradition ein, so läßt V. 30 ein redaktionelles Interesse des Evangelisten erkennen[36]: Johannes d. T. tritt nach Kap. 3,30 nicht mehr aktiv in Erscheinung[37], womit das Bild vom Wachsen und Abnehmen eine kompositionelle und ekklesiologische Auswertung erfährt.

In *Joh 4,1* wird Jesu ,Zunehmen' im Sinn eines Missionserfolges geschildert und damit ekklesiologisch interpretiert. „Die Täufergemeinde muß abnehmen, die Jesusgemeinde aber muß wachsen."[38] Der polemische Akzent von Joh 4,1 ist durch die vergleichende Formulierung πλείονας ... ἤ offenkundig. So wie Jesus erfolgreicher war als Johannes, so triumphiert die joh. Gemeinde über die Täufergruppe[39]. Der Eintritt in die Jüngerschaft und damit in die joh. Gemeinde war mit der Taufe verbunden, wie die Verbindung von μαθητὰς ποιεῖν und βαπτίζειν zeigt. Zwar wird über die Art der Taufe nichts ausgesagt[40], aber sie gilt in Joh 4,1 als normaler Initiationsritus[41].

Eine Tauftätigkeit des historischen Jesus läßt sich mit dem Hinweis auf Joh 3,23–26; 4,1 nicht begründen[42]. Dagegen sprechen das Schweigen der Synopti-

---

[34] Vgl. R. Bultmann, Joh, 123; anders E. Haenchen, Joh, 230.

[35] Die Wendung ἐκ τοῦ οὐρανοῦ ist Umschreibung für ,von Gott', vgl. A. Schlatter, Joh, z. St.

[36] Vgl. R. Bultmann, Joh, 127; gegen J. Becker, Joh I, 155, der V. 30 seiner ,Semeia-Quelle' zurechnet. Für Redaktion spricht auch die im δεῖ ausgedrückte Notwendigkeit des göttlichen Heilsgeschehens, vgl. Joh 3,14; 12, 34; 20,9.

[37] Vgl. Joh 5,33.36; 10,40f.

[38] S. Schulz, Joh, 65.

[39] Während Joh 4,1 im Rahmen des Itinerars 4,1.3.4 auf den Evangelisten zurückgeht (vgl. R. Bultmann, Joh, 127; J. Becker, Joh I, 166) dürfte Joh 4,2 eine sekundäre Glosse mit dem Ziel sein, die anstößige Taufpraxis Jesu an das synoptische Jesusbild anzugleichen (so auch R. Bultmann, Joh, 128 A 4; C. H. Dodd, Interpretation, 311 A 3; R. Schnackenburg, Joh I, 458 u. a.). Zudem wird der Gedankengang von V. 1 und V. 3 unterbrochen, und auch sprachlich ist Joh 4,2 auffällig: καίτοιγε ist Hapaxlegomenon im NT, und auch das artikellose Ἰησοῦς ist ungewöhnlich.

[40] Für eine ,Geisttaufe' plädieren u. a. O. Cullmann, Urchristentum und Gottesdienst, 80f.; C. H. Dodd, Interpretation, 310; F. Porsch, Pneuma, 126f. Dagegen K. Aland, Vorgeschichte, 195; E. Haenchen, Joh, 230; W. Michaelis, Sakramente, 14; R. Schnackenburg, Joh I, 449. Da nach Joh 7,39 (vgl. Joh 20,19–23) der Geist erst nach der Verherrlichung Jesu verliehen wird, sollte man den Begriff ,Geisttaufe' in einem exklusiven Sinn vermeiden. Auch in der joh. Schule dürfte die Taufe mit Wasser üblich gewesen sein. Sie war aber auch gleichzeitig der Ort der Geistverleihung, denn z. Zt. der Gemeinde war Jesus schon erhöht.

[41] Vgl. B. Lindars, Word and Sacrament, 53.

[42] Für eine Tauftätigkeit des historischen Jesus plädieren u. a. K. Aland, Vorgeschichte,

ker[43] und das erkennbare theologische Interesse des Evangelisten bei seiner Darstellung des taufenden Jesus. Man kann zwar vermuten, daß die Synoptiker in ihrer tendenziösen Täuferdarstellung eine solche Nachricht unterdrückten, die Jesus zum Täuferschüler gemacht hätte. Andererseits berichten sie von der Taufe Jesu durch Johannes d. T. (Mk 1,9–11par), während der 4. Evangelist davon nur indirekt spricht (Joh 1,29–34).

Wie in anderen Gruppen des Urchristentums (vgl. Paulus, Mt 28,18–20) war auch innerhalb der joh. Schule die Taufe der normative Initiationsritus. Nur hier wird diese Praxis aber im Leben des geschichtlichen Jesus verankert, so daß ihr sowohl von der joh. Tradition als auch vom Evangelisten eine große Bedeutung beigemessen wird. Die joh. Schule führt in ihrem Raum das Werk des geschichtlichen Jesus weiter und erweist sich somit als dessen legitime Nachfolgerin. Vielleicht bewirkte auch die anfängliche Konkurrenzsituation zur Täufergruppe ein verstärktes Nachdenken über die eigene Taufpraxis und ihre historische wie theologische Begründung. Der Evangelist setzt die Taufe nicht nur beiläufig voraus, sondern Joh 3,23.25–30; 4,1 dokumentieren ein eminent theologisches Interesse. Die Taufe ist für Johannes eine legitime Fortsetzung des Wirkens Jesu und als konstitutiver Aufnahmeritus in die Gemeinde conditio sine qua non christlicher Existenz. So ist es nur folgerichtig, wenn der 4. Evangelist auch Aussagen über das Wesen der Taufe macht.

4.1.3 Redaktion und Tradition in Joh 3,1–21

Eingeleitet und vorbereitet wird das Nikodemusgespräch durch das redaktionelle Überleitungsstück Joh 2,23–25[44]. Es zeichnet die Situation, auf deren Hintergrund die Begegnung stattfindet. Die Erwähnung der σημεῖα in Joh 2,23 ist Voraussetzung für die Aussage des Nikodemus in Joh 3,2b, und in Joh 2,24f. deutet die Reaktion Jesu auf den Glauben der Menge das Mißverstehen des Nikodemus in Joh 3,4.9 bereits an.

Die Nikodemusperikope beginnt mit einer „idealen Szene"[45] (Joh 3,1–2a), die Personen und Zeit der folgenden Handlung einführt. Sind Joh 3,1.2 vom Evangelisten gebildet[46], so liegt in V. 3 eine joh. Schultradition

---

194f.; J. Becker, Joh I, 152f.; ders., Johannes d. T., 13f.; C. H. Dodd, Tradition, 286; J. Jeremias, Theologie, 53; R. Schnackenburg, Joh I, 449; J. Schneider, Joh, 109; dagegen u.a. G. Barth, Taufe, 42f.; E. Dinkler, Taufaussagen, 66.

[43] Vgl. G. Barth, Taufe, 42.

[44] Vgl. den Nachweis im Abschnitt 3.8.3.1.

[45] J. Becker, Joh I, 131.

[46] Zwar dürfte Johannes die Gestalt des Nikodemus aus der Tradition vorgegeben sein, aber die Ausformung der Exposition des Lehrgesprächs geht auf den Evangelisten zurück. Dies zeigt deutlich V. 2, wo das ἦλθεν πρὸς αὐτόν den redaktionellen Abschnitt Joh 2,23–25 zur Voraussetzung hat und deshalb ebenfalls als redaktionell anzusehen ist. Außerdem

vor. Dies ergibt sich aus der nur in Joh 3,3.5 belegten Wendung βασιλεία τοῦ θεοῦ, die im Gegensatz zu den Synoptikern im 4. Evangelium keine geläufige Bezeichnung für das eschatologische Heil darstellt. Die für das Verständnis von V. 3 bedeutsame Präposition ἄνωθεν ist doppeldeutig[47]: Sie kann „von neuem" oder „von oben her" meinen. Die sonstige Verwendung von ἄνωθεν im JE (vgl. 3,31; 19,11.23) legt die Übersetzung „von oben her" nahe[48]. Insbesondere der christologische Bezug von ἄνωθεν in Joh 3,31 und 8,23 (Christus spricht: ἐγὼ ἐκ τῶν ἄνω εἰμί) fordert diese Interpretation, denn Christus und die Seinen sind ihrem Ursprungsort nach wesensverwandt. Allerdings ist eine bewußte Doppeldeutigkeit von ἄνωθεν damit nicht ausgeschlossen[49], da die mit γεννηθῆναι ἄνωθεν verwandte joh. Vorstellung der ‚Zeugung aus Gott' (vgl. 1Joh 2,29; 3,9; 4,7; 5,1.4.18; Joh 1,13) zweifellos auch den Aspekt der Wiedergeburt enthält (vgl. Tit 3,5; 1Petr 1,3.23; Just, Apol I 61,3.10; 66,1; Dial 138,2; Act Thom 132)[50]. Die Tradition betont, es liege nicht in der Verfügungsgewalt des Menschen, das Gottesreich zu sehen. Gott selbst schafft dafür die Grundlage[51].

Auch die Synoptiker kennen die Vorstellung des ‚Sehens' (vgl. Mk 9,1/Lk 9,27) bzw. des ‚Eingehens' in das Reich Gottes (vgl. Mt 5,20; 7,21; 18,3; 19,23 f.; 23,14; Mk 9,47; 10,15.23 ff.; Lk 18,17.25). Mögliche traditionsgeschichtliche Varianten zu Joh 3,3.5 finden sich in Mk 10,15; Mt 18,3; Hermas, Sim IX 16,2 und Justin, Apol I 61,4[52]. Eine traditionsgeschichtliche Abhängigkeit von Mk 10,15 ist für Joh 3,3.5 nicht auszuschließen[53], da beide Worte strukturelle Übereinstimmungen aufweisen (gleiche Einleitungsformel, negativer Bedingungssatz, vergleichbare Nachsätze)[54]. Andererseits sind inhaltliche Differenzen nicht zu übersehen,

---

weist V. 2 zahlreiche joh. Wendungen aus (οἴδαμεν, ἔρχομαι, δύνασθαι, ταῦτα, σημεῖα ποιεῖν, ἐὰν μή).

[47] Vgl. zu den möglichen Bedeutungen von ἄνωθεν bes. W. Bauer, Joh, 50 f.; R. Schnackenburg, Joh I, 381.

[48] So u. a. R. Schnackenburg, Joh I, 381 f.; J. Becker, Joh I, 134; F. Porsch, Pneuma, 97; H. Klos, Sakramente, 70; B. Lindars, John and the Synoptic Gospels, 291; E. Haenchen, Joh, 217; R. Pesch, ‚Ihr müßt von oben geboren werden', 208; J. Blank, Krisis, 57; H. Leroy, Rätsel, 132. Anders R. Bultmann, Joh, 95 A 2, der mit Nachdruck betont, ἄνωθεν könne hier nur ‚von neuem' bedeuten; so auch H. Strathmann, Joh, 68; S. Schulz, Joh, 55; G. Barth, Taufe, 108.

[49] Vgl. C. H. Dodd, Interpretation, 303 A 2; C. K. Barrett, Joh, 205 f.

[50] Vgl. zur joh. Vorstellung der ‚Zeugung aus Gott' R. Schnackenburg, JohBr, Exk. 175–183; W. Bauer, Joh, Exk. 51–53; H. Windisch, JohBr, Exk. 121–123; C. H. Dodd, Interpretation, 303–305. Religionsgeschichtlich dürfte die mit der ‚Zeugung aus Gott' verbundene Vorstellung einer Wiedergeburt aus den Mysterienreligionen stammen; vgl. nur Apul, Met XI 21.

[51] Vgl. R. Bultmann, Joh, 97.

[52] Bemerkenswert ist auch Weish 10,10, wo von der σοφία gesagt wird: ἔδειξεν αὐτῷ (sc. Jakob in Bethel) βασιλείαν θεοῦ.

[53] Dafür plädieren bes. J. Jeremias, Kindertaufe, 63 f.; I. de la Potterie, ‚Naître', 438.

[54] Vgl. die Auflistung bei J. Jeremias, Kindertaufe, 64.

denn Mk 10,15 zielt auf die Umkehr des Menschen ab, während Joh 3,3.5 real von
einer Neuschöpfung bzw. Neugeburt als reiner Gottestat sprechen[55].

Stellt der Evangelist in V. 2 Nikodemus als Sprecher eines liberalen
Judentums dar (vgl. Joh 7,50; 19,39)[56], so formuliert die Tradition in V. 3,
was aus joh. Sicht zur Erlangung des Heils notwendig ist: eine völlige
Neuschöpfung als ausschließliche Gottestat. Damit erscheint Nikodemus
nicht einfach als „Repräsentant ... eines unzulänglichen Wunderglaubens"[57] oder Vertreter der Epiphaniechristologie einer vermuteten ‚Semeia-Quelle'[58]. Vielmehr dient er in der Komposition des Evangelisten
vornehmlich als bloßer Gesprächspartner, der nicht Teilnehmer eines
Dialogs, sondern Stichwortgeber und Zuhörer eines Monologs des joh.
Christus ist. Auf diesem Hintergrund ist das Mißverständnis des Nikodemus in V. 4 zu verstehen, Jesus habe mit γεννηθῆναι ἄνωθεν die physi-
sche Wiedergeburt eines alten Menschen gemeint. Der vom Evangelisten
geschaffene Vers hat nur die Funktion, die Antwort Jesu in V. 5 wirkungsvoller erscheinen zu lassen.

Das Motiv des Mißverständnisses ist eine literarische Form des Evangelisten,
die von der Doppeldeutigkeit joh. Begriffe ausgeht[59]. Diese Doppeldeutigkeit liegt
nach R. Bultmann „nicht darin, daß eine Vokabel zwei Wortbedeutungen hat, so
daß das Mißverständnis eine falsche Bedeutung ergriffe; sondern darin, daß es
Begriffe und Aussagen gibt, die in einem vorläufigen Sinne auf irdische Sachverhalte, in ihrem eigentlichen Sinne aber auf göttliche Sachverhalte gehen. Das
Mißverständnis erkennt die Bedeutung der Wörter richtig, wähnt aber, daß sie
sich in der Bezeichnung irdischer Sachverhalte erschöpfte."[60] Das Mißverständnis ist Zeichen einer Erkenntnis κατ᾽ ὄψιν (Joh 7,24) bzw. κατὰ τὴν σάρκα (Joh
8,15) und somit Bestandteil einer dualistischen Konzeption. Nicht zufällig sind es
immer die Juden, die in ihrer Rolle als Repräsentanten des ungläubigen Kosmos
Jesus mißverstehen (vgl. Joh 2,19–22; 3,4.9; 4,10f.31ff.; 6,41f.51f.; 7,33–36;
8,21f.31–33.51–53.56–58)[61]. Das wahre Verständnis der Worte des Offenbarers erschließt sich nur der

---

[55] Dies betont R. Schnackenburg, Joh I, 381. Abzulehnen ist die Vermutung G. Richters, Joh 3,5,328f., in Joh 3,3 sei ursprünglich wie bei Just, Apol I 61,4, von einem
Wiedergeborenwerden (ἀναγεννηθῆναι) die Rede gewesen. Erst der Evangelist habe in
polemischer Absicht die Wiedergeburt in eine Geburt von oben verändert (vgl. a.a.O.,
334ff.). Für ein derartiges Verfahren des Textes bietet der Text keine Anhaltspunkte;
vgl. zur Kritik auch H. Thyen, FB (ThR 44), 112ff.

[56] Vgl. H. Leroy, Rätsel und Mißverständnis, 135f.

[57] So R. Pesch, ‚Ihr müßt von neuem geboren werden', 209.

[58] Gegen J. Becker, Joh I, 132.

[59] Zur Forschungsgeschichte des joh. Mißverständnismotives vgl. D. A. Carson, Understanding Misunderstanding, 60–67.

[60] R. Bultmann, Joh, 95 A 2.

[61] Vom Motiv des Mißverständnisses zu unterscheiden ist das Unverständnis der Jünger (vgl. Joh 13,13ff.; 14,4f.8.22,16,17f.), das lediglich ein mangelndes Verständnis aus-
drückt und behoben werden kann; vgl. J. Becker, Joh I, 136.

glaubenden Gemeinde (vgl. Joh 3,11), denn sie weiß sich im Besitz des ‚Geistes der Wahrheit‘. Der ungläubige Kosmos vermag diesen Geist nicht zu empfangen (Joh 14,17), die Gemeinde hingegen lehrt er und erinnert sie an alles, was Jesus sprach (Joh 14,26; vgl. auch Joh 16,12–15). Die Gemeinde versteht und spricht die Sprache des Offenbarers, so daß der Evangelist ein Verständnis seiner Worte bei den Hörern und Lesern des Evangeliums voraussetzen kann. „Ein Wissender redet zu Wissenden: der Evangelist zur glaubenden Gemeinde.“[62] Diesem theologischen Erkenntniszirkel entspricht auf soziologischer Ebene eine ‚Sondersprache‘[63] der joh. Schule. Sie weiß sich in der Stellung zum Offenbarer von ihrer Umwelt unterschieden[64] und bringt diese primär theologische Erkenntnis u. a. im Stilmittel des Mißverständnisses zum Ausdruck.

Die Tradition in Joh 3,5 bildet in ihrer Konstruktion eine Parallele zu Joh 3,3 und stellt inhaltlich einen Argumentationsfortschritt dar. Entsprechen sich die Einleitungsformeln, der Bedingungssatz und die Objektangabe, so wird das ἄνωθεν aus V. 3 durch ἐξ ὕδατος καὶ πνεύματος und das ἰδεῖν in V. 3 durch εἰσελθεῖν εἰς in V. 5 erläutert. Die Zeugung/ Geburt von oben realisiert sich in der Zeugung/Geburt aus Wasser und Geist. Es ist deutlich ein theologisches Gefälle von V. 3 zu V. 5 zu erkennen, das bereits für die joh. Tradition charakteristisch war und vom Evangelisten übernommen wird. Beide Verse werden Johannes als Traditionsbildungen der joh. Schule schriftlich vorgelegen haben, da er sie in V. 7.8c variierend zitiert[65].

Die Interpretation von V. 5 entscheidet sich an dem Verständnis von ὕδατος καί. Für die im Anschluß an H. H. Wendt[66] vorgetragene Vermutung R. Bultmanns, ὕδατος καί sei eine „Einfügung der kirchlichen Redaktion“[67], gibt es weder text-, noch literarkritische Gründe. Textkritisch reicht das scheinbare[68] Fehlen von ὕδατος καί im Vulgata-Kodex Harleianus 1023 und einem Teil der Origenes-Überlieferung nicht aus, um den sekundären Charakter dieser Worte zu erweisen. Zudem setzt die u. a. von ℵ 01 bezeugte Einfügung τοῦ ὕδατος καί in V. 8 die Ursprünglichkeit von ὕδατος καί in V. 5 voraus.

Auch literarkritisch spricht nichts gegen die Ursprünglichkeit der bei-

---

[62] H. Leroy, Das joh. Mißverständnis, 205.

[63] Vgl. H. Leroy, Rätsel und Mißverständnis, 157 ff.

[64] Ob aus diesem Sachverhalt auch abzulesen ist, die joh. Gemeinde fühle sich „unverstanden, abgegrenzt und isoliert von der Umwelt“ (J. Becker, Joh I, 136) erscheint mir fraglich.

[65] K. Berger, Amen-Worte, 103, hält V. 5 für traditionell, V. 3 hingegen für eine Abwandlung des Evangelisten. Demgegenüber ist für R. Bultmann, Joh, 95 A 5, V. 3 traditionell und V. 5 Interpretation. J. Becker, Joh I, 130.134, hält V. 3 und V. 5 für zwei vorgegebene Varianten derselben Tradition.

[66] Vgl. H. H. Wendt, Johannesevangelium, 112; vgl. ferner J. Wellhausen, Joh, 17 f.

[67] R. Bultmann, Joh, 98 A 2; G. Richter, Joh 3,5, 335 A 39, weist ὕδατος καί sogar einem tertiären Redaktor zu.

[68] Vgl. I. de la Potterie, Naître, 424 A 33.

den Worte, denn sie verursachen keinen auf eine sekundäre Einfügung hinweisenden Bruch im Gedankengang. Das von R. Bultmann vorgebrachte Argument des angeblich fehlenden Kontextbezuges[69] ist durch dessen Gesamtbeurteilung der Sakramente im JE präjudiziert, wonach „der Evangelist den Sakramentalismus der kirchlichen Frömmigkeit offenbar bewußt ausscheidet"[70]. Dieses Argument liegt ausschließlich auf der Ebene der theologischen Interpretation, nicht aber der literarkritischen Analyse! Zudem zeigten die Berichte über die Tauftätigkeit Jesu, daß der Evangelist die Taufe als normalen Initiationsritus in seiner Gemeinde voraussetzt, so daß Aussagen über das Wesen der Taufe nur folgerichtig sind. Sowohl für die Tradition als auch für den Evangelisten ist die Zeugung/Geburt aus Wasser und Geist und damit die Taufe die Bedingung für die Teilhabe am eschatologischen Heil. Das generalisierende τις und die einen Ausschließlichkeitscharakter nahelegende Formulierung ἐὰν μή ... οὐ zeigen dabei die grundsätzliche Bedeutung der Aussage an. Es gibt keinen anderen Zugang zum Reich Gottes als die Taufe. Allein die Taufe vermittelt die eschatologische Heilsgabe des Geistes. Wie bei Paulus (vgl. 1Kor 6,11; 10,1ff.; 12,13; 2Kor 1,21f.; Gal 5,24.25; Röm 5,5)[71] und in der Apostelgeschichte (vgl. Apg 1,5; 2,38; 8,17; 11,16; 19,1–6) ist in Joh 3,5 die Geistverleihung an die Taufe gebunden. Somit sind Taufe und Geistverleihung auch in der joh. Schule die Primärdaten christlicher Existenz (vgl. neben Joh 3,5f.; 6,63a bes. 1Joh 2,27; 3,24; 4,13; 5,6–8). In Joh 3,5 artikuliert sich der Standpunkt der nachösterlichen Gemeinde, welche die Taufe als ‚Einlaßbedingung' in das Reich Gottes und damit als heilsnotwendigen Initiationsritus ansieht. Johannes übernimmt in vollem Umfang die Sicht seiner Schultradition, es lassen sich noch nicht einmal ansatzweise Kritik oder Akzentverschiebungen erkennen. Damit vertritt der 4. Evangelist nicht einen ‚Sakramentalismus' im neuzeitlichen Sinn, sondern teilt nur eine im gesamten Urchristentum geläufige Vorstellung.

---

[69] Vgl. R. Bultmann, Joh, 98 A 2.

[70] Ebd. L. Schottroff, J. Becker unternehmen den Versuch, Bultmanns theologische Position zu Joh 3,5 zu untermauern, ohne zugleich ὕδατος καί für sekundär zu erklären. L. Schottroff, Entweltlichung, 300, behauptet: „Daß das Heilsverständnis des Johannes unsakramental ist, wird gerade dann deutlich, wenn man damit rechnet, daß ἐξ ὕδατος καί in Joh III.5 originaler Bestandteil des Textes ist." J. Becker, Joh, 137, meint, Johannes polemisiere hier zwar „nicht gegen die Taufe als solche", thematisiere sie aber andererseits auch nicht. „Nicht das Sakrament im Verständnis von V. 3.5, sondern die Relation Wort und Glaube ist der archimedische Punkt für das Heil, und das Taufverständnis dem unterzuordnen" (a.a.O., 138).
   Gegen diese Versuche, durch das Eintragen dualistischer bzw. personaler Kategorien in Joh 3,5 die Position R. Bultmanns zu halten, ist einzuwenden, daß in Joh 3,5 allein die Taufe die Bedingung für das Heil ist und diese Position vom Evangelisten ohne erkennbare Kritik übernommen wird.

[71] Vgl. U. Schnelle, Gerechtigkeit und Christusgegenwart, 124ff.

In V. 6 interpretiert Johannes seine Tradition mit dem σάρξ-πνεῦμα-Dualismus, der bereits im hellenistischen Judenchristentum fest mit der Taufe verbunden war (vgl. Gal 5,13ff.; Röm 1,3.4; 8,5–8)[72]. Für Johannes bestimmt der Ursprung das Sein, so daß die mit ἐκ benannte Ursprungsbezeichnung (vgl. dazu Joh 3,31; 8,23.44.47; 15,19; 17,14.16) zugleich eine Wesensaussage darstellt. „Das ist die Anwendung eines allgemeinen ‚Prinzips‘, demgemäß das Wesen eines Seins durch seine Herkunft bestimmt wird und Gleiches nur Gleiches hervorbringen kann."[73] Gehört der aus Fleisch Gezeugte wesensmäßig zur Sphäre der σάρξ, so ist er damit von der Sphäre des Pneumas grundlegend geschieden, denn das Pneuma erscheint bei Johannes als Lebensprinzip: es macht lebendig, das Fleisch hingegen ist nichts nütze (Joh 6,63). Anders als bei Paulus ist das Fleisch nicht durch die Sünde qualifiziert; vielmehr offenbart sich in der Antithetik von Fleisch und Geist die Nichtigkeit der σάρξ[74]. Für den sarkischen Menschen gibt es keinen Zugang zum Reich Gottes, sondern nur durch einen von Gott gewährten neuen Ursprung kann der Mensch Einlaß in den Herrschaftsbereich Gottes erlangen. Πνεῦμα bezeichnet somit nicht primär eine Gabe, es muß in einem umfassenderen Sinn als göttliches Wirkprinzip bzw. Schöpfermacht verstanden werden. So wie für Paulus die καινὴ κτίσις letztlich gleichbedeutend mit dem Sein ἐν Χριστῷ bzw. ἐν πνεύματι ist (2Kor 3,17; 5,17), so beschreibt auch die Neugeburt ἐξ ὕδατος καὶ πνεύματος bei Johannes eine umfassende Neuschöpfung, die sich in der Taufe mit Wasser vollzieht und in ein vom Geist bestimmtes Leben hineinführt[75]. Bewirkt der Geist den qualitativen Seinsunterschied zum sarkischen Menschen, so ist die Taufe „heilstatsächlich"[76], insofern sie der Ort ist, an dem sich der Übergang von der Sphäre der Sarx und des Todes zu der Sphäre Gottes ereignet.

Für die dualistische Verarbeitung der Schultraditionen Joh 3,3.5 durch den Evangelisten ist zweierlei kennzeichnend: Einerseits wird die Notwendigkeit der Geburt von oben betont (V. 7), andererseits zeigt V. 8 deutlich, daß die Zeugung aus dem Geist nicht in der Verfügungsgewalt des Menschen steht. Insbesondere der weisheitlich geprägte V. 8a (vgl. Spr 30,4; Pred 11,5; Sir 16,21)[77] hebt die Unverfügbarkeit der Neugeburt hervor; sie ist nicht menschliche, sondern ausschließlich göttliche Möglichkeit. Wie der Wind nicht vom Menschen beeinflußt werden kann, so

---

[72] Vgl. dazu U. Schnelle, a.a.O., 126ff. R. Bultmann, Joh 100 A 4, hält den σάρξ-πνεῦμα-Dualismus für gnostisch; vgl. dagegen E. Schweizer, ThW VI 414–419.437ff.; E. Brandenburger, Fleisch und Geist, passim.

[73] F. Porsch, Pneuma, 99.

[74] Vgl. R. Schnackenburg, Joh I, 385.

[75] Vgl. F. Porsch, Pneuma, 129.

[76] C. H. Ratschow, Die eine christliche Taufe, 233.

[77] Gegen R. Bultmann, Joh, 102 A 1, der Joh 3,8 auf gnostische Traditionen zurückführt.

ist auch Gott in seinem Handeln souverän. Johannes wahrt damit das extra nos des Heilsgeschehens und gibt zugleich den Ort an, wo der Mensch des Heils teilhaftig werden kann: in der Taufe der joh. Gemeinde. Die dualistische Konzeption des Evangelisten ist nicht metaphysisch überhöht und kann schwerlich als ein ontologischer Dualismus bezeichnet werden, bei dem Menschen wesenhaft am Heil teilhaben oder von ihm ausgeschlossen sind. Vielmehr vollzieht sich der Übergang von der Sphäre des Unheils zur Sphäre des Heils in der Taufe und damit geschichtlich, so daß der joh. Dualismus als ein Entscheidungsdualismus zu bezeichnen ist. Es gibt keinen naturhaften Zugang des Menschen zum Heil, sondern er muß sich im Glauben für die unverfügbare Heilsgabe Gottes entscheiden.

Im dritten und letzten Gesprächsgang (V. 9–12) dokumentiert Johannes noch einmal durch die Frage in V. 9 und die Wendung οὐ γινώσκεις in V. 10 das Unverständnis des Nikodemus. Als Schriftgelehrter müßte er Jesu Rede von der Zeugung aus Wasser und Geist sowie dem unverfügbaren Wirken des Geistes verstehen. Hier wird wiederum deutlich, daß sich für den 4. Evangelisten die Schrift nur von der Offenbarung Gottes in Jesus Christus her erschließt, denn dem Schriftgelehrten Nikodemus ist ihr Sinn verborgen[78]. In V. 11 bricht der Standpunkt der nachösterlichen Gemeinde durch (vgl. den pluralis ecclesiasticus)[79], indem Nikodemus und seinen Standesgenossen das unmittelbare Wissen und Schauen der joh. Gemeinde entgegengestellt wird. Wenn Nikodemus und der von ihm vertretene Kreis schon nicht die Anfänge der Heilsoffenbarung Jesu verstehen, dann werden sie auch nicht die noch unerwähnten ‚himmlischen Dinge‘ begreifen. Mit τὰ ἐπίγεια faßt Johannes seine Lehre von der Neugeburt des irdischen Menschen aus Wasser und Geist zusammen. Für ihn ist die Taufe der grundlegende Schritt zum Heil. Handeln die ‚irdischen Dinge‘ vom Eintritt des *Menschen* in die Heilssphäre, so die ‚himmlischen Dinge‘ vom Wirken des *Offenbarers,* das in V. 13–21 geschildert wird[80].

Mit V. 12 erreicht das Nikodemusgespräch einen ersten Einschnitt. Nur bis zu diesem Vers redet Jesus seinen Gesprächspartner in der 2.P.Pl. an[81], und auch die

---

[78] Auch in Joh 5,39.46f. beruft sich der joh. Jesus auf die Schrift bzw. auf Mose, ohne einzelne Stellen anzugeben. Gemeint sein dürften Texte, die von endzeitlichem Wirken des Geistes sprechen; vgl. R. Schnackenburg, Joh I, 383f.388.

[79] Vgl. R. Schnackenburg, Joh I, 389. Gegen J. A. Bühner, Der Gesandte, 378ff., der im Anschluß an K. Berger meint, der ἀμήν-Satzanfang weise auf visionär erlangtes Wissen hin und Joh 3,11 sei auf einem ‚anabatisch-apokalyptischen Hintergrund‘ zu verstehen.

[80] Unpräzis R. Schnackenburg, Joh I, 392, der aufgrund seiner literarkritischen Vorentscheidungen einen Bezug von V. 12 auf V. 13–21 ablehnen muß und unter τὰ ἐπουράνια allgemein den „ganzen durch Christus erschlossenen Weg in die himmlische Welt" versteht.

[81] Vgl. R. Schnackenburg, Joh I, 375. Gegen Schnackenburg ist allerdings zu betonen,

nächste formgeschichtliche Parallele 4Esra 4,1–11(12–21) legt es nahe, hier eine Zäsur zu sehen. In dem Dialog zwischen Esra und dem Engel dient Esra ebenso wie Nikodemus ausschließlich als passiver Schüler, der durch ein dreimaliges ungeschicktes Antworten und Fragen dem Lehrer die Gelegenheit gibt, einen Vortrag zu halten, der mit den Worten endet: „du aber, ein sterblicher Mensch, der im vergänglichen Äon lebt, wie kannst du das Ewige begreifen?" (4Esra 4,11b)[82]. Zur Typik des Lehrgesprächs gehört neben den Rollen des wissenden Lehrers und des unverständigen Schülers der Verweis auf himmlische Offenbarungen, die dem Schüler als einem irdischen Menschen wesenhaft verschlossen sind. Durch die Gegenüberstellung ‚irdisch – himmlisch' wird zugleich eine Steigerung sichtbar[83]: Von nun an ist vom ‚Himmlischen' die Rede. Dies kann sachgemäß nur in einem Monolog des Offenbarers geschehen, der allein über die himmlischen Dinge orientiert ist.

In V. 13 greift der Evangelist eine weisheitlich geprägte Tradition (vgl. Dtn 30,11.12; Spr 30,4; Weish 9,16; Bar 3,29; Röm 10,6; Eph 4,10) der joh. Schule auf[84], die aus der Sicht der Gemeinde die Identität zwischen dem in den Himmel Hinaufgestiegenen und dort Verweilenden (Perfekt ἀναβέβηκεν) und dem Inkarnierten betont (Aorist ὁ καταβάς)[85].

J. A. Bühner sieht in Joh 3,13 (und 3,31 f.) eine Berufungsvision: „der Anabatiker ist bei seiner Berufungsvision in einen Himmlischen gewandelt worden und kommt als solcher auf die Erde zurück. Die himmlische Wandlung des Anabatikers wurde offenbar in der johanneischen Tradition von Anfang an christologisch formuliert, wobei dann dem Menschensohn-Zusammenhang eine traditionsgeschichtliche Priorität einzuräumen ist."[86] Nach Bühner wäre ein zweifaches ‚Hinaufsteigen' des joh. Jesus anzunehmen: ein apokalyptisch-visionäres (3,13.31 f.) „und ein Zurückkehren in die himmlische Welt nach seinem irdischen Aufenthalt (6,62; 20,17). Aber das geschichtlich-konkrete καταβάς (3,13) läßt sich schwerlich so deuten, daß der Anabatiker von seiner Entrückung in den Himmel wieder auf die Erde kommt (vgl. 3,31 f.), sondern ist auf die durchweg im Joh-Ev bezeugte Sendung des Gottessohnes in die Welt zu beziehen, wie aus 6,33.38.41 f.50 f.58 hervorgeht."[87]

Als der vom Himmel Hinabgestiegene und dorthin auch wieder Aufsteigende (1,51; 3,13; 6,62) vollzieht der Menschensohn für Johannes

---

daß V. 12 noch nicht das Ende der Nikodemusperikope ist, denn der Monolog in V. 13–21 ist eine aus joh. Sicht sachgerechte Fortsetzung des vorhergehenden Dialogs.

[82] Übersetzung nach Kautzsch II, 355.

[83] Eine wirkliche Entsprechung zur Steigerung ‚irdisch' – ‚himmlisch' gibt es nicht, denn die vielfach zitierten Parallelen Weish, 9,16; 4Esra 4,8.21; OdSal 34,4f. fassen beide Begriffe als Gegensätze auf; vgl. R. Schnackenburg, a.a.O., 391 f. V. 12 dürfte eine Bildung des Evangelisten sein.

[84] Vgl. S. Schulz, Menschensohn-Christologie, 104 ff. V. 13 macht den Eindruck eines selbständigen Logions, das keine joh. Stileigentümlichkeiten aufweist.

[85] Vgl. R. Schnackenburg, Joh I, 406.

[86] J. A. Bühner, Der Gesandte, 382.

[87] R. Schnackenburg, Paulinische und johanneische Christologie, 106.

bereits in der Gegenwart seine Funktionen als Richter (5,27), Lebensspender (6,27.53.62) und Messias (8,28; 9,35; 12,23.34; 13,31 f.)[88]. Die
joh. Menschensohnworte erhalten sowohl durch ihre Einbindung in Präe-
xistenz- und Inkarnationschristologie als auch durch ihre Interpretation
im Rahmen der Kreuzes- (ὑψωθῆναι) und Erhöhungstheologie (δοξασθῆναι) ihr Gepräge[89]. Die Anabasis des Menschensohnes wird in V. 14
in spezifisch joh. Weise als ‚Erhöhung' gedeutet. Wie in Joh 8,28; 12,32
meint ὑψοῦν auch hier die Kreuzigung Jesu[90]. Die typologische Deutung
von Num 21,8 f. erschließt sich aus V. 14b, denn von dort übernimmt
Johannes das charakteristische ὑψοῦν, welches weder im hebräischen
Text noch in der LXX nachzuweisen ist. Wie die Erhöhung der Schlange
in der Wüste, so hat auch die Erhöhung Jesu rettende Funktion[91]. In
V. 14b zitiert der Evangelist eine kerygmatische Tradition[92], die wie Mk
8,31 das δεῖ des göttlichen Heilswillens prägnant zum Ausdruck bringt.
Die Erhöhung Jesu am Kreuz ist Voraussetzung für die Rettung der
Gläubigen, was sowohl in V. 15 als auch in Joh 12,32.34 nachdrücklich
betont wird. Die joh. Interpretation der Kreuzigung Jesu als ‚Erhöhung'
und zugleich ‚Verherrlichung' (vgl. Joh 12,23; 13,31) zeugt von einem
fortgeschrittenen Stadium innerhalb der urchristlichen Theologiegeschichte[93]. Kreuz und Erhöhung sind nicht zwei getrennte Akte des
Heilsgeschehens (vgl. Phil 2,8–11), vielmehr ist das Kreuz als Ort der
Erhöhung und Verherrlichung das Heilsereignis. Hier zeigt sich eine
christologische ‚Konzentration', die sich auch bei dem ‚Ineinander' der
Zeiten im JE beobachten läßt (vgl. Joh 5,25): Das Heilsereignis wird nicht
primär in seinen sachlichen oder zeitlichen Etappen dargestellt, sondern
unter Wahrung der einzelnen Aspekte[94] als eschatologisch gegenwärtige
Einheit gesehen.

In V. 16 f. nimmt Johannes Traditionen seiner Schule auf, worauf vor
allem formgeschichtliche Beobachtungen hinweisen. V. 16 stimmt mit
Röm 8,32 darin überein, daß Gott jeweils das handelnde Subjekt ist, beide
Verse vom Geben (Joh 3,16: ἔδωκεν) bzw. Dahingeben (Röm 8,32:

---

[88] Vgl. zum joh. Menschensohn-Verständnis R. Schnackenburg, Joh I, 411–423.

[89] Vgl. F. Hahn, EWNT III 932 ff.

[90] Vgl. W. Thüsing, Erhöhung, 3 f.

[91] Jede weitergehende Deutung des atl. Textes ist m. E. verfehlt. Vgl. dazu W. Thüsing,
a.a.O., 4 ff.; R. Schnackenburg, Joh I, 408.

[92] Da der Evangelist den atl. Text mit Hilfe des ὑψοῦν aus V. 14b interpretiert, kann
man für diesen Versteil Tradition vermuten.

[93] Vgl. zu den hier nicht zu erörternden Einzelheiten R. Schnackenburg, Joh I, 409 ff.
Möglicherweise steht im Hintergrund der joh. Erhöhungs- und Verherrlichungschristolo-
gie Jes 52,13 LXX, wo vom Gottesknecht gesagt wird: ἰδοὺ συνήσει ὁ παῖς καὶ ὑψωθήσε-
ται καὶ δοξασθήσεται σφόδρα.

[94] Gegen J. Becker, Joh I, 144, der behauptet, das Kreuz als Leidenssymbol spiele in Joh
3,14 keine Rolle mehr. Zutreffend hingegen W. Thüsing, Erhöhung, 7 f.

παρέδωκεν) des Sohnes handeln und der Heilssinn dieses Geschehens angegeben wird[95]. Die generelle Übereinstimmung von V. 17 mit Gal 4,4f., Röm 8,3 und 1Joh 4,9.10.14 liegt in der Sendungsaussage im 1. Satzteil und der Angabe des Heilssinnes der Sendung im 2. Satzteil[96]. Alle Texte setzen die Präexistenz des Sohnes grundlegend voraus und die Angabe des soteriologischen Ziels des Heilsgeschehens bildet den eigentlichen Skopus. Ferner ist für die joh. Texte charakteristisch, daß die Liebe Gottes als Beweggrund seines Handelns angegeben wird und der Kosmos als Objekt der Liebe eine positive Bewertung erfährt. Die formalen und inhaltlichen Übereinstimmungen zwischen den pln. und joh. Texten weisen auf einen gemeinsamen traditions- und religionsgeschichtlichen Hintergrund hin.

In der hellenistisch-jüdischen Weisheitsliteratur finden sich bemerkenswerte Parallelen zu unseren Texten. In einem Gebet Salomos wird in Weish 9,9 die Sophia zunächst als präexistente Gefährtin Gottes und Zeugin der Schöpfung vorgestellt. Dann bittet Salomo Gott: ἐξαπόστειλον αὐτὴν (sc. σοφία) ἐξ ἁγίων οὐρανῶν καὶ ἀπὸ θρόνου δόξης σου πέμψον αὐτήν, ἵνα συμπαροῦσά μοι κοπιάσῃ καὶ γνῶ τί εὐάρεστόν ἐστιν παρὰ σοι (V. 10). In V. 17 heißt es weiter: βουλὴν δέ σου τίς ἔγνω, εἰ μὴ σὺ ἔδωκας σοφίαν καὶ ἔπεμψας τὸ ἅγιόν σου πνεῦμα ἀπὸ ὑψίστων. Hier liegen die Übereinstimmungen mit Paulus und Johannes in der Verbindung von Präexistenz, Sendung und Geistesgabe (vgl. bes. Gal 4,4–6) sowie der Angabe des soteriologischen Zieles der Sendung mit einem ἵνα-Satz (Weish 9,10). Darüber hinaus gebraucht Philo den Sohnestitel im unmittelbaren Kontext von Logos- und Sendungsaussagen (Agric 51, vgl. ferner Her 205; Conf 63; Fug 12)[97].

Die Texte bezeugen die Trennung Gottes „von seinen auf Erden wirkenden Kräften"[98]. Speziell in der Kosmogonie entwickelte sich die Vorstellung einer von Gott gesandten δύναμις, eines λόγος oder der σοφία, die entweder die chaotische Materie ordneten oder selbst unmittelbar an der Schöpfung beteiligt waren. „So liegt das Motiv des vom Himmel gesandten Mittlers, der zugleich das präexistente göttliche Organ für die Schöpfung und Erhaltung der Welt ist, bereit. Der Gottessohntitel ist mindestens bei Philo schon mit dieser Gestalt verknüpft, wenn auch nicht in exklusiver Weise."[99] Die Präexistenz- und Sendungsaussagen bei Paulus und Johannes haben in den Sophia- und Logos-Spekulationen des hellenistischen Juden- bzw. Judenchristentums ihre unmittelbaren Vorläufer[100].

---

95 Vgl. W. Kramer, Kyrios Christos, 112f.
96 Vgl. a.a.O., 110.
97 Weitere Philo-Parallelen bietet E. Schweizer, ‚Sendungsformel', 88–90.92.
98 A.a.O., 92.
99 A.a.O., 93.
100 J. P. Miranda, Der Vater, der mich gesandt hat, 147–304, unternimmt eine umfassende Analyse des religionsgeschichtlichen Hintergrundes der joh. Sendungsformel und bestimmt wie E. Schweizer die urchristliche Sophiatheologie als unmittelbaren Ausgangspunkt; anders jedoch ders., Die Sendung Jesu im vierten Evangelium, 90, wonach das joh.

Diese u. a. von E. Schweizer vertretene Position ist neuerdings von J. A. Bühner kritisiert worden, der die joh. Sendungschristologie allein aus den Propheten- und Botenvorstellungen des AT und des antiken Judentums ableiten will. Überzeugt schon Bühners Interpretation von Weish 9,10.17 nicht[101], so kann er drei grundlegende Kennzeichen der joh. Sendungschristologie nicht befriedigend erklären: 1. Die Präexistenz des Gesandten; 2. die Göttlichkeit des Gesandten, der nicht einfacher Bote oder Prophet, sondern Sohn Gottes ist; 3. bei Johannes überbringt der Bote nicht eine Botschaft, sondern er ist als präexistenter Logos *selbst* die Botschaft. Der für Johannes konstitutive Offenbarungsgedanke kann durch die Botenvorstellung nicht erklärt werden. Zudem ist die durchgehend vorausgesetzte Alternative ‚Sendungschristologie‘ oder ‚Offenbarungsgedanke‘[102] den joh. Texten unangemessen. Das von Bühner zur Lösung dieser Probleme angeführte breitgefächerte Material[103] erreicht bei weitem nicht die Prägnanz der joh. Aussagen, und die für seinen Entwurf zentrale These einer Verwandlung des Anabatikers bei einer ‚Berufungsvision‘[104] läßt sich an den joh. Texten auch nicht ansatzweise verifizieren.

Gottes Liebe zur Welt kulminierte im einmaligen geschichtlichen Akt der Gabe[105] des Sohnes. Weil die Welt hier das Objekt und nicht nur der Schauplatz der Liebe Gottes ist, muß κόσμος positiv verstanden werden. Aber in welchem Sinn? Zunächst ist die Position von L. Schottroff abzuweisen, wonach „die Absicht der Aussage über die göttliche Zuwendung zur Welt … allein die“ ist, „in voller Schärfe die Ablehnung der Welt herauszustellen: sie hätte die Möglichkeit des Glaubens gehabt“[106]. Dann wäre Joh 3,16 lediglich eine nicht wirklich zugestandene Möglichkeit, das ursprünglich positive Vorzeichen einer de facto ausschließlich negativen Bewertung der Welt bei Johannes. Diese Konzeption wird dem Text nicht gerecht, denn die Gabe des ewigen Lebens als soteriologisches Ziel des Heilshandelns Gottes erscheint in V. 16b als eine im Glauben zu ergreifende gegenwärtige Möglichkeit. Somit ist κόσμος in Joh 3,16f. zualler-

Sendungsverständnis prophetisch bestimmt sei und als Hintergrund das semitische Boten- und spätjüdische Gesandtenrecht habe.

[101] J. A. Bühner, Der Gesandte, 94ff., entledigt sich dieses Textes einfach mit dem Hinweis, daß Salomo hier ein Gebet spreche und diese Gattung den Aussagebereich stark einschränke. Deshalb könne Weish 9,10.17 nicht auf die geschichtstheologischen Aussagen in Gal 4,4ff.; Röm 8,3; Joh 3,16; 1Joh 4,19 bezogen werden. Ist es schon nicht einzusehen, warum ein Gebetstext nicht Ausgangspunkt einer Traditionsbildung sein soll, so übersieht Bühner, daß auch Weish 10–19 der Form nach eine Fortführung des Gebetes in Kap. 9 ist.

[102] Vgl. J. A. Bühner, a.a.O., 180 u.ö.

[103] Bühner führt ohne erkennbare traditionsgeschichtliche Differenzierung Material aus dem AT, der samaritanischen Tradition, der jüdischen Apokalyptik und Esoterik sowie dem Rabbinat an.

[104] Vgl. a.a.O., 374ff.

[105] Gegen O. Cullmann, Christologie, 308 ist ἔδωκεν nicht einfach im Sinn von παρέδωκεν zu verstehen. H. Kohler, Kreuz und Menschwerdung, 290ff., interpretiert die Sendung des Sohnes sachgerecht als Explikation des Kreuzestodes.

[106] L. Schottroff, Der Glaubende, 288.

erst ein anthropologischer Begriff, der die erlösungsbedürftige Menschenwelt als Zielpunkt des Handelns Gottes meint, die im Glauben die in der
Sendung des Sohnes eröffnete Heilsmöglichkeit ergreifen kann.

Im Glaubensbegriff liegt der Schlüssel zum joh. Kosmosverständnis,
denn für den 4. Evangelisten gehört die Welt zum Schöpfungswerk des
Logos (Joh 1,3) und besitzt damit a priori keine minderwertige Qualität.
Vielmehr entscheidet allein der Glaube an den Offenbarer darüber, ob ein
Mensch zur gottfeindlichen Welt oder zur joh. Gemeinde gehört. Nur der
Unglaube qualifiziert den Kosmos als einen negativen Bereich, so daß
Johannes von der Welt als Objekt der Liebe Gottes positiv, als Ort des
Handelns neutral und als Bereich des Unglaubens negativ sprechen
kann[107]. Die zahlreichen positiven Aussagen erlauben es nicht, für das JE
eine durchgehende Inferiorität des Kosmos zu behaupten: Aus Liebe
sandte Gott seinen Sohn in die Welt (Joh 3,16; vgl. 10,36; 1Joh 4,9.14);
Jesus erscheint als σωτὴρ τοῦ κόσμου (Joh 4,42; vgl. 1Joh 2,2; 4,14); er ist
der in die Welt gekommene Prophet bzw. Sohn Gottes (Joh 6,14; 11,27;
vgl. 18,37); als das vom Himmel herabgestiegene Brot gibt er dem Kosmos Leben (Joh 6,33; vgl. 6,51); er ist das Licht der Welt (Joh 9,5); er ist
gekommen, um den Kosmos zu retten (Joh 3,17; 12,47); Jesus sendet seine
Jünger in die Welt (Joh 17,18; vgl. 17,15) und schließlich wird dem
Kosmos sogar die Fähigkeit des γινώσκειν und πιστεύειν an Jesu Sendung zugesprochen (Joh 17,21.23; vgl. 14,31). In einem neutralen Sinn
erscheint Kosmos beim 4. Evangelisten als Raum, in dem Jesus wirkt (vgl.
Joh 1,10; 9,5a; 14,19; 16,28; 17,5). Negativ beurteilt wird der Kosmos,
weil er Jesus nicht annimmt (Joh 1,10; vgl. 17,25), ihn und die Jünger
haßt (vgl. Joh 7,7; 15,18.19; 17,14), als Bereich des Widergöttlichen
erscheint (vgl. Joh 8,23; 12,25; 14,17.22.27.30; 15,19; 16,8.20.33;
17,6.9.11.13f.16; 18,36) und deshalb Jesus über ihn das Gericht bringt
(Joh 9,39; 12,31; 16,11).

Johannes hat weder ein rein negatives noch ein doppeltes Kosmosverständnis[108], sondern allein der Unglaube macht den Kosmos zur widergöttlichen Welt (vgl. Joh 16,9). Weil die Welt als Schöpfung Gottes
begriffen wird, ihr keine wesensmäßige Inferiorität zukommt, können
sowohl die Traditionen der joh. Schule (1Joh 4,9; Joh 3,16f.)[109] als auch
der 4. Evangelist selbst das Heilsereignis der Sendung des Sohnes und den

---

[107] Übersichten zum joh. κόσμος-Gebrauch finden sich bei R. E. Brown, Joh I, 508–510;
N. H. Cassem, Use of κόσμος, 88.

[108] Vgl. R. Bultmann, Joh, 34.

[109] Zu Unrecht behauptet L. Schottroff, Der Glaubende, 287, einen Unterschied zwischen Joh 3,16 und 1Joh 4,9, denn 1Joh 4,14 macht deutlich, daß auch in 1Joh 4,9 der
Kosmos das Objekt der Liebe Gottes ist. Einerseits muß L. Schottroff zugeben, daß es eine
gnostische Parallele zu Joh 3,16 nicht geben kann (vgl. a.a.O., 187), andererseits behauptet
sie, „daß Johannes auch in 3,16 den Boden der Gnosis nicht verlassen hat" (a.a.O., 288).

Kosmos als Objekt der Liebe Gottes positiv bewerten. In einer negativen Beurteilung erscheint der Kosmos nur, insofern er der Ort des Unglaubens und des Gerichtes werden kann. Deshalb zielt die joh. Konzeption nicht auf eine Verwerfung, sondern auf eine innerweltliche (Joh 17,15!) Überwindung des Kosmos als Ort des Unglaubens[110]. Die negativen Aussagen müssen transkosmisch (vgl. 1Joh 5,4f.; Joh 16,33) und nicht antikosmisch verstanden werden.

Die grundlegende Bedeutung des Glaubensbegriffes für das joh. Kosmosverständnis zeigt sich auch in V. 18, in dem Johannes die Aussagen seiner Tradition interpretiert: Allein der Glaube als Aneignungsform des Heilsgeschehens entscheidet darüber, ob sich Gottes Zuwendung zur Welt für den Einzelnen als Heil oder Gericht vollzieht. V. 18 nimmt die universalen soteriologischen Aussagen der Tradition in V. 16f. nicht zurück. Sie werden vielmehr auf eine anthropologische Ebene transformiert, wo sich aus joh. Sicht der Übergang zum Heil oder das Verharren im Unheil ereignen. Auch die von einem deterministisch-ethischen Dualismus geprägten V. 19–21 sind im Rahmen der joh. Anthropologie zu interpretieren, denn der Evangelist versucht mit diesem Abschnitt das Phänomen von Glaube und Unglaube zu erklären. Danach offenbart die Sendung des Sohnes als Licht die Werke der Menschen. Dabei wird „ein im jeweiligen Wandel sich schon immer vollziehender Determinismus … aus der Latenz in die Sichtbarkeit erhoben"[111]. Wer Böses tut, haßt das Licht und verbleibt in der Finsternis; wer hingegen die Wahrheit tut, kommt zum Licht, d. h. im Sinne des Johannes zum Heil, und seine Werke werden als in Gott gewirkte offenbar. Hier zeigt sich ansatzweise ein prädestinatianischer Determinismus, bei dem die Menschheit in zwei Gruppen aufgeteilt und durch ihre Werke bestimmt wird. Die Sendung des Sohnes deckt einen eigentlich bereits vorhandenen Tatbestand auf. Diese vom Denken des Evangelisten abweichende Konzeption weist möglicherweise auf eine Tradition in V. 19–21 hin, wofür auch die Formung des Stückes in drei dreigliedrige Parallelismen spricht[112]. Johannes kann diese Tradition ohne den für ihn konstitutiven Glaubensbegriff aufnehmen, weil er sie als eine Erläuterung der grundlegenden Aussagen von V. 18 versteht: Glaube und Unglaube finden ihre Entsprechung im ethischen Verhalten der Menschen. Sie sind nicht Verhängnis, sondern resultieren auch aus dem sittlichen Tun des Menschen. Das Zusammenwirken von Gott und Mensch beim Zustandekommen des Glaubens erhält damit keine Erklärung, aber die Ethik erscheint als Forderung und Folge des Glaubens, so wie das böse Tun dem Unglauben entspringt.

---

[110] Vgl. H. Balz, EWNT II 772.
[111] J. Becker, Joh I, 146.
[112] Vgl. a.a.O., 146; ders., Schuldiskussion, 92.

4.1.4 Interpretation

Für die joh. Schule ist die Taufe konstitutiver Initiationsritus. So ergibt es sich aus der Wendung μαϑητὰς ποιεῖν in Verbindung mit βαπτίζειν in Joh 4,1 und den weiteren Berichten über Jesu Tauftätigkeit in Joh 3,22.25–29. Im Gegensatz zu den Synoptikern und in anfänglicher Konkurrenz zur Täufergruppe verankert die joh. Schule die Taufe im Leben Jesu und gibt damit ihrer eigenen Taufpraxis besondere Dignität. Sie führt die Tauftätigkeit Jesu in ihrem Raum weiter und erweist sich auch in diesem Punkt als legitime Fortsetzerin des Wirkens Jesu. Schon hier zeigt sich ein eminent theologisches Interesse an der Taufe, was die inhaltlichen Aussagen über das Wesen der Taufe in der Nikodemusperikope bestätigen.

Johannes verarbeitet in diesem ‚Lehrgespräch‘ Traditionen seiner Schule, die sowohl die soteriologische Bedeutung der Taufe als Einlaßbedingung in das Reich Gottes (V. 3.5) als auch die Ermöglichung des Heils durch die Sendung des Sohnes (V. 13.14b.16f.) zum Inhalt haben. Handeln V. 1–12 von der Notwendigkeit und Möglichkeit der Zeugung aus Wasser und Geist, so V. 13–21 von der grundlegenden Ermöglichung dieses Geschehens. Dabei gerät das Thema des ersten Textabschnittes in V. 13–21 keineswegs aus dem Blick, denn der Evangelist versteht den aus Wasser und Geist gezeugten Menschen als Glaubenden (vgl. V. 18.19–21). „Die Geburt von oben ist Geburt zum Glauben wie Geburt des Glaubens."[113] Gerade als ein von Gott selbst ins Werk gesetzter Akt wahrt die Taufe die Unverfügbarkeit des Heilsgeschehens. Zugleich ist sie der Ort, an dem der Mensch als Glaubender in das Heil eingeht. Deshalb kann die Taufe auch im JE nicht als ein rein symbolischer Akt verstanden werden, der nur sichtbar dokumentiert, was sich im Glauben längst vollzogen hat[114].

---

[113] R. Pesch, ‚Ihr müßt von oben geboren werden‘, 215.

[114] Gegen H. Thyen, FB (ThR 44), 101, der wohl für die Ursprünglichkeit von ὕδατος καί in Joh 3,5 votiert, andererseits aber meint, „das berechtigt kaum dazu, die Geburt ‚von oben‘ als instrumental durch die Wassertaufe bewirkt darzustellen … . Vielleicht sollte man vorsichtiger davon sprechen, daß die ‚Geburt von oben‘ in der Taufe mit dem reinigenden Symbol des Wassers vom Glaubenden ratifiziert und angenommen wird". Eine derartige Differenzierung entspricht wohl Barthscher Tauftheologie, nicht aber Joh 3,5!

4.2 Lebensbrotrede und eucharistischer Abschnitt
(Joh 6,30–58)

4.2.1 Kontextstellung

Die Lebensbrotrede und der eucharistische Abschnitt finden in Joh 6,59 einen deutlichen Abschluß (vgl. ταῦτα εἶπεν). Die Ortsangabe bezieht sich auf den redaktionellen V. 24 (vgl. auch V. 17) zurück[115], und das Verb διδάσκειν qualifiziert die voraufgegangene Rede ausdrücklich als ‚Lehre'. Die typisch joh. Sprachgestalt, die vergleichbaren redaktionellen Übergangsverse Joh 2,12; 4,46 und der Rückbezug auf Joh 6,24 weisen auf den Evangelisten als Verfasser des Verses hin. Mit V. 60–71 beginnt eine neue Sinneinheit in Joh 6, die einerseits auf die Lebensbrotrede und den eucharistischen Abschnitt zurückblickt (vgl. V. 60. 61.63.65.68), andererseits aber eine eigene Thematik hat. Jesu Gesprächspartner sind nun die Jünger, für die Jesu Rede ein Skandalon ist. Mit V. 62 weiß Jesus dieses Ärgernis noch zu steigern[116], denn ἀναβαίνειν greift antithetisch das καταβαίνειν der vorangegangenen Reden auf (vgl. 6,33.41.42.50.51.58). Ist für eine Vielzahl der Jünger Jesus als das vom Himmel herabgekommene Brot ein Glaubensärgernis, so wird dem die Anabasis Jesu als das noch größere Ärgernis entgegengestellt.

Diese zurückblickende Konzentration auf die christologischen Aussagen der Brotrede und des eucharistischen Abschnittes führt zu einem Schisma unter den Jüngern. Nur die ‚Zwölf'[117] bekennen sich durch Petrus zu Jesus (V. 68b: ῥήματα ζωῆς αἰωνίου ἔχεις). Das Wort des Petrus bezieht sich mit dem Stichwort ζωή auf V. 63b zurück. Vom Glaubensbekenntnis des Petrus her erschließt sich über Jesu Kennzeichnung seiner eigenen Worte als πνεῦμα ... καὶ ζωή auch das Verständnis von V. 63a. Der σάρξ-πνεῦμα-Dualismus in diesem Vers ist anthropologisch und nicht christologisch zu verstehen[118]. „Mit σάρξ und πνεῦμα sind die realen Bedingungen von Glaube und Unglaube gemeint."[119] Damit erweist sich Joh 6,63a als Parallele zu Joh 3,6. Zugleich ist deutlich, daß σάρξ in 6,63a nicht an 6,51c anknüpft, denn während hier das Fleisch als Bezeichnung des Irdisch-Vergänglichen nichts nütze ist, hat dort das Essen des Fleisches Heilsbedeutung und muß σάρξ christologisch verstanden werden.

---

[115] Vgl. den Abschnitt 3.5.2.

[116] Vgl. G. Bornkamm, Eucharistische Rede, 64; U. Wilckens, Der eucharistische Abschnitt, 244; J. Becker, Joh I, 215.

[117] τοῖς δώδεκα nur in Joh 6,67.70f.

[118] So auch U. Wilckens, Der eucharistische Abschnitt, 245; J. Becker, Joh I, 216, gegen H. Schürmann, Schlüssel, 165; H. Thyen, FB (ThR 44), 108; R. Schnackenburg, Joh II, 105f.; J. Schneider, Joh, 156; G. Bornkamm, Eucharistische Rede, 65.

[119] U. Wilckens, Der eucharistische Abschnitt, 245.

Mit V. 26–29 als Überleitung und Einleitung verbindet der Evangelist die Doppeltradition von Speisungswunder und Seewandel mit der Lebensbrotrede[120]. Auf die Frage der Menge in V. 25 geht Jesus in V. 26 gar nicht ein, sondern knüpft mit ζητεῖν an den (redaktionellen) V. 24 an, wodurch der redaktionelle Charakter von V. 26 bestätigt wird[121]. V. 27 bereitet die Thematik der Lebensbrotrede und des eucharistischen Abschnittes vor, was sich an den zahlreichen Beziehungen zu den nachfolgenden Texten zeigt. Die Schlüsselbegriffe βρῶσις, ζωὴ αἰώνιος und υἱὸς τοῦ ἀνθρώπου blicken auf V. 53.54.55 voraus. Inhaltlich wird mit der Wendung ἡ βρῶσις ἡ μένουσα εἰς ζωὴν αἰώνιον die Lebensbrot-Thematik in V. 32 f.48–51 vorbereitet. Auch das Futur δώσει in V. 27 verweist bereits auf δώσω in V. 51c[122]. Der Imperativ ἐργάζεσθε wird nicht nur durch die Frage der Juden in V. 28 aufgenommen, vielmehr zeigen V. 53–58, wie sich die Heilsaneignung und damit das ἐργάζεσθαι vollzieht. Dabei bilden V. 27 und 58 eine Klammer[123], denn V. 58 gibt die endgültige Antwort auf die Aufforderung von V. 27: Die unvergängliche und ewiges Leben spendende Speise ist der vom Himmel herabgestiegene Menschensohn selbst. Die zahlreichen sprachlichen und inhaltlichen Beziehungen von V. 27 zu Joh 6,30–58, die strukturierende Funktion des Verses in der Gesamtkomposition von Joh 6 und die grammatische Konstruktion von V. 27 (μή + Imp. + ἀλλά, vgl. den redaktionellen Vers Joh 20,27) legen es nahe, im Evangelisten den Verfasser zu sehen[124]. Zudem weist V. 27 zwei joh. Stileigentümlichkeiten auf (begründendes γάρ, Substantiv mit Artikel als Attribut[125]). V. 28 setzt inhaltlich V. 27 voraus und greift mit ἐργάζεσθαι und θεός tragende Stichworte auf[126]. Über die ausweichende Frage der Juden gelangt Johannes in V. 29 zu einer weite-

---

[120] Zum redaktionellen Charakter von 26–29 vgl. auch R. Schnackenburg, Joh II, 47.

[121] Vgl. R. Bultmann, Joh, 161. Johanneische Stilmerkmale in V. 26 (nach Ruckstuhl): οὐχ' ὅτι ... ἀλλ' ὅτι (Nr. 14), ἀπεκρίθη καὶ εἶπεν (Nr. 16), ἀμὴν ἀμὴν (Nr. 40).

[122] Vgl. L. Schenke, Struktur, 38.

[123] Vgl. W. A. Meeks, Funktion, 264. Terminologisch bestehen zwischen beiden Versen folgende Verbindungen:

V. 58	V. 27
ἄρτος	βρῶσις
ὁ ἐξ οὐρανοῦ καταβάς	υἱὸς τοῦ ἀνθρώπου
ζήσει εἰς τὸν αἰῶνα	ζωὴ αἰώνιος

[124] Gegen J. Becker, Joh I, 201, der V. 27 ohne wirkliche Begründung der ,kirchlichen Redaktion' zuweist. R. Bultmann, Joh, 164 A 5, meint, V. 27a stamme aus der Quelle der ,Offenbarungsreden', V. 27b sei hingegen von der ,kirchlichen Redaktion' hinzugefügt (vgl. a.a.O., 163 A 3); so auch G. Richter, Formgeschichte, 105 A 56.

[125] Stilmerkmal Nr. 9 bei Ruckstuhl.

[126] Die erkennbare redaktionelle Verbindung zwischen V. 27 und V. 28 f. spricht gegen die Annahme R. Bultmanns, Joh, 163 f., V. 28 f. sei ein versprengtes Fragment, das die ,kirchliche Redaktion' hinter V. 27 stellte.

ren, für die Brotrede zentralen Forderung Jesu. Das geforderte Werk[127] ist der Glaube an Jesus als den von Gott Gesandten. Die Glaubensforderung verbindet V. 29 mit 6,35b.47, was wiederum auf redaktionelle Gestaltung schließen läßt.

4.2.2 Redaktion und Tradition in Joh 6,30–58

Die joh. Lebensbrotrede beginnt mit V. 30f., denn bei dem Verlangen nach einem Speisungswunder in der Wüste wie z. Zt. des Mose scheint die zuvor erfolgte Speisung der 5000 in Vergessenheit geraten zu sein. Dieser Widerspruch kann nur auf die Verknüpfung verschiedener Traditionen durch den Evangelisten zurückgeführt werden (vgl. die Parallele Mk 8,1–10/8,11–13)[128]. In freier Anspielung auf das AT (vgl. LXX Ex 16,4.15; Ps 77,24; 104,40; Neh 9,15a; 2Esr 19,15; Weish 16,20)[129] verlangen die Juden ein Mannawunder, das schon ihren Vätern in der Wüste das Überleben sicherte[130]. Die Auslegung des Zitates in V. 32 erfolgt antithetisch: Nicht Mose hat das Brot vom Himmel gegeben (δέδωκεν), sondern der Vater Jesu gibt (δίδωσιν) das wahre und wirkliche Brot. Damit wird die nationale jüdische Heilserwartung entschränkt und zugleich universalisiert. „Die johanneische Typologie ist also antithetisch strukturiert; hinzu kommt das Moment prinzipieller Überbietung.“[131] Keineswegs erscheint Jesus hier als ‚neuer Mose‘, denn er ist nicht Wundertäter, sondern Geber und Gabe in einer Person. Zwar identifiziert sich Jesus in V. 33 noch nicht mit dem Brot, aber καταβαίνων (vgl. Joh 3,13.31) und die Wendung καὶ ζωὴν διδοὺς τῷ κόσμῳ (vgl. bes. Joh 6,51c) zielen bereits auf die Gleich-

---

[127] τοῦ θεοῦ ist gen. obj.

[128] Gegen P. Borgen, Bread from Heaven, 45f., der die Lebensbrotrede mit dem Zitat in V. 31 beginnen läßt, weil das von ihm hinter Joh 6,31–58 vermutete ‚homiletische Schema‘ als Anfang immer ein atl. Zitat hat, das in der Homilie erklärt wird; zur Kritik an dieser Abtrennung vgl. auch H. Thyen, FB (ThR 43), 347; G. Richter, Formgeschichte, 114. Zur umfassenden Kritik an Borgen vgl. G. Richter, Formgeschichte, 88–119; H. Thyen, FB (ThR 43), 338–351 (dort auch die Besprechung anderer Beiträge, die wie Borgen selbst Anregungen von Hugo Odeberg, Fourth Gospel, aufnehmen). Beide weisen m. E. überzeugend nach, daß das von Borgen postulierte ‚homiletic pattern‘ in der zeitgenössischen jüdischen Literatur so nicht existierte und für Joh 6 als Erklärungsmodell nicht zutrifft.

[129] Das Zitat findet sich so im AT nicht! Die joh. Tradition zitiert hier m. E. Ps 77,24b (LXX: [καὶ] ἄρτον οὐρανοῦ ἔδωκεν αὐτοῖς), schreibt wegen V. 33 ἐκ τοῦ οὐρανοῦ und ergänzt aus Ps 77,24a φαγεῖν. Gegen P. Borgen, Bread from Heaven, 40ff., der die Exodustexte als Grundlage vermutet (ohne die Auslassung des ὑμῖν in Ex 16,15 erklären zu können), um so ein in der zeitgenössischen jüdischen Literatur belegtes Schema (erst ein Text aus dem Pentateuch, dann ein Prophetentext) auch bei Johannes nachzuweisen. Ebenfalls nicht überzeugen kann G. Richter, Die alttestamentlichen Zitate, 211ff., der das Zitat als Bestandteil einer jüdischen Haggada über das Manna ansieht.

[130] Vgl. auch Bill II 481.

[131] J. Blank, Die johanneische Brotrede, 203; vgl. ders., Joh I, 358f. Vgl. auch T. Saito, Mosevorstellungen, 110: „Christus ist kein zweiter Mose, sondern das Brot des Lebens.“

setzung in V. 35. Auch die Bitte der Juden nach diesem Brot in V. 34 dient lediglich zur Vorbereitung des Höhepunktes des ersten Abschnittes der Lebensbrotrede. Das ἐγώ εἰμι-Wort in V. 35 enthüllt den Sinn des bisher Gesagten: Das Lebensbrot ist keine dinghafte Wundergabe, sondern Jesus selbst. Seine Person tritt an die Stelle überlieferter Heilserwartungen, er ist Heilsgeber und Heilsgabe zugleich. Allein er vermittelt das ewige Leben, wobei das Bildwort vom ‚Brot‘ den Gebecharakter dieses Geschehens betont: In der Gabe des Lebensbrotes teilt Jesus sich selbst mit.

Parallelen zur Wendung ὁ ἄρτος τῆς ζωῆς finden sich nur in der weisheitlich[132] geprägten jüdischen Schrift Joseph und Aseneth[133]. An fünf Stellen ist vom ἄρτος ζωῆς und ποτήριον ἀθανασίας (JosAs 8,5.9; 15,5; 16,16; 19,5), in JosAs 21,21 (= PS zu V. 3.11) vom ἄρτος ζωῆς und ποτήριον σοφίας die Rede[134]. Darüber hinaus wird an drei Stellen ein χρῖσμα ἀφθαρσίας (JosAs 8,5; 15,5; 16,16) erwähnt. Ob diese Mahlformeln nur eine Umschreibung des jüdischen Essens im Gegensatz zum heidnischen darstellen[135] oder ein Einfluß aus Mysterienreligionen vorliegt[136], ist umstritten.

Für das Verständnis von ἄρτος τῆς ζωῆς ist JosAs 15,5 sehr aufschlußreich, wo der Engel Michael Aseneth verkündet, vom heutigen Tag an werde sie „essen gesegnetes Brot (des) Lebens und trinken gesegneten Kelch (der) Unsterblichkeit …“[137]. Wirklich zu essen bekommt Aseneth eine himmlische Honigwabe, wobei aus der Beschreibung der Speise in JosAs 16,8 deutlich hervorgeht, daß es sich um Manna handelt[138]. Dieses Manna wird in JosAs 16,16 mit dem ἄρτος ζωῆς, ποτήριον ἀθανασίας und χρῖσμα ἀφθαρσίας identifiziert. Die Folge des Genusses des Lebensbrotes ist die Gabe neuen Lebens an Aseneth (JosAs 15,4.5), denn wer davon ißt, wird nicht sterben in Ewigkeit (JosAs 16,14). Wie die Weisheit (Weish 3,4; 6,18f.; 8,13.17) verleiht auch das Lebensbrot ἀθανασία (vgl. JosAs 8,5; 15,5; 16,16). „Das Manna als Lebensbrot schafft also, was es selber ist, nämlich Leben.“[139] Schon jetzt ißt Aseneth wie die Engel und die Gerechten (JosAs 16,14) das himmlische Manna.

Grundlegend für diese Aussagen ist die Vorstellung, daß durch den Genuß eines Stoffes auch dessen Wesensmerkmale übertragen werden[140]. Dieser Gedanke findet sich besonders bei Philo, der die Aufnahme der Weisheit mit Essen und Trinken vergleicht (vgl. Fug 176f.195.202; Virt 79). Der Gerechte dürstet nach Weisheit und wird getränkt aus der Quelle der Weisheit (vgl. Post 122.125.151–153; Fug 138.202). Der θεῖος λόγος spendet τὴν οὐράνιον τροφὴν – σοφία δέ

---

[132] Vgl. dazu D. Sänger, Judentum und die Mysterien, 72–74.191 ff.

[133] Zu anderen Ableitungsversuchen vgl. R. Schnackenburg, Brot des Lebens, 119–125.

[134] Zählung nach Chr. Burchard, Joseph und Aseneth, JSHRZ II/4.

[135] So bes. J. Jeremias, Abendmahlsworte, 26 f.; Chr. Burchard, Untersuchungen, 121–133; D. Sänger, Judentum und die Mysterien, 167–174.

[136] So wieder H. J. Klauck, Abendmahl, 196.

[137] Übersetzung Chr. Burchard, Joseph und Aseneth, JSHRZ II/4, 675.

[138] Vgl. D. Sänger, Judentum und die Mysterien, 192; Chr. Burchard, Joseph und Aseneth, JSHRZ II/4, 679.

[139] D. Sänger, Judentum und die Mysterien, 193.

[140] Vgl. a.a.O., 193 ff.

ἐστιν – τῆς ψυχῆς, ἣν καλεῖ μάννα, ... πᾶσι τοῖς χρησομένοις ... ἐξ ἴσου (Her 191). Auch äthHen 32,3; 48,1 beschreibt in metaphorischer Redeweise die Aufnahme der Weisheit als Essen und Trinken (vgl. ferner äthHen 49,1; Sir 15,3; 24,21).

Die Übereinstimmungen zwischen JosAs und Philo (Essen und Trinken als Bild für die Inkorporation göttlicher Speise bzw. Weisheit) lassen D. Sänger vermuten, auch bei JosAs sei mit dem Lebensbrot/Manna die göttliche Weisheit gemeint[141]. Als Hinweis dient ihm JosAs 16,14, wo die Honigwabe als πνεῦμα ζωῆς bezeichnet wird. „Die nächste Analogie zur Sophia als pneumatischem Wesen, die als himmlische Nahrung sich dem Menschen inkorporiert, finden wir wiederum bei Philo."[142] JosAs, Philo und wohl auch die joh. Lebensbrotrede stehen in der Tradition einer weisheitlich geprägten Manna-Allegorese, die ihrerseits von der stoischen Vorstellung geprägt ist, alles existiere nur in einer stofflichen Materie und könne deshalb auch nur substanzhaft gedacht werden[143].

Auf die Selbstpräsentation des Offenbarers in 35a folgen in V. 35b eine Aufforderung und eine soteriologische Verheißung[144]. Das Doppelbild vom Hungern und Dürsten hat in der Exodus-Exegese[145], vor allem aber in der Weisheitsliteratur Parallelen (vgl. Prov 9,5; Sir 15,3; 24,21, 51,24)[146]. Es verheißt die im Glauben gegenwärtige Überwindung der Todesverfallenheit des Menschen.

Mit V. 36–40 beginnt ein neuer Abschnitt in der Lebensbrotrede[147], der aus V. 35 nur das Stichwort πιστεύειν aufgreift und sich inhaltlich auf das Speisungswunder zurückbezieht[148]. Verweist ὁρᾶν in V. 36 auf die Speisung der 5000, so blickt οὐ πιστεύειν bereits auf die Scheidung der Jünger in Joh 6,64 voraus. Zeuge der wunderbaren Speisung war der ὄχλος (vgl. V. 2.5.22.24), während in V. 36 die ‚Juden' (vgl. V. 41: οἱ Ἰουδαῖοι) auf ein Wunder angesprochen werden, das sie gar nicht sahen! An das Ich-bin-Wort Jesu in V. 35 knüpft erst wieder V. 41 an. Auch das Thema des Abschnittes (der Gottgesandte tut den Willen des Vaters, indem er die Glaubenden nicht verlorengehen läßt) weist nur einen lockeren Kontextbezug auf[149], denn der theologische Schlüsselbegriff τὸ

---

141 Vgl. a.a.O., 195 ff.

142 A.a.O., 195 (dort auch die Texte).

143 Vgl. a.a.O., 196 f.

144 Vgl. dazu E. Norden, Agnostos Theos, 177 ff.

145 Vgl. Bill III 407.

146 Vgl. R. E. Brown, Joh I, 273; R. Schnackenburg, Brot des Lebens, 124.

147 Vgl. R. Schnackenburg, Joh II, 70 f.; J. Becker, Joh I, 200. Gegen L. Schenke, Struktur, 27, der erst hinter V. 36 einen Einschnitt sieht. Mit V. 35 erreicht der erste Abschnitt zweifellos einen Höhepunkt, der in V. 36 keine Fortsetzung findet.

148 Vgl. E. Ruckstuhl, Wesen und Kraft der Eucharistie, 50.

149 Terminologisch weist lediglich καταβέβηκα ἀπὸ τοῦ οὐρανοῦ in V. 38 auf ὁ καταβαίνων ἐκ τοῦ οὐρανοῦ in V. 33 zurück; inhaltlich werden die V. 44–46 teilweise vorweggenommen.

θέλημα (τοῦ θεοῦ) erscheint in Joh 6,30–58 nur innerhalb dieses Textes (V. 38.39.40)[150].

Alle Beobachtungen lassen in ihrer Gesamtheit den Schluß zu, in V. 36–40 einen redaktionellen Einschub des Evangelisten in die traditionelle Lebensbrotrede zu sehen[151]. Er verband damit die ihm vorgegebene Überlieferung noch enger mit dem unmittelbaren Kontext und betonte den für ihn zentralen Gedanken der in der Einheit von Vater und Sohn begründeten Möglichkeit des Heils für die Menschen.

V. 41 knüpft direkt an den Offenbarungsspruch Jesu in V. 35 an. Die murrenden Juden[152] rekapitulieren das Wort Jesu und wenden sich dann gegen Jesu himmlische Herkunft mit dem Hinweis auf seine irdischen Eltern (V. 41). Der Unglaube erkennt in Jesus nur den Sohn von Josef und Maria, er verweigert sich dem Anspruch Jesu, das vom Himmel herabgestiegene Brot zu sein. Die Antwort Jesu ist zweigeteilt: Im ersten Teil (V. 44–46)[153] wird Jesu Herkunft vom *himmlischen* Vater erwiesen. Erst der zweite Teil (V. 48–51) geht auf die Selbstprädikation Jesu als *das Brot* ein und betont seine eschatologische Heilsbedeutung. V. 47 bildet die Argumentationsverbindung zwischen beiden Teilen[154].

Diese kompositionelle Struktur verbietet es, bei V. 48 (oder V. 47) einen literarischen Einschnitt vorzunehmen, der auf eine sekundäre Reinterpretation der Lebensbrotrede hinweisen soll[155]. Erst V. 48–51 explizieren die Wendung ἐγώ εἰμι ὁ ἄρτος aus V. 41, und zudem sind diese Verse ein ausgeführter Kommentar zu V. 35, an den sich wiederum V. 41 anschließt[156]. Die Explikation des Ich-bin-Wortes in V. 48–51ab ist ein notwendiger Bestandteil der Lebensbrotrede, und der in diesem Abschnitt erkennbare Gedankenfortschritt kann nicht als literarkritisches Argument verwendet werden[157].

V. 44 entwickelt einen mit V. 37 vergleichbaren Gedanken: Niemand kann zu Jesus kommen, es sei denn, er wird vom Vater gezogen[158]. Das

---

[150] θέλημα ist insgesamt 11mal im JE belegt, davon allein 4mal in Joh 6,38–40!

[151] Zu Recht vermutet J. Wellhausen, Joh, 31 „daß das Stück 6,36–40 nicht ursprünglich zur vorhergehenden Rede gehört hat". Vgl. ferner J. Schneider, Komposition, 137: „Die Verse 37–40 haben wahrscheinlich ursprünglich nicht in diesem Zusammenhang gestanden." So schon vorher F. Spitta, Johannesevangelium, 151. Für redaktionell hält die Verse auch S. Teeple, Key, 228.

[152] In diesem Motiv ist eine bewußte Anspielung auf das Verhalten der Wüstengeneration zu sehen, vgl. LXX: Ex 16,2.7.8.9.12.

[153] V. 43 ist als Überleitung anzusehen.

[154] Richtig L. Schenke, Struktur, 28 A 23: „V. 47 bildet einen rhetorischen Höhepunkt."

[155] Gegen G. Bornkamm, Tradition, 59ff.; H. Thyen, FB (ThR 44), 97.

[156] Der deutliche Rückbezug von V. 48 auf V. 41 und V. 35 macht deutlich, daß hier ein *Neueinsatz* vorliegt und keinesfalls der Abschluß des ersten Teils der Lebensbrotrede, wie P. Borgen, Bread from Heaven, 80, meint.

[157] Gegen G. Bornkamm, Tradition, 59.

[158] Zu ἑλκύειν vgl. A. Oepke, ThW II 500f. In Joh 12,32 zieht der Erhöhte alle zu sich.

Erkennen des Gottgesandten ist nur durch die zuvorkommende Gnade Gottes möglich. Die Gegenwart des gnadenhaften Handelns Gottes betont V. 45 mit Hilfe eines Schriftzitates (vgl. Jes 54,13 LXX). Jetzt ist die „Universalität des Gottgelehrtentums"[159] Wirklichkeit geworden. Wer vom Vater hört und lernt, kommt zu Jesus. Dies darf jedoch nicht im Sinn einer mystischen Verbindung mit dem Vater verstanden werden, wie V. 46 betont[160]. Der Glaubende hat nicht die gleiche Unmittelbarkeit zum Vater wie der Sohn[161]. Nur im Sohn gibt sich der Vater zu erkennen (vgl. Joh 12,45; 14,9), so daß gilt „no one can come to the Son, without having received the teaching from the Father; no one can hear and learn from the Father except through the Son"[162]. Ein unmittelbares Sehen des Vaters ist nur dem möglich, der bei Gott war: dem präexistenten Christus. Damit bekräftigt V. 46 noch einmal die Herkunft Jesu vom *himmlischen Vater*.

In V. 48–51ab erreicht die Lebensbrotrede ihren Höhepunkt. V. 48 wiederholt Jesu Selbstzeugnis aus V. 35 (ἐγώ εἰμι ὁ ἄρτος τῆς ζωῆς) und erläutert damit zugleich den ersten Teil des Brotwortes aus V. 41 (ἐγώ εἰμι ὁ ἄρτος). Die These in V. 48 wird im Kontrast zum atl. Manna der Wüstengeneration entfaltet. Das Essen des Wüsten-Manna bewahrte die Väter nicht vor dem Tod, womit der Einwand aus V. 32 aufgegriffen wird, nicht Mose habe das Himmelsbrot gegeben. Allein Gott kann das wahre Himmelsbrot senden, dessen Kennzeichen das Leben ist (vgl. V. 33). Der Tod der Wüstengeneration beweist, „daß die Idee des wahren Gottesbrotes in Jesus seine Erfüllung findet"[163]. Wer vom wahren Himmelsbrot ißt, stirbt nicht (V. 50; vgl. JosAs 16,14). Der soteriologische Zielpunkt der Lebensbrotrede wird in V. 51ab formuliert: Jesus ist das vom Himmel herabgekommene lebendige Brot, und wer dieses Brot ißt, wird leben in Ewigkeit. Mit der Verheißung ζήσει εἰς τὸν αἰῶνα erreicht die Lebensbrotrede ihren Höhepunkt und Abschluß, dem Tod der Väter in der Wüste steht die unüberbietbare Heilsgabe der ζωὴ αἰώνιος gegenüber. Jesus ist das Leben, indem er das Leben gibt. Im ζωή-Begriff liegt der Schlüssel zum Verständnis der Lebensbrotrede. Er ist terminologisch (V. 33.35.40.47.48.51) und inhaltlich gleichermaßen bestimmend: Allein in der Gabe der ζωή erweist sich Jesus als das vom Himmel herabgestiegene Brot, denn darin überbietet er Mose und das Manna der Wüstengeneration[164].

---

[159] J. Becker, Joh I, 213.
[160] Ob V. 46 damit gegen eine mystische Frömmigkeit polemisiert (so W. A. Meeks, Prophet-King, 299), läßt sich nicht mehr ausmachen.
[161] Vgl. W. Thüsing, Erhöhung, 27.
[162] H. Odeberg, Fourth Gospel, 257f.
[163] H. Schürmann, Schlüssel, 158.
[164] Vgl. F. Mussner, ΖΩΗ, 132.

Sprachlich läßt sich der vorjoh. Charakter von Joh 6,30–35.41–51ab nicht erweisen. Die joh. Sprache ist aber als solche noch kein sicheres Zeichen für den Evangelisten als Verfasser des Textes, zumal hier zahlreiche Indizien darauf hinweisen, daß ein in der schriftlichen Tradition der joh. Schule geformtes Stück vorliegt: 1. V. 30 markiert deutlich einen Neueinsatz, bei dem die wunderbare Speisung und der Seewandel in Vergessenheit geraten sind, d.h. V. 30 hat den jetzigen Kontext nicht zur Voraussetzung. Mit der Verheißung in V. 51ab erreicht die Lebensbrotrede sowohl formal als auch inhaltlich einen sinnvollen Abschluß. V. 51c eröffnet demgegenüber eine neue Argumentationsebene. 2. Zeuge der Speisung und des Seewandels ist ‚das Volk‘ (V. 2.5.22.24), während die Gesprächspartner Jesu in der Lebensbrotrede ‚die Juden‘ sind (V. 41). 3. V. 36–40 beziehen sich auf das Speisungswunder zurück, weisen nur einen lockeren Kontextbezug auf (erst V. 41 knüpft wieder an V. 35 an) und behandeln ein eigenständiges Thema (τὸ θέλημα τοῦ θεοῦ), so daß sie als Einschub des Evangelisten in die vorgeformte Lebensbrotrede gelten können. 4. Religionsgeschichtlich stellt Joh 6,30–35.41–51ab eine Einheit dar, denn sowohl der Terminus ἄρτος τῆς ζωῆς als auch die Vorstellungen des ‚Nichthungerns und -dürstens‘ und die Gabe des ewigen Lebens lassen einen weisheitlichen Hintergrund erkennen. 5. Ein zentrales Strukturelement der Lebensbrotrede sind die Einwände der Zuhörer in V. 30.34.41, die jeweils zur Vorbereitung eines neuen Gedankens dienen. Das Zentrum des Textes ist V. 35, der in V. 41 wiederaufgenommen wird, der seinerseits in V. 44–46 und V. 48–51ab eine Auslegung erfährt. Formgeschichtlich ist Joh 6,30–35.41–51ab als ein weisheitlich geprägter ‚Dialog‘ zu bezeichnen. Der ‚Dialog‘ wird durchgehend von einem Thema beherrscht: Jesus ist das vom Himmel herabgekommene wahre Brot des Lebens. Zur Entfaltung der Thematik dienen als Techniken des literarischen Verfahrens Wiederholung, Variation und Vertiefung. Eucharistische Anklänge sind im Text nicht zu leugnen, denn die Manna-Vorstellung ist im frühen Christentum ein gebräuchliches Motiv eucharistischer Traditionen (vgl. 1Kor 10,3f.; Apk 2,14.17). Dezidiert sakramentale Aussagen enthält der ‚Dialog‘ über das Lebensbrot jedoch nicht.

In V. 51c setzt eine neue Argumentationsebene ein. Gegenüber Joh 6,30–51ab sind fünf gravierende inhaltliche Verschiebungen festzustellen[165]:

1. In der Lebensbrotrede ist Jesus selbst das vom Himmel herabgekommene Lebensbrot, während im eucharistischen Abschnitt Fleisch und Blut Jesu das Himmelsbrot sind.

2. Das Himmelsbrot gibt (δίδωσιν) in Joh 6,32 der Vater, in Joh 6,51c hingegen wird der Sohn das Brot geben (δώσω).

3. Das Essen des Brotes (φαγεῖν) kann in der Lebensbrotrede nur symbolisch verstanden werden. Im Gegensatz dazu sind im eucharistischen Abschnitt φαγεῖν und τρώγειν wörtlich aufzufassen.

4. Ist das Thema der Lebensbrotrede der Erweis der himmlischen

---

[165] Vgl. nur R. Bultmann, Joh, 161f.; G. Richter, Formgeschichte, 105ff.; E. Lohse, Wort und Sakrament, 200f.; H. Thyen, FB (ThR 43), 353f.; L. Schenke, Vorgeschichte, 73f.

Herkunft Jesu, so steht Jesu Leiblichkeit und Menschlichkeit im Mittelpunkt des eucharistischen Abschnittes.

5. Im Kontrast zur Lebensbrotrede kommt im eucharistischen Abschnitt dem Tun des Menschen eine besondere Bedeutung zu (V. 54.56).

Diese gewichtigen Veränderungen auf inhaltlicher Ebene zwingen zu der Annahme einer neuen literarischen Schicht in Joh 6,51c–58[166]. Offensichtlich sind diese Verse eine bewußte Interpretation und Weiterführung der Lebensbrotrede. Entstammt sie der geformten schriftlichen Tradition der joh. Schule, so muß die Einzelexegese darüber entscheiden, ob der eucharistische Abschnitt im wesentlichen auf den Evangelisten oder eine postevangelistische Redaktion zurückgeht. Die letzte Möglichkeit kann methodisch nur dann erwogen werden, wenn Joh 6,51c–58 auf der Ebene des Evangelisten nicht erklärbar ist.

V. 51c erläutert das Voranstehende, sofern er an die dortige Thematik anknüpft. Zugleich setzt mit καί ... δέ (vgl. Joh 8,16.17; 15,27; 1Joh 1,3)[167] ein neuer Abschnitt ein, der sich inhaltlich vom Voraufgehenden unterscheidet[168]: Das Stichwort σάρξ markiert einen vom Kontext unmotivierten, V. 51c–58 umfassenden Neueinsatz. Da mit σάρξ eine eigenständige Thematik eingeführt wird, kann V. 51c nicht als Ende der Lebensbrotrede gelten. Diese hat vielmehr ihren organischen Abschluß in V. 51ab.

Neben der Partikelfolge καί ... δέ weist auch die Korrespondenz zwischen dem redaktionellen V. 27 und der Wendung ὁ ἄρτος δὲ ὃν ἐγὼ δώσω auf die Hand des Evangelisten. Die Verheißung aus V. 27 wird aufgenommen und erläutert: Die unvergängliche Speise, die ich geben werde, ist mein Fleisch[169]. Das Futurum δώσω deutet bereits auf die

---

[166] Die terminologischen Unterschiede zwischen der Lebensbrotrede und dem eucharistischen Abschnitt (Fehlen von πιστεύειν in Joh 6,51c–58; μάχομαι in V. 52 anstelle von γογγύζω; ἔχετε ζωὴν ἐν ἑαυτοῖς nur in V. 53; die Immanenzformel in V. 56) reichen nicht aus, um verschiedene Ebenen zu behaupten. Andererseits ist es auch nicht möglich, mit dem Hinweis auf die Parallelität im Aufbau zwischen der Lebensbrotrede und dem eucharistischen Abschnitt (vgl. z.B. H. Schlier, Johannes 6, 106ff.; X. Léon-Dufour, Abendmahl und Abschiedsrede, 331; R. Schnackenburg, Joh II, 81; U. Wilckens, Der eucharistische Abschnitt, 225; L. Schenke, Struktur, 33.41) diesen Problemen zu entgehen.

[167] R. Bultmann, Joh, 174 A 8, sieht in καί ... δέ eine joh. Stileigentümlichkeit, die allerdings leicht nachgeahmt werden konnte. Vgl. zu καί ... δέ W. Bauer, WB 341; B.-D.-R. § 447.

[168] Gegen H. Schürmann, Schlüssel, 157ff., der V. 51c ausschließlich als Abschluß der Lebensbrotrede versteht und erst in V. 52 eine Zäsur sieht. Schürmann beachtet nicht die inhaltliche Verschiebung von V. 51ab zu V. 51c, läßt zu Unrecht die Lebensbrotrede bereits in V. 26 beginnen, um so die Korrespondenz von V. 27 und V. 51c als Argument für seine These zu gebrauchen (vgl. a.a.O., 160).

[169] Möglicherweise steht hinter der Wendung ἡ σάρξ μού ἐστιν ὑπέρ ... ein von den Synoptikern und Paulus abweichendes Brot- und Deutewort der joh. Schule; vgl. J. Jeremias, 6,51c–58 – redaktionell, 256f. (Der Evangelist benutze eine mit V. 51c einsetzende vorjoh. eucharistische Homilie); ders., Abendmahlsworte Jesu, 101f.; W. Wilkens,

Begründung der Eucharistie im Kreuzestod Jesu in Joh 19,34b hin. Der von Johannes neu eingeführte Begriff σάρξ muß als eine deutliche Anspielung auf Joh 1,14 zunächst inkarnatorisch verstanden werden. Gab Jesus sein Fleisch für das Leben des Kosmos hin, so ist damit an seinen Tod gedacht. Stiftete Jesu Tod die Eucharistie, dann meint ἡ σάρξ μού ἐστιν nichts anderes als den heilvollen Genuß von Fleisch (und Blut) bei der Feier des Herrenmahles[170]. Das inkarnatorische und sakramentale Verständnis von σάρξ widersprechen sich an dieser Stelle keineswegs, denn die reale Inkarnation ist unabdingbare Voraussetzung für die soteriologische Dimension der Eucharistie.

Ebenso wie Johannes gebraucht Ignatius σάρξ anstelle von σῶμα zur Bezeichnung eines Mahlelementes (vgl. Sm 7,1; Röm 7,3; Phld 4; Trall 8,1; vgl. ferner Just, Apol I 66,2), um gleichermaßen die Wirklichkeit des Todes Jesu und die Heilsbedeutung der Eucharistie gegen die Doketen zu verteidigen, für die eine Leugnung der Fleischwerdung Jesu eine Entleerung der Eucharistie zur Folge hatte. Eine antidoketische Zielsetzung ist auch für den 4. Evangelisten anzunehmen[171], der mit σάρξ seine Leser bewußt an Joh 1,14 erinnert, damit zugleich Inkarnation und Tod Jesu als Grunddaten der Eucharistie betont und die soteriologische Bedeutung der Eucharistie in einer auffällig realistischen Terminologie hervorhebt.

Die in der Eucharistie gegenwärtige heilvolle Universalität von Inkarnation und Kreuz betont Johannes mit der Wendung ὑπὲρ τῆς τοῦ κόσμου ζωῆς (vgl. Joh 6,33; 8,12; ferner Joh 10,11.15; 11,4; 13,37; 15,13)[172]. Das Christusgeschehen ist nicht begrenzbar, es gilt der Intention nach allen Menschen.

In V. 52 erscheinen die Juden wiederum als paradigmatische Repräsentanten des Unglaubens (vgl. V. 30.34.41), die Jesu Offenbarungswort in einem dinglichen Sinn auffassen. Das joh. Hapaxlegomenon μάχεσθαι verweist nicht auf die Hand einer späten ‚Redaktion‘, sondern ist eine bewußte Anspielung des Evangelisten[173] auf das ‚Streiten‘ der Wüstenge-

---

Abendmahlszeugnis, 355 ff.; R. Schnackenburg, Joh II, 83 f. Sollte der Evangelist ein ursprüngliches σῶμα durch σάρξ ersetzt haben, dann wäre die antidoketische Tendenz des Abschnittes noch deutlicher als sie ohnehin schon ist.

[170] Gegen P. Borgen, Bread from Heaven, 181.184.185, der ‚Fleisch‘ in V. 51c–58 nicht auf die Eucharistie beziehen will, sondern hier ein atl. Verständnis (der Mensch in seiner Ganzheit als historisches Wesen) vermutet. Abzulehnen ist auch die Position von J. D. G. Dunn, Joh VI, 333, die Elemente seien Symbole für Jesus, nicht aber für die Eucharistie.

[171] Gegen U. Wilckens, Der eucharistische Abschnitt, 224 u. ö., der eine antidoketische Ausrichtung von V. 51c–58 bestreitet. Richtig hingegen W. Wilkens, Abendmahlszeugnis, 356; J. Schneider, Joh, 153; O. S. Brooks, The Johannine Eucharist, 293 ff.; R. Schnackenburg, Joh II, 92; J. D. G. Dunn, Joh VI, 335. G. Richter, Formgeschichte, 113 u. ö.; G. Bornkamm, Tradition, 62; H. Weder, Menschwerdung Gottes, 348 f.; L. Schenke, Vorgeschichte, 88 (Antidoketismus einer späteren ‚Redaktion‘).

[172] Zum joh. Charakter der Wendung vgl. E. Ruckstuhl. Einheit, 250.

[173] Typisch joh. ist in V. 52 das οὖν-historicum.

neration mit Mose (Ex 17,2; Num 20,3) bzw. Gott (Num 20,13), dem das ‚Murren‘ des Volkes voranging[174]. Die Funktion von V. 52 liegt allein in der Vorbereitung der in V. 53–55 erfolgenden Antwort auf die durch V. 51c aufgeworfene Frage, weshalb das Essen des Fleisches Jesu die Gabe des ewigen Lebens gewährt.

V. 53 formuliert mit einem negativen Konditionalsatz die Bedingungen für den Erhalt des ewigen Lebens: Das Essen des Fleisches und das Trinken des Blutes des Menschensohnes. Die auffällig scharfe Aussage und die Betonung der Eucharistie als unerläßlicher Heilsbedingung lassen vermuten, daß der Evangelist hier bewußt einen antidoketischen Akzent setzt[175]. Allein die von den Doketen gering geschätzte Eucharistie vermittelt die Heilsgabe des ewigen Lebens. Der für die joh. Anthropologie ungewöhnliche Ausdruck vom Lebenhaben ἐν ἑαυτοῖς besagt nicht, daß Fleisch und Blut als Substanzen Lebensträger sind. Wie V. 57 verdeutlicht, denkt der Evangelist nicht in Sach-, sondern in Personalkategorien. Allein die Identität des Inkarnierten und Gekreuzigten mit dem himmlischen Menschensohn erklärt, warum der Genuß der eucharistischen Gaben die ζωὴ αἰώνιος zu geben vermag. Der Menschensohn-Titel unterstreicht die Menschheit des Inkarnierten, insofern der himmlische Menschensohn kein anderer als der Gekreuzigte und Erhöhte ist[176].

In seiner jetzigen Gestalt geht V. 53 auf den Evangelisten zurück, was vor allem die joh. Stilmerkmale nahelegen (1. οὖν-historicum, 2. Einleitung mit ἀμὴν ἀμήν, 3. ἐὰν μὴ . . . οὐ)[177].

V. 54 ist ein in der 3. P.Sg. und mit substantivierten Partizipien abgefaßter Offenbarungsspruch[178]. Diese formgeschichtliche Klassifizierung, die fehlenden joh. Stilmerkmale und die wörtliche Wiederholung in V. 56 deuten auf eine vom Evangelisten an dieser Stelle aufgenommene eucharistische Schultradition hin[179]. Das drastische τρώγειν muß im Sinn von ‚kauen‘ verstanden werden[180] und hat deutlich einen antidoketischen

---

[174] Vgl. R. Schnackenburg, Joh II, 89f.

[175] Vgl. R. Schnackenburg, Joh II, 91; anders U. Wilckens, Der eucharistische Abschnitt, 238f.

[176] R. Bultmann, Joh, 175; C. Colpe, ThW VIII 469, verstehen υἱὸς τοῦ ἀνθρώπου hier im Sinn von ‚ich‘ oder ‚mein‘.

[177] Ruckstuhl Nr. 2.40.44. Eine Tradition vermutet hinter V. 53 vor allem U. Wilckens, Der eucharistische Abschnitt, 240. Sprachlich lassen sich in V. 53 keine unjohanneischen Wendungen nachweisen, so E. Ruckstuhl, Einheit, 264; E. Schweizer, Zeugnis, 385, gegen J. Jeremias, Literarkritik, 44.

[178] Vgl. R. Schnackenburg, Joh II, 92.

[179] U. Wilckens, Der eucharistische Abschnitt, 204f., hält den gesamten V. 54 für traditionell.

[180] Vgl. R. Bultmann, Joh, 176 A 2; E. Haenchen, Joh, 327; W. Bauer, Joh, 98. Τρώγειν dürfte hier kaum nur vulgärer Ersatz für ἐσθίειν sein, wie manche Exegeten mit dem Hinweis auf Joh 13,18 (Ersatz des in Ps 40,10LXX gebrauchten ὁ ἐσθίων durch τρώγειν) meinen, denn nur als bloßer Vokabelwechsel ist das starke τρώγειν nicht zu erklären.

Akzent: Nicht das bildhafte ‚Essen' des Himmelsbrotes oder das geister-
füllte ‚Essen' des Menschensohnes verleihen das ewige Leben, sondern
allein das wahrhaftige Essen des Fleisches und Trinken des Blutes Jesu
Christi in der Eucharistie. Damit wehrt τρώγειν „jedem Versuch einer
Verflüchtigung"[181], denn es betont unüberhörbar die in der Eucharistie
gegenwärtige Realität von Inkarnation und Kreuzestod. Die refrainartige
Wendung κἀγὼ ἀναστήσω αὐτὸν τῇ ἐσχάτῃ ἡμέρᾳ in V. 54b (vgl.
39.40.44) geht auf den Evangelisten zurück[182]. Auch hier ist eine antidoketische Tendenz zu vermuten, denn mit dem Ausblick auf die endzeitliche Totenauferweckung wahrt Johannes die Unverfügbarkeit des Heils
gegen die ausschließlich auf die vollständige Gegenwart des Heils ausgerichteten Doketen (vgl. auch V. 57: ζήσει; V. 58: ζήσει εἰς τὸν αἰῶνα).
Damit schmälert der Evangelist keineswegs die soteriologische Bedeutung des den Gläubigen bereits zuteil gewordenen Heilsgutes, das aber
„über die irdische Lebenszeit hinaus" nur dann Bestand hat, „wenn es die
Auferstehung der Toten gibt; d.h. die vergegenwärtigte Eschatologie
bedarf als Ergänzung der endzeitlichen Eschatologie"[183].

An die Schultradition schließt sich in V. 55 eine erste Interpretation an:
In der Eucharistie ist Jesu Fleisch reale, wirkliche, wahre Speise, und Jesu
Blut ist realer, wirklicher, wahrer Trank. Das Attribut ἀληθής beinhaltet
sowohl die Zuverlässigkeit als auch die Exklusivität und Realität der
Elemente des Herrenmahles[184]. Die eucharistischen Gaben gewähren
wirklich das ewige Leben, und nur sie sind göttliche Speise und göttlicher
Trank. Eine Alternative zwischen der Betonung des realistischen Aktes
des Essens und Trinkens sowie der Hervorhebung der Zuverlässigkeit der
Heilsgabe der Eucharistie besteht nicht, denn als Begründung (γάρ!) von
V. 54 ist dessen realistische Vorstellungswelt aus V. 55 nicht zu eliminieren[185].

Auch V. 56 muß als Auslegung der Schultradition in V. 54a verstanden
werden, wie die wörtlichen Übereinstimmungen zwischen beiden Versen

---

[181] W. Bauer, WB 1641.

[182] τῇ ἐσχάτῃ ἡμέρᾳ ist Stilmerkmal Nr. 32 bei Ruckstuhl. R. Bultmann, Joh, 162, u. a.
streichen im Anschluß an F. Spitta, Johannesevangelium, 151 ff., durchgehend den Aufer-
stehungsgedanken im 6. Kapitel. Für die Ursprünglichkeit der Wendung plädieren u. a. E.
Schweizer, Zeugnis, 386 f.; U. Wilckens, Der eucharistische Abschnitt, 242; J. Schneider,
Komposition, 133; H. Schürmann, Eucharistie, 181 A 79. Auch in V. 39.40.44 dürfte τῇ
ἐσχάτῃ ἡμέρᾳ auf den Evangelisten zurückgehen.

[183] J. Schneider, Komposition, 133.

[184] Da Johannes ἀληθής und ἀληθινός promiscue gebrauchen kann (vgl. bes. 7,28/
8,26), erscheint mir eine alternative Interpretation unzulässig zu sein und den Text zu
überfordern. Sachlich trifft das Gemeinte am besten ἀληθῶς (D P⁶⁶* Θ u.a.), vgl. R.
Bultmann, Joh, 176 A 3. Vom Kontext her abwegig ist der Vorschlag E. Ruckstuhls,
Einheit, 240, ἀληθής habe hier die Bedeutung: ‚eine ganz gewöhnliche Speise, ein ganz
gewöhnlicher Trank'.

[185] Gegen R. Schnackenburg, Joh II, 93; E. Schweizer, Zeugnis, 393 f.

zeigen. Der Genuß der eucharistischen Gaben bewirkt eine überaus enge Verbindung zwischen dem Kommunikanten und Jesus. Er bleibt in Jesus und Jesus in ihm. Durch die Vereinigung mit den göttlichen Lebensträgern erlangt der Empfänger der Eucharistie die Heilsgabe des ewigen Lebens[186]. Die joh. Immanenzformeln (vgl. 1Joh 3,24; 4,13.16b; Joh 10,38; 14,10f.; 15,4–7; 17,21–23) beschreiben wie die paulinische ἐν Χριστῷ-Vorstellung die einzigartige gegenseitige ‚Inexistenz‘ von Offenbarer und Gläubigen ohne Aufgabe der jeweiligen personalen Identität. Sie haben ihren Ursprung in der joh. Christologie und wurden von dort in die eucharistischen Aussagen eingetragen[187].

Eine prägnante Zusammenfassung des joh. Eucharistieverständnisses liegt in V. 57 vor[188]. Wie der Sohn durch den Vater lebt, so wird der Glaubende durch Jesus leben (vgl. V. 33.35.48.51a). Der Vater als Inbegriff des Lebens sendet den Sohn (vgl. V. 29.38f.44) zur Rettung des vom Tod gekennzeichneten Kosmos, an der die Glaubenden in der Eucharistie teilhaben. Hier ist die Verbindung zwischen Inkarnation und Eucharistie offenkundig! Aus der innigen Verbindung des Kommunikanten mit Jesus im sakramentalen Akt (ὁ τρώγων με) folgert der Evangelist eine futurische Aussage über das Leben des Glaubenden (ζήσει). Die Gaben der Eucharistie gewähren keineswegs nur ein auf die gegenwärtige Vollendung bezogenes Heil (vgl. V. 54b.58c), sondern begründen eine über den Tod hinaus reichende Gemeinschaft mit Christus.

V. 58 faßt die Aussagen der ganzen vorausgegangenen Rede zusammen: Der in der Eucharistie gegenwärtige Jesus Christus ist das vom Himmel herabgestiegene Brot des Lebens (vgl. V. 33.50). Noch einmal werden die Überwindung des Todes und Leben in Ewigkeit als Heilsgaben des Himmelsbrotes genannt. Die Antithetik zu den Vätern in der Wüste lenkt auf V. 49 und die Verheißung ewigen Lebens auf V. 51b zurück. Damit nimmt der Evangelist am Ende des eucharistischen Abschnittes zentrale Aussagen der Lebensbrotrede auf und stellt wiederum in wirkungsvoller Manier dem todbringenden Manna der Mosegeneration die lebensspendende Speise der Eucharistie entgegen.

4.2.3 Interpretation

Der Evangelist fügte an die Doppelüberlieferung von Speisungswunder und Seewandel einen in der schriftlichen Tradition der joh. Schule vorgeformten Dialog über Jesus als dem wahren Lebensbrot an. Als Anlaß dienten ihm die Motivparallelen zwischen der wunderbaren Speisung in

---

[186] Vgl. R. Schnackenburg, Joh II, 94.

[187] Vgl. ebd.

[188] καθὼς καί ist Stilmerkmal Nr. 12 bei Ruckstuhl.

der Wüste und den Manna- und Lebensbrotaussagen. Mit V. 26–29 schuf Johannes eine Überleitung, die zugleich eine Einleitung in die folgenden Texte darstellt. Speziell V. 27 weist sowohl inhaltlich als auch terminologisch auf die Lebensbrotrede und den eucharistischen Abschnitt voraus.

Der Dialog über das Brot des Lebens ist weisheitlich geprägt und antithetisch ausgerichtet: Allein Jesus als das vom Himmel herabgekommene Lebensbrot vermag die Heilsgabe der ζωὴ αἰώνιος zu geben. Durch den Einschub V. 36–40 verband der Evangelist die vorgeformte Lebensbrotrede noch enger mit dem Kontext, denn ὁρᾶν in V. 36 blickt auf das Speisungswunder zurück, während οὐ πιστεύειν auf das folgende Schisma unter den Jüngern verweist.

An die traditionelle Lebensbrotrede schloß Johannes eine eucharistische Interpretation an (V. 51c–58). Offensichtlich leugneten Doketen innerhalb der joh. Schule die soteriologische Bedeutung des Herrenmahles, so daß sich der Evangelist zu einer Darlegung seines Eucharistieverständnisses veranlaßt sah[189]. Als Ort für diese Überlegungen bot sich der Anschluß an die Lebensbrotrede geradezu an, denn die Mannavorstellung war im Urchristentum mit dem Herrenmahl eng verbunden. Die antidoketische Ausrichtung des Textes zeigt sich in der Verwendung von σάρξ in V. 51c, dem exklusiven Bedingungssatz in V. 53, der Aufnahme des realistischen τρώγειν und dem eschatologischen Ausblick in V. 54b.58b. In V. 54a und möglicherweise auch in V. 51c (ἡ σάρξ μού ἐστιν ὑπέρ ...) benutzte der Evangelist eucharistische Traditionen der joh. Schule, die seiner antidoketischen Zielsetzung entsprachen. Johannes lag nichts an einer substanzhaften Abendmahlslehre, sondern bei seiner Auseinandersetzung mit den Doketen leitete ihn ausschließlich ein christologisches Interesse: Im Herrenmahl wird die Identität des erhöhten Menschensohnes mit dem Inkarnierten und Gekreuzigten sichtbar. In der Praxis der Eucharistie bestätigt die Gemeinde diese Identität, während sie jene leugnen, die dem Herrenmahl fernbleiben.

Auch die Stellung von Joh 6,60–71 erhält nun eine sinnvolle Erklärung. Das Schisma unter den Jüngern ist ein Reflex der Spaltung innerhalb der joh. Schule, die sich an der soteriologischen Bedeutung der irdischen Existenz Jesu entzündete und bei der die Eucharistie offensichtlich eine wichtige Rolle spielte. Der Evangelist projiziert eine Problematik seiner Zeit in das Leben Jesu zurück und legitimiert damit seine Position durch Jesus selbst.

Joh 6 ist keine traditionsgeschichtliche, wohl aber eine kompositionelle Einheit. Das gesamte Kapitel läßt sich als eine wohlüberlegte Kompo-

---

[189] Ein antidoketischer Akzent ist in V. 51c–58 unverkennbar, nicht hingegen schon in V. 31–51ab, wie P. Borgen, Bread from Heaven, 179–187, meint.

sition durch den Evangelisten Johannes verstehen und interpretieren, so daß die Annahme einer postevangelistischen Schicht überflüssig ist.

Das Fehlen des Glaubensbegriffes in V. 51c–58 ist kein Indiz für den sekundären Charakter dieses Stückes. Vielmehr setzt der Evangelist selbstverständlich voraus, daß der Teilnehmer an der Eucharistie zugleich ein an Jesus Glaubender ist[190]. Zudem will Johannes den eucharistischen Abschnitt auf dem Hintergrund seines jetzigen Kontextes – der Lebensbrotrede – verstanden wissen, wo πιστεύειν ein zentraler Begriff ist.

Bereits die redaktionelle Passanotiz in V. 4 verweist auf den eucharistischen Abschnitt. Ein deutlicher Hinweis auf das Herrenmahl ist ferner der Gebrauch von εὐχαριστεῖν durch den Evangelisten in V. 23 (vgl. V. 11), denn objektloses εὐχαριστεῖν hat die Bedeutung ‚das Eucharistiegebet sprechen‘. Die redaktionellen V. 26–29 bereiten die Thematik von Joh 6,30–51ab und 6,51c–58 vor und verbinden zugleich die beiden Hauptteile (6,1–25.30–58) des gesamten Kapitels miteinander. Die Lebensbrotrede und der eucharistische Abschnitt sind wiederum durch ein Geflecht von Vor- und Rückverweisen verknüpft. Schließlich bereitet Johannes durch V. 59 das Schisma unter den Jüngern vor, das nun als Reaktion auf die Abendmahlslehre Jesu erfolgt. Der Evangelist Johannes hat in Joh 6 unabhängige, aber thematisch und motivgeschichtlich verwandte Traditionen seiner Schule aufgenommen und zu einer kompositionellen Einheit geformt. Zielpunkt und Zentrum des Kapitels ist der eucharistische Abschnitt in V. 51c–58, auf den die redaktionelle Arbeit des Evangelisten zuläuft und der in seiner antidoketischen Ausrichtung den Anlaß für die jetzt vorliegende Gestalt von Joh 6 bildete.

4.3 Joh 19,34f.

In Joh 19,31–37 verarbeitet der Evangelist eine Sondertradition[191], die von dem crurifragium an den Mitgekreuzigten und dem Lanzenstich in Jesu Seite berichtet. Der traditionelle Charakter des Abschnittes ergibt sich zunächst aus der Spannung der Zeitangabe in V. 31 mit der sonstigen joh. Passionschronologie[192]. Ferner wirkt V. 31 überladen, denn die nachklappende Parenthese ἦν γὰρ μεγάλη ἡ ἡμέρα ἐκείνου τοῦ σαββάτου dürfte auf den Evangelisten zurückgehen[193], der damit einen Ausgleich zur Chronologie der Passionsüberlieferung schaffen wollte (vgl. Joh 7,37).

---

[190] Vgl. U. Wilckens, Der eucharistische Abschnitt, 231.
[191] Für Tradition plädieren u.a. R. Bultmann, Joh, 516; S. Schulz, Joh, 239; R. E. Brown, Joh II, 944f.; E. Haenchen, Joh, 553; J. Becker, Joh II, 596.
[192] Vgl. R. Bultmann, Joh, 524 A 5; R. Schnackenburg, Joh III, 336.
[193] Vgl. R. Schnackenburg, Joh III, 334; T. A. Mohr, Johannespassion, 359.

Spezifisch joh. Gedanken finden sich nur in V. 34b.35, während der Schriftbeweis ein Interesse der Gemeindetradition verrät[194]. Unjohanneisch ist schließlich εἷς τῶν στρατιωτῶν in V. 34a, da Johannes den partitiven Genitiv bei εἷς durchgehend mit ἐκ wiedergibt[195].

V. 35 bezieht sich ausschließlich auf die *Wirkung* des Lanzenstiches in V. 34b, hingegen verweisen V. 36.37 mit ταῦτα und den atl. Zitaten auf das crurifragium und den Lanzenstich zurück. V. 34b.35 ist somit ein Einschub des Evangelisten[196] oder einer postjohanneischen Redaktion[197]. Sprachlich weist der Abschnitt auf die Hand des Evangelisten Johannes, denn μαρτυρεῖν, μαρτυρία, ἀληθινός, πιστεύειν, ἀληθής und ὕδωρ sind joh. Vorzugswörter[198]. Auch die Thematik des Textes, speziell seine antidoketische Tendenz, läßt an den Evangelisten denken:

1. Die Erwähnung von Blut und Wasser in V. 34b soll offensichtlich die Realität des Todes Jesu hervorheben[199]. Das Herausfließen von Blut und Wasser, aus denen der Mensch besteht[200], gilt als Beweis für den wirklichen menschlichen Leib Jesu. Am Ende der Passion betont Johannes noch einmal die Leiblichkeit des Erlösers, was besonders an der auffälligen Voranstellung von αἷμα deutlich wird.

2. Weil Jesu Tod Voraussetzung für die heilstiftende Wirkung der Sakramente ist, verweisen αἷμα und ὕδωρ auch auf Eucharistie und Taufe[201]. Der Evangelist gebraucht αἷμα fast nur im eucharistischen Sinn (Joh 6,53–56)[202], und für ὕδωρ belegt Joh 3,5 ein sakramentales Verständnis[203]. Zwar läßt Joh 19,34b.35 keine unmittelbare oder ausschließliche sakramentale Interpretation zu, aber Johannes sieht das Faktum des Todes Jesu und seine in der Gemeinde gegenwärtige Heilsbedeutung als

---

[194] Vgl. R. Bultmann, Joh, 516; E. Schweizer, Zeugnis, 380. Zum traditionellen Charakter der atl. Zitate vgl. C. H. Dodd, Tradition, 42–49.131–136.

[195] Vgl. R. Schnackenburg, Joh III, 335. Die einzige joh. Spracheigentümlichkeit in V. 32–34a ist das οὖν-historicum.

[196] So z.B. C. K. Barrett, Joh, 554f.; T. A. Mohr, Johannespassion, 360; E. Schweizer, Zeugnis, 381f.; A. Dauer, Joh u. Luk, 228ff.

[197] Vgl. R. Bultmann, Joh, 525; R. Schnackenburg, Joh III, 335 (V. 35 Hinzufügung einer späteren Redaktion); J. Becker, Joh II, 597; S. Schulz, Joh, 239f.; G. Richter, Blut und Wasser, FB (ThR 42), 250f.

[198] μαρτυρεῖν Joh 33mal (Mt 1mal, Mk 0mal, Lk 1mal), μαρτυρία Joh 14mal (Mt 0mal, Mk 3mal, Lk 1mal), ἀληθής Joh 14mal (Mt 1mal, Mk 1mal, Lk 0mal), πιστεύειν Joh 98mal (Mt 11mal, Mk 14mal, Lk 9mal), ὕδωρ Joh 21mal (Mt 7mal, Mk 5mal, Lk 6mal).

[199] Vgl. G. Richter, Blut und Wasser, 135.

[200] Vgl. die Belege bei E. Schweizer, Zeugnis, 382.

[201] Vgl. W. Thüsing, Erhöhung, 171f.; J. Roloff, Lieblingsjünger, 138; W. Klos, Sakramente, 74ff.

[202] Einzige Ausnahme: Joh 1,13.

[203] Abzulehnen ist der Versuch von H. Klos, Sakramente, 76f., ὕδωρ in V. 34b von Joh 7,37–39 her zu interpretieren, denn zuallererst muß Joh 19,34b.35 aus sich selbst und dem unmittelbaren Kontext erklärt werden.

Einheit. Auch das Zeugnismotiv in V. 35 macht diesen Zusammenhang offenkundig, denn die μαρτυρία des Augenzeugen dient letztlich der Vergewisserung der sakramentalen Gemeindepraxis.

3. Der ungenannte Zeuge in V. 35 kann nur der ‚Lieblingsjünger‘ sein (vgl. Joh 19,25–27)[204], weil zuvor andere Jesusjünger nicht erwähnt werden und sich ἐκεῖνος in V. 35c auf das vorangehende αὐτοῦ bezieht[205]. Wiederum erscheint der ‚Lieblingsjünger‘ als wahrhaftiger Zeuge des Christusgeschehens und hervorgehobener Traditionsträger. Er ist der Garant des joh. Christuszeugnisses gegen alle Verfälschungen durch doketische Irrlehrer.

In Joh 21,24 ist es gerade nicht der Zeuge selbst, der durch seine Augenzeugenschaft die Wahrheit der joh. Überlieferung bekundet. Die Herausgeber des Evangeliums dokumentieren lediglich ihr Wissen um das Zeugnis des ‚Lieblingsjüngers‘, so daß beide Texte inhaltlich, aber auch sprachlich[206] erheblich differieren.

4. Mit ἵνα καὶ ὑμεῖς πιστεύητε in V. 35d zielt Johannes wie in 20,31 auf den Glauben seiner Gemeinde[207], der durch das wahrhaftige Zeugnis des ‚Lieblingsjüngers‘ gestärkt und vor falschen Lehren geschützt werden soll. Typisch johanneisch ist schließlich der in V. 35 vorausgesetzte Zusammenhang von Sehen, Bezeugen und Wissen um die Wahrheit des Bezeugten (vgl. Joh 1,34; 3,11.32; 4,39.42; 5,31–34), der die Zuverlässigkeit und Exklusivität des joh. Christuszeugnisses zum Ausdruck bringt und der Selbstvergewisserung der Gemeinde dient.

Zum Abschluß der Passionsgeschichte formuliert der Evangelist Johannes mit 19,34b.35 sein antidoketisches Verständnis des Todes Jesu, nimmt das Zeugnis des ‚Lieblingsjüngers‘ als anerkannten Garanten der joh. Tradition in Anspruch und sichert somit die Grundlage der sakramentalen Praxis der Gemeinde.

---

[204] Vgl. Th. Lorenzen, Lieblingsjünger, 53–59 (dort auch die ausführliche Auseinandersetzung mit der Position Bultmanns); A. Dauer, Passionsgeschichte, 332f.; W. Bauer, Joh, 226.

[205] Vgl. C. K. Barrett, Joh, 557f.

[206] Vgl. dazu R. Schnackenburg, Joh III, 340. Zur sprachlichen Gestalt von Joh 19,35 vgl. ferner E. Ruckstuhl, Einheit, 225–227.

[207] G. Richter, Blut und Wasser, 141, will von Joh 20,31 her gerade den sekundären Charakter von V. 34b.35 erweisen, weil hier nicht vom Glauben an die Messianität Jesu die Rede sei. Dieses Argument überzeugt nicht, denn es geht auch in 19,34b.35 um das rechte Verständnis der Gottessohnschaft Jesu.

5. Der fleischgewordene Christus: Prolog und johanneische Christologie

5.1 *Prolog und Evangelium*

Verständnis und Interpretation des Johannesprologs sind untrennbar mit der Frage verbunden, in welchem Verhältnis Prolog und Evangelium zueinander stehen. Beginnt das Evangelium dort, wo der Prolog endet? Enthält der Prolog bereits die Quintessenz des Evangeliums, so daß beide untrennbar zusammengehören?[1] Soll der Prolog hellenistische Leser auf das Evangelium vorbereiten, wie A. v. Harnack meinte[2]? Oder gilt W. Heitmüllers Feststellung: „Zum nachfolgenden Evangelium verhält sich der Prolog wie die Ouvertüre. Es erklingen schon hier die Hauptthemen, die dann im Evangelium näher ausgeführt werden."[3] Schließlich: Ist der Prolog mit seiner Inkarnationsaussage vielleicht gar nicht das Zentrum joh. Theologie[4], so daß unsere Fragestellung unangemessen ist? Besteht eine Diskontinuität zwischen Prolog und Evangelium[5]?

Mit diesen Alternativen und Varianten sind keineswegs nur Randprobleme der Johannesexegese berührt, sondern an der Stellung und der Interpretation des Prologs entscheidet sich in der Regel das Verständnis des gesamten Evangeliums.

Zuallererst ist der Prolog ein Anfang[6]; der Anfang eines Literaturwerkes und einer Handlung. Diese zunächst banal klingende Feststellung gewinnt ihre Bedeutung angesichts der These L. Schottroffs, „die Zeitangabe ‚im Anfang' ist für Johannes keine Zeitangabe, sondern eine Wesensbestimmung: der Logos ist der himmlische Offenbarer."[7] Gegen diese Behauptung sprechen nach wie vor der deutliche Rückbezug auf Gen 1,1 LXX (ἐν ἀρχῇ) und der einfache Tatbestand, daß Joh 1,1 *de facto* ein

---

[1] So E. C. Hoskyns, Joh, 137.

[2] Vgl. A. v. Harnack, Über das Verhältnis des Prologs, 230; vgl. auch C. H. Dodd, Interpretation, 296.

[3] W. Heitmüller, Joh, 37.

[4] So E. Käsemann, Jesu letzter Wille, 27; J. Becker, Ich bin die Auferstehung und das Leben, 139f.

[5] So bes. J. A. Bühner, Der Gesandte, 4.

[6] Vgl. E. Hirsch, Das vierte Evangelium, 101; E. Haenchen, Probleme des johanneischen ‚Prologs', 117.

[7] L. Schottroff, Der Glaubende, 232.

Anfang ist. Wohl macht der Prolog keine quantitativen Zeitaussagen, aber das Phänomen des Anfanges impliziert eo ipso eine Zeitvorstellung.

Wie die synoptischen Evangelien bestimmt auch Johannes einen Beginn des Heilsgeschehens[8]. Ist für Markus die ἀρχὴ τοῦ εὐαγγελίου das Auftreten Johannes d. T., so stellt Lukas ein literarisches Proömium (Lk 1,1–4) und Kindheitsgeschichten an den Anfang seines Evangeliums, während Matthäus sein Werk mit einem Stammbaum Jesu eröffnet. Lag offenbar eine Erweiterung der Heilsgeschichte ‚nach hinten‘ in der Tendenz der Evangelienschreibung, so übertrifft Johannes seine Vorgänger. Er greift auf den Urbeginn in Gen 1,1 zurück und setzt damit einen unüberbietbaren Anfang[9].

Ist der Prolog die Eröffnung des Evangeliums in sachlicher und zeitlicher Hinsicht, so kommt ihm eine einleitende Funktion zu. Er führt in die Thematik ein, indem er zentrale Inhalte der folgenden Darstellung bereits behandelt und damit das Verständnis des Evangeliums vorbereitet und zugleich wesentlich bestimmt. Dies zeigt sich an den terminologischen und sachlichen Verknüpfungen zwischen dem Prolog und dem übrigen Evangelium.

Im Prolog ist ζωή 2mal (V. 4), in den übrigen Partien des Evangeliums 34mal belegt (vgl. nur Joh 3,15; 5,24; 6,40; 11,25). 6mal erscheint φῶς im Prolog (V. 4.5.7.8.9), 17mal im restlichen Evangelium (vgl. nur Joh 3,19; 8,12; 9,5; 12,46). Direkte Parallelen zur Wendung ἐρχόμενον εἰς τὸν κόσμον (Joh 1,9) finden sich in Joh 6,14; 9,39; 11,27; 12,46; 16,28. Zudem werden bereits im Prolog Aussagen über den Kosmos gemacht (V. 9.10), die für das joh. Kosmosverständnis von großer Bedeutung sind. Zentrale Begriffe der joh. Christologie wie δόξα (18 Belege) und ἀλήθεια (75 Belege)[10], sind für den Leser in ihrer Bedeutung durch Joh 1,14(17) präjudiziert. Zwar ist vom Wirken des präexistenten λόγος nur in Joh 1,1 die Rede, Jesu Präexistenz wird aber auch in Joh 6,46.62; 16,27 f.; 17,5 vorausgesetzt. Von der Gottheit des Logos Jesus Christus ist über den Prolog hinaus in Joh 5,18; 10,33; 20,28 die Rede. Der Dualismus Licht – Finsternis erscheint in Joh 1,5 und in Joh 3,19; 8,12; 12,35.46. Die μαρτυρία des Täufers (1,6–8.15) wird in Joh 1,19–34 wiederaufgenommen und bildet eine wesentliche Klammer zwischen dem Prolog und dem restlichen Evangelium. Schließlich führt V. 18 genau zu dem Punkt, wo die Offenbarungstätigkeit des inkarnierten Logos einsetzt[11] (vgl. zur Gottesschau Joh 5,37; 6,46; 14,9). Jesus Christus erscheint im folgenden als die einzig authentische Auslegung Gottes.

---

[8] Vgl. A. Wilkenhauser, Joh, 40; C. K. Barrett, Joh, 149; E. Haenchen, Joh, 136; R. Schnackenburg, Joh I, 198.

[9] Vgl. E. Haenchen, Joh, 136.

[10] Vgl. auch ἀληθινός (1mal im Prolog, 8mal im restlichen Evangelium).

[11] Vgl. R. Schnackenburg, Joh I, 200; W. Klaiber, Aufgabe, 307–310.

5.2 Redaktion und Tradition in Joh 1,1–18

V. 1 erweist sich formal und inhaltlich als Tradition[12]. Die drei Teilsätze 1a–c sind durch das gemeinsame Subjekt ὁ λόγος, das Prädikat ἦν und das parataktische καί verbunden[13]. V. 1 ist nach dem Muster a – b; b – c; c – b aufgebaut, je zwei Worte tragen den Ton eines Teilverses, wobei das zweite als erstes im nächsten Teilsatz erscheint (ἀρχή – λόγος; λόγος – ὁ θεός; θεός – λόγος)[14]. Neben dieser erkennbaren Formung spricht auch das nur in V. 1.14a erscheinende absolute ὁ λόγος für Tradition[15].

Mit ἐν ἀρχῇ knüpft Joh 1,1 an Gen 1,1LXX an, geht aber zugleich darüber hinaus. Nicht vom Schöpfungsanfang, sondern vom absoluten Anfang ist die Rede[16]. Allerdings ist ἐν ἀρχῇ ἦν nicht in gleicher Weise Prädikat des Logos wie θεός in V. 1c, denn die Näherbestimmung ὁ λόγος ἦν πρὸς τὸν θεόν in V. 1b erfordert Gott selbst als sachliches Subjekt von ἐν ἀρχῇ[17]. Letztlich kann auch hier der Anfang nicht ohne Gott gedacht werden.

Die innige, personale Gemeinschaft des Logos mit Gott betont V. 1b. In der Koine steht πρός c.Acc. häufig für ἐν bzw. παρά τινι in der Bedeutung ‚bei‘[18]. Bewußt vermieden wird jede Aussage über das Hervorgehen des Logos aus Gott[19]. Der Logos weilt von Anfang an bei Gott, beide sind gleich ursprünglich, und Gott ist nicht ohne sein Wort zu denken[20].

Als religionsgeschichtlicher Hintergrund von Joh 1,1ab sind die Aussagen über das uranfängliche Sein der Weisheit bei Gott anzusehen (Spr 8,22f.27.30; Weish 8,3; 9,4.9; Sir 1,1; 24,3f.; Hi 28,12–27; Hen 42,1–3; Bar 3,29. Vgl. ferner NHC XIII 35,4–6: „Ich bin … [das Ers]tlingsgeschöpf unter dem Gew[ord]enen …“)[21].

---

[12] Für den durchgehenden redaktionellen (bzw. einheitlichen) Charakter des Prologs plädieren dagegen M. Pohlenz, Paulus und die Stoa, 557–560; E. Ruckstuhl, Einheit, 63–97 (vgl. dagegen ders., Johannesprolog, 447ff.); W. Eltester, Der Logos und sein Prophet, passim; H. Ridderbos, The Structure and Scope of the Prologue, 190ff.; P. Borgen, Johanneischer Prolog, 116; C. K. Barrett, The Prologue of St. John's Gospel, 27; R. A. Cullpepper, The Pivot of John's Prologue, 1ff.; K. Berger, Exegese des NT, 27f.; C. H. Dodd, Interpretation, 268ff.

[13] Vgl. E. Haenchen, Joh, 117; M. Theobald, Im Anfang, 18.

[14] Vgl. R. Bultmann, Joh, 2f.; E. Haenchen, Joh, 117; J. Becker, Joh I, 68.

[15] Gegen H. Zimmermann, Christushymnus, 253ff.; M. Theobald, Im Anfang, 76ff., die V. 1 und 14a und damit die Logosprädikation dem Evangelisten zuschreiben.

[16] Gegen J. Becker, Joh I, 72, der behauptet: „Hinter die Zeit der Schöpfung wird … nicht zurückgefragt.“

[17] Vgl. Chr. Demke, Logos-Hymnus, 51.

[18] Vgl. B.-D.-R. § 239.

[19] Vgl. R. Bultmann, Joh, 16.

[20] Vgl. M. Theobald, Im Anfang, 42.

[21] Die Zitate aus der ‚Dreigestaltigen Protennoia‘ sind jeweils in der Übersetzung des Berliner Arbeitskreises für koptisch-gnostische Schriften wiedergegeben (ThLZ 99, 1974, 734–745).

In V. 1c kommt dem Logos das Prädikat θεός zu. Weder ist der Logos Gott[22], noch gibt es neben dem höchsten Gott einen zweiten Gott, sondern der Logos ist vom Wesen Gottes[23]. Philo, De somn I 229f. läßt den unterschiedlichen Gebrauch von ὁ θεός und θεός deutlich erkennen, wonach allein dem einen Gott das Prädikat ὁ θεός gebührt. Bewußt steht in V. 1c das Prädikatsnomen θεός, um so gleichermaßen das göttliche Wesen des Logos und seine Unterschiedenheit vom höchsten Gott auszudrücken. V. 1c enthält die Spitzenaussage über das Sein und Wesen des Logos[24], er ist an Würde und Bedeutung nicht zu übertreffen.

Die religionsgeschichtliche Herkunft des joh. λόγος-Begriffes kann nicht monokausal erklärt werden. Ein erster möglicher Anknüpfungspunkt sind die *atl. Aussagen* über das Wirken des Wortes Gottes bei der Schöpfung und in der Geschichte (vgl. Jes 55,11; Hab 3,5f.LXX; Gen 1,3; Dtn 8,3; Ps 33,6; 46,6; Ex 20,1; ferner 4Esr 6,38ff.)[25]. Wie das Wort Gottes so ist auch die Weisheit an den Taten Gottes (Ps 104,24) und der Schöpfung beteiligt (Jer 10,12; Sir 1,4; 24,3ff.; Weish 7,22.25.27; Jes 10,13; Spr 3,19).

Von großer Bedeutung ist ferner die Logosphilosophie des *Heraklit von Ephesus*. Übereinstimmungen zwischen seinem Logosbegriff und dem Prolog bestehen in folgenden Punkten[26]: 1. Der Logos ist ewig und präexistent (Fg. 1: τοῦ δὲ λόγου τοῦδε ἐόντος ἀεί ...); 2. Der Logos ist Schöpfungsmittler (Fg. 1: ... γινομένων γὰρ πάντων κατὰ τὸν λόγον τόνδε ...); 3. Ablehnung und Aufnahme des Logos (Fg. 1: τοῦ δὲ λόγου τοῦδε ἀεί ἀξύνετοι γίνονται ἄνθρωποι καὶ πρόσθεν ἢ ἀκοῦσαι καὶ ἀκούσαντες τὸ πρῶτον. Fg. 50: οὐκ ἐμοῦ, ἀλλὰ τοῦ λόγου ἀκούσαντας ὁμολογεῖν σοφόν ἐστιν ἓν πάντα εἶναι); 4. Zwar wird bei Heraklit an keiner Stelle der Logos Gott oder göttlich genannt, doch läßt sich dieses Attribut bes. aus Fg. 67 und Fg. 30 erschließen[27].

Im monistischen System der *Stoa* ist der Logos die alle Körper durchdringende Kraft. In der Vorstellung der λόγοι σπερματικοί entfaltet die Stoa den Grundgedanken der ubiquitären Anwesenheit des Göttlichen in der Welt. Von Zenon wird überliefert, Gott sei durch die Materie „hindurchgegangen wie der Honig durch die Waben" (SVF I 155). Nach stoischer Vorstellung war, ist und wird in der Welt nichts sein ohne den Logos. Er ist das Prinzip, das die Welt bis in die letzten Einzelzusammenhänge durchwaltet. Trotz gewichtiger Übereinstimmungen[28] bleibt in der Stoa der Gedanke unvorstellbar, daß der göttliche Logos ausschließlich in einer geschichtlichen Person Gestalt annimmt. Auch eine wirkliche Erlösungsvorstellung entwickelte die Stoa nicht, denn der dafür konstitutive Dualismus war ihr fremd.

---

22 Gegen R. Bultmann, Joh, 17: „Der Logos wird also mit Gott gleichgesetzt."
23 Vgl. E. Haenchen, Joh, 117f.; M. Theobald, Im Anfang, 42ff.
24 Vgl. R. Schnackenburg, Joh I, 211; E. Haenchen, Joh, 116.
25 Vgl. E. D. Freed, Theological Prelude, 258f. C. H. Dodd, Interpretation, 272, sieht das AT als Hintergrund des joh. λόγος-Gedankens.
26 Vgl. dazu B. Jendorff, Der Logosbegriff, 75ff.; W. Kelber, Die Logoslehre, 22ff.
27 Vgl. B. Jendorff, Der Logosbegriff, 63ff.82ff.
28 Der Logos ist als πῦρ τεχνικόν auch Schöpfer, er wird mit der höchsten Gottheit identifiziert (Zeus), und er ist Offenbarer (vgl. Cornut, TheolGraec 16).

Konstitutiv für den joh. Logos-Begriff ist die Gleichsetzung von λόγος und σοφία im *hellenistischen Judentum*. In Weish 9,1.2 heißt es über Gott ὁ ποιήσας τὰ πάντα ἐν λόγῳ σου καὶ τῇ σοφίᾳ σου κατασκευάσας ἄνθρωπον ...[29]. In der Weisheit Salomos erscheint ab Kap. 18 nicht mehr die Sophia, sondern der Logos als die zentrale Gestalt[30]. Gott besiegt seine Feinde durch sein Wort, das um Mitternacht vom Himmel springt und wie ein Schwert umhergeht (Weish 18,15: ὁ παντοδύναμός σου λόγος ἀπ' οὐρανῶν ἐκ θρόνων βασιλείων ...).

Bei *Philo* tritt der Logos vielfach für die Weisheit ein[31]. Wie die Weisheit ‚Erstling‘ (πρωτίστη Ebr 31) und ἀρχή (Op 54) ist, so kann auch der Logos der ‚Erstgeborene Gottes‘ (πρωτόγονος Conf 146) und ἀρχή (Conf 146) heißen. Der Logos ist älter als alles Geschaffene (Migr 6), er erscheint als Licht (Som I 75), er ist Sohn und Eikon Gottes (Conf 146f.; Fug 109), er ist göttlich (θεός), nicht aber ὁ θεός (Som I 229–230). Der Logos steigt herab unter die Menschen (Som I 75.85f.) und wird ihr Sachverwalter. Er wohnt unter den Menschen (Post 122) und rettet die, die mit der Tugend verwandt sind, während er ihre Feinde vernichtet (Som I 85). Er ist Freund (φίλος Fug 6), Ratgeber (Fug 6) und Lehrer (διδάσκαλος Ebr 157; Som I 129.191).

Das rückbezügliche οὗτος in V. 2 knüpft an V. 1c an und präzisiert die Aussage über den göttlichen Logos. Durch die Aufnahme von ἐν ἀρχῇ und πρὸς τὸν θεόν aus V. 1a.1b wird deutlich, daß bereits dort vom göttlichen Logos die Rede war[32]. Deshalb ist V. 2 nicht bloße Wiederholung, sondern bewußt abrundende Interpretation und Bestandteil der Tradition[33]. Beschreibt V. 2 rückblickend das Verhältnis des Logos zu Gott, so kommt mit V. 3 das Schöpfungswirken des Logos in den Blick. Der Subjektwechsel signalisiert ein neues Thema, das Verhältnis des Logos zur Schöpfung (πάντα) wird in den sechs paarweise angeordneten Teilsätzen V. 3–5 behandelt[34]. Das vorangestellte πάντα betont die allgemeine Mittlerrolle des Logos und meint nicht nur die Menschenwelt[35], sondern die Schöpfung insgesamt[36]. Auch der wiederholende und verstärkende V. 3b läßt nur den Schluß zu, in πάντα die Totalität der Schöpfung zu sehen.

---

[29] Vgl. auch Spr 4,5, wo ‚Wort meines Mundes‘ und ‚Weisheit‘ parallel stehen. Einen umfassenden Nachweis für den weisheitlichen Hintergrund des Prologs bieten W. Grundmann, Der Zeuge der Wahrheit, 16–29; J. Ashton, The Transformation of Wisdom, 162ff.

[30] Vgl. B. L. Mack, Logos und Sophia, 96.

[31] Vgl. dazu umfassend B. L. Mack, a.a.O., 133ff. Mack vermutet, die Gleichsetzung von Logos und Sophia bei Philo sei durch ägyptische Motive ermöglicht worden. Zu den Übereinstimmungen zwischen Philo und den Prologaussagen vgl. auch C. H. Dodd, Interpretation, 276.

[32] Vgl. E. Haenchen, Joh, 119; M. Theobald, Im Anfang, 47f.

[33] Gegen E. Käsemann, Aufbau und Anliegen, 167; R. Schnackenburg, Joh I, 212; Chr. Demke, Logos-Hymnus, 52f.; J. Blank, Joh I, 70, die V. 2 nicht zur Tradition rechnen.

[34] Vgl. E. Haenchen, Joh, 120; M. Theobald, Im Anfang, 18f.

[35] So R. Bultmann, Joh, 19f.

[36] Richtig E. Haenchen, Joh, 120.

Den religionsgeschichtlichen Hintergrund der Vorstellung des Logos als Schöpfungsmittler bilden Spr 3,19; 8,22–30; Weish 7,12; 8,6; 9,1.9; Hi 28,27, wo von der Beteiligung der Weisheit an der Schöpfung die Rede ist (vgl. auch NHC XIII 38,12–13: „und das All wurde gestaltet durch mich"). Für die urchristliche Tradition vgl. ferner 1Kor 8,6; Röm 11,36; Kol 1,16; Hebr 1,2.

Das umstrittene Problem, ob das Ende von V. 3 und der Anfang von V. 4 durch eine Zäsur zwischen οὐδὲ ἕν und ὃ γέγονεν oder ὃ γέγονεν und ἐν αὐτῷ zu bestimmen sind, muß textkritisch zugunsten der 1. Variante entschieden werden[37]. Syntaktisch und semantisch schafft diese Zuordnung hingegen Probleme[38]. Bei einer Einbeziehung von ὃ γέγονεν in V. 4a kann das Subjekt nur in ἦν (sc. ὁ λόγος) enthalten sein, ζωή ohne Artikel ist Prädikatssubstantiv, und ὃ γέγονεν kann nicht Subjekt sein, weil die ζωή ein Kennzeichen des Logos ist[39]. Andererseits bezieht sich das Personalpronomen in V. 3 auf den Logos, so daß auch hier ἐν αὐτῷ auf den Logos zu deuten wäre. Semantisch liegt die Schwierigkeit der 1. Lesart im fehlenden Bezug zum Logos, denn die „Verbindung von ὃ γέγονεν mit V. 4 läßt den Satz gar nicht vom Logos reden"[40]. Zudem bezieht sich ζωή dann strenggenommen nicht nur auf den Menschen, sondern auf die Schöpfung insgesamt, wogegen V. 4b spricht[41]. Deshalb gebührt inhaltlich der 2. Variante der Vorzug[42]. Wie im Vater (Joh 6,57) ist auch im Logos und damit im Sohn das Leben, welches wiederum das Licht des Menschen ist. Der Logos hat in sich die ζωή, die ihrerseits zum φῶς τῶν ἀνθρώπων wird. Keinesfalls sind πάντα in V. 3a und ἄνθρωπος in V. 4b identisch[43], d. h. V. 4 macht eine soteriologische und nicht primär schöpfungstheologische Aussage[44].

V. 5a ist mit V. 4b durch die Aufnahme des absoluten τὸ φῶς und das einleitende καί kettenartig verbunden[45]. Das Präsens φαίνει scheint bereits auf das Wirken des fleischgewordenen Logos hinzuweisen und insofern V. 14a vorwegzunehmen[46]. Gegen eine derartige Interpretation

---

[37] So W. Bauer, Joh, 11 ff.; R. Bultmann, Joh, 21 f.; K. Aland, Über die Bedeutung eines Punktes, 390 f. Vgl. demgegenüber die gewichtigen Einwände von E. Haenchen, Probleme, 127 ff.; ders., Joh, 121 f.; R. Schnackenburg, Joh I, 215–217.

[38] Vgl. M. Theobald, Im Anfang, 19.

[39] Vgl. H. Gese, Johannesprolog, 163.

[40] E. Haenchen, Probleme, 128 A 61.

[41] Vgl. R. Schnackenburg, Joh I, 216.

[42] So neben E. Haenchen auch R. Schnackenburg, Joh I, 217; Chr. Demke, Logos-Hymnus, 54.

[43] Vgl. Chr. Demke, a.a.O., 55.

[44] Zum religionsgeschichtlichen Hintergrund der Lichtprädikation vgl. bes. Weish 6,12; 7.10.29 (die Weisheit als Licht) und Philo, Som I 75, wo φῶς und λόγος identifiziert werden. Vgl. ferner für V. 5 NHC XIII 36,6 (Ich ging leuchtend [auf über der] Finsternis) und für V. 9 NHC XIII 47, 28 f. (I[ch] bin das Licht, das das Al[l] erleuchtet).

[45] R. Bultmann, Joh, 2 f.: „kettenartige Verschlingung".

[46] So bes. E. Käsemann, Aufbau und Anliegen, 161 ff.; H. Ridderbos, Function and

von V. 5 sprechen drei·Beobachtungen[47]: 1. Es bleibt unklar, wann die Menschenwelt durch ihre Ablehnung des Lichtes zur Finsternis wurde. Gerade der auffällige Wechsel vom Präsens φαίνει zum Aorist κατέλαβεν läßt die Frage offen, welches Ereignis genau gemeint ist und woran sichtbar wird, daß die Menschenwelt sich selbst zur Finsternis machte. 2. Es wird nicht gesagt, warum der Logos Mensch wurde. Die soteriologische Dimension des Geschehens bleibt im Gegensatz zu V. 14 (ἐθεασάμεθα τὴν δόξαν αὐτοῦ) ungenannt. 3. Sollte V. 5a bereits die Inkarnation des präexistenten Logos meinen, dann ist diese für die Gemeinde zentrale Aussage in einem christlichen Traditionsstück sehr unpräzis und mißverständlich formuliert. Deshalb spricht V. 5 im Sinn der Vorlage vom vergeblichen Wirken des λόγος ἄσαρκος in der Geschichte. Das Scheinen des Lichtes ist ein Kennzeichen der Geschichte (vgl. Weish 7,29), die sich in der Aufnahme bzw. Ablehnung des in der Schöpfung gegenwärtigen Logos vollzieht[48]. Auch jüdische Weisheitstraditionen, in denen vom beklagenswerten Geschick der Weisheit gesprochen wird, die auf der Erde keine Wohnung fand (Hen 42,1f.; Sir 24,2–22; vgl. auch 1Kor 1,21), legen diese Deutung nahe. Anders als die Vorlage dürfte der Evangelist φαίνει bereits auf die Fleischwerdung des Logos beziehen, denn nur dann kann der Einschub der redaktionellen Täuferpassage V. 6–8 an dieser Stelle sinnvoll erklärt werden. Die Aussage von V. 14 wird keineswegs abgeschwächt, sondern indem der Evangelist V. 5 von V. 14 her interpretiert, nimmt er eine christologische Konzentration vor: Bereits das Scheinen des Logos vom Beginn der Schöpfung an ist letztlich nur von der Inkarnation und somit von der Christusoffenbarung her zu verstehen[49]. Schon hier zeigt sich, daß für Johannes in einem noch höheren Maße als für die Vorlage V. 14 den Höhepunkt und Interpretationsschlüssel des Prologs bildet.

Für das Verständnis der in V. 5 erstmals erscheinenden Antithese ‚Licht‘ – ‚Finsternis‘ ist die Vorordnung der Schöpfung von großer Bedeutung. Sie geht der ‚Finsternis‘ voraus und gilt somit nicht wie in gnostischen Systemen als ein Werk der ‚Finsternis‘. ‚Licht‘ und ‚Finsternis‘ konstituieren sich angesichts der Offenbarung, so daß der joh. Dualismus im Gegensatz zu gnostischen Schriften keine protologische Bedeutung hat, sondern als eine Funktion der Christologie verstanden werden muß[50].

Structure, 191; vgl. auch Chr. Demke, Logos-Hymnus, 58; M. Theobald, Im Anfang, 50f. R. Schnackenburg, Logos-Hymnus, 103–105; ders., Joh I, 221, hält V. 5 für „eine Abschweifung des Evangelisten"; ihm schließt sich an T. Onuki, Gemeinde und Welt, 103.

[47] Vgl. dazu E. Haenchen, Probleme, 130ff.; ders., Joh, 122ff.

[48] Vgl. J. Becker, Joh I, 75.

[49] Vgl. W. Schmithals, Prolog, 39.

[50] Vgl. T. Onuki, Gemeinde und Welt, 41ff. Gegen J. Becker, Ich bin die Auferstehung und das Leben, 143; L. Schottroff, Der Glaubende, 228ff.; u. a., die den Dualismus dem Offenbarungsgedanken sachlich vorordnen.

Nicht ein dem Offenbarungsgeschehen zeitlich oder sachlich vorgeord-
neter antikosmischer Dualismus zeigt sich im 4. Evangelium, vielmehr
vollzieht sich mit der Offenbarung eine Scheidung zwischen dem im
Unglauben verharrenden Kosmos und der glaubenden Gemeinde. So
wie das Licht ein Kennzeichen der Offenbarung ist, zeugt die Finsternis von ihrer Abwesenheit[51].

Joh 1,1–5 weisen sich durch ihren Aufbau, die singulären Wendungen (ἐν ἀρχῇ, ὁ λόγος, πρὸς τὸν θεόν[52]) und die angeführten religionsgeschichtlichen Parallelen als Tradition aus. In eine ganz andere
Welt führen die V. 6–8. Auffallend ist zunächst der atl. Sprachstil (vgl.
1Sam 1,1f. LXX: ἄνθρωπος ἦν ... καὶ ὄνομα αὐτῷ ...), der sich in
der engen Verbindung der drei finiten Hauptsätze mit jeweiligem Ne-
bensatz zu einer Satzperiode zeigt[53]. Die zurückweisenden Pronomina
οὗτος und ἐκεῖνος nehmen jeweils die vorhergehende Periode auf, wobei der Finalsatz περὶ τοῦ φωτός in V. 7a in V. 8b wiederholt wird.
Herrschte in V. 1–5 ein hymnischer Redestil vor, so in V. 6–8 Erzählstil!

Der sprachlichen Veränderung entspricht eine neue Erzählebene,
denn nicht mehr vom Prolog im Himmel, sondern von der Geschichte
ist die Rede[54]. Der Übergang von V. 1–5 zu V. 6–8 erscheint sowohl
inhaltlich als auch sprachlich abrupt, während das Thema von V. 6–8
und der Erzählstil in V. 15.19ff. eine Fortsetzung finden. Diese Beobachtungen lassen den Schluß zu, in V. 6–8 einen redaktionellen Einschub des Evangelisten zu sehen[55]. Einmal verbindet er dadurch den
Prolog mit der in V. 19ff. einsetzenden fortlaufenden Erzählung und
macht deutlich, daß der Prolog der Anfang des ganzen Evangeliums
ist. Zugleich erscheint der Prolog als Ursprung der folgenden Darstellung, denn in ihr wird entfaltet, was der Prolog in konzentrierter Sprache und Vorstellungswelt bereits explizit enthält oder andeutet[56]. Darüber hinaus leitet den Evangelisten ein christologisches Interesse, denn
durch das Auftreten des Täufers verweist V. 5 bereits auf V. 14. Das
Wirken des Logos in der Schöpfung zielt für Johannes auf den Christus

---

[51] Vgl. M. Rissi, Logoslieder, 327f.

[52] πρὸς τὸν θεόν nur noch Joh 13,3.

[53] Vgl. M. Theobald, Im Anfang, 21.

[54] Vgl. W. Bauer, Joh, 15.

[55] So z.B. auch J. Wellhausen, Joh, 7f.; W. Bauer, Joh, 14f.; R. Bultmann, Joh, 3;
R. Schnackenburg, Joh I, 226f.; J. Becker, Joh I, 67f.; W. Schmithals, Prolog, 22; Chr.
Demke, Logos-Hymnus; 65f.; J. Blank, Joh I, 70; M. Rissi, Logoslieder, 323; J. Painter,
Prologue, 462; E. Ruckstuhl, Johannesprolog, 448. Nicht überzeugend ist die Vermutung
von E. Haenchen, Joh, 125, der Autor von Joh 21 habe V. 6–8.15 hinzugefügt. Auch P.
Hofrichter, ,Egeneto anthropos', 217.223f, will die Täufereinschübe mit Ausnahme von V.
6ab.8b einer postevangelistischen Redaktion zuweisen. Er meint, ἐγένετο ἄνθρωπος
ἀπεσταλμένος παρὰ θεοῦ habe sich im ursprünglichen Hymnus auf Jesus bezogen.

[56] Vgl. Chr. Demke, Logos-Hymnus, 65f.

incarnatus, die Protologie ist gebunden an die Christologie und Soteriologie[57].

Sprach V. 5 bereits von der Ablehnung des Lichtes durch die Finsternis, so erwähnt V. 9 nur allgemein das heilvolle Leuchten des Lichtes, während V. 10 die Gedanken von V. 5 fortführt: Ablehnung des Lichtes bzw. des Logos durch die Welt und die Seinen. Auch sprachliche Beobachtungen erweisen V. 9 als redaktionellen Übergangsvers[58], denn das Subjekt von V. 9a ist umstritten (φῶς oder λόγος)[59] und die syntaktische Stellung der Wendung ἐρχόμενον εἰς τὸν κόσμον unklar[60]. Nach dem Täufereinschub rekapituliert der Evangelist V. 4f., um so an den Punkt der Vorlage zurückzukehren, an dem er sie verließ[61].

V. 10 und V. 11 sind zwei asyndetisch aneinandergefügte Satzreihen[62], die an die Aussagen von V. 3–5 anknüpfen und sie präzisieren. V. 10a bringt gegenüber V. 5a einen weiterführenden Gedanken, in dieser Prägnanz wurde das Sein des Logos im Kosmos zuvor nicht ausgesagt. V. 10bc nimmt zwei aus V. 3a.5b bekannte Aussagen auf, die aber durch ihre Zusammenstellung einen veränderten Sinn bekommen[63]. Neu gegenüber V. 3–5 ist die Voranstellung der inkarnatorischen Wendung ἐν τῷ κόσμῳ ἦν, die nun die Schöpfungsmittlerschaft des Logos interpretiert[64]. Das Kommen des Logos in die Welt hat bereits in der Schöpfung seinen Ursprung. Die Schöpfung erfährt in der Inkarnation des Logos ihr Ziel, so daß die Ablehnung des Logos durch den Kosmos noch unbegreiflicher wird. Damit erweist sich V. 10c gegenüber V. 5b nicht als Wiederholung, sondern als Steigerung[65].

Ohne eine terminologische Entsprechung in V. 3–5 sind τὰ ἴδια und οἱ ἴδιοι in V. 11. Die Aufnahme des πάντα aus V. 3a durch τὰ ἴδια und die Benennung der Menschen als οἱ ἴδιοι (vgl. V. 4b) ver-

---

[57] Auch ein polemischer Akzent ist in V. 6–8 enthalten, vgl. J. Painter, Prologue, 468 f.

[58] So auch E. Käsemann, Komposition und Anliegen, 167; Chr. Demke, Logos-Hymnus, 58; S. Schulz, Joh, 23 f.; M. Rissi, Logoslieder, 323 f.; R. E. Brown, Joh I, 9 f.; J. Becker, Joh I, 71; U. B. Müller, Geschichte der Christologie, 14; M. Theobald, Im Anfang, 23; W. Schmithals, Prolog, 25; J. Painter, Prologue, 462. Zur Vorlage rechnen V. 9 z. B. R. Bultmann, Joh, 31 f.; R. Schnackenburg, Joh, 231 (ohne V. 9c); E. Haenchen, Joh, 126 f.

[59] Vgl. zur Diskussion der Möglichkeiten M. Theobald, Im Anfang, 22.

[60] Vgl. M. Theobald, Im Anfang, 22 f.

[61] Vgl. Chr. Demke, Logos-Hymnus, 58.

[62] Vgl. Chr. Demke, a.a.O., 57.

[63] Vgl. M. Theobald, Im Anfang, 51.

[64] Dies verkennen R. Schnackenburg, Joh I, 232; J. Becker, Joh I, 69; U. B. Müller, Geschichte der Christologie, 14, die V. 10b bzw. den ganzen V. 10 für redaktionell halten.

[65] Diese Beobachtungen sprechen entscheidend gegen W. Eltester, Der Logos und sein Prophet, 129; W. Schmithals, Prolog, 25 f., die V. (9) 10 f. lediglich als Wiederholung von V. 3–5 werten und diese Verse nicht als traditionell ansehen.

deutlichen noch einmal, daß im Logos alles Sein Ursprung und Leben hat und dennoch gilt: αὐτὸν οὐ παρέλαβον[66].

V. 12 schließt mit einem adversativen δέ an V. 11 an, wobei ἔλαβον αὐτόν in V. 12a das αὐτὸν οὐ παρέλαβον aus V. 11b aufnimmt. Das Dativobjekt des Hauptsatzes (αὐτοῖς) wird mit zwei Relativsätzen (V. 12a.13) und einer nachklappenden Partizipialkonstruktion erläutert (V. 12c)[67]. Nur wenige[68] nahmen den Logos an (vgl. Spr 1,20–33; Bar 3,9–37; Sir 6,20–22; Weish 7,27; NHC XIII 50,15 f.) und erhielten die Gabe der Gotteskindschaft. Auf dieser soteriologischen Aussage liegt das Gewicht in V. 12ab[69], der wie V. 5a vom heilvollen Wirken des λόγος ἄσαρκος spricht.

Wird V. 12ab zumeist der Tradition zugerechnet[70], so besteht über den redaktionellen Charakter von V. 12c.13 ein breiter Konsens[71]. Die Gründe dafür sind: 1. πιστεύειν εἰς τὸ ὄνομα αὐτοῦ ist im Gegensatz zu τέκνα θεοῦ γένεσθαι eine typisch joh. Wendung[72]. 2. In V. 12c liegt eine ‚Metareflexion‘ zu V. 12ab vor, die das αὐτοῖς in V. 12b näher bestimmt und zudem anders als die Vorlage vom Glauben an den λόγος ἔνσαρκος spricht[73]. 3. V. 13 ist in Prosa abgefaßt. 4. Die Entschränkung eines jüdischen Heilspartikularismus zugunsten eines Heilsuniversalismus der Glaubenden geht auf den Evangelisten Johannes zurück (vgl. Joh 4,1–42; 8,41 ff.).

In V. 14a zieht zunächst das vorangestellte καί die Aufmerksamkeit auf sich[74]. Die Versteile 14ab sind durch das gemeinsame Subjekt ὁ λόγος verbunden, während das neue Subjekt in V. 14c das ἡμῖν aus V. 14b aufnimmt. Das Objekt τὴν δόξαν αὐτοῦ in V. 14c wird in V. 14de erläutert.

---

[66] Vgl. Chr. Demke, Logos-Hymnus, 59.

[67] Vgl. M. Theobald, Im Anfang, 24.

[68] Vgl. W. Bauer, Joh, 21.

[69] So richtig M. Theobald, Im Anfang, 24.

[70] Vgl. R. Bultmann, Joh, 36 A 1 (mit Ausnahme von ἐξουσία); E. Käsemann, Aufbau und Anliegen, 167 f. (der gesamte V. 12 bildet den Abschluß der Vorlage); U. B. Müller, Geschichte der Christologie, 18 (V. 12ab Abschluß der Vorlage); Chr. Demke, Logos-Hymnus, 59 f.; S. Schulz, Joh, 16 (V. 12ab Abschluß der Vorlage); H. M. Schenke, Christologie, 100; M. Theobald, Im Anfang, 88 f.; W. Schmithals, Prolog, 31. Anders R. Schnackenburg, Joh, 237, der V. 12 dem Evangelisten zuweist, während E. Haenchen, Probleme, 138, V. 12 f. dem postevangelistischen Ergänzer zuschreibt.

[71] Vgl. R. Bultmann, Joh, 37 f.; R. Schnackenburg, Joh I, 238 f.; S. Schulz, Joh, 16; J. Becker, Joh I, 71; U. B. Müller, Geschichte der Christologie, 13; R. E. Brown, Joh I, 10 ff.; M. Rissi, Logoslieder, 329 ff.; J. Painter, Prologue, 461.

[72] Vgl. H. Zimmermann, Christushymnus, 257.

[73] Vgl. W. Schmithals, Prolog, 30. Anders jedoch P. Hofrichter, Nicht aus Blut, 33 ff., der V. 13 zum ursprünglichen Textbestand rechnet, aber ohne einleitendes Pronomen und im Singular (οὐκ ἐξ αἱμάτων … ἐγεννήθη). Logisches Subjekt von V. 13 soll der irdische Offenbarer sein.

[74] Vgl. M. Theobald, Im Anfang, 25.

V. 14 gehört in seinem Grundbestand zur joh. Tradition: 1. V. 14 nimmt das absolute ὁ λόγος aus V. 1 auf. 2. Die Fleischwerdung stellt einen thematischen Neueinsatz dar. 3. In V. 14 finden sich Hapaxlegomena: σκηνοῦν, χάρις (auch V. 16.17); πλήρης. Zudem erscheint θεᾶσθαι in Verbindung mit δόξα nur in V. 14c[75]. 4. V. 15 ist ein literarischer Einschub zwischen die V. 14 und 16, der inhaltlich und formal an V. 6–8 anknüpft. 5. V. 14 weist einen bekenntnishaften Stil auf. 6. Die motivgeschichtliche Parallele im Weisheitsmythos in Sir 24,8 (die σοφία schlägt in Israel ihr Zelt auf) zeigt die Inkarnationsvorstellung als natürlichen Bestandteil des Textes. 7. Erst in V. 14 wird das Schicksal des Logos endgültig beschrieben und mit der Wendung ἐθεασάμεθα τὴν δόξαν αὐτοῦ das soteriologische Ziel des gesamten Geschehens angegeben. Somit erweist sich V. 14 als ein integraler Bestandteil der Tradition[76], der weder einem vorredaktionellen Zuwachs[77] oder dem Evangelisten[78] noch einer postevangelistischen Redaktion zuzuschreiben ist[79].

Mit dem Subjekt ὁ λόγος knüpft V. 14a bewußt an V. 1 an und betont, daß die folgenden Aussagen von dem im Anfang bei Gott weilenden Logos handeln. Das Verbum γίνομαι in Verbindung mit einem Prädikatsnomen bringt einen Wandel bei einer Person oder Sache zum Ausdruck. Es handelt „von Personen oder Sachen, die ihre Eigenschaft verändern, um das Eintreten des neuen Zustandes zu bezeichnen: zu etwas werden"[80]. Auch im JE bezeichnet σάρξ den geschöpflichen Menschen aus Fleisch (vgl. Joh 1,13; 3,6; 6,51.52.53.54.55.56.63; 8,15; 17,2) und Blut, die ‚pure

---

[75] Vgl. H. Zimmermann, Christushymnus, 257; Y. Ibuki, Lobhymnus, 150 A 5.

[76] V. 14 halten u. a. für traditionell (zumeist mit der Annahme redaktioneller Teilabschnitte am Versende): R. Bultmann, Joh, 3f. (1923 sah Bultmann in V. 14 noch eine Bildung des Evangelisten, vgl. ders., Der religionsgeschichtliche Hintergrund, 33f.); R. Schnackenburg, Joh I, 202f.; J. Schneider, Joh, 60ff.; W. Schmithals, Prolog, 21f. H. Zimmermann, Christushymnus, 254; M. Theobald, Im Anfang, 89f., halten V. 14a für redaktionell und V. 14b–e für traditionell, wofür sie keine überzeugenden Argumente anführen können.

[77] Vgl. U. B. Müller, Geschichte der Christologie, 20; J. Becker, Joh I, 71.

[78] Vgl. E. Käsemann, Aufbau und Anliegen, 168ff.; S. Schulz, Joh, 16; H. M. Schenke, Christologie, 227. H. Thyen, FB (ThR 39), 241ff. (bes. 248), schreibt V. 14–18 seinem ‚Evangelisten' (= Autor von Joh 21) zu. Chr. Demke, Logos-Hymnus, 61ff., hält V. 14 und 16 für ein vom Evangelisten bearbeitetes Traditionsstück, das nicht ursprünglich zum Logos-Hymnus gehörte. Ähnlich J. Painter, Prologue, 466ff., der in V. 14e.16–17 eine ‚hellenistische' Addition auf vorjoh. Ebene zu einem V. 1–5.10–12b.14a–c umfassenden Sophiahymnus sieht. P. Hofrichter, ‚Egeneto anthropos', 215ff., erblickt in V. 14e–17 eine ‚deuteropaulinisch-kleinasiatische' Erweiterung. M. Rissi, Logoslieder, 323ff., unterscheidet in Joh 1,1–18 zwischen zwei eigenständigen Logoshymnen (1. Hymnus: V. 1–5.10ac.11.12b; 2. Hymnus: V. 14.16.17). Dagegen ist die offensichtlich ursprüngliche Korrespondenz zwischen V. 1 und V. 14 und die auf V. 14 zulaufende Aussagetendenz der V. 1–13 geltend zu machen.

[79] Vgl. G. Richter, Fleischwerdung des Logos, 169 u. ö. (antidoketische Redaktion).

[80] W. Bauer, WB 316; vgl. auch Liddell-Scott (s. v. γίνομαι, II 1).

Menschlichkeit'[81], so daß σὰρξ ἐγένετο in V. 14a nicht nur als ‚Berührung mit dem Irdischen'[82], „unabdingsbare(s) Mindestmaß der Ausstattungsregie"[83] oder bloßes Kommunikationsmittel zwischen Himmel und Erde aufgefaßt werden kann. Es benennt vielmehr eine Veränderung des Logos; er ist nun, was er zuvor nicht war: wahrer und wirklicher Mensch. Das Ereignis der Fleischwerdung des präexistenten Logos beinhaltet gleichermaßen eine Identitäts- und Wesensaussage, denn mit den übereinstimmenden Subjekten in V. 14a und V. 1 verbindet sich die Wesensaussage über das wahre Menschsein Jesu. Der Mensch Jesus ist göttlicher Offenbarer, der sich selbst als Botschaft bringt. Betont καὶ ὁ λόγος σὰρξ ἐγένετο die reale Fleischwerdung des Gottessohnes, drückt es die grundlegende Veränderung des Wesens des Logos unter Wahrung seiner göttlichen Identität prägnant aus, dann kann V. 14a nicht Ausdruck eines ‚naiven Doketismus' sein, sondern muß dezidiert antidoketisch verstanden werden[84]. Die volle Menschwerdung des Offenbarers ist für Doketen unannehmbar, und als bewußte Polemik gegen Doketen ist deshalb V. 14a auf der Ebene der Tradition und des Evangelisten zu interpretieren.

V. 14b verschärft in einem weiterführenden Parallelismus V. 14a[85], denn er betont die leibhaftige Gegenwart des präexistenten Logos unter den Menschen. Der Logos wurde nicht nur Mensch, sondern lebte als Mensch ‚unter uns', was durch den Kreis der ersten Zeugen von Andreas bis Thomas bestätigt wird. Das Verb σκηνοῦν erinnert nicht so sehr an das Zelt als Wohnort Gottes (vgl. Ex 33,9–11), sondern hat im ‚Zelten' der Sophia seine nächsten Parallelen (vgl. Sir 24,4.8; Hen 42,2; Ps 19,4; Bar 3,38; vgl. ferner NHC XIII 47,14f.[86]. Hier bezeichnet σκηνοῦν den vergänglichen Menschenleib[87] (vgl. Weish 9,15; 2Kor

---

[81] Vgl. R. Bultmann, Joh, 40.

[82] Vgl. E. Käsemann, Jesu letzter Wille, 28.

[83] Ebd.

[84] Vgl. R. Bultmann, Joh, 38ff.; R. Schnackenburg, Joh I, 151.243f.; W. Bousset, Kyrios Christos, 262; W. Bauer, Joh, 23; G. Bornkamm, Interpretation, 117; R. E. Brown, Joh I, 31f.; O. Cullmann, Der johanneische Kreis, 65; G. Richter, Fleischwerdung des Logos, 155; H. Thyen, FB (ThR 39), 227f. (Richter und Thyen erblicken eine antidoketische Tendenz allerdings erst bei ihrer postevangelistischen ‚Redaktion'). Anders z. B. J. Becker, Joh I, 77; M. Rissi, Logoslieder, 332 A 55; M. Theobald, Im Anfang, 55; L. Schottroff, Der Glaubende, 276f.; P. Hofrichter, Nicht aus Blut, 136 A 1 (er meint, V. 14a–d repräsentiere „eine noch unangefochtene ‚kenotische' Christologie"). Wie in späteren gnostischen Kreisen die Inkarnationsvorstellung interpretiert wurde, zeigen K. M. Fischer, Der johanneische Christus, 262–264; P. Pokorný, Der irdische Jesus, 220f.

[85] Vgl. J. Jeremias, Prolog, 9f.; W. Wilkens, Zeichen und Werke, 131; G. Richter, Fleischwerdung des Logos, 156f.; H. Thyen, FB (ThR 39), 230.

[86] Zur Analyse dieses Textes vgl. J. M. Robinson, Sethians and Johannine Thought, 659f.

[87] Vgl. W. Bauer, Joh, 24.

5,1.4; 2Petr 1,13.14), so daß V. 14b eine Steigerung der Inkarnationsaussage in V. 14a darstellt[88].

Das Schauen der δόξα des inkarnierten Logos durch die Glaubenden[89] in V. 14c ist ein Höhepunkt des Prologs. Gerade in der Fleischwerdung offenbart der präexistente Logos seine Herrlichkeit. Gilt das Sehen der Doxa dem σάρξ γενόμενος, so formuliert das joh. Christentum hier sein grundlegendes Bekenntnis: In Jesus von Nazareth wurde Gott Mensch, ging der Logos in das Fleisch ein. Wer dies erkennt und in das Bekenntnis der Gemeinde einstimmt, dem offenbart sich die Doxa des Präexistenten, und er erhält Anteil am Heilswerk des Sohnes Gottes.

Δόξα als Bezeichnung der Epiphanie der Gottheit knüpft möglicherweise an atl. Theophanietraditionen an (vgl. Ex 16,10; 24,16f.; 33,18f.; 40,34f. u.ö.). Weitaus aufschlußreicher ist jedoch Weish 7,25, wo es über die Sophia heißt καὶ ἀπόρροια τῆς τοῦ παντοκράτορος δόξης εἰλικρινής. Von der Doxa der Weisheit ist auch in Weish 9,11 die Rede: καὶ φυλάξει (sc. σοφία) με ἐν τῇ δόξῃ αὐτῆς.

Das Objekt in V. 14c τὴν δόξαν αὐτοῦ erfährt durch V. 14de eine Erläuterung. Die erste Apposition gilt vielfach als Hinzufügung des Evangelisten[90], wofür die überfrachtete Konstruktion (der Anschluß von πλήρης ist unklar)[91], das joh. μονογενής (Joh 1,18; 3,16.18; 1Joh 4,9) und das ungewöhnliche παρὰ πατρός sprechen. Mit μονογενής[92] (vgl. Weish 7,22) erhält die Doxa des präexistenten Logos eine qualitative Näherbestimmung. Sie ist die Doxa des einziggeborenen Sohnes, wodurch das besondere Verhältnis zwischen Vater und Sohn, das Außerordentliche und Unvergleichbare dieser Doxa betont wird. Die Wendung χάρις καὶ ἀλήθεια in V. 14e greift wahrscheinlich das atl. חסד ואמת auf (vgl. bes. Ex 34,6)[93]. Benennt δόξα das Wesen der Gottheit, so erweisen auch χάρις und ἀλήθεια als Bezeichnungen des Gnadenreichtums und der wahren Gotteserkenntnis die Göttlichkeit des inkarnierten Logos.

Fast einhellig wird V. 15 wie V. 6–8 als redaktioneller Zusatz des Evangelisten angesehen[94]. Vom unmittelbaren Kontext unterscheidet sich dieser Vers durch einen Subjekt- (V. 14.16: ‚wir‘, V. 15: Johannes) und Tempuswechsel (V. 14.16: Aorist, V. 15: Präsens). V. 15 unterbricht in

---

[88]   Gegen E. Käsemann, Aufbau und Anliegen, 174, der V. 14b lediglich als „Epiphanie des Schöpfers auf Erden" versteht.

[89]   Zu Recht lehnt R. Bultmann, Joh, 45f., eine Beschränkung des ‚Wir‘ auf die Augenzeugen an dieser Stelle ab.

[90]   Vgl. R. Schnackenburg, Joh I, 246f.; U. B. Müller, Geschichte der Christologie, 16f.; J. Becker, Joh I, 70; M. Theobald, Im Anfang, 92.

[91]   Nach W. Bauer, Joh, 26, schließt es an αὐτοῦ an.

[92]   Zu μονογενής vgl. W. Bauer, Joh, 25f.

[93]   So fast alle Exegeten; vgl. aber die gewichtigen Gegenargumente bei W. Bauer, Joh, 26f.

[94]   Vgl. nur R. Bultmann, Joh, 3; R. Schnackenburg, Joh I, 249.

erzählender Prosa den Gedankengang und führt die bereits in V. 8 anklingende Täuferpolemik fort: Der Inkarnierte steht über dem Täufer, weil er in Wirklichkeit bereits vor ihm existierte[95].

Der mit einem ὅτι-recitativum einsetzende V. 16 greift durch die Stichwortverbindung πληρώματα/πλήρης auf V. 14 zurück[96]. Nachdrücklich werden die Erfahrung des epiphanen Logos durch die Glaubenden und die Heilsdimension der Inkarnation (χάριν ἀντὶ χάριτος) betont. Das Subjekt von V. 14 erfährt durch ἡμεῖς πάντες eine Erweiterung und Präzisierung: Keineswegs nur die ‚Augenzeugen‘, sondern die glaubende Gemeinde ist Zeuge des Heilsgeschehens. Somit kann V. 16 nicht als bloße redaktionelle Wiederholung von V. 14 angesehen werden[97], denn V. 16 variiert und präzisiert zugleich; er knüpft an V. 14 an, führt aber durch das Subjekt über V. 14 hinaus[98]. Zudem wäre die Stellung von V. 15 kaum zu erklären, wenn auch V. 16 auf den Evangelisten zurückginge[99].

Der antithetisch aufgebaute V. 17[100] schließt mit einem begründenden ὅτι an V. 16b an und erläutert das Stichwort χάρις. V. 17 proklamiert den Absolutheitsanspruch der Offenbarung Gottes in Jesus Christus und relativiert die heilsmittlerische Funktion des Mose, die er auf die bloße Übergabe des Gesetzes beschränkt. Gründen sowohl die Gesetzesübergabe als auch Gnade und Wahrheit in einem Akt Gottes, so stehen doch die ‚Mittler‘ Mose und Jesus in einem strikten Gegensatz. Der Akzent des Verses liegt in V. 17b auf dem an V. 14e anknüpfenden Wortpaar ἡ χάρις καὶ ἀλήθεια. Erhielt Mose lediglich das Gesetz, so sind durch Christus Gnade und Wahrheit in der glaubenden Gemeinde Wirklichkeit geworden. Allein in der Inkarnation des Logos offenbart sich die göttliche Gnadenwirklichkeit, wodurch das Mosegeschehen zum bloßen Übergabeakt degradiert wird[101]. Das vom Kontext her überraschende Thema von V. 17 weist auf den Evangelisten als Verfasser, der am Ausschließlichkeitscharakter und Absolutheitsanspruch des Christusgeschehens durchgehend interessiert ist[102].

---

[95] Vgl. R. Schnackenburg, Joh I, 249f.

[96] Vgl. Chr. Demke, Logos-Hymnus, 61f.

[97] Gegen W. Schmithals, Prolog, 27, der den gesamten V. 16 dem Evangelisten zuschreibt. H. Zimmermann, Christushymnus, 257; M. Theobald, Im Anfang, 93f. halten ohne ausreichende Begründung lediglich ἡμεῖς πάντες für redaktionell.

[98] Vgl. U. B. Müller, Geschichte der Christologie, 18.

[99] Der Evangelist hätte dann V. 15 künstlich als Einschub stilisiert, um mit V. 16 wieder an V. 14 anzuknüpfen!

[100] Zur Interpretation von V. 17 vgl. den Abschnitt 1.3.

[101] Vgl. M. Theobald, Im Anfang, 61f.

[102] Für redaktionell halten V. 17: R. Bultmann, Joh, 53; R. Schnackenburg, Joh I, 252; Chr. Demke, Logos-Hymnus, 63; M. Theobald, Im Anfang, 94f. Für Tradition plädieren hingegen E. Haenchen, Probleme, 132f.; H. Zimmermann, Christushymnus, 20; W. Schmithals, Prolog, 27f.

Betonte V. 1 die Gleichursprünglichkeit des Logos mit Gott hinsichtlich seines vorweltlichen Seins, so V. 18 die Einzigartigkeit der Offenbarung Gottes in Jesus Christus, die nun im Evangelium ihre Entfaltung findet. Dadurch erweist sich V. 18 als Übergangsvers, der die Aussagen des Prologs auf die folgende Darstellung der Geschichte Jesu Christi appliziert: Was sich in den Taten, Reden und dem Leiden Jesu Christi vollzieht, entsprach von Anfang an dem Willen Gottes. Die Exklusivität des Christusgeschehens ist somit auf zweifache Weise gesichert, denn allein Jesus Christus vermag Kunde von Gott zu geben, und seine Offenbarung liegt begründet im uranfänglichen Sein des Logos bei Gott[103]. Die überleitende Funktion, das typisch joh. Thema der ausschließlichen Gottesoffenbarung in Jesus Christus (vgl. Joh 5,37; 6,46; 16,28) und die Sprachgestalt des Verses (μονογενής, ἐκεῖνος) lassen ihn als Bildung des Evangelisten erkennen[104].

Formgeschichtlich kann die rekonstruierte vorjoh. Tradition als Hymnus bezeichnet werden, sofern das Charakteristikum eines Hymnus das „rühmende, lobpreisende Aufzählen der Taten oder Eigenschaften einer Gottheit"[105] ist. Auch die zahlreichen inhaltlichen und terminologischen Übereinstimmungen mit anderen hymnischen Texten im Neuen Testament legen diese Klassifizierung nahe (vgl. Kol 1,11; Hebr 1,3; 1 Petr 1,25; Eph 1,6.12; Apk 1,6: δόξα, Kol 1,19; Eph 1,10: πλήρωμα, Eph 1,6.7: χάρις)[106]. Der Hymnus besteht aus Zwei- und Dreizeilern in lockerer Reihenfolge, ohne daß eine dominierende metrische Form nachzuweisen wäre[107]. Kennzeichnend ist der Gebrauch von ὁ λόγος am Anfang der beiden unterschiedlich langen Strophen und der Übergang vom Er-Stil zum Wir-Stil (vgl. dazu Eph 1,3 ff.; 2,14–16; Kol 1,13 ff.; 2,13–15; Apk 1,5 f.; 5,9–10; 7,10.12; 11,15.17 f.; 19,1.5). Beschreibt die erste Strophe das Sein des Logos bei Gott, seine Schöpfungsmittlerschaft und sein Wirken als λόγος ἄσαρκος im Kosmos, so artikuliert sich in der zweiten Strophe das Bekenntnis der christlichen Gemeinden zur Doxa des Inkarnierten. Der direkten, unmittelbaren Darstellung des Heilsgeschehens korrespondiert das Bekenntnis der Glaubenden (vgl. Phil 2,6–9.10–11).

---

[103] Vgl. M. Theobald, Im Anfang, 48 f. Die Korrespondenz zwischen V. 1 und V. 18 betont besonders I. de la Potterie, Prologue, 375.

[104] Dem Evangelisten weisen V. 18 zu: R. Bultmann, Joh, 53 f. A 5; R. Schnackenburg, Joh I, 253; E. Haenchen, Joh, 131; Chr. Demke, Logos-Hymnus, 61.67; J. Becker, Joh I, 70; U. B. Müller, Geschichte der Christologie, 13.15; K. Wengst, Christologische Formeln, 204; M. Rissi, Logos-Lieder, 331; M. Theobald, Im Anfang, 95; W. Schmithals, Prolog, 30. Zur Vorlage rechnen V. 18 H. Gese, Johannesprolog, 170 f.; P. Hofrichter, ‚Egeneto anthropos‘, 222.231 f.

[105] R. Deichgräber, Gotteshymnus, 22. K. Wengst, Christologische Formeln, 205, klassifiziert den Prolog als ‚Lied‘; J. Jeremias, Prolog, 8, als Psalm; P. Hofrichter, Im Anfang, 41, als ‚Bekenntnistext‘.

[106] Gegen J. Jeremias, Prolog, 9 f., für den der Prolog im ‚Stufenparallelismus‘ abgefaßt ist.

[107] Vgl. Y. Ibuki, Lobhymnus, 154 A 45; R. Deichgräber, Gotteshymnus, 45 f.; K. P. Jörns, Das hymnische Evangelium, 17–19.

5.3 Interpretation

Die von Johannes aufgenommene Tradition ist nicht vom christologischen ‚Wegschema' (vgl. Joh 16,28 u. ö.; Phil 2,6–11)[108], sondern von der Präexistenzvorstellung bestimmt: Jesus Christus als der eine Logos Gottes erscheint in seiner uranfänglichen Gottgleichheit und seinem Schöpfungswirken. Implizit wird der Logos mit der Weisheit Gottes identifiziert. Er enthält in sich die Fülle des Lebens und ist das Licht. In ihm offenbart sich der ursprüngliche Schöpfungswille Gottes, allein die Zuwendung zum Logos ermöglicht schöpfungsgemäßes Leben als Kinder Gottes. In der zweiten Strophe des Hymnus bekennt die Gemeinde die Offenbarung der Herrlichkeit, Gnade und Wahrheit im fleischgewordenen Logos Jesus Christus. Sie weiß sich getragen und bestimmt von der ihr verliehenen Lebensfülle des Logos.

Für den Evangelisten hat der Prolog die Funktion eines programmatischen Eröffnungstextes[109]. Sowohl seine Stellung als auch die vom Evangelisten eingearbeiteten Metareflexionen legen diese Klassifizierung nahe. Am Anfang des Evangeliums dient der Prolog als Lektüreanweisung für den Leser, indem er das vom Evangelisten beabsichtigte Verständnis des Folgenden prägnant formuliert. Durch die Metareflexionen in V. 12c.13.17.18 erweitert Johannes das Aussagespektrum seiner Vorlage. Das Christusgeschehen hat für ihn universale Züge, es entschränkt jeden Heilspartikularismus und muß als einzigartige Auslegung Gottes verstanden werden. Durch die Täufereinschübe erscheint auch der Prolog als ein geschichtlicher Bericht, und das Evangelium insgesamt ist nichts anderes als die Darstellung der Geschichte jenes im Anfang bei Gott seienden Logos[110]. Zudem führen die Täufereinschübe zu einer christologischen Konzentration, denn nun bezieht sich φαίνει in V. 5 bereits auf die Fleischwerdung des Logos und bereitet die thematische Inkarnationsaussage in V. 14 vor. Auch in V. 17.18 wird die christozentrische Interpreta-

---

[108] Vgl. J. Becker, Joh I, 77.

[109] Vgl. J. D. G. Dunn, Let John be John, 334: „The Fourth Evangelist really did intend his Gospel to be read through the window of the prologue." P. Hofrichter, Im Anfang, 15 ff., kehrt das Verhältnis Prolog – Evangelium um und sieht im Evangelium nichts anderes als einen nach und nach gewachsenen Kommentar zum Prolog. Als völlig hypothetisch ist Hofrichters These abzulehnen, das von ihm rekonstruierte Logosbekenntnis (vgl. a.a.O., 76f.) sei von den syn. Evangelien, der Apg, Paulus und den Deuteropaulinen benutzt worden (vgl. a.a.O., 239ff.) und ein Großteil der ntl. Theologie habe „in der interpretativen Ausfaltung des Logosbekenntnisses" (a.a.O., 305) seine Grundlage. Die von Hofrichter für diese These beigebrachten Belege sind naturgemäß minimal und werden notwendigerweise tendenziös interpretiert.

[110] Vgl. Y. Ibuki, Offene Fragen, 111ff. P. v. d. Osten-Sacken, Der erste Christ, 163ff., sieht in den Täufereinschüben sogar das Zentrum des Prologs, denn sie bezeugten die Identität des präexistenten Logos mit dem Menschen Jesus.

tion des Evangelisten sichtbar. Nur in V. 17 erscheint innerhalb des Prologs der Name Jesus Christus, und V. 18 unterstreicht, daß allein Jesus Kunde von Gott bringen kann.

Höhepunkt des Prologs ist für den Evangelisten wie schon für seine Tradition die Inkarnationsaussage in V. 14[111]. Der durch das vorangestellte καί und die Wiederaufnahme von ὁ λόγος markierte Neueinsatz, das ‚Wir‘ der bekennenden Gemeinde und die hier erstmals erscheinenden soteriologischen Zentralbegriffe δόξα, χάρις und ἀλήθεια belegen die zentrale Stellung des Verses. In der Fleischwerdung des präexistenten Gottessohnes und der dadurch ermöglichten Heilsschau der glaubenden Gemeinde gelangen das anfängliche Sein des Logos bei Gott und die Schöpfung insgesamt an ihr Ziel. V. 14a zeigt semantisch sehr genau eine Veränderung des Logos an, wobei σάρξ nicht nur als belanglose Vorfindlichkeit oder notwendiges Medium verstanden werden kann[112]. Der gottgleiche, beim Vater von Anfang an weilende Logos Jesus Christus wurde vielmehr wahrhaftig Mensch, ging real in das Fleisch ein, so daß Fleisch meint: „Weltlich – Menschliches, Sichtbares und Greifbares, Begrenztes und Substantielles, Anfälliges und Hinfälliges.“[113] Die Wendung ἐθεασάμεθα τὴν δόξαν αὐτοῦ hebt diese antidoketische Aussage keineswegs auf, denn es ist die Schau der Doxa des Inkarnierten! V. 14 bildet eine theologische Einheit, bei der die einzelnen Aussagen nicht in einem Spannungs- oder Konkurrenzverhältnis stehen, sondern eine Bewegung von der Fleischwerdung als Grund des Heils hin zur Schau der Doxa als Gegenwart der Gnade und Wahrheit beschreiben.

---

[111] Gegen K. Haacker, Stiftung, 35, der in V. 17 den Höhepunkt des Prologs erblickt.
[112] Gegen L. Schottroff, Der Glaubende, 274.
[113] H. Schlier, Im Anfang, 281.

6. Die Stellung des Evangeliums in der johanneischen Schule

Die in den vorausgegangenen Exegesen nachgewiesene antidoketische Tendenz zentraler Bereiche joh. Christologie läßt das 4. Evangelium in wesentlichen Partien als Reaktion auf doketische Christologie erscheinen[1]. Die Johannesbriefe beschränken sich auf Polemik und Verteidigung des rechten Bekenntnisses, während sich im Evangelium eine umfassende theologische Bewältigung des Doketismus findet[2]. Ist der Konflikt mit den doketischen Gegnern der methodisch einzig sichere Ausgangspunkt, um die zeitliche Reihenfolge zwischen dem 1Joh und dem JE zu bestimmen[3], so kommt dem 1Joh die zeitliche Priorität zu, denn das Evangelium setzt die akute Auseinandersetzung des Briefes offensichtlich bereits voraus und verarbeitet sie theologisch. In der breit angelegten und grundsätzlichen Argumentation des Evangelisten gegen eine doketische Christologie zeigt sich ein zeitlicher und sachlicher Abstand zum in der akuten Kontroverse verharrenden 1Joh. Der Brief benennt das Problem, eine theologische Antwort findet sich aber erst im Evangelium.

Die Notwendigkeit einer theologisch fundierten Abwehr des Doketismus ergibt sich aus den Konsequenzen dieser Christologie. Indem die Doketen den geschichtlichen Jesus von Nazareth in eine δόκησις auflösten und seine οὐσία leugneten, konnten sie vordergründig an Kreuz und Auferstehung festhalten, ohne die soteriologische Bedeutung dieses Geschehens zu akzeptieren. Dem Doketismus eignet ein rationalistischer Zug, denn sein auf dem Hintergrund des platonischen Gegensatzes δοκεῖν – εἶναι[4] entwickelter Monophysitismus betont ausschließlich die

---

[1] Zum antidoketischen Charakter des JE vgl. auch E. C. Hoskyns, Joh, 48–57; B. Lindars, Joh, 61–63; E. Schweizer, Jesus, der Zeuge Gottes, passim. Anders P. Hofrichter, Nicht aus Blut, 155 ff., der eine antidoketische Ausrichtung des JE bestreitet und meint, es kämpfe auf dem Hintergrund des 1Joh gegen eine ‚dualistische Tauftheologie‘.

[2] Vgl. P. Weigandt, Doketismus, 107.

[3] Vgl. den Abschnitt 2.2.2.2.

[4] Vgl. Plat, Resp 2 361b.362a u. ö., vgl. ferner Epict, Diss II 11,15; IV 6,24. P. Weigandt, Doketismus, 29ff.148; A. Grillmeier, Jesus der Christus, 189 A 157, betonen zu Recht den griechischen Hintergrund des Doketismus. Speziell die platonische Wirklichkeitsauffassung dürfte den Doketismus beeinflußt haben, denn für sie ist das eigentliche Sein das geistig, ideelle Sein (οὐσία, ὄντως ὄν, ὃ ἔστιν ὄν), während die Welt der Wahrnehmungen (aus der Sicht der Doketen das leibliche Sein Jesu Christi) dem Schein (δόξα, δοκεῖν) unterworfen ist. Gegen N. Brox, „Doketismus", 314, der meint, der frühe Doketismus

Gottheit des Erlösers, nimmt aber zugleich in einer entwertenden Form das geschichtliche Auftreten Jesu von Nazareth auf. Die Paradoxie des ὁ λόγος σὰρξ ἐγένετο war für die Doketen denkunmöglich, weil der Erlöser keine reale Verbindung mit der Materie eingehen kann; seine ‚Substanz‘ ist dem irdischen Auftreten nach ‚Substanzlosigkeit‘. Für den Evangelisten ist hingegen die Identität des geschichtlichen Jesus von Nazareth mit dem erhöhten Christus aufs engste verknüpft mit der Identität des christlichen Glaubens überhaupt, denn nur wenn der Erlöser wirklich Mensch wurde, bringt er den Menschen die Erlösung. An der Menschlichkeit und Geschichtlichkeit Jesu bis zu seinem Tod am Kreuz muß aus der Sicht des 4. Evangelisten festgehalten werden, wenn das Kerygma Menschen in ihrer geschichtlichen Situation treffen und zum Glauben führen soll. Der Glaube ist nur in der Form der Paradoxie denkbar und vor allem auf der Ebene der Anthropologie sagbar. Der Evangelist stand somit vor der schwierigen Aufgabe, der Plausibilität und Anziehungskraft der doketischen Christologie sein Konzept des spannungsvollen Ineinander von Menschheit und Gottheit Jesu Christi entgegenzustellen.

Als Ausdruck dieses Bemühens muß schon die von Johannes gewählte Gattung ‚Evangelium‘ verstanden werden. Kaum zufällig verfaßte der Evangelist weder eine Spruchsammlung (vgl. EvThom) noch ein Offenbarungstraktat (vgl. AJ)[5], sondern entschied sich für eine Gattung, bei der die Darstellung des Lebens und Wirkens des geschichtlichen Jesus von Nazareth aus nachösterlicher Perspektive konstitutiv ist. Die vorhandenen Unterschiede zu den Synoptikern dürfen nicht darüber hinwegtäuschen, daß auch im 4. Evangelium der ‚vita Jesu‘ eine grundlegende Bedeutung zukommt. Eingebunden in den Rahmen von Präexistenz- und Erhöhungsvorstellung werden die Taten und Reden Jesu vom Täuferzeugnis und der Jüngerberufung bis hin zum Kreuzestod geschildert. Die das gesamte Evangelium durchziehenden Passionsverweise und die wiederholten Betonungen der Menschlichkeit Jesu[6] zeigen ebenfalls, daß Johannes nicht nur in mythischer Form ein Offenbarungsgeschehen beschreiben, sondern den Offenbarungsweg des *Inkarnierten* darstellen wollte. Am Kreuz gelangt die Offenbarung an ihr Ziel (Joh 19,30: τετέλεσται), vollendet sich der Weg des geschichtlichen Jesus. Der Evangelist schuf sein Evangelium nicht unabhängig von Markus auf der Basis einer vermuteten ‚Semeia-Quelle‘ bzw. eines ‚Zeichenevangeliums‘, sondern

---

resultiere aus „dem judenchristlichen Bemühen um die Intaktheit des (jüdischen) Monotheismus“.

[5] Vgl. J. D. G. Dunn, Let John be John, 339.

[6] Vgl. P. Pokorný, Der irdische Jesus im Johannesevangelium, 221–225, der zeigt, daß auch die Ego-Eimi-Worte keineswegs durchgehend im Sinn einer Herrlichkeitschristologie interpretiert werden dürfen.

verarbeitete in Kenntnis der Gattung ‚Evangelium‘[7] vor allem heterogene Einzeltraditionen der joh. Schule. Dabei leitete ihn das Ziel, den Glauben an Jesus Christus zu wecken und zu bewahren (Joh 20,31). Gilt für die Evangelienschreibung insgesamt, daß sie auf dem Hintergrund christologischer Debatten über die Legitimität verschiedener Formen des Kerygmas, der Frage nach dem rechten Verständnis Jesu zu sehen ist[8], so trifft dies für das 4. Evangelium in einem besonderen Maß zu. Die auffällige Betonung der Identität des geschichtlichen Jesus mit dem erhöhten Christus in Joh 20,31 (... ὅτι Ἰησοῦς ἐστιν ὁ Χριστός ...) ist offensichtlich gegen Doketen gerichtet, für die das Leben, Leiden und Sterben Jesu keine soteriologische Qualität besitzt. Somit stellt schon die joh. Evangelienschreibung als solche den Versuch dar, an der Heilsbedeutung des geschichtlichen Jesus und seiner Einheit mit dem erhöhten Christus festzuhalten.

Kennzeichnet die doketischen Gegner das προάγειν (2Joh 9), das Heraustreten aus der gemeinsamen Lehre und Tradition (vgl. 1Joh 2,19), so dokumentiert Johannes durch das Evangelium sein Festhalten an der Überlieferung[9]. Ein wirkliches Verstehen der Christusoffenbarung ist nur auf der Basis der Tradition möglich, deren Wahrheit und Gültigkeit der ‚Lieblingsjünger‘ bezeugt. In der vom Evangelisten redaktionell eingeführten Gestalt des ‚Lieblingsjüngers‘ verdichten sich typologische und individuelle Züge[10]. Als Hermeneut Jesu und Sprecher des Jüngerkreises, als wahrer Zeuge unter dem Kreuz und legitimer Nachfolger Jesu repräsentiert der ‚Lieblingsjünger‘ den Typus des idealen Augenzeugen. Damit ist der ‚Lieblingsjünger‘ als historische Person keineswegs „ganz und gar eine Fiktion“[11], denn Joh 21,22.23 setzt seinen unerwarteten Tod voraus, was die Herausgeber des JE zu einer Korrektur der Personaltraditionen über den ‚Lieblingsjünger‘ und seines Verhältnisses zu Petrus veranlaßte. Verkörperte der ‚Lieblingsjünger‘ nur einen Typus oder ein theologisches Prinzip, so wäre zudem seine Funktion als anerkannter Traditionsgarant nicht überzeugend. Eine genauere historische Bestimmung des ‚Lieblingsjüngers‘ bewegt sich notwendigerweise im Bereich des Hypothetischen, aber zwei Beobachtungen legen es nahe, im ‚Lieblingsjünger‘ den Presbyter des 2/3Joh zu sehen: 1. Als Begründer der joh. Schule erscheint der πρεσβύτερος bereits im 2/3Joh als besonderer Traditionsträger, so

---

[7] Es ist m. E. sehr unwahrscheinlich, daß Markus und Johannes unabhängig voneinander innerhalb einiger Jahrzehnte die Gattung ‚Evangelium‘ schufen.

[8] Vgl. C. H. Talbert, What is a Gospel?, 98.

[9] Vgl. neben den in dieser Untersuchung herausgearbeiteten Traditionen bes. G. Schille, Traditionsgut im vierten Evangelium, 77ff.; R. Schnackenburg, Tradition und Interpretation im Spruchgut des Johannesevangeliums, 72ff.

[10] Vgl. W. Grundmann, Zeugnis und Gestalt, 18: „Der Lieblingsjünger ist ebenso Individuum und Typus; stirbt er als Individuum, so bleibt er als Typus.“

[11] A. Kragerud, Lieblingsjünger, 149.

daß der Evangelist diese Funktion aufgreifen konnte. 2. Schon der Presbyter setzte sich mit doketischen Irrlehren auseinander (2Joh 7)[12], wodurch
das antidoketische Zeugnis des ‚Lieblingsjüngers‘ (vgl. neben dem Tradi-
tionsgedanken bes. Joh 19,34b–35; 20,8) in der Kontinuität des Presbyters steht.

Verbirgt sich hinter der literarischen Figur des ‚Lieblingsjüngers‘ der
Presbyter des 2/3Joh, so legt der Evangelist in seiner spezifischen Situa-
tion der überragenden Persönlichkeit der joh. Schule im Evangelium die
Attribute bei, die jenen bereits in seiner Wirkungszeit auszeichneten.
Somit verschränken sich in der Gestalt des ‚Lieblingsjüngers‘ Typus und
Individuum aufs engste.

Neben dem ‚Lieblingsjünger‘ hat auch das Zeugnismotiv die Funktion,
die Dignität der joh. Tradition zu bestätigen. Wie in einem Prozeßverfah-
ren beglaubigt der Zeuge öffentlich, was er sah und hörte, und verleiht
damit dem Bezeugten eine besondere Wahrheit und Verbindlichkeit[13].
Der Täufer legt Zeugnis ab von der Inkarnation des Logos (Joh 1,6–
8.15.19–34; vgl. auch 5,33). Jesus ist Zeuge himmlischer Dinge (Joh
3,11.31f.), so wie der Vater für Jesus Zeugnis ablegt in der Auseinandersetzung mit den Juden (Joh 5,31–40; 8,12–20). Der ‚Lieblingsjünger‘
bezeugt die Wirklichkeit des Todes Jesu (Joh 19,34b.35), und in Joh 21,24
wird er zum Verfasser des Evangeliums, dessen wahres Zeugnis die
Herausgeber des 4. Evangeliums bestätigen. In Joh 15,26f. ist es der
Paraklet, der von Jesus Zeugnis ablegen wird. Hier zeigt sich die Eigenart
des joh. Traditions- und Zeugnisbegriffes: Der Paraklet aktualisiert und
vergegenwärtigt das Zeugnis der joh. Tradition über Jesus Christus[14].
Das Evangelium erschöpft sich keineswegs in einer Nachzeichnung des
Lebens und Sterbens Jesu Christi, sondern es ist Ausdruck „der johanne-
ischen Vergegenwärtigungstheologie"[15], deren Grund die Offenbarung
Gottes in Jesus Christus, deren Garant der ‚Lieblingsjünger‘ und deren
Träger der Paraklet ist.

Die joh. Interpretation des Christusgeschehens vollzieht sich in einem
Zeitabstand[16]. Er ist bedingt durch die chronologische Distanz zum geschichtlichen Jesus von Nazareth und zeigt sich vor allem in der Eigenart
der von Johannes aufgenommenen Traditionen. Die Traditionen füllen
den Zeitabstand und bestimmen neben der Situation das Verstehen des

---

[12] Vgl. R. Schnackenburg, JohBr, 312f.; R. E. Brown, JohBr, 685f.; K. Wengst, JohBr,
240. Anders G. Strecker, Anfänge der johanneischen Schule, 35, der ἐρχόμενον futurisch
deutet und meint, der Presbyter vertrete eine chiliastische Lehre, die von den ‚Neuerern‘
abgelehnt wurde.
[13] Vgl. dazu J. Blank, Krisis, 198ff.
[14] Vgl. dazu F. Mussner, Sehweise, 34ff.
[15] J. Blank, Krisis, 215.
[16] Zur hermeneutischen Bedeutung des Zeitabstandes vgl. H. G. Gadamer, Wahrheit
und Methode, 275–283; für das JE vgl. F. Mussner, Sehweise, 14ff.

Evangelisten. Aus seiner theologiegeschichtlichen Situation heraus, von den ihn bedrängenden christologischen Fragen der Gegenwart blickt Johannes auf der Grundlage seiner Traditionen in das Leben des geschichtlichen Jesus zurück[17]. Dabei ist ihm als fundamentaler Glaubenssatz vorgegeben, daß der vorösterliche Sinn des Jesusgeschehens sich erst aus der nachösterlichen Anamnese erschließt (vgl. Joh 2,22; 12,16), so daß auch beim 4. Evangelisten Ostern als der Urgrund des Kerygmas erscheint. Daß der Sinn der Geschichte erst von ihrem Ende her erkennbar wird[18], gilt für Johannes in einem besonderen Maß, denn von Anfang an ist das Evangelium aus der Blickrichtung des Endes geschrieben (vgl. nur Joh 1,14.29.36). Im Evangelium vollzieht sich eine Horizontverschmelzung, eine Verschränkung der Zeitebenen zwischen der nachösterlichen Blickrichtung und Situation des Evangelisten und der vor allem durch Traditionen vermittelten Vergangenheit des Christusgeschehens. „Die Begegnung mit der Vergangenheit und mit der Überlieferung wird durch die Fragestellungen der Gegenwart provoziert."[19]

Wie aber löst der Evangelist das Problem der Zeitlichkeit des Geschichtlichen als Vergangenheit? Was ermöglicht die produktive Interpretation der Vergangenheit in die Probleme der Gegenwart hinein? Der Paraklet ist mit der Gemeinde bis in Ewigkeit (Joh 14,16f.), lehrt und erinnert sie an das, was Jesus sagte (Joh 14,26). Der Paraklet zeugt von Jesus (Joh 15,26), er teilt der Gemeinde mit, was er hört, offenbart das Zukünftige und verherrlicht Jesus (Joh 16,13f.). Er nimmt aus der Offenbarungsfülle Jesu und gibt es der Gemeinde weiter (Joh 16,15). Der Paraklet ist somit der Ermöglichungsgrund der joh. Vergegenwärtigung und geistgewirkten Auslegung des Christusgeschehens[20]. Er ist kein Of-

---

[17] Vgl. F. Mussner, a.a.O., 16.

[18] Vgl. R. Bultmann, Geschichte und Eschatologie, 135.

[19] F. Mussner, Sehweise, 16. Vgl. zur Ineinanderschiebung der Zeiten auch W. Wilkens, Zeichen und Werke, 157.

[20] H. Windisch, Die fünf johanneischen Parakletsprüche, 110–123, hat mit Hinweis auf den fehlenden Kontextbezug der Parakletsprüche wahrscheinlich gemacht, daß sie erst sekundär unter Aufnahme älteren Materials durch den Evangelisten (nicht durch eine spätere Redaktion!) in ihren jetzigen Kontext eingearbeitet wurden. Auch die durchgehend joh. Sprachgestalt der Parakletsprüche (vgl. F. Mussner, Die johanneischen Parakletsprüche, 57 f.) läßt den Schluß zu, daß erst Johannes sie in ihrer jetzigen Gestalt formulierte, um so sein Christuszeugnis zu legitimieren. Zu den möglichen religionsgeschichtlichen Ableitungsversuchen der Parakletvorstellung vgl. R. Schnackenburg, Joh III, 163–169.

Auf die literarkritischen und traditionsgeschichtlichen Probleme von Joh (14)15–17 kann im Rahmen dieser Arbeit nur andeutungsweise eingegangen werden. Es gibt hier m. E. drei ernsthaft zu erwägende Möglichkeiten:

1. Unvorbereitete Ortswechsel und abrupte Übergänge sind im JE nicht außergewöhnlich (vgl. Joh 2,12.13; 4,3.43; 5,1; 7,10; 10,40; 11,54ff.), so daß der Übergang Joh 14,31/18,1 kein sicheres literarkritisch verwertbares Indiz ist. Die ‚Abschiedsreden' in Joh (14)15–17 wären dann ein originärer Bestandteil des JE. Der Evangelist hätte verschiedene Traditionen seiner Schule aufgenommen (vgl. dazu bes. R. Schnackenburg, Joh III, z. St.; T.

fenbarungsträger neben Christus, sondern die joh. Form des Christus praesens[21]. Im Parakleten wirkt der verherrlichte Christus in der joh. Schule weiter, deren Glieder sich als Geistträger verstehen (vgl. Joh 7,39; 20,21–23). Eine Trennung zwischen dem verkündigenden Jesus und dem verkündigten Christus ist somit im 4. Evangelium nicht möglich. „Hier wird das eigentliche Prinzip der johanneischen Form des Evangeliums sichtbar, bei dem eine saubere Trennung zwischen ‚historischem‘ Christus und dem sich durch den Geist erschließenden Christus nicht mehr möglich ist. Der historische Christus ist der pneumatische Christus und umgekehrt.“[22] Der Paraklet ermöglicht die legitime Neuinterpretation des Wirkens Jesu, weil durch ihn der verherrlichte Christus spricht und damit der Abstand zwischen Vergangenheit und Gegenwart aufgehoben ist. Das Ineinander von vergegenwärtigendem Bezeugen und der Fiktion historischer Augenzeugenschaft ist kein Widerspruch, denn durch den Parakleten verschmelzen die Zeithorizonte zu einer Einheit. Der sachliche Anlaß für die Horizontverschmelzung, die Betonung der Einheit vom präexistenten, gegenwärtigen und verherrlichten Jesus Christus liegt in dem Versuch der Doketen, dieses Ineinander zugunsten einer Herrlichkeitschristologie aufzulösen. Die joh. Form des Evangeliums bewahrt hingegen mit Nachdruck die Identität des geschichtlichen Jesus mit dem verherrlichten Christus, indem es zwischen beiden nicht mehr trennt.

Deutlich kommt dies in den Wundergeschichten durch die vom Evangelisten eingetragene Doxa-Vorstellung zum Ausdruck (Joh 2,11; 11,4.40). Als Taten des geschichtlichen Jesus haben die Wunder Offenbarungscharakter, in ihnen wird die eine Doxa des Präexistenten, Gegenwärtigen und Erhöhten sichtbar. Jesu konkretes Handeln ist Epiphanie des Logos. Die Größe der Wunder zeugt gleichermaßen von Jesu Göttlichkeit und Menschlichkeit. In ihren außerordentlichen Dimensionen lenken sie den Blick auf den Wundertäter, der nur von Gott sein kann. Zugleich zeigt sich in ihrer unübersehbaren Realität Jesu Menschlichkeit,

---

Onuki, Die johanneischen Abschiedsreden und die synoptische Tradition, der hinter Joh 13–17 eine zusammenhängende vorjoh. schriftliche Tradition herausarbeitet [1.Joh 13,21 f.26 f.31 f.33; 2.Joh 13,34; 3.Joh 16,1.32; 13,36–38; 4.Joh 12,27 f.; 14,30 f.; 18,11 b]) und in sein Evangelium eingearbeitet.
   2. Der Evangelist fügte nachträglich die Kap 15–17 in sein Werk ein.
   3. Die postjoh. Redaktion erweiterte das JE durch den vom Evangelisten bzw. der joh. Schule stammenden Kap. 15–17.
   Der erstgenannten Möglichkeit ist m. E. der Vorzug zu geben, denn der ‚johanneische‘ Charakter von Kap. 14–17 kann nicht ernsthaft bestritten werden, und es wäre die Aufgabe einer redaktionsgeschichtlichen Analyse dieser Kapitel, die in der joh. Schule entstandenen Traditionen, ihr Verhältnis zu den Synoptikern und die redaktionelle Tätigkeit des Evangelisten herauszuarbeiten.
   [21] Vgl. bes. R. Schnackenburg, Präsenz, 55 ff.
   [22] J. Blank, Krisis, 331 A 46.

denn sie geschehen in Raum und Zeit und vollziehen sich an konkreten Menschen. Die Wunder sind Ausdruck der Weltzugewandtheit der Offenbarung, indem sie auf die Beseitigung individueller Not zielen.

Als reale Taten des Offenbarers in der Welt haben die joh. Wundergeschichten einen antidoketischen Akzent. Kaum zufällig fehlen die Wunder Jesu in gnostischen Schriften[23]! Gleichzeitig wahren die Wunder die Anschaulichkeit der Offenbarung, weil sie einer radikalen Reduzierung der Christologie auf die Ebene der Soteriologie als individueller Glaubensentscheidung wehren[24]. Gerade in den Wundern wird nicht nur das ‚Daß‘, sondern im gleichen Maß das ‚Was‘ der Offenbarung mitgeteilt[25]. Durch ihr spannungsvolles Ineinander von Göttlichkeit und Menschlichkeit bringen die Wunder auch das Wesen und Wirken des Offenbarers zur Sprache. Die Geschichte Jesu Christi ist nicht auf die Geschichtlichkeit des Glaubens zu reduzieren! Ruft das joh. Kerygma zum Glauben an den präexistenten, gekreuzigten und erhöhten Gottessohn auf, so entfaltet es zugleich den Grund dieses Glaubens.

Nachdrücklich zeugt die sakramentale Praxis der joh. Schule von der Identität des geschichtlichen Jesus von Nazareth mit dem verherrlichten Christus. Die Taufe als konstitutiver Initiationsritus wird auf die Tauftätigkeit Jesu zurückgeführt und erhält durch diese Kontinuität ihre Dignität (Joh 3,22.25.30; 4,1). Als Taufe ἐξ ὕδατος καὶ πνεύματος bewirkt sie eine Neuschöpfung des Menschen, deren sachlicher Grund die Verherrlichung Jesu als Voraussetzung der Geistgabe (Joh 7,39) ist. Die Eucharistiefeier der joh. Schule ist im Tod Jesu verankert (Joh 6,51c). Als Ort der heilvollen Gegenwart des Inkarnierten, Gekreuzigten und Verherrlichten läßt allein das Herrenmahl dem Glaubenden die Gabe des ewigen Lebens zuteil werden. In der realistischen Darstellung des sakramentalen Geschehens und dem in Joh 6,53b formulierten Ausschließlichkeitsanspruchs wird die antidoketische Zielsetzung des joh. Eucharistieverständnisses offenkundig.

Gerade in den Sakramenten zeigt sich die Einheit des joh. Christusbildes, denn sie sind im Leben und Sterben des geschichtlichen Jesus von Nazareth begründet und gewähren zugleich als ein Geschehen in Raum und Zeit die Heilsgaben der Neuschöpfung und des ewigen Lebens. Damit sind sie sichtbarer Ausdruck des über das Erdenleben Jesu hinaus fortdauernden realen Wirkens Gottes in der Geschichte.

Mit dem Prolog markiert Johannes gleich am Anfang des Evangeliums

---

[23] Vgl. E. Schweizer, Ego Eimi, 140; L. Schottroff, Der Glaubende, 267 f.

[24] Gegen R. Bultmann, Die Christologie des Neuen Testaments, 264; ders., Joh, 18. Vgl. zur Kritik an Bultmann auch R. Schnackenburg, Das Johannesevangelium als hermeneutische Frage, 203 ff.; R. E. Brown, Kerygma, 392 ff.

[25] Gegen R. Bultmann, Theologie, 419: „Johannes stellt also in seinem Evangelium nur das Daß der Offenbarung dar, ohne ihr Was zu veranschaulichen.“

sein Verständnis des Christusgeschehens. Als programmatischer Eröff-
nungstext betont der Prolog mit antidoketischem Akzent gleichermaßen
die Realität der Inkarnation des präexistenten Logos und die Schau der
einen Doxa des Präexistenten, Inkarnierten und Verherrlichten durch die
Gemeinde. Exemplarisch bringt Joh 1,1–18 die Einheit des geschichtlichen Jesus mit dem verherrlichten Christus zum Ausdruck und präjudiziert das Verständnis des gesamten Evangeliums. In ihm wird die Geschichte jenes inkarnierten Logos Jesus Christus entfaltet, von dem der
Prolog berichtet.

Die joh. Kreuzestheologie ist ebenfalls als ein Versuch anzusehen, die
Identität des Irdischen mit dem Erhöhten und Verherrlichten zu wahren.
Schon die zahlreichen Passionsverweise (vgl. nur Joh 1,29.36; 2,4.14–22;
3,14; 7,1–12; 8,21; 11,16.50f.; 12,24) lassen gerade das 4. Evangelium als
Passionsgeschichte „mit ausführlicher Einleitung"[26] erscheinen. Die Vorstellung des stellvertretenden Opfertodes Jesu (vgl. Joh. 10,11.17; 11,51f.;
13,35; 15,13) wurde vom Evangelisten nicht nur als Traditionsrelikt
übernommen und uneigentlich verstanden[27]. Sie ist vielmehr eine bewußt
antidoketische Aussageform der Heilsbedeutung des Todes Jesu, denn
den Gedanken der Heilsvermittlung durch den Tod des Offenbarers
konnten die Doketen nicht nachvollziehen[28]. Auch das ausdrückliche
Interesse an der Tatsächlichkeit des Todes Jesu (Joh 19,34b.35) und der
nachprüfbaren Übereinstimmung des Gekreuzigten mit dem Auferstandenen (Joh 20,24–29) ist ebenso wie die Realistik des joh. Passionsberich-
tes insgesamt antidoketisch motiviert. Das Kreuz ist für Johannes nicht
nur notwendige Durchgangsstation zur Verherrlichung, sondern Teil der
Offenbarung. Schließlich zeigt sich in der joh. Fassung des Kreuzes als
Erhöhung und Verherrlichung (vgl. Joh 3,14; 8,28; 12,23.32–34) die
Verschmelzung der Zeit- und Sachhorizonte im 4. Evangelium. Indem
das Kreuz in die Erhöhung und Verherrlichung hineingenommen ist,
erfolgt eine Konzentration des Heilsgeschehens, bei der die einzelnen
Aspekte füreinander transparent werden und nicht mehr zeitlich oder
sachlich zu scheiden sind. Dadurch wird das Kreuz keineswegs entwertet,
sondern gerade hier ist der erhöhte und verherrlichte Offenbarer kein
anderer als der gekreuzigte Jesus von Nazareth[29].

Das JE bildet den Höhepunkt und Abschluß der in der joh. Schule

---

[26] M. Kähler, Der sogenannte historische Jesus, 60. Treffend auch W. Wilkens, Zeichen
und Werke, 151: „Der erste Hauptteil des 4. Evangeliums ist konstitutiv Passionsgeschichte." Zur grundlegenden Bedeutung der Kreuzestheologie für die joh. Evangelienform vgl.
auch Y. Ibuki, Offene Fragen, 118–127.

[27] Gegen R. Bultmann, Joh, 66f. u. ö.

[28] Vgl. K. M. Fischer, Der joh. Christus, 262ff.

[29] Speziell Joh 8,28 macht diesen Zusammenhang deutlich, denn die aktive Fassung des
ὑψοῦν weist auf die Auslieferung Jesu in den Tod am Kreuz durch die Juden (vgl. Joh
19,11.16).

entstandenen und uns überlieferten Literatur. Deutet sich im 2/3 Joh als den ältesten Schriften der joh. Schule der Konflikt mit den doketischen Gegnern an (2 Joh 7), ist er im 1 Joh voll entbrannt, so stellt das JE den Versuch dar, der Herausforderung einer doketischen Christologie umfassend zu begegnen und zugleich die im Rahmen der joh. Schule entstandenen spezifischen Traditionen aufzunehmen. Der unbekannte Verfasser entfaltet im 4. Evangelium eine christozentrisch konzipierte und kerygmatisch ausgerichtete Darstellung des Heilsgeschehens, die „in einem irdisch-menschlich-geschichtlichen Geschehen, im Erdenleben und Sterben Jesu von Nazareth, sowohl nach seiner theologischen Intention als auch nach seiner Inhaltlichkeit"[30] wurzelt. Die Geschichte ist nicht nur notwendige „Szenerie und Staffage"[31] einer eigentlich überzeitlich ablaufenden Handlung, sondern heilskonstitutiv, insofern der geschichtliche Jesus von Nazareth und das geschichtliche Datum des Kreuzes auch bei Johannes Heilsbedeutung haben. Die Erkenntnis Jesu Christi kann nicht von seiner Geschichte gelöst werden. Gerade der joh. Christologie als eigenständiger Explikation des Grundes und Inhaltes des Christusgeschehens kommt damit eine eminent hermeneutische Funktion zu. Entleeren die Doketen das Erdenleben Jesu seiner Geschichtlichkeit, so stellt der Evangelist dem ein Bild des irdischen Wirkens Jesu entgegen, das an den individuellen Zügen des Offenbarers festhält und zugleich auf das Ende hin transparent ist, wodurch Johannes seine Gemeinde zum rechten Verständnis des Christusgeschehens anleitet. Gerade das Ineinander von irdischem Jesus und erhöhtem Christus ermöglicht dem Evangelisten die Aufnahme vielfältiger Traditionen der joh. Schule, die teilweise auch einer doketischen Interpretation zugänglich waren. Er bettet diese Überlieferungen aber in einen antidoketischen Kontext ein. Dabei schließt er sich nicht Quellenschriften an, sondern nimmt bewußt seiner Zielsetzung dienende heterogene Einzeltraditionen der joh. Schule auf. Der historische wie theologische Standort des 4. Evangelisten ist in den Auseinandersetzungen der joh. Schule zu suchen, nicht aber im Gegenüber zum zeitgenössischen Judentum oder gnostischen Gruppen. Johannes verfaßte sein Werk nicht als eine Apologie gegen Juden, Täuferjünger oder Samaritaner, noch ist mit dem JE „die gnostische Heilslehre in den Kanon gelangt"[32]. Vielmehr muß das 4. Evangelium in mehrfacher Hinsicht als das originäre Produkt der joh. Schule verstanden werden: Es ist als

---

[30] H. Hegermann, Er kam in sein Eigentum, 127; vgl. auch N. Walter, Glaube und irdischer Jesus, 547, der zu Recht betont, daß „der Glaube auch nach Ostern bleibend an ihn (sc. Jesus) als den Irdischen gebunden ist". Vgl. ferner P. v. d. Osten-Sacken, Kreuzestheologie, 163; R. Schnackenburg, Präsenz, 51; H. Weder, Menschwerdung Gottes, 352ff., der von einer inkarnatorischen Christologie bei Johannes spricht.

[31] E. Käsemann, Jesu letzter Wille, 80.

[32] L. Schottroff, Der Glaubende, 295.

Reaktion auf eine christologische Kontroverse in der joh. Schule entstanden, sein Verfasser war offenbar ein hervorragender Theologe der joh. Schule, und die in ihm verarbeiteten Einzeltraditionen sind zumeist im Raum dieser Schule entstanden. Das Evangelium richtet sich nach innen und nicht nach außen!

Welche Stellung die joh. Schule und speziell der 4. Evangelist in der Geschichte des Urchristentums einnimmt, bedarf noch eingehender Untersuchungen. Die vielfach zu lesende Etikettierung des joh. Christentums als einer Randgruppe dürfte nicht zutreffen, denn konventikelhafte Weltflucht lag ihm fern (vgl. nur Joh 17,15.18.20; 20,21 f.), und die Höhe der theologischen Reflexion wie auch die Verbindungen zu den Synoptikern und vor allem zum paulinischen Christentum[33] lassen das 4. Evangelium eher als ein Zentrum der Theologiegeschichte des Urchristentums erscheinen, in dem bedeutsame theologische Ströme des frühen Christentums zusammenfließen.

---

[33] Das lange Zeit vernachlässigte Verhältnis Paulus – Johannes gewinnt offensichtlich in der neuesten Forschung wieder an Bedeutung, vgl. R. Schnackenburg, Paulinische und johanneische Christologie; D. Zeller, Paulus und Johannes.

7. Literaturverzeichnis

Quellentexte, Handbücher, Lexikon-Artikel, Monographien, Zeitschriften-aufsätze, Kommentare werden nicht gesondert aufgeführt, sondern alphabetisch nach Verfassern bzw. Herausgebern geordnet. Die Abkürzungen entsprechen den Abkürzungsverzeichnissen der TRE und des EWNT. Darüber hinaus kürze ich ab:

JE = Johannesevangelium   joh. = johanneisch

In den Anmerkungen wird die Literatur mit dem Verfassernamen und einem Stichwort des Titels verkürzt zitiert.

Aland, B., Marcion, ZThK 70 (1973), 420–447.

Aland, K., Neutestamentliche Entwürfe, TB 63, München 1979.
Daraus:
– Zur Vorgeschichte der christlichen Taufe, 183–197.
– Über die Bedeutung eines Punktes – Eine Untersuchung zu Joh 1,3.4, 351–391.

Appel, H., Einleitung in das Neue Testament, Leipzig 1922.

Appold, M. L., The Onesess Motif in the Fourth Gospel, WUNT 2.1, Tübingen 1976.

Ashton, J., The Transformation of Wisdom, NTS 32 (1986), 161–186.

Aune, D. E., Orthodoxy in first Century Judaism, JSJ 7 (1976), 1–10.

Avi-Yonah, M., Geschichte der Juden im Zeitalter des Talmud, Berlin 1962.

Baldensperger, W., Der Prolog des vierten Evangeliums, Freiburg 1898.

Balz, H., Die Johannesbriefe, NTD 10, Göttingen ²1980, 156–222.
– Art. κόσμος, EWNT II 765–773.

Barrett, C. K., Zweck des 4. Evangeliums, ZSTh 22 (1953), 257–273.
– The Prologue of St. John's Gospel, London 1971.
– The Gospel according to St. John, London ²1978.
– Jews and Judaizers in the Epistles of Ignatius, in: ders., Essays on John, Philadelphia 1982, 133–158.

Barth, G., Die Taufe in frühchristlicher Zeit, BThSt 4, Neukirchen 1981.

Bauer, W., Das Leben Jesu im Zeitalter der neutestamentlichen Apokryphen, Darmstadt 1967 (= 1909).
– Die Briefe des Ignatius von Antiochia und der Polykarpbrief, HNT Ergän-zungs-Bd. II, Tübingen 1920.
– Das Johannes-Evangelium, HNT 6, Tübingen ³1933.
– Griechisch-deutsches Wörterbuch zu den Schriften des Neuen Testaments und der übrigen urchristlichen Literatur, Berlin-New York ⁵1958; mehrere Nachdrucke.
– Rechtgläubigkeit und Ketzerei im ältesten Christentum, mit einem Nachtrag hg. v. G. Strecker, BHTh 10, Tübingen ²1964.

Bauer, W./Paulsen, H., Die Briefe des Ignatius von Antiochia und der Polykarpbrief, HNT 18/2, Tübingen 1985.

Baumbach, G., Gemeinde und Welt im Johannesevangelium, Kairos 14 (1972), 121–136.

Baur, F. Chr., Ueber die Composition und den Charakter des johanneischen Evangeliums I, ThJB 3 (1844), 1–191.

–	Kritische Untersuchungen über die kanonischen Evangelien, ihr Verhältnis zu einander, ihren Charakter und Ursprung, Tübingen 1847.

Becker, J., Wunder und Christologie, NTS 16 (1969/70), 130–148.

–	Johannes der Täufer und Jesus von Nazareth, BSt 63, Neukirchen 1972.

–	Joh 3,1–21 als Reflex johanneischer Schuldiskussion, in: Das Wort und die Wörter (FS G. Friedrich), hg. v. H. Balz u. S. Schulz, Stuttgart 1973, 85–95.

–	Das Evangelium nach Johannes I.II, ÖTK 4/1.4/2, Gütersloh 1979/1981.

–	Aus der Literatur zum Johannesevangelium, ThR 47 (1982), 279–301.305–347. (= FB)

–	Ich bin die Auferstehung und das Leben, ThZ 39 (1983), 138–151.

Belle, G. van, De Semeia-Bron in het vierde Evangelie, (Studiorum Novi Testamenti Auxilia X), Leuven 1975.

Berger, K., Die Amen-Worte Jesu, BZNW 39, Berlin 1970.

–	Exegese des Neuen Testaments, Heidelberg 1977.

–	Die impliziten Gegner, in: Kirche (FS G. Bornkamm), hg. v. D. Lührmann u. G. Strecker, Tübingen 1980, 373–400.

Bergmeier, R., Glaube als Gabe nach Johannes, BWANT 112, Stuttgart 1980.

Bernard. J. H., A Critical and Exegetical Commentary on the Gospel according to St. John I, ICC, Edinburgh 1953 (= 1928).

Betz, H. D., Art. Gottmensch II, RAC XII 234–312.

Betz, O., Das Problem des Wunders bei Flavius Josephus im Vergleich zum Wunderproblem bei den Rabbinen und im Johannesevangelium, in: Josephus-Studien (FS O. Michel), Göttingen 1974, 23–44.

–	Art. σημεῖον, EWNT III 569–575.

Betz, O./Grimm, W., Wesen und Wirklichkeit der Wunder Jesu, ANTI 2, Frankfurt 1977.

Bieler, L., Theios Anēr, Darmstadt 1976 (= 1935/36).

Billerbeck, P., Kommentar zum Neuen Testament aus Talmud und Midrasch, Bd. I–IV, München 1926–1961. (Nachdrucke)

Blank, J., Krisis. Untersuchungen zur joh. Christologie und Eschatologie, Freiburg 1964.

–	Die johanneische Brotrede, BiLe 7 (1966), 193–207.

–	Das Evangelium nach Johannes, Geistliche Schriftlesung 4/1a, Düsseldorf 1981.

–	Die Irrlehrer des ersten Johannesbriefes, Kairos 26 (1984), 166–193.

Blass. F./Debrunner, A., Grammatik des neutestamentlichen Griechisch, bearbeitet von F. Rehkopf, Göttingen [15]1979. (= B.-D.-R.)

Bleek, F., Einleitung in das Neue Testament, Berlin [2]1866.

Blinzler, J., Johannes und die Synoptiker, SBS 5, Stuttgart 1965.

Bogart, J., Orthodox and Heretical Perfectionism in the Johannine Community as Evident in the First Epistle of John, SBL DS 33, Missoula 1977.

Boismard, M. E./Lamouille, A., Synopse des Quatre Évangelies en Français III: L'Évangile de Jean, Paris 1977.

Borgen, P., Der Logos war das wahre Licht, in: Theologie aus dem Norden, SNTU A/2, Linz 1976, 99–117.

– Bread from Heaven, NT.S X, Leiden ²1981.

Bornkamm, G., Geschichte und Glaube I, Ges. Aufsätze III, BEvTh 48, München 1968. Daraus:

– Die Eucharistische Rede im Johannes-Evangelium, 60–67.

– Der Paraklet im Johannes-Evangelium, 68–89.

– Zur Interpretation des Johannes-Evangeliums, 104–121.

– Geschichte und Glaube II, Ges. Aufsätze IV, BEvTh 53, München 1971. Daraus:

– Vorjohanneische Tradition oder nachjohanneische Bearbeitung in der eucharistischen Rede Johannes 6?, 51–64.

– Die Heilung des Blindgeborenen, 65–72.

– Art. πρέσβυς, ThW VI 651–683.

Bousset, W., Jüdisch-Christlicher Schulbetrieb in Alexandria und Rom, FRLANT 6, Göttingen 1915.

– Kyrios Christos. Geschichte des Christusglaubens von den Anfängen des Christentums bis Irenaeus, Göttingen ⁶1967.

– Die Offenbarung Johannis, KEK 16, Göttingen ⁶1906.

Brandenburger, E., Fleisch und Geist. Paulus und die dualistische Weisheit, WMANT 29, Neukirchen 1968.

Broer, I., Noch einmal: Zur religionsgeschichtlichen „Ableitung" von Joh 2,1–11, in: SNTU A/8, Linz 1983, 103–123.

Brooke, A. E., The Johannine Epistles, ICC, Edinburgh 1948.

Brooks, O.S., ‚The Johannine Eucharist', JBL 82 (1963), 293–300.

Brown, R. E., The Kerygma of the Gospel according to John, Interp. 21 (1967), 387–400.

– The Gospel according to John I–II, AncB 29A.B, New York 1966. 1970.

– The Community of the Beloved Disciple, New York/London 1979.

– Ringen um die Gemeinde, Salzburg 1982.

– The Epistles of John, AncB 30, London 1983.

Brown, R. E./Dornfried, K. P./Reumann, J., Der Petrus der Bibel, Stuttgart 1976.

Brox, N., „Doketismus" – eine Problemanzeige, ZKG 95 (1984), 301–314.

Büchsel, F., Die Johannesbriefe, ThHK 17, Leipzig 1933.

Bühner, J.-A., Der Gesandte und sein Weg im 4. Evangelium, WUNT 2.2, Tübingen 1977.

– Denkstrukturen im Johannesevangelium, ThBeitr. 13 (1982), 224–231.

Bultmann, R., Exegetica, Tübingen 1967. Daraus:

– Der religionsgeschichtliche Hintergrund des Prologs zum Johannes-Evangelium, 10–35.

– Die Bedeutung der neuerschlossenen mandäischen und manichäischen Quellen für das Verständnis des Johannesevangeliums, 55–104.

– Das Johannesevangelium in der neuesten Forschung, ChrW 41 (1927), 502–511.

– „Hirschs Auslegung des Johannes-Evangeliums", EvTh 4 (1937), 115–142.

– Die Christologie des Neuen Testaments, in: ders., Glauben und Verstehen I, Tübingen [8]1980, 245–267.
– Das Evangelium des Johannes, KEK II, Göttingen [19]1968 (EH 1968).
– Die Johannesbriefe, KEK XIV, Göttingen [2]1969.
– Die Geschichte der synoptischen Tradition, FRLANT 29, Göttingen [8]1970.
– Theologie des Neuen Testaments, hg. v. O. Merk, Tübingen [7]1977.
– Geschichte und Eschatologie, Tübingen [3]1979.
Burchard, Chr., εἰ nach einem Ausdruck des Wissens oder Nichtwissens, ZNW 52 (1961), 73–82.
– Untersuchungen zu Joseph und Aseneth, WUNT 8, Tübingen 1965.
– Joseph und Aseneth, JSHRZ II/4, Gütersloh 1983.
Busse, U., Die Wunder des Propheten Jesus. Die Rezeption, Komposition und Interpretation der Wundertradition im Evangelium des Lukas, FzB 24, Stuttgart/Würzburg 1977.
Campenhausen, H. v., Die Entstehung der christlichen Bibel, Tübingen 1968.
Carson, D. A., Current Source Criticism of the Fourth Gospel: Some Methodological Questions, JBL 97 (1978), 411–429.
– Understanding Misunderstanding in the Fourth Gospel, TynB 33 (1982), 59–91.
Cassem, N. H., A Grammatical and Contextual Inventory of the Use of κόσμος in the Johannine Corpus with some Implications for a Johannine Cosmic Theology, NTS 19 (1972/73), 81–91.
Charlesworth, J. H., A Prolegomenon to a New Study of the Jewish Background of the Hymns and Prayers in the New Testament, JJS 33 (1982), 265–285.
Clark, D. K., Signs in Wisdom and John, CathBibQuart 45,2 (1983), 201–209.
Clemen, C., Religionsgeschichtliche Erklärung des Neuen Testaments, Berlin 1973 (= 1924).
Collwell, E. C., The Greek of the Fourth Gospel, Chicago 1931.
Colpe, C., Art. υἱὸς τοῦ ἀνθρώπου, ThW VIII 403–481.
Conzelmann, H., Die Mitte der Zeit, BHTh 16, Tübingen [6]1977.
– Grundriß der Theologie des Neuen Testaments, München [2]1968.
– Art. φῶς, ThW IX 302–349.
– Theologie als Schriftauslegung, BEvTh 65, München 1974. Daraus:
– Paulus und die Weisheit, 177–190.
– „Was von Anfang war", 207–214.
– Die Schule des Paulus, in: Theologia Crucis – Signum Crucis (FS E. Dinkler), hg. v. C. Andresen u. G. Klein, Tübingen 1979, 85–96.
– Heiden – Juden – Christen, BHTh 62, Tübingen 1981.
Corsani, B., I miracoli di Gesù nel quarto vangelo, Studi Biblici 65, Brescia 1983.
Coseriu, E., Synchronie, Diachronie und Geschichte, Internationale Bibliothek für allgemeine Linguistik Bd. 3, München 1974.
Cullmann, O., Urchristentum und Gottesdienst, AThANT 3, Zürich [4]1962.
– Der johanneische Gebrauch doppeldeutiger Ausdrücke als Schlüssel zum Verständnis des vierten Evangeliums, in: ders., Vorträge und Aufsätze, Tübingen/Zürich, 1966, 176–186.
– Die Christologie des Neuen Testaments, Tübingen [5]1975.
– Der johanneische Kreis, Tübingen 1975.

Cullpepper, R. A., The Johannine School, SBL DS 26, Missoula 1975.
– The Pivot of John's Prologue, NTS 27 (1981), 1–31.
– Anatomy of the Fourth Gospel, Philadelphia 1983.
Dalman, G., Orte und Wege Jesu, BFChTh 1, Gütersloh ²1921.
Dauer, A., Die Passionsgeschichte im Johannesevangelium, STANT 30, München 1972.
– Zur Herkunft der Thomas-Perikope Joh 20,24–29, in: Biblische Randbemerkungen (FS R. Schnackenburg), hg. v. H. Merklein u. J. Lange, Würzburg ²1974, 56–76.
– Johannes und Lukas, FzB 50, Würzburg 1984.
Deichgräber, R., Gotteshymnus und Christushymnus in der frühen Christenheit, SUNT 5, Göttingen 1967.
Deissmann, A., Licht vom Osten. Das Neue Testament und die neuentdeckten Texte der hellenistisch-römischen Welt, Tübingen ⁴1923.
Dekker, C., Grundschrift und Redaktion im Johannesevangelium, NTS 13 (1966/67), 66–80.
Delling, G., Wunder – Allegorie – Mythus bei Philon von Alexandreia, in: ders., Studien zum Neuen Testament und hellenistischen Judentum, Berlin 1970, 72–129.
Demke, C., Der sogenannte Logos-Hymnus im johanneischen Prolog, ZNW 58 (1967), 45–68.
Denker, J., Die theologiegeschichtliche Stellung des Petrusevangeliums. Ein Beitrag zur Frühgeschichte des Doketismus, EHS R. XXIII, Bd. 36, Frankfurt 1975.
Dibelius, M., Art. Johannesbriefe, RGG² III 346–349.
– Joh 15,13, in: Festgabe für A. Deissmann, Tübingen, 1927, 168–186.
– Zur Formgeschichte der Evangelien, ThR NF 1 (1929), 185–216.
– Ein neuer Kommentar zum Johannes-Evangelium, ThLZ 67 (1942), 258–264.
– Die alttestamentlichen Motive in der Leidensgeschichte des Petrus- und des Johannes-Evangeliums, in: ders., Botschaft und Geschichte I, Tübingen 1953, 221–247.
– Die Formgeschichte des Evangeliums, Tübingen ⁶1971.
Dinkler, E., Die Taufaussagen des Neuen Testaments, in: Zu Karl Barths Lehre von der Taufe, hg. v. F. Viering, Gütersloh ²1972, 60–153.
Dodd, C. H., The Johannine Epistles, London ²1947.
– The Interpretation of the Fourth Gospel, Cambridge 1978 (= 1953).
– Historical Tradition in the Fourth Gospel, Cambridge 1979 (= 1963).
Dunn, J. D. G., Joh VI – an eucharistic discourse?, NTS 17 (1970/71), 328–338.
– Let John be John, in: Das Evangelium und die Evangelien, hg. v. P. Stuhlmacher, Tübingen 1983, 309–339.
Eltester, W., Der Logos und sein Prophet, in: Apophoreta (FS E. Haenchen), BZNW 30, Berlin 1964, 109–134.
Epiphanius, Panarion, hg. v. K. Holl, GCS 25.31.37, Leipzig 1915.1922.1933.
Esser, D., Formgeschichtliche Studien zur hellenistischen und frühchristlichen Literatur unter besonderer Berücksichtigung der vita Apollonii des Philostrat und der Evangelien, Diss. theol. Bonn 1969.

Fascher, E., Prophētēs. Eine sprach- und religionsgeschichtliche Untersuchung, Gießen 1927.

Faure, A., Die alttestamentlichen Zitate im 4. Evangelium und die Quellenscheidungshypothese, ZNW 21 (1922), 99–121.

Fischer, J. A., Die Apostolischen Väter, SUC I, Darmstadt [7]1976.

Fischer, K. M., Der johanneische Christus und der gnostische Erlöser, in: Gnosis und Neues Testament, hg. v. K. W. Tröger, Berlin 1973, 245–266.

– Tendenz und Absicht des Epheserbriefes, Berlin 1973.

– Das Urchristentum, Berlin 1985.

Flusser, D., Das Schisma zwischen Judentum und Christentum, EvTh 40 (1980), 214–239.

Fortna, R. T., The Gospel of Signs, MSSNTS 11, Cambridge 1970.

– Source and Redaction in the Fourth Gospel's Portrayal of Jesus' Signs, JBL 89 (1970), 151–166.

– Christology in the Fourth Gospel: Redaction-Critical Perspectives, NTS 21 (1975), 489–504.

Freed, E. D., Theological Prelude to the Prologue of John's Gospel, SJTh 32 (1979), 257–269.

Freed, E. D./Hunt, R. B., Fortna's Signs-Source in John, JBL 94 (1975), 563–579.

Friedländer, M., Die religiösen Bewegungen innerhalb des Judentums im Zeitalter Jesu, Berlin 1905.

Fuller, R., The „Jews" in the Fourth Gospel, Dialog 16 (1977), 31–37.

Fuller, R. H., Interpreting the Miracles, London 1963.

Gadamer, H. G., Wahrheit und Methode, Tübingen [4]1975.

Gärtner, B., John 6 and the Jewish Passover, CNT XVII, Lund 1959.

Gese, H., Der Johannesprolog, in: ders., Zur biblischen Theologie, BEvTh 78, München 1977, 152–201.

Gnilka, J., Zur Christologie des Johannesevangeliums, in: Christologische Schwerpunkte, hg. v. W. Kasper, Düsseldorf 1980, 92–107.

– Das Evangelium nach Markus I, EKK II/1, Neukirchen 1978.

– Das Johannesevangelium, Die neue Echter Bibel, Würzburg 1983.

Goodspeed, E.J., (Hg.), Die ältesten Apologeten, Göttingen 1984 (= 1914).

Grässer, E., Die antijüdische Polemik im Johannesevangelium, NTS 11 (1964/65), 74–90.

Grillmeier, A., Jesus der Christus im Glauben der Kirche I, Freiburg [2]1982.

Grundmann, W., Verständnis und Bewegung des Glaubens im Johannesevangelium, KuD 6 (1960), 131–154.

– Zeugnis und Gestalt des Johannes-Evangeliums, AzTh 7, Stuttgart 1961.

– Das Evangelium nach Markus, ThHK 2, Berlin [8]1980.

– Der Zeuge der Wahrheit, Berlin 1985.

Gutbrod, W., Art. νόμος, ThW IV 1029–1084.

Haacker, K., Die Stiftung des Heils, AzTh I/47, Stuttgart 1972.

Haenchen, E., Aus der Literatur zum Johannesevangelium, ThR 23 (1955), 295–335.

– Der Weg Jesu, Berlin [2]1968.

– Gott und Mensch. Ges. Aufsätze I, Tübingen 1965.
Daraus:

- „Der Vater, der mich gesandt hat", 68–77.
- Johanneische Probleme, 78–113.
- Probleme des johanneischen ‚Prologs‘, 114–143.
- Die Bibel und wir. Ges. Aufsätze II, Tübingen 1968.
Daraus:
- Das Johannesevangelium und sein Kommentar, 208–234.
- Neuere Literatur zu den Johannesbriefen, 235–311.
- Historie und Geschichte in den johanneischen Passionsberichten, in: Zur Bedeutung des Todes Jesu, Gütersloh [3]1968, 55–78.
- Vom Wandel des Jesusbildes in der frühen Gemeinde, in: Verborum Veritatis (FS G. Stählin), hg. v. O. Böcher u. K. Haacker, Wuppertal 1970, 3–14.
- Das Johannesevangelium, Tübingen 1980.
Hahn, F., Christologische Hoheitstitel, FRLANT 83, Göttingen [4]1974.
- Der Prozeß Jesu nach dem Johannesevangelium, EKK V. 2, Zürich 1970, 23–96.
- Sehen und Glauben im Johannesevangelium, in: Neues Testament und Geschichte (FS O. Cullmann), hg. v. H. Baltensweiler u. B. Reicke, Zürich/ Tübingen 1972, 125–141.
- Die Jüngerberufung Joh 1,35–51, in: Neues Testament und Kirche (FS R. Schnackenburg), hg. v. J. Gnilka, Freiburg 1974, 172–190.
- ‚Die Juden‘ im Johannesevangelium, in: Kontinuität und Einheit (FS F. Mussner), hg. v. P. G. Müller u. W. Stenger, Freiburg 1981, 430–438.
- Art. υἱός, EWNT III 912–937.
- Das Glaubensverständnis im Johannesevangelium, in: Glaube und Eschatologie (FS W. G. Kümmel), hg. v. E. Gräßer u. O. Merk, Tübingen 1985, 51–69.
Hamerton-Kelly, R. G., Pre-Existence, Wisdom, and the Son of Man, MSSNTS 21, Cambridge 1973.
Hare, D. R. A., The Theme of Jewish Persecution of Christians in the Gospel according to St Matthew, MSSNTS 6, Cambridge 1967.
Harnack, A. v., Über das Verhältnis des Prologs des vierten Evangeliums zum ganzen Werk, ZThK 2 (1892), 189–231.
- Das ‚Wir‘ in den Johanneischen Schriften, in: ders., Kleine Schriften zur Alten Kirche, Opuscula IX/2, Leipzig 1980 (= 1923), 626–643.
- Lehrbuch der Dogmengeschichte I, Tübingen [5]1931.
- Marcion, Berlin [2]1924.
Hartke, W., Vier urchristliche Parteien und ihre Vereinigung zur Apostolischen Kirche I, Berlin 1961.
Hartmann, G., Die Vorlage der Osterberichte in Joh 20, ZNW 55 (1964), 197–220.
Hauschild, W.D., Christologie und Humanismus bei dem ‚Gnostiker‘ Basilides, ZNW 68 (1977), 67–92.
Heekerens, H. P., Die Zeichen-Quelle der johanneischen Redaktion. Ein Beitrag zur Entstehungsgeschichte des vierten Evangeliums, Diss. theol., Heidelberg 1978.
- Die Zeichenquelle der johanneischen Redaktion, SBS 113, Stuttgart 1984.
Hegermann, H., Art. δόξα, EWNT I 832–841.
- Er kam in sein Eigentum, in: Der Ruf Jesu und die Antwort der Gemeinde (FS

J. Jeremias), hg. v. E. Lohse, Chr. Burchard, B. Schaller, Göttingen 1970, 112–131.

Heil, J. P., Jesu Walking on the Sea, AB 87, Rom 1981.

Heiligenthal, R., Werke als Zeichen, WUNT 2.9, Tübingen 1983.

Heising, A., Die Botschaft der Brotvermehrung, SBS 15, Stuttgart 1966.

Heitmüller, W., Das Johannes-Evangelium, SNT 4, Göttingen [3]1920, 9–184.

– Zur Johannes-Tradition, ZNW 15 (1914), 189–209.

Hennecke, E./Schneemelcher, W., Neutestamentliche Apokryphen, Tübingen I [4]1968. II [4]1971.

Hilgenfeld, A., Einleitung in das Neue Testament, Leipzig 1875.

Hippolytus, Refutatio omnium haeresium, hg. v. P. Wendland, GCS 26, Leipzig 1916.

Hirsch, E., Das vierte Evangelium in seiner ursprünglichen Gestalt verdeutscht und erklärt, Tübingen 1936.

– Studien zum vierten Evangelium, BHTh 11, Tübingen 1936.

– Die Auferstehungsgeschichten und der christliche Glaube, Tübingen 1940.

Hoeferkamp, R. T., The relationship between ‚Semeia‘ and Believing in the Fourth Gospel, Diss. theol. St. Louis, Ann Arbor 1978.

Hoennicke, G., Das Judenchristentum, Berlin 1908.

Hofbeck, S., Semeion, Münsterschwarzach 1966.

Hoffmann, P., Art. Auferstehung II/1, TRE IV 478–513.

Hofrichter, P., Nicht aus Blut, sondern monogen aus Gott geboren. Textkritische, dogmengeschichtliche und exegetische Untersuchung zu Joh 1,13–14, FzB 31, Würzburg 1978.

– „Egeneto anthropos". Text und Zusätze im Johannesprolog, ZNW 70 (1979), 214–237.

– Im Anfang war der ‚Johannesprolog‘, BU 17, Regensburg 1986.

Holtzmann, H. J., Das Problem des ersten johanneischen Briefes in seinem Verhältnis zum Evangelium, I JPTh 7 (1881), 690–707, II JPTh (1882), 128–143.

– Johanneische Briefe, HC IV, Freiburg [2]1893, 233–274.

– Lehrbuch der Neutestamentlichen Theologie II, Tübingen [2]1911.

Holtzmann, O., Das Johannesevangelium untersucht und erklärt, Darmstadt 1887.

Horbury, W., The Benediction of the Minim and early Jewish-Christian Controversy, JThS 33 (1982), 19–61.

Horn, F. W., Glaube und Handeln in der Theologie des Lukas, GTA 26, Göttingen [2]1986.

Hoskyns, E. C./(Davey, F. N.), The Fourth Gospel, London [2]1947.

Houlden, J. L., A Commentary on the Johannine Epistles, BNTC, London 1973.

Howard, W. F., The Fourth Gospel in Recent Criticism and Interpretation, (Revised by C. K. Barrett), London [4]1955.

Hübner, H., Art. νόμος, EWNT II 1158–1172.

Huck, A./Greeven, H., Synopse der drei ersten Evangelien, Tübingen 1981.

Huther, J. E., Die drei Briefe des Johannes, KEK XIV; Göttingen [4]1880.

Ibuki, Y., Lobhymnus und Fleischwerdung, AJBI 3 (1977), 132–156.

– Gedankenaufbau und Hintergrund des 3. Kapitels des Johannesevangeliums, Bulletin of Sekei University 14 (1978), 9–33.
– Offene Fragen zur Aufnahme des Logoshymnus in das vierte Evangelium, AJBI 5 (1979), 105–132.

Irenäus, Libros quinque adversus haereses, hg. v. W. W. Harvey, Cambridge 1857.

Jacoby, A., Zur Heilung des Blinden von Bethsaida, ZNW 10 (1909), 185–194.

Jendorff, B., Der Logosbegriff, EHS R. XX, Bd. 19, Frankfurt 1976.

Jeremias, J., Jesus als Weltvollender, BFChTh 33, Gütersloh 1930.
– Johanneische Literarkritik, ThBl 20 (1941), 33–46.
– Rez. R. Bultmann, Das Johannesevangelium, DLZ 64 (1943), 414–420.
– Die Wiederentdeckung von Bethesda, FRLANT 59, Göttingen 1948.
– Die Abendmahlsworte Jesu, Göttingen [4]1967.
– Joh 6,51c–58 – redaktionell?, ZNW 44 (1952/53), 256f.
– Art. Μωυσῆς, ThW IV 852–878.
– Die Kindertaufe in den ersten vier Jahrhunderten, Göttingen 1958.
– Der Prolog des Johannesevangeliums, Calwer H 88, Stuttgart 1967.
– Zum Logos-Problem, ZNW 59 (1968), 82–85.
– Neutestamentliche Theologie, Gütersloh [3]1979.

Jörns, K. P., Das hymnische Evangelium, StNT 5, Gütersloh 1971.

Jonge, M. de, Signs and Works in the Fourth Gospel, in: Miscelleanea Neotestamentica II, NT.S XLVIII, Leiden 1978, 107–125.
– The Beloved Disciple and the date of the Gospel of John, in: Text and Interpretation (FS M. Black), hg. v. E. Best u. R. McL. Wilson, Cambridge 1979, 99–114.

Jülicher, A., Einleitung in das Neue Testament, Tübingen [3.4]1901.

Jülicher, A./Fascher, E., Einleitung in das Neue Testament, Tübingen [7]1931.

Junod, E./Kaestli, J. D., Acta Iohannis, CChr SA 1.2, Turnhout 1983.

Kähler, M., Der sogenannte historische Jesus und der geschichtliche, biblische Christus, TB 2, München 1953 (= 1892).

Käsemann, E., Rez. R. Bultmann, Das Johannesevangelium, VF 2 (1942–1946), 182–202.
– Ketzer und Zeuge, in: ders., Exegetische Versuche und Besinnungen I, Göttingen [6]1970, 168–187.
– Exegetische Versuche und Besinnungen II, Göttingen [3]1970. Daraus:
– Neutestamentliche Fragen von heute, 11–31.
– Aufbau und Anliegen des johanneischen Prologs, 155–180.
– Jesu letzter Wille nach Johannes 17, Tübingen [4]1980.

Katz, S. T., Issues in the Separation of Judaism and Christianity after 70 C.E.: A Reconsideration, JBL 103 (1984), 43–76.

Kautzsch, E. (Hg.), Die Apokryphen und Pseudepigraphen des Alten Testaments I.II, Darmstadt 1975 (= 1921).

Kelber, W., Die Logoslehre. Von Heraklit bis Origenes, Stuttgart 1976.

Kertelge, K., Die Wunder Jesu im Markusevangelium, StANT 23, München 1970.

Kimelman, R., ‚Birkat Ha-Minim‘ and the Lack of Evidence for an Anti-Christian Jewish Prayer in Late Antiquity, in: Jewish and Christian Self-Definition

II, hg. v. E. P. Sanders, A. J. Baumgarten, A. Mendelson, London 1981, 226–244.

Kippenberg, H. G., Garizim und Synagoge, RGVV XXX, Berlin 1971.

Kittel, G., Art. λέγω, ThW IV 100–140.

Klaiber, W., Die Aufgabe einer theologischen Interpretation des 4. Evangeliums, ZThK 82 (1985), 300–324.

Klauck, H. J., Herrenmahl und hellenistischer Kult, NTA 15, Münster 1982.

Klausner, J., The Messianic Idea in Israel, London 1956.

Klein, G., ‚Das wahre Licht scheint schon‘. Beobachtungen zur Zeit- und Geschichtserfahrung einer urchristlichen Schule, ZThK 68 (1971), 261–326.

Klijn, A. F. J./Reinink, G. J., Patristic Evidence for Jewish-Christian Sects, NT.S 36, Leiden 1973.

Klos, H., Die Sakramente im Johannesevangelium, SBS 46, Stuttgart 1970.

Knox, J., The Humanity and Divinity of Christ. A Study of Pattern in Christology, Cambridge 1967.

Koch, D. A., Die Bedeutung der Wundererzählungen für die Christologie des Markusevangeliums, BZNW 42, Berlin 1975.

Kohler, H., Kreuz und Menschwerdung im Johannesevangelium, Diss. theol., Zürich 1986.

Körtner, U., Papias von Hierapolis, FRLANT 133, Göttingen 1983.

Köster, H., Ein Jesus und vier ursprüngliche Evangeliumsgattungen, in: H. Köster/J. M. Robinson, Entwicklungslinien durch die Welt des frühen Christentums, Tübingen 1971, 147–190.

– Einführung in das Neue Testament, Berlin 1980.

Kragerud, A., Der Lieblingsjünger im Johannesevangelium, Oslo 1959.

Kramer, W., Christos Kyrios Gottessohn, AThANT 44, Zürich 1963.

Kremer, J., Lazarus. Die Geschichte einer Auferstehung, Stuttgart 1985.

Kuhli, H., Art. Ἰουδαῖος, EWNT II 472–482.

Kuhn, H. W., Ältere Sammlungen im Markusevangelium, SUNT 8, Göttingen 1971.

Kuhn, K. G., Achtzehngebet und Vaterunser und der Reim, WUNT 1, Tübingen 1950.

– Gijonim und sifre minim, in: Judentum, Urchristentum, Kirche (FS J. Jeremias), hg. v. W. Eltester, BZNW 26, Berlin 1960, 24–61.

Kümmel, W. G., Einleitung in das Neue Testament, Heidelberg [19]1978.

Kundsin, K., Topologische Überlieferungsstoffe im Johannes-Evangelium, FRLANT 22, Göttingen 1925.

Kysar, R., The Source Analysis of the Fourth Gospel – a Growing Consensus?, NT 15 (1973), 134–152.

– The Fourth Evangelist and his Gospel, Minneapolis 1975.

– John, the Maverick Gospel, Atlanta 1976.

– Community and Gospel: Vectors in Fourth Gospel Criticism, Interp. 31 (1977), 355–365.

Lagrange, M. L., L'Évangile selon S. Jean, EtB, Paris [8]1948.

Lammers, K., Hören, Sehen und Glauben im Neuen Testament, SBS 11, Stuttgart 1966.

Langbrandtner, W., Weltferner Gott oder Gott der Liebe, BET 6, Frankfurt 1977.

Larfeld, W., Das Zeugnis des Papias über die beiden Johannes von Ephesus, in: Johannes und sein Evangelium, hg. v. K. H. Rengstorf, Darmstadt 1973, 381–401.

Lattke, M., Einheit im Wort, SANT 41, München 1975.

Leidig, E., Jesu Gespräch mit der Samaritanerin und weitere Gespräche im Johannesevangelium, ThDiss 15, Basel 1979.

Leistner, R., Antijudaismus im Johannesevangelium?, Theologie und Wirklichkeit 3, Frankfurt 1974.

Léon-Dufour, X., Autour du Sēmeion Johannique, in: Die Kirche des Anfangs (FS H. Schürmann), hg. v. J. Ernst u. J. Wanke, Freiburg 1978, 363–377.

– Abendmahl und Abschiedsrede im Neuen Testament, Stuttgart 1983.

Leroy, H., Rätsel und Mißverständnis, BBB 30, Bonn 1968, 157–167.

– Das johanneische Mißverständnis als literarische Form, BiLe 9 (1968), 196–207.

– Art. Βηθεσδά, EWNT I 512f.

Liddell, H. G./Scott, R., A Greek-English Lexicon, Vol I, Oxford 1925.

Lietzmann, H., Geschichte der alten Kirche II, Berlin ^{2}1953.

Lightfoot, R. H., St. John's Gospel, Oxford 1960.

Lindars, B., Behind the Fourth Gospel, London 1971.

– The Gospel of John, NCeB, London 1972.

– Word and Sacrament in the Fourth Gospel, SJTh 29 (1976), 49–63.

– John and the Synoptic Gospels: A Test Case, NTS 27 (1981), 287–294.

Lindemann, A., Gemeinde und Welt im Johannesevangelium, in: Kirche (FS G. Bornkamm), hg. v. D. Lührmann u. G. Strecker, Tübingen 1980, 133–161.

Linnemann, E., Die Hochzeit zu Kana und Dionysos, NTS 20 (1974), 408–418.

Lipsius, R. A./Bonnet, M., Acta Apostolorum Apocrypha II/1, Leipzig 1898.

Loader, W. R. G., The Central Structure of Johannine Christology, NTS 30 (1984), 188–216.

Lohmeyer, E., Über Aufbau und Gliederung des vierten Evangeliums, ZNW 27 (1928), 11–36.

– Das Evangelium des Markus, KEK I/2, Göttingen ^{12}1953.

Lohse, E., Art. Wunder (Im Judentum), RGG^3 VI 1834.

– Wort und Sakrament im Johannesevangelium, in: ders., Die Einheit des Neuen Testaments, Göttingen ^{2}1973, 193–208.

– Miracles in the Fourth Gospel, in: ders., Die Vielfalt des Neuen Testaments, Göttingen 1982, 45–56.

– Die Entstehung des Neuen Testaments, Stuttgart ^{4}1983.

Loisy, A., Le quatrième Évangile, Paris ^{2}1921.

Lona, H.-E., Glaube und Sprache des Glaubens im Johannesevangelium, BZ 28 (1984), 168–184.

Loos, H. v. d., The Miracles of Jesus, NT.S 9, Leiden 1965.

Lorenzen, T., Der Lieblingsjünger im Johannesevangelium, SBS 55, Stuttgart 1971.

Lüdemann, G., Untersuchungen zur simonianischen Gnosis, GTA 1, Göttingen 1975.

– Paulus, der Heidenapostel II, FRLANT 130, Göttingen 1983.

Lührmann, D., Art. Glaube, RAC XI, 48–122.

Luz, U./Smend, R., Gesetz, Stuttgart 1981.

Luz, U., Erwägungen zur sachgemäßen Interpretation neutestamentlicher Texte, EvTh 42 (1982), 493–518.

Mack, B. L., Logos und Sophia. Untersuchungen zur Weisheitstheologie im hellenistischen Judentum, SUNT 10, Göttingen 1973.

Maier, J., Jüdische Auseinandersetzung mit dem Christentum in der Antike, EdF 177, Darmstadt 1982.

Malatesta, E., St. John's Gospel: 1920–1965, AB 32, Rom 1967.

Martyn, J., L., History and Theology in the Fourth Gospel, Nashville [2]1979.

– Source Criticism and Religionsgeschichte in the Fourth Gospel, in: Jesus and Man's Hope I, Pittsburgh 1970, 247–273.

– Glimpses into the History of the Johannine Community, in: ders., The Gospel of John in Christian History, New York 1978, 90–121.

Marxsen, W., Der Evangelist Markus, FRLANT 67, Göttingen 1956.

– Einleitung in das Neue Testament, Gütersloh [4]1978.

Mead, A. H., The βασιλικός in John 4,46–53, JSNT 23 (1985), 69–72.

Meeks, W. A., The Prophet-King. Moses Traditions and the Johannine Christology, NT.S 14, Leiden 1967.

– Die Funktion des vom Himmel herabgestiegenen Offenbarers für das Selbstverständnis der johanneischen Gemeinde, in: ders. (Hg.), Zur Soziologie des Urchristentums, TB 62, München 1979, 245–283.

Menoud, Ph. H., L'Évangile de Jean d'après les recherches récentes, CThAP 3, Neuchâtel 1947.

Metzger, B. M., A Textual Commentary on the Greek New Testament, London-New York 1975.

Meyer, E., Urgeschichte des Christentums I/1, Stuttgart 1983 (= 1921).

Meyer, R., Der Prophet aus Galiläa, Leipzig 1940.

Michaelis, W., Die Sakramente im Johannesevangelium, Bern 1946.

– Einleitung in das Neue Testament, Bern 1946.

Michel, O., Der Anfang der Zeichen Jesu, in: Die Leibhaftigkeit des Wortes (FS A. Köberle), hg. v. O. Michel u. U. Mann, Hamburg 1958, 15–22.

Minear, P. S., The Idea of Incarnation in First John, Interpr 24 (1970), 291–302.

– The Original Functions of John 21, JBL 102 (1983), 85–98.

Miranda, J. P., Der Vater, der mich gesandt hat, EHS.T 7, Frankfurt 1972.

– Die Sendung Jesu im vierten Evangelium, SBS 87, Stuttgart 1977.

Mohr, T. A., Markus- und Johannespassion, AThANT 70, Zürich 1982.

Müller, U. B., Die Geschichte der Christologie in der johanneischen Gemeinde, SBS 77, Stuttgart 1975.

– Die Bedeutung des Kreuzestodes Jesu im Johannesevangelium, KuD 21 (1975), 49–71.

– Die Offenbarung des Johannes, ÖTK 19, Gütersloh 1984.

Mussner, F., ZΩH. Die Anschauung vom Leben im vierten Evangelium, MThS I/5, München 1952.

– Die johanneischen Parakletsprüche und die apostolische Tradition, BZ 5 (1961), 56–70.

– Die johanneische Sehweise, QD 28, Freiburg 1965.

- ,Kultische' Aspekte im johanneischen Christusbild, in: ders., Praesentia salutis, Düsseldorf 1967, 133–145.
- Traktat über die Juden, München 1979.
Nauck, W., Die Tradition und der Charakter des ersten Johannesbriefes, WUNT 3, Tübingen 1957.
Neirynck, F., John and the Synoptics, in: M. de Jong (Hg.), L'Évangile de Jean, BEThL 44, Leuven 1977, 73–106.
- Jean et les synoptiques, BEThL 49, Leuven 1979.
Nestle, E./Aland, K., Novum Testamentum Graece, Stuttgart [26]1979.
Neugebauer, F., Die Entstehung des Johannesevangeliums, AzTh I/36, Stuttgart 1968.
Nicol, W., The Semeia in the Fourth Gospel, NT.S 32, Leiden 1972.
Noack, B., Zur johanneischen Tradition, LSSK.T 3, Kopenhagen 1954.
Noetzel, H., Christus und Dionysos, Aufsätze und Vorträge zur Theologie und Religionswissenschaft II, Berlin 1960.
Norden, E., Agnostos Theos. Untersuchungen zur Formengeschichte religiöser Rede, Darmstadt [6]1974.
Odeberg, H., The Fourth Gospel, Amsterdam 1974 (= 1929).
Oepke, A., Art. ἕλκω, ThW II 500f.
Onuki, T., Die johanneischen Abschiedsreden und die synoptische Tradition, AJBI 3 (1977), 157–268.
- Gemeinde und Welt im Johannesevangelium, WMANT 56, Neukirchen 1984.
Olsson, B., Structure and Meaning in the Fourth Gospel, CB. NT 6, Lund 1974.
Orbe, A., Christología Gnóstica, Madrid 1976.
Osten-Sacken, P. v. d., Der erste Christ. Johannes d. T. als Schlüssel zum Prolog des vierten Evangeliums, ThViat XIII, 1975/76, 155–173.
- Leistung und Grenze der johanneischen theologia crucis, EvTh 36 (1976), 154–176.
Overbeck, F., Das Johannesevangelium, Tübingen 1911.
Painter, J., Christology and the History of the Johannine Community in the Prologue of the Fourth Gospel, NTS 30 (1984), 460–474.
- The ,Opponents' in 1John, NTS 32 (1986), 48–71.
Pancaro, S., The Law in the Fourth Gospel, NT.S 42, Leiden 1975.
Patsch, H., Abendmahlsterminologie außerhalb der Einsetzungsberichte, ZNW 62 (1971), 210–231.
- Art. εὐχαριστεῖν, EWNT II 219–221.
Pesch, R., „Ihr müßt von oben geboren werden". Eine Auslegung von Joh 3,1–12, BiLe 7 (1966), 208–219.
- Der reiche Fischfang. Lk 5,1–11/Joh 21,1–14, Düsseldorf 1969.
Petzke, G., Die Traditionen über Apollonius von Tyana und das Neue Testament, StCH 1, Leiden 1970.
Pfleiderer, O., Beleuchtung der neuesten Johannes-Hypothese, ZWTh 12 (1869), 394–421.
Philo, Opera I–VII, ed. Cohn-Wendland, Berlin 1896ff.
Philostratus, Vita Apollonii, hg. v. V. Mumprecht, München 1983.
Pohlenz, M., Paulus und die Stoa, in: Das Paulusbild in der neueren deutschen Forschung, hg. v. K. H. Rengstorf, Darmstadt [2]1969, 521–564.

Pokorný, P., Der irdische Jesus im Johannesevangelium, NTS 30 (1984), 217–228.

Porsch, F., Pneuma und Wort, FTS 16, Frankfurt 1974.

Potterie, I. de la, „Naître de l'aut et naître de l'Esprit, ScEc 14 (1962), 417–443.

– Structure du Prologue de Saint Jean, NTS 30 (1984), 354–381.

Rahlfs, A. (Hg.), Septuaginta I.II, Stuttgart [8]1965.

Ratschow, C. H., Die eine christliche Taufe, Gütersloh 1972.

Reim, G., Studien zum alttestamentlichen Hintergrund des Johannesevangeliums, MSSNTS 22, Cambridge 1974.

– Johannes 21 – Ein Anhang?, in: J. K. Elliot (Hg.), Studies in New Testament Language and Text (FS Kilpatrick), NT.S XLIV, Leiden 1976, 330–337.

– Joh 9 – Tradition und zeitgenössische messianische Diskussion, BZ 22, 1978, 245–253.

Reitzenstein, R., Hellenistische Wundererzählungen, Darmstadt 1963 (= 1906).

Rengstorf, K. H., Die Anfänge der Auseinandersetzung zwischen Christusglaube und Asklepiosfrömmigkeit, Schriften zur Förderung der Westfälischen Landesuniversität zu Münster 30, Münster 1953.

– Art. σημεῖον, ThW VII 199–268.

Richter, G., Studien zum Johannesevangelium, BU 13, Regensburg 1977. Daraus:

– „Bist du Elias?" (Joh 1,21), 1–41.

– Zur Formgeschichte und literarischen Einheit von Joh 6,31–58, 88–119.

– Blut und Wasser aus der durchbohrten Seite Jesu (Joh 19,34b), 120–142.

– Die Fleischwerdung des Logos im Johannesevangelium, 149–198.

– Die alttestamentlichen Zitate in der Rede vom Himmelsbrot Joh 6,26–51a, 199–265.

– Der Vater und Gott Jesu und seiner Brüder in Joh 20,17. Ein Beitrag zur Christologie im Johannesevangelium, 266–280.

– Zur sogenannten Semeia-Quelle des Johannesevangeliums, 281–287.

– Zum sogenannten Tauftext Joh 3,5, 327–345.

– Präsentische und futurische Eschatologie im 4. Evangelium, 346–382.

– Zum gemeindebildenden Element in den johanneischen Schriften, 383–414.

Ridderbos, H., The Structure and Scope of the Prologue to the Gospel of John, NT VIII (1966), 180–201.

Riedl, J., Das Heilswerk Jesu nach Johannes, FThSt 93, Freiburg 1973.

Riesenfeld, H., Zu den johanneischen ἵνα-Sätzen, StTh 19 (1965), 213–220.

– Art. τηρεῖν, ThW VIII 139–151.

Riga, P., Signs of Glory, Interp. 17 (1963), 402–424.

Rissi, M., Die Hochzeit in Kana, in: Oikonomia (FS O. Cullmann), hg. v. F. Christ, Hamburg 1967, 76–92.

– Die Logoslieder im Prolog des vierten Evangeliums, ThZ 31 (1975), 321–336.

– Der Aufbau des vierten Evangeliums, NTS 29 (1983), 48–54.

Robinson, J. M., Die johanneische Entwicklungslinie, in: H. Köster u. J. M. Robinson, Entwicklungslinien durch die Welt des frühen Christentums, Tübingen 1971, 216–250.

– (Hg.), The Nag Hammadi Library in English, Leiden 1977.

– Sethians and Johannine Thought. The Trimorphic Protennoia and the Prologue of the Gospel of John, in: B. Layton (Hg.), The Rediscovery of Gnosticism II, SHR XLI, Leiden 1981, 643–670.

Rohde, J., Die redaktionsgeschichtliche Methode, Hamburg 1966.

– Häresie und Schisma im Ersten Clemensbrief und in den Ignatius-Briefen, NT X (1968), 217–233.

Roloff, J., Der johanneische ‚Lieblingsjünger‘ und der Lehrer der Gerechtigkeit, NTS 15 (1968), 129–151.

– Die Offenbarung des Johannes, ZBK NT 18, Zürich 1984.

Ruckstuhl, E., Die literarische Einheit des Johannesevangeliums, SF NF 3, Freiburg 1951.

– Wesen und Kraft der Eucharistie in der Sicht des Johannesevangeliums, in: Das Opfer der Kirche, Luzerner Theologische Studien 1, Luzern 1954, 47–90.

– Zur Aussage und Botschaft von Joh 21, in: Die Kirche des Anfangs (FS H. Schürmann), hg. v. J. Ernst u. J. Wanke, Freiburg 1978, 339–362.

– Johannine Language and Style, in: M. de Jonge (Hg.), L'Évangile de Jean, BEThL 44, Leuven 1977, 125–147.

– Kritische Arbeit am Johannesprolog, in: The New Testament Age (FS B. Reicke), hg. v. W. C. Weinreich, Macon 1984, 443–454.

Saito, T., Die Mosevorstellungen im NT, EHS R. XIII Bd. 100, Bern-Frankfurt 1977.

Sanders, J. T., The New Testament Christological Hymns, MSSNTS 15, Cambridge 1971.

Sänger, D., Antikes Judentum und die Mysterien, WUNT II/5, Tübingen 1980.

Saß, G., Die Auferweckung des Lazarus, BSt 51, Neukirchen 1967.

Schäfer, P., Die sogenannte Synode von Jabne, Jud. 31 (1975), 54–64.116–124.

– Geschichte der Juden in der Antike, Stuttgart-Neukirchen 1983.

Schäferdiek, K., Herkunft und Interesse der alten Johannesakten, ZNW 74 (1983), 247–267.

Schenke, H. M., Die neutestamentliche Christologie und der gnostische Erlöser, in: Gnosis und Neues Testament, hg. v. K. W. Tröger, Berlin 1973, 205–229.

Schenke, H. M./Fischer, K. M., Einleitung in die Schriften des Neuen Testaments II, Berlin 1979.

Schenke, L., Die Wundererzählungen des Markusevangeliums, SBB, Stuttgart 1974.

– Die formale und gedankliche Struktur von Joh 6,26–58, BZ 24 (1980), 21–41.

– Die literarische Vorgeschichte von Joh 6,26–58, BZ 29 (1985), 68–89.

– Das Szenarium von Joh 6,1–25, TThZ 92 (1983), 191–203.

Schille, G., Traditionsgut im vierten Evangelium, TheolVers XII, Berlin 1981, 77–89.

Schlatter, A., Die Sprache und Heimat des vierten Evangelisten, in: Johannes und sein Evangelium, hg. v. K. H. Rengstorf, Darmstadt 1973, 28–201.

– Der Evangelist Johannes, Stuttgart ⁴1975.

Schlier, H., Johannes 6 und das johanneische Verständnis der Eucharistie, in: ders., Das Ende der Zeit, Freiburg 1971, 102–123.

– Im Anfang war das Wort. – Zum Prolog des Johannesevangeliums, in: ders., Die Zeit der Kirche, Freiburg 1958, 274–287.

Schmidt, K. L., Der johanneische Charakter der Erzählung vom Hochzeitswunder in Kana, in: Harnack-Ehrung, Leipzig 1921, 32–43.

Schmithals, W., Der Prolog des Johannesevangeliums, ZNW 70 (1979), 16–43.

Schnackenburg, R., Logos-Hymnus und johanneischer Prolog, BZ NF 1 (1957), 69–109.

– Die Erwartung des „Propheten" nach dem Neuen Testament und den Qumran-Texten, in: Studia Evangelica I, TU 73, Berlin 1959, 622–639.

– Zur Traditionsgeschichte von Joh 4,46–54, BZ NF 8 (1964), 58–88.

– Das Johannesevangelium als hermeneutische Frage, NTS 13 (1966/67), 197–210.

– Das Johannesevangelium I–III, HThK IV 1–3, Freiburg ⁵1981.³1980.³1979.

– Die Johannesbriefe, HThK XIII/3, Freiburg ⁶1979.

– Das Johannesevangelium. Ergänzende Auslegungen und Exkurse, HThK IV/4, Freiburg 1984. Daraus:

– Entwicklung und Stand der johanneischen Forschung seit 1955, 9–32.

– Die johanneische Gemeinde und ihre Geisterfahrung, 33–58.

– Tradition und Interpretation im Spruchgut des Johannesevangeliums, 72–89.

– Zur Redaktionsgeschichte des Johannesevangeliums, 90–102.

– Paulinische und johanneische Christologie, 102–118.

– Das Brot des Lebens (Joh 6), 119–131.

– Die bleibende Präsenz Jesu Christi nach Johannes, in: Praesentia Christi (FS J. Betz), hg. v. L. Lies, Düsseldorf 1984, 50–63.

Schneider, G., Art. Βηθανία, EWNT I 511 f.

Schneider, J., Zur Frage der Komposition von Joh 6,17–58(59), in: In memoriam Ernst Lohmeyer, hg. v. W. Schmauch, Stuttgart 1951, 132–142.

– 1. Johannesbrief, NTD 10, Göttingen ⁹1961, 137–188.

– Das Evangelium nach Johannes, ThHK, Sonderband, Berlin ²1978.

Schnelle, U., Gerechtigkeit und Christusgegenwart. Vorpaulinische und paulinische Tauftheologie, GTA 24, Göttingen ²1986.

Schnider, F./Stenger, W., Johannes und die Synoptiker, BH IX, München 1971.

Schoedel, W. R., Ignatius of Antioch, Hermeneia, Philadelphia 1985.

Schottroff, L., Heil als innerweltliche Entweltlichung, NT XI (1969), 294–317.

– Der Glaubende und die feindliche Welt, WMANT 37, Neukirchen 1970.

– Art. ζῶ, EWNT II 261–271.

Schrage, W., Art. ἀποσυνάγωγος, ThW VII 845–850.

– Art. τυφλός, ThW VIII 270–294.

– Ethik des Neuen Testaments, GNT 4, Göttingen 1982.

Schram, T. L., The Use of Ioudaios in the Fourth Gospel, Diss. theol., Utrecht 1974.

Schreiber, J., Theologie des Vertrauens, Hamburg 1967.

Schulz, S., Untersuchungen zur Menschensohn-Christologie im Johannesevangelium, Göttingen 1957.

– Komposition und Herkunft der Johanneischen Reden, BWANT V/1, Stuttgart 1960.

– Das Evangelium nach Johannes, NTD 4, Göttingen 1972.

– Q. Die Spruchquelle der Evangelisten, Zürich 1972.

Schunack, G., Die Briefe des Johannes, ZB NT 17, Zürich 1982.

Schürer, E., Über den gegenwärtigen Stand der johanneischen Frage, in: K. H. Rengstorf (Hg.), Johannes und sein Evangelium, Darmstadt 1973, 1–27.
- Geschichte des Jüdischen Volkes I.II, Leipzig ⁵1920. ⁴1907.
Schürmann, H., Ursprung und Gestalt, Düsseldorf 1970. Daraus:
- Jesu letzte Weisung. Joh 19,26–27a, 13–28.
- Joh 6,51c – Ein Schlüssel zur großen johanneischen Brotrede, 151–166.
- Die Eucharistie als Repräsentation und Applikation des Heilsgeschehens nach Joh 6,53–58, 167–187.
Schwartz, E., Aporien im vierten Evangelium, NGWG.PH (1907) 342–372; (1908) 115–148.149–188.497–560.
Schweitzer, A., Die Mystik des Apostels Paulus, Tübingen ²1954.
Schweizer, A., Das Evangelium Johannes nach seinem innern Werthe und seiner Bedeutung für das Leben Jesu kritisch untersucht, Leipzig 1841.
Schweizer, E., Ego Eimi, FRLANT 38, Göttingen ²1965.
- Neotestamentica, Zürich 1963. Daraus:
- Der Kirchenbegriff im Evangelium und den Briefen des Johannes, 254–271.
- Das johanneische Zeugnis vom Herrenmahl, 371–396.
- Die Heilung des Aussätzigen, 407–415.
- Art. πνεῦμα, ThW VI 387–450.
- Zum religionsgeschichtlichen Hintergrund der ‚Sendungsformel‘ Gal 4,4f., Röm 8,3f., Joh 3,16f.; 1Joh 4,9, in: ders., Beiträge zur Theologie des Neuen Testaments, Zürich 1970, 83–95.
- Jesus Christus, Gütersloh, ⁴1976.
- Das Evangelium nach Markus, NTD 1, Göttingen ⁴1975.
- Jesus der Zeuge Gottes. Zum Problem des Doketismus im Johannesevangelium, in: Studies in John (FS J. N. Sevenster), NT.S 24, Leiden 1970, 161–168.
Slusser, M., Docetism: A Historical Definition, The Second Century 1 (1981), 163–172.
Smalley, S., John: Evangelist and Interpreter, Exeter 1983 (= 1978).
Smith, D. M., The Composition and Order of the Fourth Gospel, New Haven-London 1965.
- Johannine Christianity: Some Reflections on its Character and Delineation, NTS 21 (1975), 222–248.
- The Milieu of the Johannine Miracle Source: A Proposal, in: Jews, Greeks and Christians (FS W. D. Davies), hg. v. R. Hamerton-Kelly/R. Scroggs, Leiden 1976, 164–180.
Spitta, F., Das Johannesevangelium als Quelle der Geschichte Jesu, Göttingen 1910.
Stählin, G., Zum Problem der johanneischen Eschatologie, ZNW 33 (1934), 225–259.
- Art. φιλεῖν, ThW IX 112–169.
Stauffer, E., Rez. R. Bultmann, ZKG 62 (1943), 347–352.
Stegemann, H., Rez. Pierre Prigent, Les Testimonia dans le Christianisme primitif, ZKG 73 (1962), 142–153.
Stemberger, G., Die sogenannte „Synode von Jabne" und das frühe Christentum, Kairos XIX, 1977, 14–21.
- Das klassische Judentum, München 1979.

Stenger, W., Die Auferweckung des Lazarus, TThZ 83 (1974), 17–37.

Stolz, F., Zeichen und Wunder, ZThK 69 (1972), 125–144.

Strathmann, H., Das Evangelium nach Johannes, NTD 4, Göttingen [4]1959.

– Art. Johannesbriefe, EKL II 363–365.

Strecker, G., Das Judenchristentum in den Pseudoklementinen, TU 70, Berlin [2]1981.

– Der Weg der Gerechtigkeit, FRLANT 82, Göttingen [3]1971.

– Eschaton und Historie, Göttingen 1979. Daraus:

– Redaktionsgeschichte als Aufgabe der Synoptikerexegese, 9–32.

– Die Makarismen der Bergpredigt, 108–131.

– Art. μακάριος, EWNT II 925–932.

– Judenchristentum und Gnosis, in: Altes Testament – Frühjudentum – Gnosis, hg. v. W. Tröger, Berlin 1980, 261–282.

– Die Anfänge der johanneischen Schule, NTS 32 (1986), 31–47.

Strecker, G./Schnelle, U., Einführung in die neutestamentliche Exegese, Göttingen [2]1985.

Streeter, B. H., The Four Gospels, London 1936.

Talbert, C. H., What is a Gospel?, Philadelphia 1977.

Teeple, H. M., The Literary Origin of the Gospel of John, Evaston 1974.

Teeple, S., A Key to the Composition of the Fourth Gospel, JBL 80 (1961), 220–232.

Tertullian, Adversus Marcionem, hg. v. A. Kroymann, CSEL 47, Leipzig 1906.

Theissen, G., Urchristliche Wundergeschichten, StNT 8, Gütersloh 1974.

Theobald, M., Der Primat der Synchronie vor der Diachronie als Grundaxiom der Literarkritik, BZ 22 (1978), 161–186.

– Im Anfang war das Wort, SBS 106, Stuttgart 1983.

Thompson, J. M., The Structure of the Fourth Gospel, Exp 10 (1915), 512–526.

Thraede, K., Untersuchungen zum Ursprung und zur Geschichte der christlichen Poesie I, JAC 4 (1961), 108–127.

Thyen, H., Johannes 13 und die „Kirchliche Redaktion" des vierten Evangeliums, in: Tradition und Glaube (FS K. G. Kuhn), hg. v. G. Jeremias, H. W. Kuhn, H. Stegemann, Göttingen 1971, 343–356.

– Aus der Literatur zum Johannesevangelium, ThR 39 (1974), 1–69.222–252.289–330; ThR 42 (1977), 211–270; ThR 43 (1978), 328–359; ThR 44 (1979), 97–134. (= FB)

– „... denn wir lieben die Brüder" (1Joh 3,14), in: Rechtfertigung (FS E. Käsemann), hg. v. J. Friedrich u. a., Tübingen 1976, 527–542.

– Entwicklungen innerhalb der johanneischen Theologie und Kirche im Spiegel von Joh 21 und der Lieblingsjüngertexte des Evangeliums, in: M. de Jonge (Hg.), L'Évangile de Jean, BEThL 44, Leuven 1977, 259–299.

– „Niemand hat größere Liebe als die, daß er sein Leben für seine Freunde hingibt", in: Theologia Crucis – Signum Crucis (FS E. Dinkler), hg. v. C. Andresen und G. Klein, Tübingen 1979, 467–481.

– „Das Heil kommt von den Juden", in: Kirche (FS G. Bornkamm), hg. v. D. Lührmann und G. Strecker, Tübingen 1980, 163–184.

Tiede, D. L., The Charismatic Figure as Miracle Worker, SBL DS 1, Missoula 1972.

Trilling, W., Gegner Jesu – Widersacher der Gemeinde – Repräsentanten der ‚Welt'. Das Johannesevangelium und die Juden, in: Gottesverächter und Menschenfeinde? hg. v. H. Goldstein, Düsseldorf 1979, 190–210.

Tröger, K. W., Ja oder Nein zur Welt. War der Evangelist Johannes Christ oder Gnostiker?, TheolVers VII, Berlin 1976, 61–80.

– Doketische Christologie in Nag-Hammadi-Texten, Kairos 19 (1977), 45–52.

Urbach, E. E., Self-Isolation or Self-Affirmation in Judaism in the First Three Centuries: Theory and Practice, in: Jewish and Christian Self-Definition II, hg. v. E. P. Sanders, A. J. Baumgarten u. A. Mendelson, London 1981, 269–298.

Venetz, H. J., ‚Durch Wasser und Blut gekommen'. Exegetische Überlegungen zu 1Joh 5,6, in: Die Mitte des Neuen Testaments (FS E. Schweizer), hg. v. U. Luz u. H. Weder, Göttingen 1983, 345–361.

Vielhauer, Ph., Erwägungen zur Christologie des Markusevangeliums, in: ders., Aufsätze zum Neuen Testament, TB 31, München 1965, 199–214.

– Geschichte der urchristlichen Literatur, Berlin 1975.

Volz, P., Die Eschatologie der jüdischen Gemeinde, Hildesheim 1966 (= 1934).

Wahlde, U. C. v., The Johannine ‚Jews': A Critical Survey, NTS 28 (1982), 33–60.

Walter, N., Die Auslegung überlieferter Wundererzählungen im Johannes-Evangelium, TheolVers II, Berlin 1970, 93–107.

– Glaube und irdischer Jesus im Johannesevangelium, StEv VII, Berlin 1982, 547–552.

Weder, H., Die Menschwerdung Gottes, ZThK 82 (1985), 325–360.

Wegner, U., Der Hauptmann von Kafarnaum, WUNT 2.14, Tübingen 1985.

Weigandt, P., Der Doketismus im Urchristentum und in der theologischen Entwicklung des zweiten Jahrhunderts, Diss. theol., Heidelberg 1961.

Weinreich, O., Antike Heilungswunder, RVV 8,1, Berlin 1909.

Weiss, B., Die drei Briefe des Apostels Johannes, KEK XIV, Göttingen [6]1899.

Weiß, K., Die ‚Gnosis' im Hintergrund und im Spiegel der Johannesbriefe, in: Gnosis und Neues Testament, hg. v. K. W. Tröger, Berlin 1973, 341–356.

Wellhausen, J., Erweiterungen und Änderungen im vierten Evangelium, Berlin 1907.

– Das Evangelium Johannis, Berlin 1908.

Wendt, H. H., Das Johannesevangelium, Göttingen 1900.

– Die Schichten im vierten Evangelium, Göttingen 1911.

– Der ‚Anfang' am Beginne des 1. Johannesbriefes, ZNW 21 (1922), 38–42.

– Die Beziehung unseres ersten Johannesbriefes auf den zweiten, ZNW 21 (1922), 140–146.

– Die Johannesbriefe und das johanneische Christentum, Halle 1925.

Wengst, K., Tradition und Theologie des Barnabasbriefes, AKG 42, Berlin 1971.

– Christologische Formeln und Lieder des Urchristentums, StNT 7, Gütersloh 1972.

– Häresie und Orthodoxie im Spiegel des ersten Johannesbriefes, Gütersloh 1976.

– Der erste, zweite und dritte Brief des Johannes, ÖTK 16, Gütersloh 1978.

– Bedrängte Gemeinde und verherrlichter Christus, BThSt 5, Neukirchen [2]1983.

– Didache. Barnabasbrief. Zweiter Klemensbrief. Schrift an Diognet, SUC II, Darmstadt 1984.

Wenz, H., Sehen und Glauben bei Johannes, ThZ 17 (1961), 17–25.

Wetter, G. P., ‚Der Sohn Gottes‘, FRLANT 26, Göttingen 1916.

Wettstein, J. J., Novum Testamentum Graecum I.II, Graz 1962 (= 1752).

Whitacre, R. A., Johannine Polemic. The Role of Tradition and Theology, SBL DS 67, Chico 1982.

Whittaker, M., ‚Signs and Wonders‘: The Pagan Background, StEv V, Berlin 1968, 155–158.

Wiefel, W., Die Scheidung von Gemeinde und Welt im Johannesevangelium auf dem Hintergrund der Trennung von Kirche und Synagoge, ThZ 35 (1979), 213–227.

Wikenhauser, A., Das Evangelium nach Johannes, RNT 4, Regensburg ³1961.

Wikenhauser, A./Schmid, J., Einleitung in das Neue Testament, Freiburg ⁶1973.

Wilckens, U., Der eucharistische Abschnitt der johanneischen Rede vom Lebensbrot (Joh 6,51c–58), in: NT und Kirche (FS R. Schnackenburg), hg. v. J. Gnilka, Freiburg 1974, 220–248.

– Der Paraklet und die Kirche, in: Kirche (FS G. Bornkamm), hg. v. D. Lührmann u. G. Strecker, Tübingen 1980, 185–203.

– Auferstehung, Gütersloh ²1977.

Wilkens, W., Die Entstehungsgeschichte des vierten Evangeliums, Zürich 1958.

– Das Abendmahlszeugnis im vierten Evangelium, EvTh 18 (1958), 354–370.

– Die Erweckung des Lazarus, ThZ 15, 1959, 22–39.

– Evangelist und Tradition im Johannesevangelium, ThZ 16 (1960), 81–90.

– Zeichen und Werke, AThANT 55, Zürich 1969.

Windisch, H., Die johanneische Weinregel, ZNW 14 (1913), 248–257.

– Der johanneische Erzählungsstil, in: Eucharisterion II (FS H. Gunkel), Göttingen 1923, 174–213.

– Johannes und die Synoptiker, Leipzig 1926.

– Die fünf johanneischen Parakletsprüche, in: Festgabe für A. Jülicher, hg. v. H. v. Soden u. R. Bultmann, Tübingen 1927, 110–137.

– Johannesbriefe, HNT 15, Tübingen ³1951, 106–144.

Wrede, W., Charakter und Tendenz des Johannesevangeliums, SGV 37, Tübingen ²1933.

Zahn, T., Einleitung in das Neue Testament II, Leipzig ²1900.

– Das Evangelium des Johannes, KNT IV, Leipzig ⁵·⁶1921.

Zeller, D., Paulus und Johannes, BZ 27 (1983), 167–182.

Zenger, E., Die späte Weisheit und das Gesetz, in: Literatur und Religion des Frühjudentums, hg. v. J. Maier u. J. Schreiner, Würzburg 1973, 43–56.

Zimmermann, H., Christushymnus und johanneischer Prolog, in: NT und Kirche (FS R. Schnackenburg), hg. v. J. Gnilka, Freiburg 1974, 249–265.

8. Stellenregister (in Auswahl)

1. Altes Testament

Gen		3,19	234. 236
1,1	231. 233	8,22–30	236
Ex		Weish	
16,1–36	117	7,12	236
		7,22.25	234
Num		7,25	243
11,6–9	117	7,27	240
14,22	165	9,1.2	235
		9,9.10	209
Dtn		9,11	243
18,15.18	117f.	9,15	242
		9,17	209
1Kön		18,15	235
17,7–16	117		
		Sir	
2Kön		1,4	234
4,42–44	117	6,20–22	240
		24,2–22	237
Spr		24,4.8	242
1,20–33	240		

2. Jüdische Schriften außerhalb des Alten Testaments

JosAs		Hen	
8,5.9	217	42,1f.	237. 242
15,5	217		
16,8	217		
16,14	217. 220		
16,16	217		

3. Neues Testament

Mt		12,39–42	98
8,5–13	101–104	16,1–2.4	98

4. Frühchristliche Schriften

ActJoh	
82	80
87	80
90	80
93	80
99	80
101	80
103	80 A 158

Barn	
2–16	59

Epiph	
Pan	
XXIII 1,10	78
XXVIII 1,7	82
XLI 1,7f.	78
XLII 3,3	79
XLII 12,3	79

Euseb	
HE	
III 28,1ff.	82 A 166
III 39,4	60. 61
III 39,7	61
III 39,15–17	61

Hipp	
Ref	
VII 28,1–5	78

Ign	
Eph	
6,2	77
7,2	76
20,1	76

Magn	
8–11	77 A 147
9,1	77 A 147
11	76

Phld	
5–9	77 A 147
8,2	77 A 147

Röm	
6,1	76

Sm	
1,1.2	76
2	76
3,1	76
4,2	76
5,2	76
6,2	76. 77
7,1	76. 77

Trall	
6,2	77
9,1	76
10	76
11,2	76

Iren	
Haer	
I 24,2	78
I 26,1	82
I 27,2	79
II 32,4	78

Justin	
Dial	
16,4	41
137,2	41

Tert	
Marc	
III 8,4	79
III 10,2	79
IV 30,3	79
IV 42,7	79

5. Sonstige antike Schriften

Philostr	
VA VI 10	92 A 37

Udo Schnelle

Gerechtigkeit und Christusgegenwart

Vorpaulinische und paulinische Tauftheologie. 2., durchgesehene Auflage 1986.
279 Seiten, kartoniert

Der Verfasser untersucht alle vorpaulinischen und paulinischen Tauftexte und bestimmt die Stellung der Taufe innerhalb der Theologie des Paulus neu. – Auf der Basis einer neuen Chronologie der Paulusbriefe wird die Bedeutung von Tauftexten für die Entstehung, Entwicklung und das Verständnis der paulinischen Rechtfertigungslehre aufgezeigt. Der in der Taufe gegenwärtige Christus steht im Mittelpunkt der Untersuchung des paulinischen ‚In Christus' und der paulinischen Pneumatologie. Eingehend wird das Verhältnis der Taufe zur paulinischen Soteriologie, Ethik und Ekklesiologie dargestellt und Paulus als urchristlicher Pneumatiker interpretiert.

Georg Strecker/Udo Schnelle

Einführung in die neutestamentliche Exegese

(UTB Uni-Taschenbücher 1253). 2., durchgesehene und ergänzte Auflage 1985.
158 Seiten, Kunststoff

„Von Anlage, Brauchbarkeit, Vielfalt und Inhalt her ist diese Studienhilfe vollauf zu begrüßen. Sie leistet sowohl Lernenden wie auch Lehrenden sicher wertvolle Dienste."   *Theologische Revue*

„Diese Einführung kann man den Adressaten dieses Buches durchaus empfehlen. Es weist Wege der Auslegung und lädt zur eigenen Arbeit ein."
Lutherische Theologie und Kirche

„Eine prägnante, verständliche und deshalb gelungene Information über die wichtigsten Verfahren und Modelle neutestamentlicher Schriftanalyse."
Publik-Forum

Vandenhoeck & Ruprecht in Göttingen und Zürich

Forschungen zur Religion und Literatur des Alten und Neuen Testaments

Eine Titelauswahl

Vandenhoeck & Ruprecht in Göttingen und Zürich

DATE DUE